GUSTAVE LE BON

PSYCHOLOGIE
DU
SOCIALISME
(1898)

LES PANGOLINS EDITIONS

NOTE DE L'ÉDITEUR

Nous, les pangolins, sommes une espèce en voie de disparition dans un monde qui, chaque jour, s'éloigne un peu plus des Principes fondateurs de toute civilisation.

Notre mission est de préserver toute une espèce de génies littéraires et de grands intellectuels des siècles passés en rééditant des œuvres intemporelles, afin qu'elles ne tombent pas dans l'oubli et puissent conserver la résonance qu'elles méritent.

Psychologie du Socialisme de Gustave Le Bon (1841-1931) est paru initialement en 1898, son édition définitive en 1902.

Cette édition est revue et corrigée, mais l'erreur reste humaine et les pangolins n'en sont pas exemptés, n'hésitez pas à nous soumettre par mail les méprises éventuelles dans le texte afin que nous puissions le corriger en conséquence.

Nous tenons également à remercier Pierre-Yves Lenoble pour sa contribution à la rédaction de la quatrième de couverture.

Tous nos ouvrages ici :

ISBN : 9782494863316

© Tous droits réservés LES PANGOLINS EDITIONS

13008 MARSEILLE

lespangolinseditions@gmail.com

Dépôt légal 2nd trimestre 2023

SOMMAIRE

Préface de la troisième édition   9
Préface de la première édition   13

Livre I
Les théories socialistes et leurs adeptes

Chapitre I - Les faces diverses du socialisme   21
    § 1. Les facteurs de l'évolution sociale   21
    § 2. Les aspects divers du socialisme   23

Chapitre II - Origines du socialisme et causes de son développement actuel   27
    § 1. Antiquité du socialisme   28
    § 2. Causes du développement actuel du socialisme   31
    § 3. La méthode des pourcentages dans l'appréciation des phénomènes sociaux   39

Chapitre III - Les théories socialistes   43
    § 1. Principes fondamentaux des théories socialistes   43
    § 2. L'individualisme   45
    § 3. Le collectivisme   48
    § 4. Les idées socialistes sont, comme les diverses institutions des peuples, la conséquence de leur race   54

Chapitre IV - Les adeptes du socialisme et leur état mental   57
    § 1. Classification des adeptes du socialisme   58
    § 2. Classes ouvrières   59
    § 3. Classes dirigeantes   70
    § 4. Demi-savants et doctrinaires   72

Livre II
Le socialisme comme croyance

Chapitre I - Les fondements de nos croyances   81
    § 1. Origines ancestrales de nos croyances   82
    § 2. Rôle des croyances dans nos idées et nos raisonnements. Psychologie de l'incompréhension   86
    § 3. Formation ancestrale de la morale   92

Chapitre II - Rôle de la tradition dans les divers éléments de la civilisation. Limites de variabilité de l'âme ancestrale   95

§ 1. Influence de la tradition dans la vie des peuples — 96
§ 2. Limites de variabilité de l'âme ancestrale — 98
§ 3. La lutte entre les croyances traditionnelles et les nécessités modernes. Mobilité actuelle des opinions — 99

Chapitre III - Évolution du socialisme vers une forme religieuse — 107
§ 1. Tendances actuelles du socialisme à se substituer aux anciennes croyances — 108
§ 2. Propagation de la croyance. Les apôtres — 111
§ 3. Propagation de la croyance dans les foules — 119

Livre III
Le socialisme suivant les races

Chapitre I - Le socialisme en Allemagne — 125
§ 1. Les fondements théoriques du socialisme en Allemagne — 125
§ 2. Évolution actuelle du socialisme en Allemagne — 128

Chapitre II - Le socialisme en Angleterre et en Amérique — 133
§ 1. Les concepts de l'État et de l'éducation chez les Anglo-Saxons — 134
§ 2. Les idées sociales des ouvriers anglo-saxons — 141

Chapitre III - Psychologie des peuples latins — 149
§ 1. Comment se détermine le véritable régime politique d'un peuple — 149
§ 2. L'état mental des peuples latins — 151

Chapitre IV - Le concept latin de l'État — 165
§ 1. Comment se fixent les concepts des peuples — 165
§ 2. Le concept latin de l'État. Comment les progrès du socialisme sont les conséquences naturelles de l'évolution de ce concept — 170

Chapitre V - Les concepts latins de l'éducation de l'instruction et de la religion — 175
§ 1 Les concepts latins de l'éducation et de l'instruction — 175
§ 2. Le concept latin de la religion — 179
§ 3. Comment les concepts latins ont marqué de leur empreinte tous les éléments de la civilisation — 181

Chapitre VI - Formation du socialisme chez les peuples latins — 185
§ 1. L'absorption par l'État — 186
§ 2. Les conséquences de l'extension des fonctions de l'État — 189
§ 3. L'État collectiviste — 206

Chapitre VII - L'état actuel des peuples latins — 211
§ 1. Faiblesse des peuples latins — 212
§ 2. Les républiques latines de l'Amérique. L'Espagne et le Portugal — 213
§ 3. L'Italie et la France — 219
§ 4. Résultat de l'adoption des concepts latins par des peuples de races différentes — 225
§ 5. L'avenir qui menace les peuples latins — 229

Livre IV
Le conflit entre les nécessités économiques et les aspirations socialistes

Chapitre I - Évolution industrielle et économique de l'âge actuel 235
§ 1. Nouveaux facteurs de l'évolution des sociétés créés par les découvertes modernes 235
§ 2. Conséquences des découvertes modernes relativement aux conditions d'existence des sociétés 237

Chapitre II - Les luttes économiques entre l'Orient et l'Occident 243
§ 1. La concurrence économique 244
§ 2. Les remèdes 254

Chapitre III - Les luttes économiques entre les peuples de l'Occident 261
§ 1. Les conséquences des aptitudes héréditaires des peuples 262
§ 2. La situation industrielle et commerciale des peuples latins 264
§ 3. Causes de la supériorité commerciale et industrielle des Allemands 280

Chapitre IV - Les nécessités économiques et l'accroissement des populations 291
§ 1. Le développement actuel de la population dans les divers pays et ses causes 292
§ 2. Conséquences de l'accroissement ou de la réduction de la population dans divers pays 296

Livre V
Le conflit entre les lois de l'évolution, les idées démocratiques et les aspirations socialistes

Chapitre I - Les lois de l'évolution, les idées démocratiques et les aspirations socialistes 305
§ 1. Rapports des êtres avec leurs milieux 306
§ 2. Le conflit entre les lois naturelles de l'évolution et les conceptions démocratiques 309
§ 3. Le conflit entre les idées démocratiques et les aspirations socialistes 324

Chapitre II - La lutte des peuples et des classes 331
§ 1. La lutte naturelle des individus et des espèces 332
§ 2. La lutte des peuples 335
§ 3. La lutte des classes 339
§ 4. Les futures luttes sociales 343

Chapitre III - Le problème fondamental du socialisme. Les inadaptés 349
§ 1. La multiplication des inadaptés 350
§ 2. Les inadaptés par dégénérescence 357

§ 3. La production artificielle des inadaptés — 362
Chapitre IV - L'utilisation des inadaptés — 371
  § 1. L'attaque future des inadaptés — 371
  § 2. L'utilisation des inadaptés — 376

Livre VI
L'évolution de l'organisation sociale

Chapitre I - Les sources et la répartition des richesses : l'intelligence, le capital et le travail — 383
  § 1. L'intelligence — 385
  § 2. Le Capital — 387
  § 3. Le travail — 397
  § 4. Les rapports du capital et du travail. Patrons et ouvriers — 399
Chapitre II - La solidarité sociale — 405
  § 1. La solidarité sociale et la charité — 406
  § 2. Les formes modernes de la solidarité — 410
  § 3. Les syndicats ouvriers — 419
  § 4. Les industries à gestion communale. Le socialisme municipal — 422
Chapitre III - Les syndicats de production — 427
  § 1. Extension de la loi du groupement des intérêts similaires — 428
  § 2. Les trusts américains — 429
  § 3. Les syndicats de production en Allemagne — 436
  § 4. Les syndicats de production en France — 437
  § 5. L'avenir des syndicats de production industrielle — 439

Livre VII
Les destinées du socialisme

Chapitre I - Les limites des prévisions historiques — 445
  § 1. La notion de nécessité dans la conception moderne des phénomènes historiques — 445
  § 2. La prévision des phénomènes sociaux — 449
Chapitre II - L'avenir du socialisme — 457
  § 1. Les conditions actuelles du socialisme — 458
  § 2. Ce que le succès du socialisme réserve aux peuples chez lesquels il triomphera — 465
  § 3. Comment le socialisme pourrait s'emparer du gouvernement d'un pays — 469
  § 4. Comment le socialisme peut être combattu — 471

À l'éminent économiste

PAUL DELOMBRE

Ancien Ministre du Commerce et de l'Industrie,

Son ami dévoué,

Gustave Le Bon

Préface de la troisième édition

Je ne crois pas nécessaire de répondre aux critiques que cet ouvrage a suscitées en France et dans les pays où il a été traduit. Sur des questions appartenant au domaine du sentiment beaucoup plus qu'à celui de la raison, on ne convertit personne. Ce n'est pas par les livres que s'opèrent les révolutions dans les pensées[1].

N'appartenant à aucune école et ne songeant à plaire à aucune, j'ai essayé d'étudier les phénomènes sociaux comme un phénomène physique quelconque, en tâchant simplement de me tromper le moins souvent possible.

Par leur concision nécessaire, certains passages de ce livre semblent un peu dogmatiques, mais l'idée ne saurait l'être. Un des derniers chapitres est consacré à montrer qu'en de pareilles questions on ne peut connaître que des probabilités et jamais des certitudes.

---

[1] Tout en n'ayant nullement l'espoir de convertir aucun socialiste, je puis cependant penser que la lecture de cet ouvrage ne leur aura point été inutile. J'en juge par certains articles publiés à son sujet, notamment par celui dû à la plume du plus érudit des socialistes français, M. Georges Sorel, et dont voici un fragment : « Le livre de Gustave Le Bon constitue le travail le plus complet publié en France sur le socialisme. Il mérite d'être étudié avec le plus grand soin parce que les idées de l'auteur sont toujours originales et éminemment suggestives. » (*Revue Internationale de sociologie*).

Si j'ai paru sortir quelquefois de mon sujet c'est qu'il est impossible de comprendre la genèse de certains phénomènes sans étudier d'abord les circonstances qui les entourent. En matière de religion, de morale ou de politique, l'étude du texte même d'une doctrine n'a pas du tout l'importance prépondérante que l'on pourrait croire. Ce qu'il faut connaître surtout ce sont les milieux où elle se développe, les sentiments sur lesquels elle s'appuie, la nature des esprits qui la reçoivent. À l'époque où le Bouddhisme et le Christianisme triomphèrent, il eût été d'un intérêt assez faible pour un philosophe de discuter leurs dogmes et d'un intérêt très grand de connaître les causes qui leur permirent de s'établir, c'est-à-dire avant tout l'état des esprits qui les acceptèrent. Un dogme finit toujours par s'imposer, si absurde qu'il puisse être aux yeux de la raison, quand il a réussi à produire certaines transformations mentales. Dans ces transformations, le rôle du dogme lui-même est parfois très secondaire. Il triomphe par l'action du milieu et du moment où il apparaît, par les passions qu'il fait naître et surtout par l'influence d'apôtres capables de parler aux foules et d'engendrer la foi. Ce n'est pas en agissant sur la raison mais seulement sur les sentiments, que ces apôtres provoquent les grands mouvements populaires d'où surgissent de nouveaux dieux.

Et c'est pour ces raisons que je n'ai pas cru du tout sortir de mon sujet en écrivant certains chapitres sur les fondements de nos croyances, le rôle des traditions dans la vie des peuples, les concepts formateurs de l'âme latine, l'évolution économique de l'âge actuel et d'autres encore. Ils constituent peut-être les parties les plus essentielles de cette étude.

Je n'ai consacré qu'un nombre de pages assez restreint à l'exposé des doctrines socialistes. Elles sont d'une mobilité rendant toute discussion inutile. Cette mobilité constitue d'ailleurs une loi générale qui préside à la naissance de toutes croyances nouvelles. Les dogmes ne se constituent réellement que lorsqu'ils ont triomphé. Jusqu'à l'heure de ce triomphe, ils restent incertains et fuyants. Cette imprécision est une condition de succès puisqu'elle leur permet de s'adapter aux besoins les plus divers et de donner ainsi satisfaction aux aspirations infiniment variées des légions de mécontents si nombreuses à certains moments de l'histoire.

Le socialisme, qu'on peut classer, comme nous essayerons de le montrer, dans la famille des croyances religieuses, possède ce caractère d'imprécision des dogmes qui ne règnent pas encore. Ses doctrines se transforment de jour en jour et deviennent de plus en plus incertaines et flottantes. Pour mettre d'accord les principes formulés par ses fondateurs avec les faits nouveaux qui les contredisent trop nettement, il a fallu se livrer à un travail analogue à celui de théologiens essayant de mettre d'accord la Bible et la raison. Les principes sur lesquels Marx, qui fut pendant longtemps le grand-prêtre de la religion nouvelle, basait le socialisme, ont même fini par être tellement démentis par les faits que ses plus fidèles disciples en sont réduits à les abandonner. C'est ainsi par exemple que la théorie essentielle du socialisme d'il y a quarante ans, d'après laquelle les capitaux et les terres devaient se concentrer dans un nombre de mains toujours plus restreint, a été absolument démentie par les statistiques de divers pays.

Ces statistiques font voir en effet que les capitaux et le sol, loin de se concentrer, se diffusent avec une rapidité extrême entre un nombre immense d'individus. Aussi voyons-nous en Allemagne, en Angleterre et en Belgique, les chefs du socialisme abandonner de plus en plus le collectivisme qu'ils qualifient maintenant de doctrine chimérique bonne tout au plus à illusionner des latins.

Au point de vue de l'extension du socialisme, ces discussions de théoriciens sont d'ailleurs sans aucune importance. Les foules ne les entendent pas. Ce qu'elles retiennent du socialisme, c'est uniquement cette idée fondamentale que l'ouvrier est la victime de quelques exploiteurs, par suite d'une mauvaise organisation sociale et qu'il suffirait de quelques bons décrets, imposés révolutionnairement, pour changer cette organisation. Les théoriciens peuvent évoluer. Les foules acceptent les doctrines en bloc et n'évoluent jamais. Leurs croyances revêtent toujours une forme très simple. Implantées avec force dans des cervelles primitives, elles y restent inébranlables pour longtemps.

En dehors des rêveries des socialistes, et le plus souvent en désaccord flagrant avec ces rêveries, le monde moderne subit une évolution rapide et profonde. Elle est la conséquence du changement opéré dans les conditions d'existence, les besoins, les idées, par les découvertes scientifiques et industrielles accomplies depuis cinquante ans. C'est à ces transformations que les sociétés s'adapteront et non à des fantaisies de théoriciens, qui, ne voyant pas l'engrenage des nécessités, croient pouvoir refaire l'organisation sociale à leur gré.

Les problèmes soulevés par les transformations actuelles du monde sont autrement graves que ceux dont les socialistes se préoccupent. Une grande partie de cet ouvrage a été consacrée à leur étude.

Préface de la première édition

Le socialisme synthétise un ensemble d'aspirations, de croyances et d'idées de réformes, qui passionne profondément les esprits. Les Gouvernements le redoutent, les législateurs le ménagent, les peuples voient en lui l'aurore de nouvelles destinées.

Cet ouvrage est consacré à son étude. On y trouvera l'application des principes exposés dans nos derniers livres : *Les Lois psychologiques de l'Évolution des peuples* et la *Psychologie des Foules*. Passant rapidement sur le détail des doctrines pour retenir seulement leur essence, nous examinerons les causes qui ont fait naître le socialisme et celles qui en retardent ou favorisent la propagation.

Nous montrerons le conflit entre les idées anciennes fixées par l'hérédité, sur lesquelles reposent encore les sociétés, et les idées nouvelles, filles des milieux nouveaux que l'évolution scientifique et industrielle moderne a créés. Sans contester la légitimité des tendances du plus grand nombre à améliorer leur sort, nous rechercherons si les institutions peuvent avoir une influence réelle sur cette amélioration, ou si nos destinées ne sont pas régies par des nécessités tout à fait indépendantes des institutions que nos volontés peuvent enfanter.

Le socialisme n'a pas manqué d'apologistes pour écrire son histoire, d'économistes pour discuter ses dogmes, d'apôtres pour propager sa foi. Les psychologues en ont jusqu'ici dédaigné l'étude, n'y voyant qu'un de ces sujets imprécis et fuyants, comme la théologie ou la politique, qui ne peuvent prêter qu'à des discussions passionnées et stériles, auxquelles les esprits scientifiques répugnent.

Il semble cependant qu'une psychologie attentive puisse seule montrer la genèse des nouvelles doctrines et expliquer l'influence qu'elles exercent aussi bien dans les couches populaires que parmi un certain nombre d'esprits cultivés. Il faut plonger jusqu'aux racines profondes des événements dont on voit se dérouler le cours pour arriver à en comprendre la floraison.

Aucun apôtre n'a jamais douté de l'avenir de sa foi. Les socialistes sont donc persuadés du triomphe prochain de la leur. Une telle victoire implique nécessairement la destruction de la société actuelle et sa reconstruction sur d'autres bases. Rien ne paraît plus simple aux disciples des nouveaux dogmes. Il est évident qu'on peut, par la violence, désorganiser une société. Tout comme on peut anéantir en une heure par le feu un édifice lentement construit. Mais nos connaissances actuelles sur l'évolution des choses nous permettent-elles d'admettre que l'homme puisse refaire à son gré une organisation détruite ? Dès qu'on pénètre un peu dans le mécanisme des civilisations, on découvre vite qu'une société, avec ses institutions, ses croyances et ses arts, représente un réseau d'idées, de sentiments, d'habitudes et de modes de penser fixés par l'hérédité, et dont l'ensemble constitue sa force. Une société n'a de cohésion que quand cet héritage moral est solidement établi, non dans les codes, mais dans les âmes. Elle décline dès qu'il se désagrège. Elle est condamnée à disparaitre lorsque la désagrégation est complète.

Une telle conception n'a jamais influencé les écrivains et les hommes d'État latins. Persuadés que les nécessités naturelles peuvent s'effacer devant leur idéal de nivellement, de régularité, de justice, ils croient qu'il suffit d'imaginer des constitutions savantes, des lois fondées sur la raison, pour refaire le monde. Ils ont encore les illusions de cette époque héroïque de la Révolution, où philosophes et législateurs considéraient comme certain qu'une société est chose artificielle que de bienfaisants dictateurs peuvent rebâtir entièrement.

De telles théories semblent bien peu soutenables aujourd'hui. Il ne faut pas les dédaigner pourtant. Elles constituent des mobiles d'action d'une influence destructive très grande et par conséquent fort redoutable. La puissance créatrice s'appuie sur le temps et demeure hors de l'atteinte immédiate de nos volontés. La faculté destructive est au contraire à notre portée. La destruction d'une société peut être fort rapide, mais sa reconstitution est toujours très lente. Il faut parfois à l'homme des siècles d'efforts pour rebâtir péniblement ce qu'il a détruit en un jour.

Si nous voulons comprendre l'influence profonde exercée par le socialisme moderne, il ne faut pas examiner ses dogmes. Quand on recherche les causes de son succès, on constate que ce succès est tout à fait étranger aux théories que ces dogmes proposent ou aux négations qu'ils imposent. Comme les religions, dont il tend de plus en plus à prendre les allures, le socialisme se propage tout autrement que par des raisons.

Très faible quand il essaie de discuter et de s'appuyer sur des arguments économiques, il devient au contraire très fort quand il reste dans le domaine des affirmations, des rêveries et des promesses chimériques. Il serait même plus redoutable encore s'il n'en sortait pas.

Grâce à ses promesses de régénération, grâce à l'espoir qu'il fait luire devant tous les déshérites de la vie, le socialisme arrive à constituer une croyance à forme religieuse beaucoup plus qu'une doctrine. Or la grande force des croyances, quand elles tendent à revêtir cette forme religieuse dont nous avons étudié le mécanisme ailleurs, c'est que leur propagation est indépendante de la part de vérité ou d'erreur qu'elles peuvent contenir.

Dès qu'une croyance est fixée dans les âmes, son absurdité n'apparaît plus, la raison ne l'atteint plus. Le temps seul peut l'user. Les plus puissants penseurs de l'humanité, un Leibniz, un Descartes, un Newton, se sont inclinés sans murmure devant des dogmes religieux dont la raison leur eût vite montré la faiblesse s'ils avaient pu les soumettre au contrôle de la critique. Mais ce qui est entré dans le domaine du sentiment ne peut plus être touché par la discussion. Les religions, n'agissant que sur les sentiments, ne sauraient être ébranlées par des arguments, et c'est pourquoi leur pouvoir sur les âmes a toujours été si absolu.

L'âge moderne représente une de ces périodes de transition où les vieilles croyances ont perdu leur empire et où celles qui doivent les remplacer ne sont pas établies. L'homme n'a pu réussir encore à vivre sans divinités. Elles tombent parfois de leur trône, mais ce trône n'est jamais resté vide. Des fantômes nouveaux surgissent bientôt de la poussière des dieux morts.

La science qui a combattu les dieux, ne saurait contester leur prodigieux empire. Aucune civilisation n'a pu réussir encore à se fonder et à grandir sans eux. Les civilisations les plus florissantes se sont toujours appuyées sur des dogmes religieux qui, au point de vue de la raison, ne possédaient aucune parcelle de logique, de vérité ou même de simple bon sens. La logique et la raison n'ont jamais été les vrais guides des peuples. L'irrationnel a toujours constitué un des plus puissants mobiles d'action que l'humanité ait connus.

Ce n'est pas aux lueurs de la raison qu'a été transformé le monde. Alors que les religions, fondées sur des chimères, ont marqué leur indestructible empreinte sur tous les éléments des civilisations et continuent à maintenir l'immense majorité des hommes sous leurs lois, les systèmes philosophiques, bâtis sur des raisonnements, n'ont joué qu'un rôle insignifiant dans la vie des peuples et n'ont eu qu'une existence éphémère. Ils ne proposent en effet aux foules que des arguments, alors que l'âme humaine ne demande que des espérances.

Ce sont ces espérances que les religions ont toujours données, et elles ont donné aussi un idéal capable de séduire et de soulever les âmes. C'est avec leur baguette magique qu'ont été créés les plus puissants empires, qu'ont surgi du néant les merveilles de la littérature et des arts qui forment le trésor commun de la civilisation.

Ce sont également des espérances que le socialisme propose et c'est ce qui fait sa force. Les croyances qu'il enseigne sont très chimériques et semblent n'avoir que bien peu de chances de se propager. Elles se propagent pourtant. L'homme possède la merveilleuse faculté de transformer les choses au gré de ses désirs, de ne les connaître qu'à travers ce prisme magique de la pensée et des sentiments qui montre le monde comme nous voulons qu'il soit. Chacun, au gré de ses songes, de ses ambitions, de ses désirs, voit dans le socialisme ce que les fondateurs de la nouvelle foi n'ont jamais songé à y mettre. Le prêtre y découvre une extension universelle de la charité et rêve de lui en oubliant l'autel. Le misérable, courbé sous son dur labeur, y entrevoit confusément de lumineux paradis où il serait comblé de biens à son tour. L'immense légion des mécontents, et qui ne l'est pas aujourd'hui, espère que son triomphe sera l'amélioration de sa destinée. C'est l'addition de tous ces rêves, de tous ces mécontentements, de toutes ces espérances qui donne à la foi nouvelle son incontestable force.

Pour que le socialisme moderne ait si vite revêtu cette forme religieuse qui constitue le secret de sa puissance, il fallait qu'il apparût à un de ces rares moments de l'histoire où les hommes étant fatigués de leurs dieux, les anciennes religions perdent leur empire et ne subsistent qu'en attendant la croyance nouvelle qui doit leur succéder. Venu à l'instant précis où le pouvoir des vieilles divinités a considérablement pâli, le socialisme, qui, lui aussi, offre à l'homme des rêves de bonheur, tend naturellement à s'emparer de leur place. Rien n'indique qu'il ne réussira pas à la prendre. Tout montre qu'il ne saurait la garder bien longtemps.

Livre I
Les théories socialistes et leurs adeptes

Chapitre I
Les faces diverses du socialisme

§1. Facteurs de révolution sociale. — Facteurs qui dirigent l'évolution actuelles des sociétés. — En quoi ils diffèrent des anciens facteurs. — Les facteurs économiques. — Les facteurs psychologiques. — Les facteurs politiques.
§2. Aspects divers du socialisme. — Nécessité d'étudier le socialisme comme conception politique, comme conception économique, comme conception philosophique et comme croyance. — Conflit entre ces divers concepts. — Définition philosophique du socialisme. — L'être collectif et l'être individuel.

§ 1. LES FACTEURS DE L'ÉVOLUTION SOCIALE

Les civilisations ont toujours eu pour base un petit nombre d'idées directrices. Quand ces idées, après avoir progressivement pâli, ont perdu entièrement leur force, les civilisations qui s'appuyaient sur elles sont condamnées à changer.

Nous assistons aujourd'hui à une de ces phases de transformation, si rares dans l'histoire du monde. Il n'a pas été donné à beaucoup de philosophes, durant le cours des âges, de vivre au moment précis où se formait une idée nouvelle, et de pouvoir comme aujourd'hui étudier les degrés successifs de sa cristallisation.

Dans l'état actuel des choses, l'évolution des sociétés est soumise à trois ordres de facteurs: politiques, économiques, psychologiques. Ils ont existé à toutes les époques, mais l'importance respective de chacun d'eux a varié avec l'âge des nations.

Les facteurs politiques comprennent les lois et les institutions. Les théoriciens de tous les partis, les socialistes modernes surtout, leur accordent généralement une importance très grande. Tous sont persuadés que le bonheur d'un peuple dépend de ses institutions, et qu'il suffit de les changer pour changer du même coup ses destinées. Quelques penseurs croient, au contraire, que les institutions exercent une influence très faible ; que la destinée des peuples est régie par leur caractère, c'est-à-dire par l'âme de leur race. Ainsi s'expliquerait que des nations possédant des institutions semblables, et vivant dans des milieux identiques, occupent des places fort différentes sur l'échelle de la civilisation.

Les facteurs économiques ont aujourd'hui une influence immense. D'importance très faible à l'époque où les peuples vivaient isolés, et où les diverses industries ne variaient guère de siècle en siècle, ces facteurs ont fini par acquérir une action prépondérante. Les découvertes scientifiques et industrielles ont transformé toutes nos conditions d'existence. Une simple réaction chimique, trouvée dans un laboratoire, ruine un pays et en enrichit un autre. La culture d'une céréale au fond de l'Asie oblige des provinces entières de l'Europe à renoncer à l'agriculture. Les progrès des machines bouleversent la vie d'une fraction importante des peuples civilisés.

Les facteurs d'ordre psychologique, tels que la race, les croyances, les opinions, ont également une importance considérable. Leur influence était même jadis prépondérante. Mais aujourd'hui, ce sont les facteurs économiques qui tendent à l'emporter.

C'est surtout par ces changements de rapport entre les ressorts dont elles subissent l'impulsion, que les sociétés modernes diffèrent des sociétés anciennes. Dominées surtout jadis par des croyances, elles obéissent de plus en plus désormais à des nécessités économiques. Les facteurs psychologiques sont loin toutefois d'avoir perdu leur influence. La limite dans laquelle l'homme échappe à la tyrannie des facteurs économiques dépend de sa constitution mentale, c'est-à-dire de sa race, et c'est pourquoi nous voyons certains peuples soumettre à leurs besoins les facteurs économiques, alors que d'autres se laissent de plus en plus asservir par eux et ne cherchent à réagir que par des lois de protection incapables de les défendre contre les nécessités qui les dominent.

Tels sont les principaux moteurs de l'évolution sociale. Les ignorer ou les méconnaître ne suffit pas à entraver leurs effets. Les lois naturelles fonctionnent avec l'aveugle régularité d'un engrenage, et qui se heurte à elles est toujours brisé par leur marche.

§ 2. Les aspects divers du socialisme

Le socialisme présente donc des faces diverses, qu'il est nécessaire d'examiner successivement. Il faut l'étudier comme conception politique, comme conception économique, comme conception philosophique, et comme croyance. Il faut envisager aussi le conflit entre ces divers concepts et les réalités sociales, c'est-à-dire entre les idées abstraites et les inexorables lois naturelles que l'homme ne saurait changer.

Le côté économique du socialisme est celui qui se prête le mieux à l'analyse. Nous nous trouvons en effet en présence de problèmes très nets. Comment se crée et se répartit la richesse ? Quels sont les rôles respectifs du travail, du capital et de l'intelligence ? Quelle est l'influence des faits économiques, et dans quelles limites déterminent-ils l'évolution sociale ?

Si nous étudions le socialisme comme croyance, c'est-à-dire si nous recherchons l'impression morale qu'il produit, les convictions et les dévouements qu'il inspire, le point de vue est fort différent, et le problème change entièrement d'aspect. N'ayant plus à nous occuper de la valeur théorique du socialisme comme doctrine ni des impossibilités économiques contre lesquelles il pourra se heurter, nous n'avons à considérer la nouvelle croyance que dans sa genèse, ses progrès moraux et les effets psychologiques qu'elle peut engendrer. Cette étude est indispensable pour faire comprendre l'inutilité de toute discussion avec les défenseurs des nouveaux dogmes. Lorsque des économistes s'étonnent que des démonstrations d'une indiscutable évidence restent absolument sans action sur les convaincus qui les entendent, il n'y a pour les sortir de leur étonnement qu'à les renvoyer à l'histoire de toutes les croyances, et à l'étude de la psychologie des foules. On ne triomphe pas d'une doctrine en montrant ses côtés chimériques. Ce n'est pas avec des arguments que l'on combat des rêves.

Pour comprendre la force actuelle du socialisme, il faut le considérer surtout comme une croyance ; on constate alors qu'il repose sur des bases psychologiques très fortes. Il importe peu à son succès immédiat que ses dogmes soient contraires à la raison. L'histoire de toutes les croyances, des croyances religieuses surtout, montre suffisamment que leur succès a été le plus souvent indépendant de la part de vérité ou d'erreur qu'elles pouvaient contenir.

Après avoir étudié le socialisme comme croyance, il faut l'examiner aussi comme conception philosophique. Cette face nouvelle est celle que ses adeptes ont le plus négligée, et que cependant ils pouvaient le mieux défendre. Ils considèrent la réalisation de leurs doctrines comme la conséquence forcée de l'évolution économique, alors que c'est précisément cette évolution qui constitue le plus réel obstacle. Au point de vue philosophique pur, c'est-à-dire en laissant de côté les nécessités psychologiques et économiques, plusieurs de leurs théories sont au contraire très défendables.

Qu'est-ce en effet, philosophiquement parlant, que le socialisme, ou tout au moins sa forme la plus répandue, le collectivisme ? Simplement une réaction de l'être collectif contre les empiétements de l'être individuel. Or, si l'on met de côté les intérêts de l'intelligence et l'utilité immense qu'il peut y avoir pour les progrès de la civilisation à ménager ces intérêts, il est indubitable que la collectivité, (ne fût-ce que en vertu de cette loi du nombre devenue le grand *credo* des démocraties modernes) peut se considérer comme fondée à asservir l'individu qui sort de son sein et ne serait rien sans elle.

Au point de vue philosophique, le socialisme est une réaction de la collectivité contre l'individualité, un retour au passé. Individualisme et collectivisme sont, dans leur esprit général, deux forces en présence, qui tendent, sinon à se détruire, au moins à se paralyser. C'est dans cette lutte entre les intérêts généralement opposés de l'individu et ceux de la collectivité que gît le vrai problème philosophique du socialisme. L'individu assez fort pour ne compter que sur son initiative et son intelligence, très capable par conséquent de réaliser des progrès, se trouve en présence de foules faibles d'initiative et d'intelligence, mais auxquelles leur nombre donne la force, seul soutien du droit. Les intérêts des deux principes en présence sont contradictoires. La question est de savoir si, au prix de concessions réciproques, ils pourront se maintenir sans se détruire. Jusqu'ici, les religions seules ont réussi à persuader l'individu de sacrifier ses intérêts personnels à ceux de ses semblables, à remplacer l'égoïsme individuel par l'égoïsme collectif. Mais les vieilles religions sont en voie de mourir et celles qui doivent les remplacer ne sont pas nées encore. En étudiant l'évolution de la solidarité sociale, nous aurons à examiner dans quelles limites les nécessités économiques rendent la conciliation possible entre les deux principes contradictoires. Comme le disait justement monsieur Léon Bourgeois dans un de ses discours : « On ne peut rien tenter contre les lois naturelles, cela va sans dire, mais il faut incessamment les étudier et se servir d'elles pour diminuer entre les hommes les chances d'inégalité et d'injustice. »

Pour terminer notre examen des faces diverses du socialisme, nous devrons envisager ses variations suivant les races. Si les principes que nous avons exposés dans un précédent ouvrage sur les transformations profondes qu'éprouvent tous les éléments d'une civilisation : institutions, religions, arts, croyances, etc., en passant d'un peuple à un autre, sont vrais, nous pouvons déjà pressentir que, sous les mots parfois semblables qui servent à désigner la conception que se forment du rôle de l'État les divers peuples, se trouvent des réalités fort différentes. Nous verrons qu'il en est ainsi.

Chez des races vigoureuses, énergiques, arrivées au point culminant de leur développement, on observe, aussi bien sous des institutions républicaines que sous des institutions monarchiques, l'extension considérable de ce qui est confié à l'initiative personnelle, et la réduction progressive de ce qui est abandonné à l'État. C'est là précisément le contre-pied du rôle que donnent à l'État les peuples chez qui l'individu est arrivé à un degré d'usure mentale qui ne lui permet plus de compter sur ses seules forces. Pour eux, quel que soit le nom de leurs institutions, le Gouvernement est toujours un pouvoir absorbant tout, fabriquant tout et régissant les moindres détails de la vie du citoyen. Le socialisme n'est que l'extension de cette conception. Il serait une dictature impersonnelle, mais tout à fait absolue. On voit la complexité des problèmes que nous devrons aborder, mais combien ils se simplifient quand on étudie séparément leurs données.

Chapitre II
Origines du socialisme et causes de son développement actuel

§1. Antiquité du socialisme. — Les luttes sociales engendrées par l'inégalité des conditions remontent aux premiers âges de l'histoire. — Les doctrines collectivistes chez les Grecs. — Comment le socialisme a engendré la destruction de l'indépendance grecque. — Le socialisme chez les Romains et les Juifs. — Le christianisme des premiers temps représente une période de triomphe du socialisme. — Comment il dut bientôt renoncer à ses doctrines. — Le socialisme à l'époque de la Révolution et en 1850.
§2. Causes du développement actuel du socialisme. — Exagération de la sensibilité moderne. — Bouleversements et instabilité engendrés par les progrès de l'industrie. — Développement des besoins devenus plus grands que les moyens de les satisfaire. — Les appétits de la jeunesse moderne. — Les idées des universitaires. — La rôle des financiers. — Le pessimisme des penseurs. — L'état actuel des sociétés comparé à leur état passé.
§3. La méthode des pourcentages dans l'appréciation des phénomènes sociaux. — Nécessité d'établir un rapport exact entre les éléments utiles et nuisibles qui entrent dans la composition d'une société. — Insuffisance de la méthode des moyennes. — Les phénomènes sociaux sont dominés par des pourcentages et non par des moyennes.

§ 1. Antiquité du socialisme

Ce n'est pas d'aujourd'hui que le socialisme a fait son apparition dans le monde. Suivant une expression chère aux anciens historiens, on pourrait dire que ses origines se perdent dans la nuit des temps. Il a pour but de détruire l'inégalité des conditions, et cette inégalité fut la loi du monde antique aussi bien que celle du monde moderne. À moins qu'un dieu tout-puissant ne refasse la nature de l'homme, cette inégalité est destinée à subsister sans doute jusqu'au refroidissement final de notre planète. La lutte du riche et du pauvre semble devoir être éternelle.

Sans remonter au communisme primitif, forme d'évolution inférieure par laquelle ont débuté toutes les sociétés, nous pouvons dire que l'antiquité à expérimenté les formes diverses du socialisme qui nous sont proposées aujourd'hui. Les Grecs, notamment, tentèrent leur réalisation. C'est même de ces dangereuses expériences qu'ils ont fini par mourir. Les doctrines collectivistes sont déjà exposées dans la *République* de Platon. Aristote les combat, et, comme le dit monsieur Guiraud en résumant leurs écrits dans son livre sur la *Propriété foncière des Grecs* : « Toutes les doctrines contemporaines, depuis le socialisme chrétien jusqu'au collectivisme le plus avancé, y sont représentées. »

Ces doctrines furent plusieurs fois mises en pratique. Les révolutions politiques grecques étaient en même temps des révolutions sociales, c'est-à-dire des révolutions ayant pour but de changer l'inégalité des conditions en dépouillant les riches et opprimant les aristocraties. Elles réussirent plusieurs fois, mais d'une façon toujours éphémère. Leur résultat final fut la décadence hellénique et la perte de l'indépendance. Les socialistes de cette époque ne s'accordaient pas mieux que ceux d'aujourd'hui, ou tout au moins ils ne s'accordaient que pour détruire. Rome mit fin à leurs perpétuelles dissensions en réduisant la Grèce en servitude et faisant vendre ses habitants comme esclaves.

Les Romains eux-mêmes n'échappèrent pas aux tentatives des socialistes. Ils durent expérimenter le socialisme agraire des Gracques, qui limitait la fortune en terres de chaque citoyen, distribuait l'excédent aux pauvres et obligeait l'État à nourrir les individus nécessiteux. Il en résulta toutes les luttes qui engendrèrent Marius, Sylla, les guerres civiles, et, finalement l'abolition de la République et la domination des empereurs.

Les Juifs ont également connu les revendications des socialistes. Les imprécations de leurs prophètes, véritables anarchistes de l'époque, sont surtout des imprécations contre la richesse. Le plus illustre d'entre eux, Jésus, revendiquait surtout le droit des pauvres. Ce n'est qu'aux riches que s'adressent ses malédictions et ses menaces. C'est aux pauvres seuls qu'est réservé le royaume de Dieu. Les riches y entreront plus difficilement, assure-t-il, qu'un chameau ne passerait par le trou d'une aiguille.

Pendant les deux ou trois premiers siècles de notre ère, la religion chrétienne fut le socialisme des pauvres, des déshérités, des mécontents, et comme le socialisme moderne, elle fut en lutte constante avec les institutions établies. Le socialisme chrétien finit cependant par triompher. Ce fut même la première fois que les idées socialistes obtinrent un succès durable.

Mais, bien qu'il possédât cet avantage immense de ne promettre le bonheur que pour une vie future éventuelle, et par conséquent d'être certain de ne pas voir ses promesses démenties, le socialisme chrétien ne put se maintenir qu'en renonçant à ses principes aussitôt après sa victoire. Il fut obligé de s'appuyer sur les riches et les puissants, et de devenir le défenseur de la fortune et de la propriété, qu'il avait d'abord maudites. Comme tous les révolutionnaires vainqueurs, il devint conservateur à son tour, et la Rome catholique n'eut pas un idéal social bien différent de la Rome des empereurs. Les pauvres durent de nouveau se contenter de la résignation, du travail et de l'obéissance, avec la perspective du ciel s'ils étaient bien sages, et la menace de l'enfer et du diable s'ils gênaient leurs maîtres. Quelle merveilleuse histoire que ce rêve de deux mille ans ! Lorsque, dégagés des hérédités qui oppriment nos pensées, nos descendants pourront l'étudier à un point de vue purement psychologique, ils ne se lasseront pas d'admirer la formidable puissance de cette grande chimère, sur laquelle nos civilisations s'appuient encore.

Combien pâlissent les plus brillantes synthèses philosophiques auprès de la genèse et du développement de cette croyance si enfantine au point de vue de la raison et si puissante pourtant. Son persistant empire nous montre bien à quel point ce n'est pas le réel mais bien l'irréel qui gouverne le monde. Les fondateurs de religions n'ont créé que des espérances, et ce sont pourtant leurs œuvres qui ont le plus duré. Quelles perspectives socialistes égaleront jamais les paradis de Jésus et de Mahomet ? Combien misérables en comparaison les perspectives de bonheur terrestre que les apôtres du socialisme nous promettent aujourd'hui !

Nos pères de la Révolution française mirent eux aussi en pratique les théories socialistes, et si d'érudits écrivains discutent encore pour savoir si la Révolution a été socialiste, c'est que sous le terme de socialisme on désigne souvent des idées très différentes ou que l'on ne sait pas pénétrer jusqu'au fond des choses. Le but fort net qu'ont toujours poursuivi les socialistes de tous les âges a été l'expropriation de la classe riche au profit de la classe pauvre. Or, ce but n'a jamais été aussi bien atteint que par les hommes de la Révolution. Ils déclarèrent sans doute la propriété sacrée et inviolable, mais ils ne le firent qu'après avoir préalablement exproprié la noblesse et le clergé et remplacé ainsi une inégalité sociale par une autre.

Personne ne doute, j'imagine, que si les socialistes actuels arrivaient, par des procédés analogues à ceux de la Révolution, à dépouiller la bourgeoisie de ses richesses, la nouvelle classe de propriétaires ainsi formée se transformerait immédiatement en conservateurs ardents qui déclareraient qu'à l'avenir la propriété sera chose sacrée et inviolable. De telles déclarations sont d'ailleurs fort inutiles quand on est le plus fort et plus inutiles encore quand on est le plus faible. Dans les luttes de classes, le droit et les principes n'ont à jouer aucun rôle.

Et si l'histoire se répète ainsi toujours, c'est qu'elle dépend de la nature de l'homme, nature que le cours des âges n'a pas encore changée. L'humanité a déjà bien vieilli et pourtant elle poursuit les mêmes rêves et refait sans s'instruire les mêmes expériences. Qu'on relise les déclamations pleines d'enthousiasme et d'espoir de nos socialistes d'il y a soixante ans, au moment de la révolution de 1848, dont ils furent les plus vaillants défenseurs. Elle était née, l'ère nouvelle, et grâce à eux le monde allait changer. Grâce à eux, leur pays sombra bientôt dans le despotisme, et, quelques années plus tard, dans une guerre désastreuse et dans l'invasion. Un demi-siècle à peine a passé sur cette phase du socialisme, et, déjà oublieux de cette dure leçon, nous nous disposons à répéter le même cycle.

§ 2. Causes du développement actuel du socialisme

Nous ne faisons donc aujourd'hui que redire une fois encore la plainte que, durant le cours des âges, ont si souvent proférée nos pères. Et si nous la redisons plus haute, c'est que les progrès de la civilisation ont rendu notre sensibilité plus vive. Nos conditions d'existence sont devenues bien meilleures que jadis, et cependant nous sommes de moins en moins satisfaits.

Dépouillé de ses croyances, et n'ayant plus d'autre perspectives que le devoir austère et une solidarité morne, rendu inquiet par le bouleversement et l'instabilité que causent les transformations de l'industrie, voyant toutes les institutions sociales s'écrouler tour à tour, la famille et la propriété menacées de disparaître, l'homme moderne se rattache avidement au présent, seule réalité qu'il puisse saisir. Ne s'intéressant plus qu'à lui-même, il veut jouir à tout prix de l'heure présente, qu'il sent si brève. À défaut des illusions perdues il lui faut le bien-être, et, par conséquent, la richesse. Elle lui est d'autant plus nécessaire que les progrès des sciences et de l'industrie ont créé une foule de choses de luxe inconnues autrefois et qui sont devenues des nécessités aujourd'hui. La soif de la richesse devient de plus en plus générale en même temps que s'élève le nombre de ceux entre lesquels la richesse doit être partagée.

Les besoins de l'homme moderne sont donc devenus très grands, et ont progressé beaucoup plus vite que les moyens de les satisfaire. Les statisticiens prouvent que l'aisance n'a jamais été plus développée qu'aujourd'hui, mais ils montrent aussi que les besoins n'ont jamais été aussi impérieux. Or, dans une équation, l'égalité entre les deux termes ne subsiste que si ces termes progressent également. Le rapport entre les besoins et les moyens de les satisfaire représente l'équation du bonheur. Quand les deux termes sont égaux, si petits qu'on les suppose, l'homme est satisfait. Il est satisfait encore quand les deux termes étant inégaux par suite de l'insuffisance des moyens de satisfaction, l'égalité se rétablit par la réduction des besoins. Une telle solution a été découverte depuis longtemps par les Orientaux, et c'est pourquoi nous les voyons toujours content de leur sort. Mais, dans l'Europe moderne, les besoins ont immensément grandi, sans que les moyens de les satisfaire aient suivi une marche aussi rapide. Il en résulte que les deux termes de l'équation sont devenus très inégaux, et que la plupart des hommes civilisés maudissent aujourd'hui leur sort. Du haut en bas, le mécontentement est le même, parce que du haut en bas les besoins sont proportionnellement aussi démesurés. Chacun est entraîné dans la même course échevelée vers la fortune, et rêve de briser tous les obstacles qui l'en séparent.

Sur un fond d'indifférence pessimiste pour les intérêts généraux et les doctrines, l'égoïsme individuel s'est accru sans frein. La richesse est devenue le but que chacun sollicite, et ce but fait oublier tous les autres.

De telles tendances ne sont assurément pas nouvelles dans l'histoire, mais il semble bien qu'elles se présentaient jadis sous une forme moins générale et moins exclusive. « Les hommes du XVIIIème siècle, dit Tocqueville, ne connaissaient guère cette sorte de passion du bienêtre qui est comme la mère de la servitude. Dans les hautes classes on s'occupait bien plus à orner sa vie qu'à la rendre commode, à l'illustrer qu'à l'enrichir. »

Cette recherche universelle de la richesse a eu pour inévitable corollaire un abaissement général de la moralité et toutes les conséquences qui découlent de cet abaissement. La plus visible a été une diminution profonde du prestige de la bourgeoisie aux yeux des couches sociales inférieures. La société bourgeoise a autant vieilli en un siècle que l'aristocratie en mille ans. Elle s'use en moins de trois générations et ne se renouvelle que par des emprunts constants dans les milieux placés au-dessous d'elle. Elle peut léguer la richesse à ses fils, mais comment leur léguerait-elle des qualités accidentelles que les siècles seuls peuvent fixer ? Les grandes fortunes se sont substituées aux grandes hérédités, mais ces grandes fortunes tombent trop souvent dans de tristes mains. Et c'est peut-être l'étalage insolent des grandes fortunes et la façon dont elles se dépensent qui ont le plus contribué au développement des idées socialistes. « On ne souffre réellement, dit justement monsieur Faguet, que du bonheur des autres. Le malheur du pauvre est là. »

Les socialistes savent bien qu'ils ne peuvent réaliser l'égalité dans la richesse, mais ils espèrent réaliser au moins l'égalité dans la pauvreté.

La jeunesse aisée ne donne pas non plus aux classes populaires un bien édifiant spectacle. Elle secoue de plus en plus toutes les traditions morales qui seules peuvent donner de la stabilité aux sociétés. Les idées de devoir, de patriotisme et d'honneur lui semblent trop souvent de vains préjugés, de ridicules entraves. Élevée dans le culte exclusif du succès, elle manifeste les appétits et les convoitises les plus féroces. Quand la spéculation, l'intrigue, les riches mariages ou les héritages mettent la fortune dans ses mains, elle ne la consacre qu'aux plus vulgaires jouissances.

La jeunesse universitaire ne présente pas un plus consolant spectacle. Elle est le triste produit de notre enseignement classique. Tout imbue de rationalisme latin, n'ayant qu'une instruction théorique et purement livresque, elle est incapable de rien comprendre aux réalités de la vie, aux nécessités qui maintiennent l'existence des sociétés. L'idée de patrie, sans laquelle aucun peuple ne saurait durer, lui semble, comme l'écrivait récemment un académicien fort connu, la conception « de chauvins imbéciles tout à fait dénués de philosophie ».

Ces abus de la fortune et la démoralisation croissante de la bourgeoisie ont donné une justification sérieuse aux diatribes des socialistes actuels contre l'inégale répartition des richesses. Il n'a été que trop facile à ces derniers de montrer que les grandes fortunes modernes ont bien souvent pour bases de gigantesques rapines prélevées sur les modestes ressources de milliers de misérables. Comment qualifier autrement tant d'opérations financières telles que ces emprunts étrangers lancés par des grandes sociétés de crédit parfaitement renseignées sur la valeur des emprunteurs, parfaitement sûres que leurs souscripteurs trop confiants seront ruinés, mais n'hésitant pas à les ruiner pour toucher des commissions qui s'élèvent parfois, comme dans l'emprunt du Honduras, à plus de 50 % du total de l'emprunt ? Le pauvre diable qui, poussé par la faim, vous prend votre montre au coin du bois, n'est-il vraiment pas infiniment moins coupable que ces forbans de la finance ? [2]

Que dire de spéculations comme celle de ce jeune milliardaire américain qui, au moment de la guerre des États-Unis avec l'Espagne, acheta, en bloc, le blé disponible sur presque tous les marchés du monde et ne le revendit que lorsque le commencement de disette qu'il avait provoqué en eut fait considérablement monter le prix. Cette spéculation provoqua une crise en Europe, la famine et des émeutes en Italie et en Espagne, et la mort par la faim d'un grand nombre de pauvres diables. Les socialistes ont-ils vraiment tort de comparer les auteurs de ces opérations à de vulgaires pirates et d'assurer qu'ils méritent la corde ?

Et ici nous touchons à un des problèmes les plus difficiles peut-être des temps modernes et pour la solution duquel les socialistes ne proposent que des moyens enfantins. Le problème à résoudre serait de soustraire les sociétés à la puissance formidable et croissante des grands financiers. Par les journaux qu'ils achètent, les hommes politiques qu'ils soudoient ; ils arrivent de plus en plus à être les seuls maîtres d'un pays et constituent un gouvernement d'autant plus dangereux qu'il est à la fois tout puissant et occulte. « Ce gouvernement en voie de formation, écrit monsieur Faguet, n'a aucun idéal, ni moral ni intellectuel. Il n'est ni bon ni méchant. Il considère l'humanité comme un troupeau qu'il faut faire travailler,

---

[2] Grâce à leurs capitaux les directeurs des Trusts américains peuvent faire des opérations de banque autrement gigantesques. On en cite une de Rockfeller, directeur du « Standard Oil Trust » qui provoqua une panique pour faire baisser la plupart des actions existant sur le marché américain. Les ayant alors achetées, il les laissa reprendre leur cours. L'opération lui rapporta plus de 2 milliards, d'après une étude publiée par M. Dorbigny dans la *Revue des Revues*. Le syndicat du pétrole a rapporté à ce spéculateur près de cent millions de francs dans l'année.

qu'il faut nourrir, qu'il faut empêcher de se battre et qu'il faut tondre... Il est insoucieux de tout progrès intellectuel, artistique ou moral. Il est international, n'a pas de patrie et tend, sans du reste s'en inquiéter, à exterminer dans le monde l'idée de patrie. »

Il est difficile de prévoir comment les sociétés modernes pourront se soustraire à la très redoutable tyrannie qui les menace. Les Américains qui semblent devoir en être les premières victimes prévoient déjà, par la bouche de leurs plus éminents représentants, des révolutions sanglantes. Mais s'il est facile de se révolter contre un despote, comment se révolter contre un pouvoir occulte et anonyme ? Comment atteindre des fortunes habilement disséminées dans le monde entier ? Ce qui est bien certain, c'est qu'il sera difficile de tolérer longtemps sans révolte qu'un seul individu puisse, pour s'enrichir, décréter une famine ou la ruine de milliers d'individus avec plus de facilité que Louis XIV ne déclarait une guerre.

Démoralisation des couches supérieures de la société, répartition inégale et souvent fort inéquitable de l'argent, abus dangereux de la richesse, irritation croissante des classes populaires, besoins toujours plus grands de jouissances, évanouissement des vieilles hiérarchies et des vieilles croyances, il y a dans toutes ces circonstances bien des sujets de mécontentement, qui contribuent à expliquer l'extension rapide du socialisme.

Les esprits les plus distingués souffrent d'un malaise non moins profond, quoique de nature différente. Ce malaise ne les transforme pas toujours en partisans des nouvelles doctrines, mais les empêche de s'intéresser beaucoup à la défense de l'état social actuel. La désagrégation successive de toutes les croyances et des institutions qui reposaient sur elles, l'impuissance totale de la science à jeter quelque lumière sur les mystères qui nous entourent et qui ne font que s'épaissir à mesure que nous voulons les sonder, la démonstration trop évidente que tous nos systèmes philosophiques ne représentent qu'un galimatias impuissant et vide, le triomphe universel de la force brutale et le découragement qu'il provoque, ont fini par jeter les élus de l'intelligence dans un pessimisme sombre.

Les tendances pessimistes des âmes modernes ne sont pas contestables. On ferait un volume en citant les phrases qui les expriment chez nos écrivains. Les extraits suivants suffiront à montrer le désarroi général des esprits :

« Quant au tableau des souffrances de l'humanité, écrit un distingué philosophe contemporain M. Renouvier, sans parler des maux qui tiennent aux lois générales du règne animal, celui qu'en fait Schopenhauer passera pour faible aujourd'hui, plutôt que poussé au noir, si nous pensons aux phénomènes sociaux qui caractérisent notre époque, la guerre des nationalités, la guerre des classes, l'universelle extension du militarisme, les progrès de l'extrême misère, parallèle au développement de la grande richesse et des raffinements de la vie de plaisir, la marche croissante de la criminalité tant héréditaire que professionnelle, celle du suicide, le relâchement des mœurs familiales et l'abandon des croyances supramondaines que remplace de plus en plus le stérile culte matérialiste des morts. Tout cet ensemble des traits d'une rétrogradation visible de la civilisation vers la barbarie, et que ne peut manquer d'accroître le contact des Européens et des Américains avec les populations stationnaires ou même dégradées de l'ancien monde, tout cela n'apparaissait pas encore au temps ou Schopenhauer a donné le signal d'un retour des esprits au jugement pessimiste sur les mérites du monde. »

« Les plus forts marchent sans vergogne sur les droits des plus faibles, écrit un autre philosophe, monsieur Boiley. Les Américains exterminent les Peaux-Rouges. Les Anglais pressurent les Hindous. Sous prétexte de civilisation, les nations européennes se partagent l'Afrique, mais ne visent en réalité qu'à se créer des débouchés commerciaux. La jalousie entre puissances a pris des proportions inusitées. La Triplice nous menace par crainte et par convoitise. La Russie vient à nous par intérêt. »

Haine et envie dans les couches profondes. Indifférence, égoïsme intense et culte exclusif de la richesse dans les couches dirigeantes. Pessimisme chez les penseurs, telles sont donc les tendances générales modernes. Une société doit être bien solide pour résister à de telles causes de dissolution. Il est douteux qu'elle y résiste longtemps.

Quelques philosophes se consolent de cet état de mécontentement général en soutenant qu'il constitue une raison de progrès, et que les peuples trop satisfaits de leur sort, comme les Orientaux, ne progressent plus.

« L'inégalité des richesses, dit Wells, semble constituer le plus grand des maux de la société. Mais si grand que soit ce mal, ceux qui résulteraient de l'égalité des richesses seraient pires encore. Si chacun était content de sa situation, si chacun croyait ne pouvoir l'améliorer, le monde tomberait dans un état de torpeur. Or, il est constitué de telle sorte qu'il ne peut rester stationnaire. Le mécontentement pour chacun de sa propre condition est le pouvoir moteur de tout progrès humain. »

Quoi qu'il en soit de ces espérances et des réquisitoires qu'il est facile de dresser contre l'état de choses actuel, il faut bien admettre que toutes les iniquités sociales sont inévitables, puisque, à des degrés divers, elles ont toujours existé. Elles semblent donc la conséquence fatale de la nature même de l'homme et aucune expérience ne permet de croire qu'en changeant nos institutions et en substituant une classe à une autre, on puisse abolir, ou même atténuer, les iniquités dont nous nous plaignons tant. L'armée des hommes vertueux a toujours compté très peu de soldats, beaucoup moins encore d'officiers, et l'on n'a guère découvert les moyens d'en augmenter le nombre. Il faut donc se résigner à ranger les iniquités sociales à côté des iniquités naturelles, telles que la vieillesse et la mort, dont nous devons subir le joug, et contre lesquelles toutes les récriminations sont vaines. En somme, si nous ressentons plus vivement qu'autrefois nos maux, il semble bien certain pourtant qu'ils n'ont jamais été moins lourds. Sans remonter aux âges où l'homme, réfugié au fond des cavernes, disputait péniblement aux bêtes sa maigre subsistance et leur servait bien souvent de pâture, rappelons-nous que nos pères ont connu l'esclavage, les invasions, les famines, les guerres de toute sorte, des épidémies meurtrières, l'Inquisition, la Terreur, et bien d'autres misères encore. N'oublions pas que, grâce aux progrès des sciences et de l'industrie, à l'élévation des salaires et au bon marché des objets de luxe, l'individu le plus humble vit aujourd'hui avec plus de confort qu'un gentilhomme féodal de jadis dans son manoir, toujours menacé de pillage et de destruction par ses voisins.

Grâce à la vapeur, à l'électricité et à toutes les découvertes actuelles, le dernier des paysans possède une foule de commodités que Louis XIV, avec tout son faste, n'a pas connues.

§ 3. La méthode des pourcentages dans l'appréciation des phénomènes sociaux

Pour porter des jugements équitables sur un milieu social donné, nous ne devons pas tenir compte seulement des maux qui nous touchent ou des injustices qui heurtent nos sentiments. Chaque société contient une certaine proportion de bien et de mal, un nombre déterminé d'hommes vertueux et de gredins, d'hommes de génie, d'hommes médiocres et d'imbéciles. Pour comparer les sociétés entre elles ou à travers les âges, il ne faut pas considérer isolément les éléments qui les composent, mais la proportion respective des uns et des autres, c'est à dire le pourcentage de ces éléments. Il faut laisser de côté les cas particuliers qui nous frappent et nous trompent, et les moyennes des statisticiens, qui nous trompent plus encore.

Les phénomènes sociaux sont dominés par des pourcentages, et non par des cas particuliers ou par des moyennes.

La plupart de nos erreurs de jugement et les généralisations hâtives qui en sont la suite résultent d'une connaissance insuffisante du pourcentage des éléments observés. La tendance habituelle, tendance caractéristique des esprits peu développés, est de généraliser les cas particuliers sans rechercher dans quelle proportion ils se présentent. Nous imitons ainsi le voyageur qui, ayant été assailli par des voleurs dans la traversée d'une forêt, affirmerait que cette forêt est habituellement infestée de brigands, sans songer à rechercher combien d'autres voyageurs et en combien d'années y avaient été attaqués avant lui.

Une application sévère de la méthode des pourcentages apprend à se défier de ces généralisations sommaires. Les jugements que nous énonçons sur un peuple ou sur une société n'ont de valeur que s'ils portent sur un nombre assez grand d'individus pour que nous puissions savoir dans quelles proportions existent les qualités ou les défauts constatés. C'est seulement avec de telles données que les généralisations sont possibles.

Si nous avançons alors qu'un peuple se caractérise par l'initiative et l'énergie, cela ne veut nullement dire qu'il n'y ait pas chez ce peuple des individus complètement dépourvus de telles qualités, mais simplement que le pourcentage des individus qui en sont doués est considérable. Si, à cette indication claire mais encore vague de « considérable », il était possible de substituer des chiffres, la valeur du jugement y gagnerait beaucoup, mais dans les évaluations de cette sorte il faut bien, faute de réactifs assez sensibles, nous contenter d'approximations. Les réactifs sensibles ne manquent pas tout à fait, mais ils sont d'un maniement fort subtil.

Cette notion de pourcentage est capitale. C'est après l'avoir introduite dans l'anthropologie que j'ai pu montrer les différences cérébrales profondes qui séparent les diverses races humaines, différences que la méthode des moyennes n'avait pu établir. Jusque-là, en comparant les capacités moyennes des crânes chez diverses races, que voyait-on ? Des différences en réalité insignifiantes et qui pouvaient faire croire, comme le croyaient en effet la plupart des anatomistes, que le volume du cerveau est à peu près identique dans toutes les races. Au moyen de courbes particulières donnant le pourcentage exact des diverses capacités, j'ai pu, en opérant sur un nombre de crânes considérable, montrer d'une façon indiscutable que les capacités crâniennes différent énormément au contraire, suivant les races, et que ce qui distingue nettement les races supérieures des races inférieures, c'est que les premières possèdent un certain nombre de gros cerveaux que les secondes ne possèdent pas. En raison de leur petit nombre, ces gros cerveaux n'influent pas sur les moyennes. Cette démonstration anatomique confirmait d'ailleurs la notion psychologique que c'est par le nombre plus ou moins grand d'esprits éminents qu'il possède que se caractérise le niveau intellectuel d'un peuple.

Dans l'observation des faits sociaux, les procédés d'investigation sont trop imparfaits encore pour appliquer ces méthodes d'évaluation rigoureuse qui permettent de traduire des phénomènes en courbes géométriques. Ne pouvant voir toutes les faces d'une question, nous devons au moins avoir présent à l'esprit que ces faces sont fort diverses et qu'il en est beaucoup que nous ne soupçonnons pas ou ne comprenons pas. Or, ce sont justement les éléments les moins visibles qui sont souvent les plus importants. Pour porter sur des problèmes complexes, et les problèmes sociaux le sont tous, des jugements qui ne soient pas trop erronés, il faut rectifier sans cesse ces jugements par une série de vérifications et d'approximations successives, en tâchant de laisser absolument de côté nos intérêts et nos préférences. Il faut constater pendant longtemps avant de conclure, et le plus souvent se borner à constater. Ce ne sont pas de tels principes qu'ont appliqués jusqu'ici les écrivains qui ont traité du socialisme, et c'est pourquoi sans doute leurs œuvres ont eu une influence aussi faible qu'éphémère.

Chapitre III
Les théories socialistes

§1. Principes fondamentaux des théories socialistes. — Les théories socialistes se ramènent au collectivisme et à l'individualisme. — Ces principes opposés ont toujours été en lutte.
§2. L'individualisme. — Son rôle dans l'évolution des civilisations. — Son développement n'est possible que chez les peuples doués de certaines qualités. — L'individualisme et la Révolution.
§3. Le collectivisme. — Toutes les formes actuelles du socialisme réclament l'intervention de l'État. — Rôle que lui réserve le collectivisme. — Dictature absolue de l'État ou de la communauté dans le collectivisme. — Antipathie des socialistes pour la liberté. — Comment les collectivistes espèrent arriver à la suppression des inégalités. — Côtés semblables de tous les programmes des diverses sectes socialistes. —L'anarchisme et sa doctrine. — Ancienneté des programmes socialistes.
§4. Les idées socialistes sont, comme les diverses institutions des peuples, la conséquence de leur race. — Importance de la notion de race. — Différence des concepts politiques et sociaux qui s'abritent sous des mots identiques. — Les peuples ne peuvent changer leurs institutions à leur gré et ne peuvent qu'en modifier les noms.

§ 1. Principes fondamentaux des théories socialistes

Exposer les conceptions politiques et sociales des théoriciens du socialisme serait fort dépourvu d'intérêt, s'il n'était arrivé parfois à ces conceptions d'être en rapport avec les aspirations d'une époque, et de produire pour cette raison une certaine impression sur les esprits. Si, comme nous l'avons tant de fois soutenu, et comme nous nous proposons de le montrer encore, les institutions d'un peuple sont les conséquences de son organisation mentale héréditaire, et non le produit de théories philosophiques créées de toutes pièces, on conçoit le peu d'importance des utopies sociales et des constitutions spéculatives. Mais, dans leurs rêveries, les politiciens et les rhéteurs ne font souvent que revêtir d'une forme accessible aux esprits les aspirations inconscientes de leur époque et de leur race. Les rares écrivains qui ont exercé par leurs livres quelque influence dans le monde, tels que Adam Smith en Angleterre et Jean-Jacques Rousseau en France, n'ont fait que condenser sous une forme intelligible et claire des idées qui se répandaient déjà de toutes parts. Ce qu'ils ont exprimé, ils ne l'ont pas créé. Le recul du temps peut seul faire illusion sur ce point.

Si nous limitons les diverses conceptions socialistes aux principes fondamentaux sur lesquels elles reposent, l'exposé en sera très bref.

Sous leur diversité apparente, les théories modernes de l'organisation des sociétés peuvent se ramener à deux principes fondamentaux et opposés : l'individualisme et le collectivisme. Dans l'individualisme, l'homme est abandonné à lui-même, son action est portée à un maximum et celle de l'État à un minimum. Dans le collectivisme, ses moindres actions sont dirigées par l'État, c'est-à-dire par la collectivité. L'individu ne possède aucune initiative, tous les actes de sa vie lui sont tracés. Les deux principes ont toujours été plus ou moins en lutte, et le développement des civilisations modernes a rendu cette lutte plus vive que jamais. Ils n'ont en eux-mêmes aucune valeur absolue, mais doivent être jugés suivant les temps, et surtout les races chez lesquelles ils se sont manifestés. C'est ce que nous verrons en avançant dans cet ouvrage.

§ 2. L'INDIVIDUALISME

Tout ce qui a fait la grandeur des civilisations: arts, sciences, philosophies, religions, puissance militaire, etc., a été l'œuvre des individus et non des collectivités. C'est par les individus d'élite, rares et suprêmes fruits de quelques races supérieures, que se sont réalisés les découvertes et les progrès les plus importants, dont l'humanité entière profite. Les peuples chez lesquels l'individualisme est le plus développé, sont par ce fait seul, à la tête de la civilisation et dominent aujourd'hui le monde.

Pendant des siècles, c'est-à-dire pendant la succession des âges qui ont précédé le nôtre, la collectivité a toujours été toute-puissante, au moins chez les peuples latins. L'individu n'était rien en dehors d'elle. La Révolution, couronnement de toutes les doctrines des écrivains du XVIIIème siècle, représente peut-être la première tentative sérieuse de réaction de l'individualisme. Mais, en affranchissant, théoriquement au moins, l'individu, elle l'a isolé. En l'isolant de sa caste, de sa famille, des groupes sociaux ou religieux dont il faisait partie, elle l'a laissé livrer à lui-même, transformant ainsi la société en une poussière d'individus sans cohésion et sans liens.

Une telle œuvre ne pouvait avoir de conséquences bien durables chez des peuples peu adaptés par leurs caractères ancestraux, leurs institutions et leur éducation à compter sur eux-mêmes et à se gouverner sans maitres. Très avides d'égalité ils se sont toujours montrés peu soucieux de la liberté. La liberté, c'est la concurrence, une lutte incessante, mère de tout progrès, dans laquelle ne peuvent triompher que les plus capables et où les plus faibles sont, comme dans la nature, condamnés à l'écrasement. Les forts peuvent seuls supporter l'isolement et ne compter que sur eux-mêmes. Les faibles ne le peuvent pas. Plutôt que l'isolement et le défaut d'appui, ils préfèrent la servitude, alors même que cette servitude est très dure. Les corporations et les castes, détruites par la Révolution, formaient jadis la trame qui servait à l'homme de soutien dans la vie. Et il est bien évident qu'elles correspondaient à une nécessité psychologique, puisqu'elles renaissent aujourd'hui de toutes parts sous des noms divers et notamment sous celui de syndicats. Ces syndicats permettent à l'individu de réduire au minimum son effort, alors que l'individualisme l'oblige à porter au maximum cet effort. Isolé, le prolétaire n'est rien et ne peut rien ; syndiqué, il devient une puissance redoutable. Si le syndicat ne peut lui donner la capacité et l'intelligence, il lui donne au moins la force et ne lui ôte qu'une liberté dont il ne saurait que faire.

On a reproché à la Révolution d'avoir développé l'individualisme d'une façon exagérée. Mais ce reproche n'est pas très exact. Il y a loin de la forme d'individualisme qu'elle a fait prévaloir à l'individualisme que pratiquent certains peuples, les Anglo-Saxons par exemple. L'idéal révolutionnaire était de briser les corporations, les groupements, de ramener tous les individus à un type commun, et d'absorber tous ces individus, ainsi dissociés de leur groupe, sous la tutelle d'un État fortement centralisé. Rien n'est plus opposé à l'individualisme anglosaxon, qui favorise les groupements des individus, obtient tout par ces groupements, et réduit à d'étroites limites l'action de l'État.

L'œuvre de la Révolution a été bien moins révolutionnaire qu'on ne le croit généralement. En exagérant la centralisation et l'absorption par l'État, elle n'a fait que continuer une tradition latine enracinée par des siècles de monarchie, et suivie également par tous les Gouvernements. En brisant les corporations politiques, ouvrières, religieuses ou autres, elle a rendu plus complète encore cette centralisation, cette absorption, et obéi ainsi d'ailleurs aux aspirations de tous les philosophes de l'époque.

Le développement de l'individualisme a nécessairement pour conséquence de laisser l'individu isolé au milieu d'une compétition ardente d'appétits. Des races jeunes et vigoureuses, et où les inégalités mentales entre les individus ne sont pas trop grandes, telles que les Anglo-Saxons, s'accommodent très bien d'un tel régime. Par l'association, les ouvriers anglais ou américains savent parfaitement lutter contre les exigences du capital, et ne pas se laisser tyranniser par lui. Chaque intérêt a su ainsi se faire place. Mais chez des races âgées, dont les siècles et le système d'éducation ont usé l'initiative, les conséquences du développement de l'individualisme ont fini par devenir très dures. Les philosophes du dernier siècle et la Révolution, en brisant, ou en achevant de briser tous les liens religieux et sociaux qui servaient à l'homme de soutiens et l'appuyaient sur une base puissante, que cette base fût l'Église, la famille, la caste ou la corporation, ont cru certainement faire une œuvre essentiellement démocratique. Ce qu'ils ont favorisé finalement, sans le prévoir, c'est la naissance d'une aristocratie financière d'une puissance formidable, régnant sur une poussière d'individus sans défense et sans solidarité. Le seigneur féodal ne menait pas ses cerfs plus durement que le seigneur industriel moderne, roi d'une usine, ne conduit parfois ses mercenaires. Ceux-ci jouissent théoriquement de toutes les libertés, et théoriquement encore, ils sont les égaux de leur maître. Pratiquement, ils sentent peser sur eux, au moins à l'état de menace, les lourdes chaînes de la dépendance et la crainte de la misère.

L'idée de remédier à ces conséquences imprévues de la Révolution devait nécessairement germer, et les adversaires de l'individualisme n'ont pas manqué de bonnes raisons pour le combattre. Il leur a été facile de soutenir que l'organisme social est plus important que l'organisme individuel et que l'intérêt du second doit céder à celui du premier. Que les faibles, les incapables, ont le droit d'être protégés, et qu'il faut corriger par une répartition nouvelle de la fortune, faite par la société elle-même, les inégalités que la nature a créées.

Ainsi est né le socialisme moderne, fils du socialisme antique, et qui, comme lui, veut modifier la répartition des richesses en dépouillant ceux qui possèdent au profit de ceux qui ne possèdent pas.

Le moyen de faire disparaître les inégalités sociales est théoriquement très simple. L'État n'a qu'à intervenir pour procéder à la distribution des biens, et rétablir sans cesse l'équilibre détruit au profit de quelques-uns. De cette idée si peu nouvelle, et si séduisante en apparence, sont sorties les conceptions socialistes dont nous allons nous occuper maintenant.

§ 3. Le collectivisme

Les doctrines socialistes sont très variées dans leurs détails mais très semblables dans leurs principes. Elles se trouvent par leurs côtés généraux synthétisées dans le collectivisme.[3]

Nous dirons quelques mots de ses origines dans le chapitre consacré à l'étude du socialisme en Allemagne. Le socialisme est

---

[3] Ainsi que je l'ai fait remarquer dans la préface de cette nouvelle édition, le collectivisme commence à être considéré par les socialistes eux-mêmes, dans les pays à tendances scientifiques tels que l'Angleterre et l'Allemagne, comme une utopie irréalisable. Dans les pays qui se laissent gouverner par des opinions sentimentales comme les Latins, le collectivisme a au contraire conservé toute sa force. Le socialisme est beaucoup moins dangereux en réalité sous sa forme absolue que quand il prend l'aspect de simples projets d'amélioration par la réglementation du travail. Sous sa forme absolue et avec ses menaces de destruction on voit ses dangers et on peut le combattre. Sous sa forme altruiste on ne voit pas ses dangers et on l'accepte facilement. Il s'introduit alors dans tous les éléments de l'organisation sociale et les dissout lentement. La Révolution française commença elle aussi par des projets de réformes altruistes fort anodins qu'acceptèrent tous les partis, y compris ceux qui devaient en être les victimes. Elle se termina par de sanglants massacres et par la dictature.

divisé aujourd'hui en sectes innombrables, mais toutes possèdent ce caractère commun de vouloir recourir à la protection de l'État pour réparer les injustices du sort et procéder à la répartition des richesses.

Les propositions fondamentales du socialisme ont au moins le mérite de la plus extrême simplicité : confiscation par l'État des capitaux, des mines, des propriétés. Administration et répartition de la fortune publique par une armée immense de fonctionnaires. L'État, ou, si l'on préfère, la communauté, puisque les collectivistes n'emploient plus maintenant le mot État, fabriquerait tout sans concurrence permise. Les plus faibles traces d'initiative, de liberté individuelle, de concurrence, seraient supprimées. Le pays ne serait qu'une sorte d'immense couvent soumis à une sévère discipline maintenue par une armée de fonctionnaires. L'hérédité des biens étant abolie, aucune accumulation de fortune ne pourrait plus se produire.

Quant à l'individu, le collectivisme ne considère guère que ses besoins d'alimentation, et ne s'occupe que de les satisfaire.

Il est visible que ce régime implique une dictature absolue de l'État, ou, ce qui revient identiquement au même, de la communauté, dans la réglementation et la distribution des richesses, et une servitude non moins absolue des travailleurs. Mais cet argument ne pourrait toucher ces derniers. Ils se soucient très peu de la liberté, comme le prouve l'enthousiasme avec lequel ils ont acclamé tous les Césars quand il en a surgi. Ils se soucient très peu aussi de ce qui fait la grandeur d'une civilisation : arts, sciences, littérature, etc., lesquels disparaîtraient immédiatement d'une société pareille. Le programme collectiviste n'a donc rien qui puisse leur sembler antipathique.

En échange de la ration alimentaire, que les théoriciens du socialisme lui promettent, « l'ouvrier accomplira son travail sous la surveillance des fonctionnaires de l'État, comme autrefois les forçats au bagne sous l'œil et la menace du garde-chiourme. Toute initiative individuelle sera étouffée, et chaque travailleur se reposera, dormira, mangera au commandement des chefs préposés à la garde, à la nourriture, au travail, aux récréations et à l'égalité parfaite de tous ».

Tout stimulant étant détruit, nul ne ferait d'efforts pour améliorer sa position ou tenter d'en sortir. Ce serait l'esclavage le plus sombre, sans espoir d'affranchissement. Sous la domination du capitaliste, le travailleur peut au moins rêver d'être capitaliste à son tour, et il le devient quelquefois. Quel rêve pourrait-il poursuivre sous la tyrannie anonyme et forcément despotique d'un État niveleur, prévoyant tous ses besoins et dirigeant toutes ses volontés ? Monsieur Bourdeau fait remarquer que l'organisation collectiviste ressemblerait assez à celle des jésuites du Paraguay. Ne ressemblerait-elle pas plutôt à l'organisation des nègres sur les plantations à l'époque de l'esclavage ?

Si aveuglés qu'ils puissent être par leurs chimères, et si convaincus qu'ils soient de la puissance des institutions contre les lois économiques, les plus intelligents des socialistes n'ont pas méconnu que les grosses objections à opposer à leur système sont ces terribles inégalités naturelles, contre lesquelles aucune récrimination n'a jamais pu prévaloir. À moins de massacrer systématiquement, à chaque génération, les individus dépassant, si peu que ce soit, le niveau de la plus humble moyenne, les inégalités sociales, filles des inégalités mentales, seraient vite rétablies.

Les théoriciens combattent cette objection en assurant que, grâce au nouveau milieu social artificiellement créé, les capacités s'égaliseraient bien vite, et que le stimulant de l'intérêt privé, qui a été jusqu'ici le grand mobile de l'homme et la source de tous les progrès, deviendrait inutile et serait remplacé par la formation subite d'instincts altruistes qui amèneraient l'individu à se dévouer aux intérêts collectifs.

On ne peut nier que les religions aient (au moins pendant les courtes périodes de foi ardente qui ont suivi leur naissance), obtenu quelques résultats analogues. Mais elles avaient le ciel à offrir à leurs croyants, avec une vie éternelle de récompenses, alors que les socialistes ne proposent à leurs adeptes, en échange du sacrifice de leur liberté, qu'un enfer de servitude et de bassesse sans espoir.

Supprimer les effets des inégalités naturelles est théoriquement facile, mais supprimer ces inégalités elles-mêmes sera toujours impossible. Elles font, avec la vieillesse et la mort, partie des fatalités éternelles que l'homme doit subir.

Mais quand on ne sort pas des rêveries, il est facile de tout promettre, et, comme le Prométhée d'Eschyle, de « faire habiter dans l'âme des mortels les aveugles espérances ». L'homme changera donc pour s'adapter à la société nouvelle créée par les socialistes. Les différences qui séparent les individus disparaîtront, et nous ne connaîtrons plus que le type moyen si bien décrit par le mathématicien Bertrand : « Sans passions ni vices, ni fou ni sage, d'idées moyennes, d'opinions moyennes, il mourrait à un âge moyen, d'une maladie moyenne inventée par la statistique. »

Les procédés de réalisation proposés par les diverses sectes socialistes sont variés dans la forme quoique tendant à un même but. Ils se ramènent finalement à obtenir l'accaparement rapide de la terre et des richesses par l'État, soit par simple décret, soit en élevant énormément les droits de succession, ce qui amènerait la suppression des fortunes familiales en un petit nombre de générations.

L'énumération des programmes et des théories de ces diverses sectes serait sans intérêt, car le collectivisme prédomine aujourd'hui parmi elles et possède seul de l'influence, du moins dans les pays latins. La plupart de ces sectes sont d'ailleurs déjà tombées dans l'oubli. « C'est ainsi que le socialisme chrétien, qui tenait la tête en 1848, marche maintenant au dernier rang », ainsi que l'a fait observer depuis longtemps Léon Say. Quant au socialisme d'État, son nom seul a changé. Il n'est autre chose que le collectivisme actuel.

À propos du socialisme chrétien, on a fait remarquer avec raison qu'il se rencontre sur beaucoup de points avec les doctrines modernes : « Comme le socialisme, écrit monsieur Bourdeau, l'Église n'accorde aucune valeur à tout ce qui est esprit, talent, grâce, originalité, dons personnels. *Individualisme* est pour elle synonyme d'*égoïsme* ; et ce qu'elle a toujours cherché à imposer au monde, c'est le but même du socialisme : la *fraternité* sous l'*autorité*. Même organisation internationale, même réprobation de la guerre, même sentiment des souffrances et des besoins sociaux. Selon Bebel, c'est le pape qui, du haut du Vatican, voit le mieux se former l'orage qui s'amoncelle à l'horizon. La papauté serait même susceptible de devenir, pour le socialisme révolutionnaire, un concurrent dangereux, si elle se mettait résolument à la tête de la démocratie universelle. »

Les socialistes chrétiens ont aujourd'hui un programme qui diffère très peu de celui des collectivistes. Mais les autres socialistes, en haine de toute idée religieuse, les repoussent, et si le socialisme révolutionnaire venait à triompher, les socialistes chrétiens en seraient sûrement les premières victimes. Sûrement aussi ils ne trouveraient personne pour prendre en pitié leur sort.

Parmi les diverses sectes socialistes qui naissent et meurent chaque jour, l'anarchisme mérite une mention. Les socialistes anarchistes sembleraient théoriquement se rattacher à l'individualisme, puisqu'ils veulent laisser une liberté illimitée à l'individu. Mais il ne faut les considérer en pratique que comme une sorte d'extrême gauche du socialisme, car ils poursuivent également la destruction de la société actuelle. Leurs théories sont caractérisées par ce simplisme complet qui est la note dominante de toutes les utopies socialistes : la société ne valant rien, détruisons-la par le fer et le feu. Grâce aux forces naturelles il s'en formera une nouvelle évidemment parfaite. Par suite de quels merveilleux miracles la société nouvelle serait-elle différente de celles qui l'ont précédée ? Voilà ce qu'aucun anarchiste ne nous a jamais dit. Il est évident, au contraire, que si les civilisations actuelles étaient entièrement détruites, l'humanité repasserait par toutes les formes qu'elle a dû successivement franchir : la sauvagerie, l'esclavage, la barbarie etc. On ne voit pas très bien ce que les anarchistes y gagneraient. En admettant la réalisation immédiate de leurs rêves, c'est-à-dire : fusillades en bloc de tous les bourgeois, réunion en un grand tas de tous les capitaux auxquels chaque compagnon irait puiser à son gré, comment se renouvellerait ce tas quand il serait épuisé, et que tous les anarchistes seraient momentanément devenus capitalistes à leur tour ?

Quoi qu'il en soit, les anarchistes et les collectivistes sont les seules sectes possédant aujourd'hui de l'influence chez les peuples latins.

Les collectivistes croient que leurs théories ont été créées par l'allemand Marx. Elles sont bien autrement vieilles. On les trouve en détail dans les écrivains de l'antiquité. Sans remonter si loin, on peut faire remarquer, avec Tocqueville, qui écrivait il y a plus de cinquante ans, que toutes les théories socialistes sont longuement exposées dans le *Code de la Nature*, publié par Morelly en 1755.

« Vous y trouverez, avec toutes les doctrines sur la toute-puissance de l'État et sur ses droits illimités, plusieurs des théories politiques qui ont le plus effrayé la France dans ces derniers temps, et que nous nous figurions avoir vues naître : la communauté de biens, le droit au travail, l'égalité absolue, l'uniformité de toutes choses, la régularité mécanique dans tous les mouvements des individus, la tyrannie réglementaire et l'absorption complète de la personnalité des citoyens dans le corps social […] Rien dans la société n'appartiendra en propriété à personne, dit l'article premier du code. Chaque citoyen sera sustenté, entretenu et occupé aux dépens du public, dit l'article 2. Toutes les productions seront amassées dans des magasins publics, pour y être distribuées à tous les citoyens et servir aux besoins de leur vie. À cinq ans, tous les enfants seront enlevés à la famille et élevés en commun, aux frais de l'État, d'une façon uniforme, etc. »

§ 4. LES IDÉES SOCIALISTES SONT, COMME LES DIVERSES INSTITUTIONS DES PEUPLES, LA CONSÉQUENCE DE LEUR RACE

L'idée de race, si mal comprise il y a peu d'années encore, tend de plus en plus à prendre de l'extension et à dominer tous nos concepts historiques, politiques et sociaux.[4]

Nous avons montré dans un autre ouvrage comment les peuples, réunis et mêlés par les hasards des émigrations ou des conquêtes, sont arrivés à former des races historiques, les seules existant aujourd'hui, car les races pures, au point de vue anthropologique, ne se rencontrent plus guère que chez les sauvages.

---

[4] L'importance de la race, que l'on pourrait considérer comme une donnée bien élémentaire aujourd'hui, est cependant complètement incompréhensible encore pour beaucoup d'esprits. C'est ainsi que nous voyons monsieur Novicow soutenir dans un livre récent « le peu d'importance de la race dans les affaires humaines ». Il croit que le nègre peut devenir facilement l'égal du blanc, etc. De telles assertions montrent uniquement combien, suivant les propres expressions de l'auteur, « dans le domaine sociologique on se contente encore de phrases déclamatoires au lieu de faire une étude attentive des faits ». Tout ce que monsieur Novicow ne comprend pas est qualifié par lui de contradictions et les auteurs qui ne pensent pas comme lui sont rangés dans la famille des pessimistes. C'est de la psychologie facile assurément, mais aussi rudimentaire que facile. Pour admettre « le peu d'importance de la race dans les affaires humaines », il faut ignorer d'une façon bien complète l'histoire de Saint-Domingue, d'Haïti, celle des vingt-deux républiques hispano-américaines et celle des États-Unis. Méconnaître le rôle de la race, c'est se condamner à ne jamais comprendre l'histoire.

Cette notion bien établie, nous avons indiqué les limites des variations de caractères chez ces races, c'est-à-dire comment sur un substratum fixe se superposent des caractères mobiles et variables. Nous avons fait voir ensuite que tous les éléments d'une civilisation : langue, arts, coutumes, institutions, croyances, étant la conséquence d'une certaine constitution mentale, ne peuvent passer chez des peuples différents sans subir des transformations très profondes.

Il en est de même du socialisme. Cette loi des transformations étant générale, il doit la subir. Malgré les étiquettes trompeuses qui, en politique, comme en religion, comme en morale, couvrent des choses fort dissemblables, il y a sous des mots identiques des concepts politiques ou sociaux fort différents, de même que sous des mots différents s'abritent parfois des concepts identiques. Certains peuples latins vivent en monarchie, d'autres en république. Mais sous ces régimes nominalement si opposes, le rôle politique de l'État et de l'individu reste le même et représente l'idéal invariable de la race. Quel que soit le gouvernement nominal des Latins, l'action de l'État sera toujours prépondérante et celle des particuliers très faible. Chez les Anglo-Saxons, le régime, monarchique ou républicain, réalise un idéal absolument opposé à l'idéal latin. Au lieu d'être porté à un maximum, le rôle de l'État est réduit chez eux à un minimum, alors que le rôle politique ou social réservé à l'initiative privée est étendu au contraire à son maximum.

De ce qui précède, il résulte que la nature des institutions ne joue qu'un rôle bien faible dans la vie des peuples. Il faudra probablement quelques siècles encore avant qu'une telle notion pénètre dans les âmes populaires.[5]

---

[5] Elle n'a pas pénétré davantage d'ailleurs chez les esprits instruits, au moins chez les latins. Dans un article remarquable, publié le premier avril 1898 dans l'*Evening Post* de New-York à propos des idées d'un écrivain français distingué, monsieur Brunetière, le rédacteur du journal s'exprime ainsi : « C'est le caractère et non les institutions, qui fait la grandeur des

Ce n'est que lorsqu'elle y aura pénétré pourtant qu'apparaîtra clairement l'inutilité des constitutions et des révolutions. De toutes les erreurs qu'a enfantées l'histoire, la plus désastreuse, celle qui a fait verser inutilement le plus de sang, accumulé le plus de ruines, est cette idée qu'un peuple quelconque puisse changer ses institutions à son gré. Tout ce qu'il peut faire, c'est d'en changer les noms, d'habiller de mots nouveaux des conceptions anciennes, qui représentent l'évolution naturelle d'un long passé.

Ce n'est que par des exemples qu'il est possible de justifier les assertions qui précèdent. Nous en avons fourni plusieurs dans nos précédents ouvrages. Mais l'étude du socialisme chez les diverses races, étude à laquelle sont consacrés quelques-uns des chapitres qui vont suivre, nous en présentera bien d'autres. Nous montrerons tout d'abord, en prenant un peuple donné, comment l'avènement du socialisme a été préparé chez lui par la constitution mentale de sa race et par son histoire. Nous verrons ensuite comment les mêmes doctrines socialistes ne sauraient réussir chez d'autres peuples appartenant à des races différentes.

---

peuples, ainsi que l'a fort bien montré Gustave le Bon dans un livre récent l'erreur de monsieur Brunetière et de ses confrères est de croire qu'on peut faire les nations grandes avec des lois, par l'augmentation de leur armée et de leur marine ou en substituant le scrutin de liste au scrutin d'arrondissement. » La lecture des discours des hommes politiques latins de tous les partis montre à quel point ils professent des opinions identiques à celles de monsieur Brunetière. Ce ne sont pas des opinions individuelles, ce sont des opinions de race.

Chapitre IV
Les adeptes du socialisme et leur état mental

§1. Classification des adeptes du socialisme. — Liens communs qui relient les diverses catégories de socialistes. — Nécessité d'étudier séparément les divers groupes d'adeptes du socialisme.
§2. Classes ouvrières. — Division en manœuvres et artisans. — Différences du concept socialiste dans ces deux classes. — Psychologie de l'ouvrier parisien. — Son intelligence et son esprit d'indépendance. — Sa supériorité sur la classe des employés. — Caractère imprévoyant et impulsif de l'ouvrier. — Son sens artistique. — Ses instincts conservateurs. — Sa sociabilité et son absence d'égoïsme. — Simplisme de ses opinions politiques. — Ce que représente le Gouvernement pour lui. — La classe des ouvriers parisiens sera la plus réfractaire à l'adoption du socialisme.
§3. Classes dirigeantes. — Progrès du socialisme sentimental dans les classes instruites. — Raisons de ces progrès. — Influence de la contagion, de la peur, du scepticisme et de l'indifférence.
§4. Classe des demi-savants et doctrinaires. — Définition du demi-savant. — En quoi on peut être un demi-savant tout en étant fort instruit. — Le demi-savant formé par les livres reste toujours étranger aux réalités qui l'entourent. — Développement rapide du socialisme chez les demi-savants. — Rôle funeste de l'Université et des universitaires. — Les doctrinaires. — Leur esprit incompréhensif et simpliste.

§ 1. Classification des adeptes du socialisme

Le socialisme comprend des théories fort diverses et en apparence fort contraires. L'armée de ses disciples n'a guère de lien commun qu'une antipathie intense pour l'ordre de choses actuel, et des aspirations vagues vers un idéal nouveau destiné à leur procurer une situation meilleure et à remplacer les anciennes croyances. Bien que tous les soldats de cette armée marchent avec ensemble vers la destruction de l'héritage du passé, ils sont animés de sentiments très variés.

Ce n'est qu'en examinant séparément leurs principaux groupes qu'il sera possible de nous faire une idée un peu plus claire de leur psychologie, et par conséquent de leur réceptivité pour les nouvelles doctrines.

C'est dans les classes populaires, les classes ouvrières surtout, que le socialisme semble au premier abord devoir recruter ses plus nombreux adeptes. L'idée nouvelle se présente sous cette forme très élémentaire, et par conséquent très compréhensible : moins de travail et plus de jouissances. Au lieu du salaire incertain, de la vieillesse souvent misérable, de l'esclavage de l'usine parfois très dur, on leur promet une société régénérée, où, grâce à une répartition nouvelle des richesses par la toute-puissance de l'État, le travail sera très bien rétribué et très facile.

Devant des promesses aussi brillantes et si souvent répétées, il semblerait que les classes populaires ne puissent hésiter, alors surtout qu'ayant, de par le suffrage universel, le droit de choisir les législateurs, elles tiennent tous les pouvoirs entre leurs mains. Elles hésitent pourtant. Ce qui est le plus frappant aujourd'hui, ce n'est pas la rapidité avec laquelle se propagent les nouvelles doctrines, mais au contraire la lenteur relative de leur propagation. Il faut étudier comme nous allons le faire les diverses catégories d'adeptes du socialisme, pour comprendre cette inégalité d'influence dans les divers milieux.

Nous examinerons successivement à ce point de vue les catégories suivantes : classes ouvrières, classes dirigeantes, classes des demi-savants et des doctrinaires.

§ 2. Classes ouvrières

La psychologie des classes ouvrières est trop différente suivant la profession, les provinces, le milieu, pour pouvoir être exposée en détail. Elle demanderait d'ailleurs une étude très longue, très laborieuse, exigeant de grandes facultés d'observation, et qui, probablement pour ces raisons, n'a jamais été tentée.

Je bornerai mon étude à une classe ouvrière bien déterminée, celle des ouvriers parisiens. C'est la seule sur laquelle j'ai pu faire une enquête un peu approfondie. Elle présente un intérêt tout particulier puisque c'est toujours à Paris que se font nos révolutions. Ces dernières sont possibles ou impossibles suivant que les meneurs ont ou n'ont pas derrière eux la classe ouvrière parisienne.

Cette classe intéressante comprend évidemment bien des variétés. Mais, de même qu'un naturaliste décrivant les caractères généraux d'un genre propres à toutes les espèces comprises dans ce genre, nous n'aborderons que les caractères généraux communs à la plupart des variétés observées.

Il est cependant une division qu'il importe de marquer tout d'abord afin de ne pas réunir des éléments trop dissemblables. On observe, en effet, dans la classe ouvrière deux catégories distinctes, ayant chacune une psychologie différente : celle des manœuvres et celle des artisans.

La classe des manœuvres est la plus inférieure comme intelligence, mais aussi la plus nombreuse. Produit direct du machinisme elle augmente chaque jour. Le perfectionnement des machines tend, en effet, à rendre le travail de plus en plus automatique, et, par conséquent, réduit de plus en plus la dose d'intelligence nécessaire pour l'exécuter. Le rôle de l'ouvrier d'usine ne consiste guère qu'à diriger toujours dans le même sens le passage d'un fil ou à pousser dans des engrenages des plaques de métal qui se plissent, s'emboutissent, s'estampent toutes seules. Des objets courants, par exemple les vulgaires lanternes servant à éclairer les tranchées et valant cinq sous, se composent d'une cinquantaine de pièces faites chacune pour un ouvrier spécial qui ne fera pas autre chose durant toute sa vie. Exécutant un travail facile, le manœuvre est fatalement mal payé et d'autant plus qu'il est en concurrence avec des femmes et des enfants aussi capables que lui d'exécuter la même besogne. Ne sachant faire que cet unique travail, le manœuvre est forcément dans la dépendance étroite du chef d'usine qui l'emploie.

La classe des manœuvres est celle sur laquelle le socialisme peut le plus compter, d'abord parce qu'elle est la moins intelligente, ensuite parce qu'étant la moins heureuse elle se passionne forcément pour toutes les doctrines qui lui promettent d'améliorer son sort. Elle ne prendra jamais l'initiative d'une révolution, mais elle suivra docilement toutes les révolutions.

À côté, ou plutôt très au-dessus de cette catégorie d'ouvriers, se trouve celle des artisans. Elle comprend les travailleurs occupés aux travaux du bâtiment, de la mécanique, des arts industriels, de la petite industrie : charpentiers, ébénistes, ajusteurs, zingueurs, fondeurs, électriciens, peintres, décorateurs, maçons, etc. Ils ont chaque jour à faire un travail nouveau, à surmonter des difficultés qui les obligent à réfléchir et développent leur intelligence.

Cette catégorie est la plus répandue à Paris. C'est elle que j'aurai surtout en vue dans l'étude qui va suivre. Sa psychologie est d'autant plus intéressante que les caractères de cette classe sont très nets, ce qui n'est pas du tout le cas pour beaucoup d'autres catégories sociales. L'artisan parisien constitue une caste dont il essaie rarement de sortir. Fils d'ouvrier, il tient à ce que ses fils restent ouvriers, tandis que le rêve du paysan et du petit employé est au contraire de faire de leurs fils des bourgeois.

L'employé de bureau méprise l'artisan, mais l'artisan méprise beaucoup plus encore l'employé, qu'il considère comme un paresseux et un incapable. Il se sait moins bien habillé, moins raffiné dans ses manières, mais se croit fort supérieur à lui par l'énergie, l'activité, l'intelligence, et le plus souvent il l'est en effet. L'artisan avance par son mérite seul, l'employé par son ancienneté. L'employé ne vaut que par l'ensemble dont il fait partie. L'artisan représente une unité ayant sa valeur par elle-même. Si l'artisan connaît bien son métier, il est toujours sûr de trouver du travail partout, alors que l'employé n'en est pas certain. Aussi ce dernier tremble-t-il toujours devant les chefs qui peuvent lui faire perdre son emploi. L'artisan a beaucoup plus de dignité et d'indépendance. L'employé est incapable de se mouvoir en dehors des limites étroites d'un règlement, et toutes ses fonctions consistent à observer des règlements. L'artisan est au contraire chaque jour aux prises avec des difficultés nouvelles, qui stimulent son initiative et son raisonnement. Enfin l'artisan étant généralement mieux payé que l'employé et n'ayant pas les mêmes nécessités de décorum extérieur, peut mener une vie bien plus large. À vingt-cinq ans, un artisan un peu capable gagne sans difficulté une somme qu'un employé de commerce ou d'administration ne recevra guère qu'après vingt années de service. C'est l'employé et non l'ouvrier qui est le véritable paria moderne, et c'est pourquoi le premier est toujours ardemment socialiste.

C'est d'ailleurs un socialiste assez peu dangereux, car ne pouvant guère se mettre en grève ou se syndiquer et craignant toujours de perdre sa place, il est obligé de dissimuler ses opinions.

Les caractères psychologiques dans le détail desquels je vais entrer maintenant sont assez généraux pour être attribuables à la plupart des artisans parisiens de même race. Ils cesseraient de l'être pour des artisans de races différentes, tant il est vrai que les influences de races sont fort supérieures à celles de milieux. Je montrerai dans une autre partie de cet ouvrage combien différent des ouvriers anglais et irlandais travaillant dans le même atelier, c'est-à-dire soumis à des conditions de milieu identiques. Nous le verrions facilement aussi à Paris si nous voulions comparer l'ouvrier parisien à des ouvriers italiens ou allemands travaillant dans les mêmes conditions, c'est-à-dire soumis eux aussi aux mêmes influences de milieu. Nous n'entreprendrons pas cette étude, et nous nous bornerons à faire observer que ces influences de race se constatent nettement sur des ouvriers de Paris venus de certaines provinces, les Limousins par exemple. Plusieurs des caractères psychologiques énumérés plus loin ne s'appliqueraient nullement à ces derniers. L'ouvrier limousin est sobre, patient, silencieux, sans aucun besoin de bruit ni de luxe. Ne fréquentant ni les marchands de vin, ni les théâtres, il n'a d'autre rêve que de rentrer au village après avoir réalisé quelques économies. Il se confine dans un petit nombre de métiers durs, mais fort bien rétribués, celui de maçon par exemple, pour lesquels sa sobriété et sa régularité le font très rechercher.

Ces principes généraux et ces divisions étant posés, nous allons aborder maintenant la psychologie des ouvriers parisiens, ayant surtout en vue, comme il a été dit, la classe des artisans. Voici les caractéristiques les plus frappantes de leur état mental.

L'ouvrier parisien se rapproche des êtres primitifs par sa nature impulsive, son imprévoyance, l'incapacité de se dominer et son habitude de n'avoir pour guide que l'instinct du moment. Mais il possède un sens artistique, parfois critique, très affiné par le milieu où il vit. En dehors des choses de son métier, qu'il exécute très bien, (avec plus de goût cependant que de fini), il raisonne peu ou mal, et n'est guère accessible à d'autre logique qu'à celle des sentiments.

Il aime à se plaindre et à déblatérer, mais ses plaintes sont plus passives qu'actives. Il est au fond très conservateur, très casanier, et n'a guère de goût pour le changement. Indifférent aux doctrines politiques, il s'est toujours soumis facilement à tous les régimes, pourvu qu'ils eussent à leur tête des individus possédant du prestige. Le panache d'un général produit toujours sur lui une sorte d'émotion respectueuse à laquelle il ne résiste guère. On le mène aisément avec des mots et du prestige et pas du tout avec des raisons.

Il est très sociable et recherche la compagnie de ses camarades : de là ses fréquentations dans la boutique du marchand de vin, véritable salon du peuple. Ce n'est pas le goût de l'alcool qui l'y conduit, comme on le dit souvent. Boire est un prétexte qui peut devenir ensuite une habitude, mais ce n'est pas le besoin de l'alcool qui le pousse au cabaret.

S'il se soustrait à son intérieur par le cabaret, comme le bourgeois s'y soustrait par le club, c'est que cet intérieur n'a rien de bien attrayant. La femme de l'ouvrier, sa ménagère comme il l'appelle, a d'incontestables qualités d'économie et de prévoyance, mais ne s'occupe que de ses enfants, du prix des choses et des achats. Totalement réfractaire aux idées générales et aux discussions, elle ne s'associe à ces dernières que quand le portemonnaie et le buffet sont vides. Ce n'est jamais elle qui voterait une grève uniquement pour soutenir un principe.

La fréquentation des cabarets, des théâtres, des réunions publiques, est pour l'ouvrier parisien la conséquence de son besoin d'excitation, d'expansion, d'agitation, de griseries de paroles, de discussions bruyantes. Sans doute il ferait mieux, pour plaire aux moralistes, de rester bien sagement dans sa chambre. Mais il faudrait pour cela qu'il eût, au lieu de sa constitution mentale d'ouvrier, le cerveau d'un moraliste.

Les idées politiques mènent parfois l'ouvrier, mais elles ne l'absorbent guère. Il devient aisément pour un instant un révolté, un violent, mais ne reste jamais un sectaire. Il est trop impulsif pour qu'une idée quelconque puisse se fixer en lui. Son antipathie à l'égard du bourgeois est le plus souvent un sentiment superficiel et de convention provenant simplement de ce que le bourgeois est plus riche et mieux habillé que lui.

Il faut le bien peu connaître pour le supposer capable de poursuivre avec ardeur la réalisation d'un idéal quelconque, socialiste ou autre. L'idéal de l'ouvrier, quand par hasard il en a un, est tout ce qu'il y a de moins révolutionnaire, de moins socialiste, et tout ce qu'il y a de plus bourgeois. C'est toujours la petite maison à la campagne, à la condition qu'elle ne soit pas située trop loin du marchand de vin.

Il possède un grand fond de confiance et de générosité. On le voit héberger avec empressement, et en se gênant parfois beaucoup, des camarades dans l'embarras, et leur rendre à chaque instant une foule de petits services que les gens du monde ne se rendraient jamais dans les mêmes circonstances. Il n'a aucun égoïsme et, par ce côté, se montre fort supérieur au bourgeois et à l'employé, dont l'égoïsme est au contraire très développé. À ce point de vue, il mérite une sympathie dont les bourgeois ne sont pas toujours dignes.

Le développement de l'égoïsme dans les classes supérieures semble la conséquence forcée de leur richesse et de leur culture, et proportionnel à ce degré de richesse et de culture. Le pauvre seul est vraiment secourable, parce que seul il peut réellement sentir ce qu'est la misère.

Cette absence d'égoïsme, jointe à sa facilité de s'enthousiasmer pour les individus qui le charment, rend l'ouvrier apte à se dévouer, sinon pour le triomphe d'une idée, au moins pour les meneurs qui ont conquis son coeur. L'aventure boulangiste en fournit un instructif exemple.

L'ouvrier parisien raille volontiers les choses de la religion, mais au fond il a pour elles un respect inconscient. Ses railleries ne s'adressent jamais à la religion comme croyance, mais au clergé qu'il considère un peu comme une sorte de branche du Gouvernement. Les mariages et les enterrements sans l'assistance de l'Église sont rares dans la classe ouvrière parisienne. Marié uniquement à la mairie, l'ouvrier se croirait toujours mal marié. Ses instincts religieux (considérés comme tendance à se laisser dominer par un credo quelconque, politique, religieux ou social), sont fort tenaces. De tels instincts constitueront un jour un élément de succès en faveur du socialisme, qui n'est, en réalité, qu'un credo nouveau. Si le socialisme réussit à se propager chez les ouvriers, ce ne sera nullement, comme le croient les théoriciens, par les satisfactions qu'il promet, mais par les dévouements désintéressés que ses apôtres sauraient faire naître.

Les conceptions politiques de l'ouvrier sont fort rudimentaires et d'un simplisme extrême. Le Gouvernement représente pour lui une puissance mystérieuse absolue, pouvant décréter à son gré la hausse ou la baisse des salaires, mais généralement hostiles aux travailleurs et favorable aux patrons. Tout ce qui arrive de désagréable à l'ouvrier est nécessairement la faute du Gouvernement, et c'est pourquoi il accepte facilement la proposition d'en changer. Il se soucie fort peu d'ailleurs de la nature de ce Gouvernement et tient seulement pour certain qu'il en faut un. Le bon Gouvernement est celui qui protège les ouvriers, fait monter les salaires et moleste les patrons. Si l'ouvrier a de la sympathie pour le socialisme, c'est qu'il voit en lui un Gouvernement qui augmenterait les salaires tout en réduisant les heures de travail. S'il pouvait se représenter à quel système d'enrégimentation et de surveillance les socialistes se proposent de le soumettre dans la société rêvée par eux, il deviendrait aussitôt un irréconciliable ennemi des nouvelles doctrines.

Les théoriciens du socialisme croient bien connaître l'âme des classes ouvrières, et en réalité ils la comprennent très peu. Ils s'imaginent que c'est dans l'argumentation et la discussion que se trouvent les éléments de la persuasion. Elle a en réalité de bien autres sources. Que reste-t-il de tous leurs discours dans l'âme populaire ? Peu de chose, en vérité. Quand on interroge habilement un ouvrier qui se dit socialiste, et qu'on laisse de côté les lambeaux de phrases humanitaires toutes faites, les imprécations banales contre le capital qu'il répète machinalement, on voit alors que son concept socialiste est une rêverie vague, très analogue à celle des premiers chrétiens. Dans un avenir lointain, trop lointain pour l'impressionner beaucoup, il entrevoit la venue du royaume des pauvres, (pauvres de fortune et pauvres d'esprit) royaume dont seront soigneusement expulsés les riches, riches d'argent ou riches d'intelligence.

Quant aux moyens de réaliser ce rêve lointain, les ouvriers n'y songent guère. Les théoriciens, qui comprennent très peu leur âme, ne soupçonnent pas que c'est parmi les couches populaires que le socialisme rencontrera un jour ses plus irréductibles ennemis, lorsqu'il voudra passer de la théorie à la pratique. Les ouvriers, (les paysans plus encore), ont l'instinct de la propriété au moins aussi développé que les bourgeois. Ils veulent bien accroître ce qu'ils possèdent, mais entendent disposer à leur gré du fruit de leur travail et non l'abandonner à une collectivité, alors même que cette collectivité prétendrait suffire à tous leurs besoins.

Un tel sentiment a des origines séculaires, et il se dressera toujours comme un mur inébranlable devant tout essai sérieux de collectivisme.

Bien que turbulent, violent et toujours prêt à se mettre du côté des faiseurs de révolution, l'ouvrier est très attaché aux vieilles choses, très conservateur, très autoritaire et très despotique. Il a toujours acclamé ceux qui ont brisé les autels et les trônes, mais bien plus vivement acclamé encore ceux qui les ont rétablis.

Quand par hasard il devient patron, il se conduit en monarque absolu et est beaucoup plus dur pour ses anciens camarades que ne l'est le patron de la classe bourgeoise. Le général du Barrail décrit de la façon suivante la psychologie de l'ouvrier émigré en Algérie pour devenir colon, profession consistant simplement à faire travailler à coups de bâton les indigènes :

« Il portait en lui tous les instincts de la féodalité, et sorti des ateliers des grandes villes, il parlait et raisonnait comme les leudes de Pépin le Bref ou de Charlemagne, ou comme les chevaliers de Guillaume le Conquérant, qui s'étaient taillé de vastes domaines dans les territoires des peuples vaincus. »

Gouailleur toujours, spirituel parfois, l'ouvrier parisien sait très bien saisir le côté comique des choses et apprécie surtout dans les événements politiques leur côté amusant ou violent. L'éreintement d'un ministre par un député ou un journaliste l'amuse fort, mais les opinions défendues par le ministre et ses adversaires l'intéressent très peu. La discussion par échange d'invectives le passionne comme le ferait un spectacle de l'Ambigu. La discussion par échange d'arguments le laisse totalement indifférent.

Cette tournure d'esprit caractéristique se retrouve naturellement dans ses procédés de discussion, tels qu'on peut les observer dans les réunions politiques populaires. Il ne discute jamais la valeur d'une opinion, mais uniquement celle de l'individu qui l'expose. Ce qui le séduit, c'est le prestige personnel d'un orateur et non ses raisonnements. Il n'attaque pas les opinions de l'orateur qui lui déplaît, mais uniquement sa personne. La probité de l'adversaire est immédiatement contestée et cet adversaire doit s'estimer heureux s'il est simplement traité de gredin sans recevoir à la tête autre chose que des injures. Les discussions des réunions publiques consistent invariablement, comme on le sait, dans un échange d'invectives féroces et d'horizons variés. C'est là d'ailleurs un vice de race qui n'est pas du tout spécial à l'ouvrier. Il est impossible à beaucoup de gens d'entendre un individu émettre une opinion différente de la leur sans rester intimement persuadés que cet individu est un parfait imbécile ou un infâme scélérat. La compréhension des idées d'autrui a toujours été inaccessible aux Latins.

Le caractère impulsif, insouciant, mobile et turbulent des ouvriers parisiens les a toujours empêchés de s'associer, comme le font les ouvriers anglais, pour tenter de grandes entreprises. Cette incapacité irréductible les rend impuissants à se passer de direction et les condamne par ce seul fait à rester en tutelle perpétuelle. Ils éprouvent l'incurable besoin d'avoir au-dessus d'eux quelqu'un qui les gouverne et à qui ils puissent s'en prendre sans cesse de tout ce qui leur arrive. Ici encore nous retrouvons un caractère de race.

Le seul résultat bien net de la propagande socialiste dans les classes ouvrières a été de répandre parmi elles cette opinion qu'elles sont exploitées par leurs patrons et qu'en changeant de Gouvernement elles recevraient des salaires plus élevés tout en travaillant beaucoup moins. Leurs instincts conservateurs empêchent cependant la plupart d'entre eux de se rallier entièrement à cette opinion. Aux élections législatives de 1893, sur 10 millions d'électeurs, 556.000 seulement ont donné leurs voix à des députés socialistes, et ces derniers ne furent que 49. Ce faible pourcentage, qui n'a progressé qu'en apparence aux élections de 1898 montre combien sont tenaces les instincts conservateurs de la classe ouvrière.

Il existe d'ailleurs une raison fondamentale qui entravera singulièrement la propagation des idées socialistes : le nombre des ouvriers, petits propriétaires ou petits actionnaires, tend à s'élever partout. La petite maison, si petite qu'on la suppose. La petite action, fût-elle même une fraction d'action, transforme de suite son possesseur en capitaliste calculateur et développe étonnamment ses instincts de propriété. Dès qu'il a une famille, un foyer et quelques économies à conserver, l'ouvrier devient aussitôt un conservateur obstiné. Le socialiste, le socialiste-anarchiste surtout, est le plus souvent un célibataire, sans foyer, sans ressources et sans famille, c'est-à-dire un nomade, et, à tous les âges, le nomade fut toujours un indiscipliné et un barbare. Quand l'évolution économique aura fait de l'ouvrier le propriétaire d'une part, si restreinte qu'on la suppose, de l'usine où il travaille, ses conceptions des relations entre le capital et le travail auront profondément changé. La preuve en est fournie par les quelques usines où de telles transformations ont déjà été réalisées et aussi par l'état mental du paysan. Ce dernier mène une existence beaucoup plus dure généralement que celle de l'ouvrier des villes, mais il possède le plus souvent un champ à cultiver, et pour cette simple raison n'est presque jamais socialiste. Il ne l'est guère que lorsque germe dans sa primitive cervelle l'idée de la possibilité de s'emparer du champ de son voisin, sans avoir, bien entendu, à abandonner le sien.

Nous résumerons ce qui précède en disant que la classe la plus réfractaire au socialisme sera précisément cette classe ouvrière parisienne sur laquelle comptent tant les socialistes. La propagande de ces derniers a fait naître des convoitises et des haines, mais les nouvelles doctrines n'ont pas profondément pénétré dans les âmes populaires. Il est fort possible qu'à la suite d'un de ces événements que les ouvriers attribuent toujours au Gouvernement, tel qu'un chômage prolongé ou une concurrence étrangère produisant l'abaissement des salaires, les socialistes puissent recruter parmi eux les soldats d'une révolution, mais ce seront des soldats qui se tourneront bien vite vers le panache du César qui viendra étouffer cette révolution.

§ 3. Classes dirigeantes

« Ce qui contribue beaucoup aux progrès du socialisme, écrit monsieur de Laveleye, c'est qu'il envahit peu à peu les classes élevées et instruites. »

Les motifs de cet envahissement sont, suivant nous, de plusieurs ordres : la contagion des croyances à la mode, la peur, puis l'indifférence.

« Une grande partie de la bourgeoisie, écrit monsieur Garofalo, tout en envisageant avec quelque crainte le mouvement socialiste, pense que c'est aujourd'hui un mouvement irrésistible et inévitable. Il y a dans ce nombre des âmes candides, ingénument amoureuses de l'idéal socialiste, et qui voient en lui l'aspiration au règne de la justice et de la félicité universelles. »

C'est là simplement l'expression d'un sentiment superficiel non raisonné, accepté par contagion. N'adopter une opinion politique ou sociale, que quand, après mûre réflexion, elle paraît répondre à la réalité des choses, constitue un processus mental dont semblent incapables la plupart des cerveaux latins. Si, dans l'adoption d'une opinion politique, religieuse ou sociale, nous apportions une faible part de la lucidité et de la réflexion qu'emploie le dernier des épiciers pour traiter une affaire, nous ne serions pas, comme nous le sommes dans les questions politiques et religieuses, à la merci de la mode, du milieu, des sentiments, et flottant par conséquent au gré des événements et de l'opinion du moment.

Cette opinion du moment, c'est-à-dire la mode, est une des causes principales de l'adoption ou du rejet des doctrines. Pour la très immense majorité des individus il n'en existe pas d'autres. La crainte de l'opinion des imbéciles a toujours constitué un des facteurs importants de l'histoire.

Aujourd'hui les tendances socialistes sont beaucoup plus répandues dans la bourgeoisie que dans les classes populaires. Elles s'y propagent par simple contagion avec une singulière rapidité. Philosophes, littérateurs et artistes suivent docilement le mouvement et contribuent activement à le répandre sans d'ailleurs y rien comprendre.[6]

Le théâtre, les livres, les tableaux eux-mêmes sont imprégnés de plus en plus de ce socialisme sentimental, larmoyant et vague qui rappelle tout à fait l'humanitarisme des classe dirigeantes au moment de la Révolution. La guillotine vint promptement leur apprendre que dans la lutte pour la vie on ne peut renoncer à se défendre sans renoncer du même coup à vivre. Considérant avec quelle facilité les classes supérieures se laissent aujourd'hui progressivement désarmer, l'historien de l'avenir sera plein de mépris pour leur triste imprévoyance et ne plaindra pas leur sort.

La peur est encore un des mobiles qui favorisent dans la bourgeoisie la propagation du socialisme:

« La bourgeoisie, écrit l'auteur que je citais à l'instant, a peur. Elle tâtonne irrésolue et espère se sauver par des concessions, oubliant que c'est là la plus insensée des politiques, et que les indécisions, les transactions, le désir de contenter tout le monde, sont des défauts de caractère que, par une éternelle injustice, le monde a toujours puni cruellement, pire que si c'étaient des crimes. »

---

[6] « Disons sans exagération, écrit monsieur J. Bourdeau, que sur cinquante députés socialistes à la Chambre, il y en a peut-être une douzaine qui sachent exactement ce qu'ils entendent par socialisme et qui soient capables de l'expliquer clairement. Ceux-là mêmes qui appartiennent à des sectes fondées sur des théories se reprochent mutuellement leur ignorance... La plupart des socialistes, même parmi les meneurs, sont socialistes d'instinct, le socialisme est pour eux une formule énergique de mécontentement et de révolte. »

Le dernier des sentiments que j'ai cités, l'indifférence, s'il ne favorise pas directement la propagation du socialisme, la facilite en empêchant de le combattre. L'indifférence sceptique, le « je m'enfichisme », suivant une expression courante, est la grande maladie de la bourgeoisie moderne. Quand on n'oppose que l'indifférence aux déclamations et aux attaques d'une minorité grandissante, poursuivant avec ardeur la réalisation d'un idéal, on peut être sûr que le triomphe de cette minorité est proche. Les pires ennemis de la société sont-ils ceux qui l'attaquent ou ceux qui ne se donnent même pas la peine de la défendre ?

§ 4. DEMI-SAVANTS ET DOCTRINAIRES

J'applique le qualificatif de demi-savants aux esprits n'ayant d'autres connaissances que celles puisées dans les livres, et qui par conséquent ne savent absolument rien des réalités de la vie. Ils sont le produit de nos universités et de nos écoles, ces lamentables « usines à dégénérescence » dont Taine, et bien d'autres, ont exposé les désastreux effets. Un professeur, un érudit, un élève de nos grandes écoles, ne sont pendant de longues années, et bien souvent toujours, que des demi-savants. Un jeune Anglais, un jeune Américain qui, à dix-huit ans, a déjà parcouru le monde, abordé une profession technique et sait se suffire à lui-même, n'est pas un demi-savant et ne sera jamais un déclassé. Il peut savoir fort peu de grec, de latin ou de sciences théoriques. Mais il a appris à ne compter que sur lui-même et à se conduire. Il possède cette discipline mentale, cette habitude de la réflexion et du jugement que la seule lecture des livres n'a jamais données.

C'est dans la cohue des demi-savants et notamment celle des licenciés et bacheliers sans emploi, des instituteurs mécontents de leur sort, des épaves de concours que l'État n'a pu caser, des professeurs de l'Université qui trouvent leurs mérites méconnus, que se recrutent les plus dangereux disciples du socialisme et parfois même les pires anarchistes. Le dernier anarchiste exécuté à Paris était un candidat à l'École polytechnique, n'ayant pu trouver aucun emploi de son inutile et superficielle science, ennemi par conséquent d'une société qui ne savait pas apprécier ses mérites, et désireux naturellement de la remplacer par un monde nouveau où les vastes capacités qu'il se supposait auraient rencontré leur application. Le demi-savant mécontent est le pire des mécontents. C'est de ce mécontentement que dérive la fréquence du socialisme chez certaines corporations d'individus, les instituteurs, par exemple, qui se croient tous des méconnus.

C'est peut-être parmi les instituteurs et surtout les professeurs de notre Université que le socialisme compte le plus de recrues. Le principal chef des socialistes français est un ancien professeur de l'Université. On a relevé dans les journaux ce fait stupéfiant que ce socialiste ayant demandé l'autorisation de faire un cours de collectivisme à la Sorbonne, 16 professeurs sur 37 appuyèrent sa requête.

Le rôle que jouent aujourd'hui les universitaires dans les pays latins, pour le développement du socialisme est tout à fait redoutable aux sociétés où ils vivent.

Totalement étrangers aux réalités du monde, ils sont par cela même incapables de comprendre les conditions artificielles mais nécessaires qui rendent l'existence d'une société possible. Une société dirigée par un aréopage de professeurs comme la rêvait Auguste Comte, ne durerait pas six mois. Dans les questions d'intérêt général, l'opinion des spécialistes de lettres ou de science n'a pas plus de valeur que celle des ignorants, et bien souvent en a beaucoup moins, si ces ignorants sont des paysans ou des ouvriers que leur profession a mis aux prises avec les réalités de la vie. J'ai insisté ailleurs sur ce point, qui constitue le plus solide argument à invoquer en faveur du suffrage universel. C'est très souvent du côté de la foule et rarement du côté des spécialistes que se montrent l'esprit politique, le patriotisme, le sentiment de la défense des intérêts sociaux.

Les foules synthétisent souvent l'âme de la race et la compréhension de ses intérêts.[7]

Elles sont capables au plus haut degré d'abnégation et de sacrifice, ce qui ne les empêche pas d'ailleurs d'être parfois infiniment bornées, fanfaronnes, féroces et toujours prêtes à se laisser séduire par les plus vulgaires charlatans. C'est l'instinct sans doute et non la raison qui les guide, mais les actes que l'inconscient régit ne sont-ils pas bien souvent supérieurs à ceux que détermine la raison ?

L'inconscient, qui dirige la totalité des actes de notre vie inorganique et l'immense majorité des actes de notre vie intellectuelle, est à la vie consciente de l'esprit ce qu'est la masse profonde des eaux de l'océan à l'égard des vagues qui s'agitent à sa surface. Si l'incessante action de l'inconscient s'arrêtait, l'homme ne pourrait pas vivre un seul jour. L'inconscient représente simplement l'héritage de toutes les adaptations créées par notre longue série d'ancêtres. C'est en lui que résident les sentiments d'une race, la notion de ses besoins que la demi-science fausse trop souvent.

Déclassés, incompris, avocats sans cause, écrivains sans lecteurs, pharmaciens et médecins sans clients, professeurs mal payés, diplômés sans fonctions, employés que leur insuffisance fait

---

[7] On en a eu un frappant exemple dans une affaire célèbre qui a une époque récente a si profondément divisé la France. Alors qu'une grande partie de la bourgeoisie attaquait violemment l'armée avec l'inconscience de l'individu qui saperait furieusement les fondements de la maison qu'il habite, les foules populaires se sont mises d'instinct du côté où se trouvaient les véritables intérêts du pays. Si elles s'étaient tournées elles aussi contre l'armée, nous aurions eu peut-être une guerre civile sanglante nécessairement suivie d'une invasion

dédaigner de leurs patrons, etc., sont les adeptes naturels du socialisme. En réalité, ils se soucient fort peu des doctrines. Ce qu'ils rêvent, c'est de créer par des moyens violents une société où ils seraient les maîtres. Leurs récriminations égalitaires ne les empêchent nullement d'avoir un mépris intense pour la canaille qui n'a pas, comme eux, appris dans les livres. Ils se croient très supérieurs à l'ouvrier et lui sont fort inférieurs en réalité par le défaut de sens pratique et par l'exagération de leur égoïsme. S'ils devenaient les maîtres, leur autoritarisme ne serait pas moindre que celui de Marat, Saint-Just ou Robespierre, ces types excellents du demi-savant incompris. L'espoir de tyranniser à son tour alors qu'on a toujours été ignoré, humilié et refoulé dans l'ombre, a dû créer bien des adeptes au socialisme.

C'est à cette catégorie des demi-savants qu'appartiennent le plus souvent les doctrinaires qui formulent, dans de virulentes publications, les théories que de naïfs apôtres se chargent ensuite de propager. Ce sont des chefs qui semblent guider des soldats, mais qui se bornent en réalité à les suivre. Leur influence est beaucoup plus apparente que réelle. Ils ne font guère, en effet, que transformer en invectives bruyantes des aspirations qu'ils n'ont pas créées, et à leur donner cette forme dogmatique qui permet aux meneurs de se documenter. Leurs livres deviennent parfois des sortes d'évangiles, que personne ne lit jamais, mais dont on peut citer comme argument le titre ou des lambeaux de phrases reproduites par les journaux spéciaux. L'obscurité de leurs œuvres est d'ailleurs une condition fondamentale de leur succès. Comme la Bible pour les pasteurs protestants, elles constituent une sorte de grimoire fatidique qu'on n'a qu'à ouvrir au hasard pour y trouver, pourvu qu'on possède la foi, la solution d'une question quelconque.

Le doctrinaire peut donc être fort instruit, mais cela ne l'empêche nullement d'être toujours un incompréhensif et un simpliste, doublé le plus souvent d'un mécontent et d'un envieux. Frappé seulement par un côté des questions il reste étranger à la marche des événements et à leurs répercussions. Il est incapable de rien comprendre à la complexité des phénomènes sociaux, aux nécessités économiques, aux influences ataviques et aux passions qui conduisent les hommes. N'ayant pour guide qu'une logique livresque et rudimentaire, il croit facilement que ses rêveries vont transformer l'évolution de l'humanité et régir le destin.

Ce qu'il croit surtout, c'est que la société doit subir un changement quelconque à son profit. Ce qui le préoccupe réellement, ce n'est pas l'avènement du socialisme, mais l'avènement des socialistes. Dans nulle religion il n'y a eu autant de foi dans les masses et aussi peu chez la plupart des meneurs.

Les élucubrations de tous ces bruyants doctrinaires sont bien vagues, leur idéal de société future bien chimérique ; mais ce qui n'est pas chimérique du tout, c'est leur haine furieuse contre la société actuelle et leur ardent désir de la détruire. Or, si les révolutionnaires de tous les âges se sont toujours montrés impuissants à jamais rien construire, ils n'ont pas eu beaucoup de difficultés pour détruire. La main d'un enfant suffit à incendier des trésors de l'art qu'il a fallu des siècles pour réunir. L'influence des doctrinaires peut donc aller jusqu'à provoquer une révolution victorieuse et ruineuse. Elle ne saurait aller plus loin. L'indestructible besoin d'être gouvernées qu'ont toujours manifesté les foules ramènerait vite tous ces novateurs sous le sabre d'un despote quelconque, qu'ils seraient d'ailleurs les premiers à acclamer, comme le prouve notre histoire. Les révolutions ne peuvent modifier l'âme des peuples ; aussi n'ont-elles jamais engendré que d'ironiques changements de mots, des transformations de surface. C'est pourtant pour ces insignifiants changements que le monde a été tant de fois bouleversé, et sans doute continuera à l'être.

Si l'on voulait résumer le rôle des diverses classes, dans la dissolution de la société chez les Latins, on pourrait dire que les doctrinaires et les mécontents fabriqués par l'Université agissent surtout en ébranlant les idées et sont, par l'anarchisme intellectuel qu'ils engendrent, un des plus corrodants agents de destruction ; que la bourgeoisie agit par son indifférence, sa peur, son égoïsme, la faiblesse de sa volonté, son absence de sens politique et d'initiative ; et que les couches populaires agiront d'une façon révolutionnaire en achevant de détruire, dès qu'il sera suffisamment ébranlé, l'édifice qui chancelle sur ses bases.

Livre II
Le socialisme comme croyance

Chapitre I
Les fondements de nos croyances

§1. Origines ancestrales de nos croyances. — Pour comprendre le socialisme, il faut d'abord rechercher comment se forment nos croyances. — Les concepts ancestraux ou concepts de sentiments. — Les concepts acquis ou concepts intellectuels. — Influence de ces deux catégories de concepts. — Comment des croyances qui semblent nouvelles dérivent toujours de croyances antérieures. — Lenteur avec laquelle changent les croyances. — Utilité des croyances communes. — Leur établissement marque la période culminante d'une civilisation. — Les grandes civilisations représentent l'efflorescence d'un petit nombre de croyances. — Aucune civilisation n'a pu se maintenir sans avoir à sa base des croyances communes.

§2. Rôle des croyances sur nos idées et nos raisonnements. Psychologie de l'incompréhension. — Comment notre connaissance du monde est déformée par nos croyances héréditaires. — Elles agissent sur la conduite et sur le sens que nous attachons aux mots. — Les individus de mentalité différente parlent nécessairement des langues différentes. — L'incompréhension les sépare autant que la divergence de leurs intérêts. — En quoi la persuasion n'a jamais eu ses racines dans la raison. — Influence prépondérante des morts dans les discussions entre les vivants. — Conséquences de l'incompréhension. — Impossibilité de la colonisation pour les peuples chez lesquels l'incompréhension est très développée. — Pourquoi les livres d'histoire ne correspondent que de fort loin à la réalité.

§3. Formation ancestrale de la morale. — Les mobiles réels de la conduite sont le plus souvent des instincts héréditaires. — La morale n'existe que lorsqu'elle est devenue inconsciente et héréditaire. — Faible valeur de l'enseignement actuel de la morale.

§ 1. Origines ancestrales de nos croyances

Toutes les civilisations qui se sont succédé dans le cours des âges ont reposé sur un petit nombre de croyances, dont le rôle a toujours été fondamental dans la vie des peuples. Comment naissent et se développent ces croyances ? Nous avons déjà traité sommairement cette question dans les *Lois psychologiques de l'évolution des peuples*. Il ne sera pas inutile d'y revenir. Le socialisme est une croyance beaucoup plus qu'une doctrine. Ce n'est qu'en étant bien pénétré du mécanisme de la genèse des croyances, que nous pourrons entrevoir le rôle que le socialisme est peut-être appelé à exercer.

L'homme ne change pas comme il veut les sentiments et les croyances qui le mènent. Derrière les vaines agitations des individus se retrouvent toujours les influences ataviques. Ce sont elles qui donnent aux foules ce conservatisme étroit que dissimulent leurs révoltes d'un instant. Ce que les hommes supportent le plus difficilement, ce qu'ils ne supportent même jamais pendant bien longtemps, c'est un changement de leurs habitudes et de leurs pensées héréditaires.

Ce sont précisément ces influences ancestrales qui protègent encore les civilisations déjà bien vieilles dont nous sommes les détenteurs et que tant de causes de destruction menacent aujourd'hui.

Cette lenteur de l'évolution des croyances constitue un des faits les plus essentiels de l'histoire, et pourtant l'un des moins expliqués par les historiens. Nous allons essayer d'en déterminer les causes.

En dehors des nécessités extérieures et variables auxquelles il est soumis, l'homme est surtout guidé dans la vie par deux catégories de concepts : les *concepts ancestraux* ou *concepts de sentiments*, et les *concepts acquis* ou *concepts intellectuels*.

Les *concepts ancestraux* sont l'héritage de la race, le legs des ancêtres éloignés ou immédiats, legs inconscient apporté en naissant, et qui détermine les principaux mobiles de la conduite.

Les *concepts acquis* ou *concepts intellectuels* sont ceux que l'homme acquiert sous l'influence des milieux et de l'éducation. Ils servent à raisonner, à expliquer, à discourir, mais bien rarement à se conduire. Leur influence sur les actions reste à peu près entièrement nulle jusqu'au jour où, par des accumulations héréditaires répétées, ils ont pénétré dans l'inconscient et sont devenus des sentiments. Si les concepts acquis réussissent parfois à combattre les concepts ancestraux, c'est que les premiers ont été annulés par des hérédités contraires, ainsi que cela arrive, par exemple, dans le croisement entre sujets de races différentes. L'individu devient alors une sorte de table rase. Il a perdu ses concepts ancestraux ; ce n'est plus qu'un métis sans moralité ni caractère, à la merci de toutes les impulsions.

C'est en raison du poids si lourd des hérédités séculaires que, parmi tant de croyances et d'opinions qui naissent chaque jour, nous en voyons si peu dans le cours des âges devenir prépondérantes et universelles. On pourrait même dire que, dans une humanité déjà bien vieille, aucune croyance générale nouvelle ne pourrait se former, si cette croyance ne se rattachait pas intimement à des croyances antérieures. De croyances tout à fait nouvelles les peuples n'en ont guère connues. Des religions qui semblent originales quand on ne considère qu'une phase avancée de leur évolution, telles que le bouddhisme, le christianisme et l'islamisme, sont en réalité de simples efflorescences de croyances antérieures. Elles n'ont pu se développer que lorsque les croyances qu'elles remplaçaient avaient par l'usure du temps, perdu leur empire. Elles varient suivant les races qui les pratiquent et n'ont d'universel que la lettre de leurs dogmes. Nous avons fait voir dans un précédent ouvrage qu'en passant de peuples en peuples elles se sont profondément transformées pour se rattacher aux religions antérieures de ces peuples. Une nouvelle croyance devient ainsi simplement le rajeunissement d'une croyance précédente. Il n'y a pas que des éléments juifs dans le christianisme ; il a sa source dans les plus lointaines religions des peuples de l'Europe et de l'Asie. Le mince filet d'eau sorti de la Galilée n'est devenu un fleuve impétueux que parce que toute l'antiquité païenne y a déversé ses flots.

« L'apport des Juifs dans la mythologie chrétienne est à peine égal à celui des Égyptiens et des Perses », écrit justement monsieur Louis Ménard.

Si simples et si faibles que puissent être ces changements de croyance, il leur faut cependant des successions d'âges pour se fixer dans l'âme d'un peuple.

Une croyance est tout autre chose qu'une opinion qu'on discute. Elle n'existe, comme mobile de conduite, et par conséquent n'a de puissance réelle, que quand elle est descendue dans l'inconscient, pour y former cette concrétion solide appelée un sentiment. La croyance possède alors ce caractère essentiel d'être impérative, et soustraite aux influences de l'analyse et de la discussion.[8]

---

[8] Il n'est pas nécessaire de se reporter aux âges héroïques pour comprendre ce qu'est une croyance à l'abri de la discussion. Il n'y a qu'à jeter les yeux autour de soi pour rencontrer une foule de gens possédant à l'état de greffe, sur un fond mystique héréditaire, des croyances dérivées de ce fond mystique qui ne sauraient être ébranlées par aucun argument. Toutes les petites sectes religieuses qui éclosent depuis 25 ans, comme elles « éclosaient » à la fin du paganisme : spiritisme, théosophisme, etc., possèdent de nombreux adeptes présentant cet état mental où la croyance ne peut plus être détruite par aucun argument. Le célèbre procès des photographies spirites est plein d'enseignement à ce sujet. Le photographe B... avait avoué à l'audience que toutes les photographies de fantômes remises à ses naïfs clients, avaient été obtenues en photographiant des mannequins préparés. L'argument pouvait

Ce n'est qu'à ses débuts, et quand elle est bien flottante encore, qu'une croyance peut avoir quelques racines dans l'intelligence ; mais pour assurer son triomphe il faut, je le répète, qu'elle descende dans la région des sentiments, et passe par conséquent du conscient dans l'inconscient.

Il faut insister sur cette influence du passé dans l'élaboration des croyances et sur ce fait qu'une croyance nouvelle ne peut s'établir qu'en se rattachant toujours à une croyance antérieure. Cet établissement des croyances est peut-être la phase la plus importante de l'évolution des civilisations. Un des plus grands bienfaits d'une croyance établie est de donner à un peuple des sentiments communs, des formes de pensées communes, et par conséquent des mots communs, c'est-à-dire éveillant des idées identiques.

La croyance établie finit par créer un état d'esprit semblable, des chaînes de raisonnement analogues, et c'est pourquoi elle marque de son empreinte tous les éléments d'une civilisation. La croyance commune constitue peut-être le plus puissant facteur de la création d'une âme nationale, d'une volonté nationale, et par conséquent de l'orientation unique des sentiments et des idées d'un peuple. Les grandes civilisations ont toujours été l'efflorescence logique d'un petit nombre de croyances, et la décadence de ces civilisations est toujours survenue à l'heure où les croyances communes se sont dissociées.

Une croyance collective a l'immense avantage de réunir en un seul faisceau tous les petits désirs individuels, de faire agir un peuple comme agirait un seul individu. C'est avec raison qu'on a pu dire que

---

sembler catégorique. Il n'ébranla nullement les croyants. Malgré les aveux du facétieux photographe, malgré la production à l'audience des mannequins qui avaient servi de modèles, les clients spirites maintinrent avec énergie avoir parfaitement reconnu sur les photographies les traits de leurs parents défunts. Cette merveilleuse obstination de la foi est fort instructive et fait bien comprendre la force d'une croyance.

les grandes périodes historiques sont justement celles où une croyance universelle s'est établie. Le rôle des croyances universelles dans l'existence des peuples est tellement fondamental qu'on ne saurait en exagérer l'importance. L'histoire ne montre pas d'exemples de civilisations qui se soient fondées et maintenues sans avoir à leur base des croyances communes à tous les individus d'un peuple ou tout au moins d'une cité. Cette communauté des croyances donne à la nation qui la possède une formidable puissance, même lorsque la croyance est transitoire. Nous l'avons vu au moment de la Révolution, alors qu'animé par une foi nouvelle, qui ne pouvait durer parce qu'elle ne pouvait réaliser ses promesses, le peuple français luttait victorieusement contre l'Europe en armes.

§ 2. Rôle des croyances dans nos idées et nos raisonnements. Psychologie de l'incompréhension

Dès qu'une croyance est solidement établie dans l'entendement elle devient la régulatrice de la vie, la pierre de touche du jugement, la directrice de l'intelligence. L'esprit ne peut plus recevoir alors que ce qui est conforme à la nouvelle croyance. Comme le christianisme au Moyen-Âge, l'islamisme chez les Arabes, la foi dominante imprime sa marque sur tous les éléments de la civilisation, notamment sur la philosophie, la littérature et les arts. Elle est le critérium suprême, elle fournit une explication à tout.

Le mécanisme de nos connaissances, aussi bien pour le savant que pour l'ignorant, consiste à ramener ce qui est inconnu à ce qui est connu déjà, c'est-à-dire à ce que nous croyons connaître. Comprendre suppose l'observation d'un fait, puis son rattachement au petit nombre d'idées que nous possédons. On rattache ainsi les faits incompris à des faits supposés compris, et chaque cerveau fait ce rattachement suivant les concepts inconscients qui le dominent. De l'esprit le plus inférieur au plus élevé le mécanisme de l'explication est toujours le même et consiste invariablement à faire rentrer une notion nouvelle dans l'ensemble des conceptions acquises. Et c'est justement parce que nous rattachons notre perception du monde à certains concepts ancestraux, que les individus de diverses races ont des jugements si différents. Nous ne percevons les choses qu'en les déformant ; et nous les déformons suivant nos croyances.

Les croyances transformées en sentiments n'agissent pas seulement sur notre conduite dans la vie, elles agissent aussi sur le sens que nous attachons aux mots. Les dissentiments, les luttes qui séparent les hommes, tiennent pour la plupart à ce que les mêmes phénomènes engendrent, suivant les diverses constitutions mentales, des idées fort différentes. Suivez de siècle en siècle, de race en race et d'un sexe à l'autre, les idées éveillées par les mêmes mots. Cherchez, par exemple, ce que représentent, pour des esprits d'origines diverses, des termes comme ceux de religion, liberté, république, bourgeoisie, propriété, capital, travail, etc., et vous verrez combien profonds sont les abîmes qui séparent ces représentations mentales.[9]

Les diverses classes d'une société, les individus de sexes différents, semblent parler la même langue ; mais ce n'est là qu'une vaine apparence.

Les diverses couches sociales, et à plus forte raison les peuples différents, sont aussi séparés par des divergences de concepts que par des divergences d'intérêts ; et c'est pourquoi la lutte des classes et des races, et non leur chimérique concorde, a toujours constitué un fait dominant de l'histoire. La discordance ne

---

[9] La réfraction des idées, c'est-à-dire la déformation des concepts suivant le sexe, l'âge, la race, l'éducation, est une des questions les moins explorées de la psychologie. Je l'ai effleurée dans un de mes derniers ouvrages, en faisant voir comment se transforment les institutions, les religions, les langues et les arts en passant d'un peuple à un autre.

peut que s'accroître dans l'avenir. Loin de tendre à égaliser les hommes, la civilisation tend à les différencier de plus en plus. Entre un puissant baron féodal et le dernier de ses hommes d'armes, la différence mentale était infiniment moindre qu'elle ne l'est aujourd'hui entre un ingénieur et le manœuvre qu'il dirige.

Entre races différentes, entre classes différentes, entre sexes différents, l'accord n'est possible que sur des sujets techniques dans lesquels les sentiments inconscients n'interviennent pas. En morale, en religion, en politique, l'accord est au contraire impossible, ou n'est possible que quand les individus ont même origine. Ce ne sont pas alors des raisonnements qui les mettent d'accord mais l'identité de leurs concepts. Ce n'est jamais dans la raison que la persuasion prend ses racines. Quand des individus sont réunis pour traiter une question politique, religieuse ou morale, ce ne sont plus des vivants, mais des morts, qui discutent. C'est l'âme de leurs ancêtres qui parle par leur bouche ; et ce qu'ils font entendre alors, c'est l'écho de cette éternelle voix des morts à laquelle les vivants obéissent toujours.

Les mots ont donc des sens très variables suivant les individus, et ils éveillent dans leur esprit des idées et des sentiments fort divers. L'effort le plus ardu de la pensée est peut-être d'arriver à pénétrer dans des cerveaux construits sur des types différents du nôtre. Nous n'y parvenons que bien difficilement avec des compatriotes dont nous ne sommes séparés que par l'âge, le sexe ou l'éducation ; comment y arriverions-nous pour des hommes de races différentes, surtout quand des siècles nous en séparent ? Pour se faire entendre d'un individu, il faut lui parler sa langue avec les nuances de ses conceptions personnelles. On peut, et c'est justement le cas des parents avec leurs enfants, vivre pendant des années à côté d'un être sans jamais le comprendre. Toute notre psychologie usuelle est basée sur cette hypothèse que tous les hommes éprouvent des sentiments identiques sous l'influence d'excitations semblables, et rien n'est plus erroné.

Nous ne pouvons jamais espérer voir les choses comme elles sont réellement puisque nous ne percevons que des états de conscience créés par nos sens. Nous ne pouvons pas espérer davantage que la déformation subie soit identique chez tous les hommes, puisque cette déformation varie suivant leurs concepts héréditaires et acquis, c'est-à-dire suivant la race, le sexe, le milieu, etc., et c'est pourquoi on peut dire qu'une incompréhension générale régit le plus souvent les rapports entre individus de race, de sexe, ou de milieux différents. Ils peuvent se servir des mêmes mots, ils ne parleront jamais la même langue.

Notre vision des choses est toujours une vision déformée, mais cette déformation, nous ne la soupçonnons pas. Nous sommes même généralement persuadés qu'elle ne saurait exister ; aussi nous est-il à peu près impossible d'admettre que les autres hommes puissent ne pas penser et agir exactement comme nous. Cette incompréhension a pour résultat final une parfaite intolérance, surtout pour les croyances et les opinions reposant exclusivement sur des sentiments.

Tous les individus professant en religion, en morale, en art, en politique des opinions différentes des nôtres deviennent aussitôt à nos yeux des êtres de mauvaise foi ou, tout au moins, de funestes imbéciles. Aussi dès que nous possédons quelque pouvoir, considérons-nous comme un strict devoir de persécuter vigoureusement d'aussi dangereux monstres. Si nous ne les brûlons plus et ne les guillotinons plus, c'est que la décadence des mœurs et la regrettable douceur des lois s'y opposent.

Pour les individus de races très différentes nous admettons bien, au moins en théorie, qu'ils puissent ne pas penser tout à fait comme nous, mais ce n'est pas sans plaindre leur lamentable aveuglement. Nous considérons d'ailleurs comme un bienfait pour eux de les soumettre à nos mœurs et à nos lois par les moyens les plus énergiques, quand par hasard nous devenons leurs maîtres.

Arabes, Nègres, Annamites, Malgaches, etc., auxquels nous prétendons imposer nos mœurs, nos lois et nos coutumes, (les assimiler, comme disent les politiciens), ont appris par expérience ce qu'il en coûte de vouloir penser autrement que leurs vainqueurs. Ils continuent bien entendu à conserver leurs concepts ancestraux qu'ils ne pourraient changer, mais ils ont appris à cacher leurs pensées et acquis en même temps la haine irréductible de leurs nouveaux maîtres.

L'incompréhension totale qui existe entre peuples de races différentes n'est pas toujours une source d'antipathie. Elle peut même devenir une source indirecte de sympathie parce que rien n'empêche alors ces peuples de se faire l'un de l'autre l'idée qui leur plaît. On a dit avec raison « qu'une des bases les plus solides sur lesquelles repose l'alliance franco-russe a été l'ignorance presque complète que les deux peuples ont l'un de l'autre ».

L'incompréhension se présente avec des degrés différents chez les divers peuples. Pour ceux qui ne voyagent guère, comme les Latins, elle est absolue, et leur intolérance est par conséquent complète. Notre incapacité à comprendre les idées des autres peuples, civilisés ou non, est frappante. Elle est d'ailleurs la cause principale du lamentable état de nos colonies. Les Latins les plus éminents, et même des hommes de génie comme Napoléon, ne diffèrent pas du commun des hommes sur ce point. Napoléon n'a jamais eu la notion la plus vague de la psychologie d'un Espagnol ou d'un Anglais. Ses jugements sur eux valaient à peu près celui qu'on pouvait lire récemment dans un de nos grands journaux politiques à propos de la conduite de l'Angleterre à l'égard des sauvages de l'Afrique : « Elle intervient toujours (assurait avec indignation le brave rédacteur), pour empêcher les peuplades de se débarrasser de leurs rois et de se mettre en république. »

On n'est pas plus incompréhensif et plus simpliste.

Nos historiens fourmillent d'ailleurs d'appréciations analogues. Et c'est en partie parce que leurs livres en sont pleins que je suis arrivé à cette conclusion : les écrits historiques sont de purs romans absolument étrangers à toute réalité. Ce qu'ils nous font connaître n'est jamais l'âme des personnages de l'histoire, mais uniquement celle des historiens.

Et c'est aussi parce que les concepts des races n'ont pas de commune mesure et que les mots semblables éveillent des idées fort différentes dans des cerveaux dissemblables, que je suis arrivé encore à cette autre conclusion, en apparence paradoxale, que les œuvres écrites sont absolument intraduisibles d'une langue dans une autre. Cela est vrai même pour des langues modernes, et à combien plus forte raison pour des langues représentant les idées de peuples morts.

De telles traductions sont d'autant plus impossibles que le sens réel des mots, c'est-à-dire les sentiments et les idées qu'ils évoquent, changent de siècle en siècle. Ne pouvant transformer les mots, qui évoluent beaucoup plus lentement que les idées, nous changeons inconsciemment leur sens. C'est ainsi que le code religieux et moral des Anglo-Saxons, la Bible, livre barbare, écrit il y a 3.000 ans pour des tribus barbares, a pu s'adapter aux besoins successifs et changeants d'un peuple très civilisé. Par une fiction de l'esprit, chacun met sous les mots anciens ses idées modernes. En interprétant ainsi la Bible on peut, comme le font les Anglais, l'ouvrir au hasard et y trouver la solution d'une question politique ou morale quelconque.

Ce n'est, je le répète, qu'entre individus de même race, soumis depuis longtemps aux mêmes conditions d'existence et de milieu, qu'il peut exister quelque compréhension dans les rapports réciproques. Grâce aux moules héréditaires de leurs pensées, les mots qu'ils échangent par la parole ou par les livres peuvent alors éveiller des idées à peu près semblables.

§ 3. Formation ancestrale de la morale

Le rôle de certaines qualités morales dans la destinée des peuples est tout à fait prépondérant. Nous aurons à le montrer bientôt en étudiant la psychologie comparée de diverses races. Pour le moment nous voulons seulement indiquer que les qualités morales sont, comme les croyances, léguées par l'hérédité, et font par conséquent partie de l'âme ancestrale. C'est dans ce substratum légué par les aïeux que germent les mobiles de nos actions, et notre activité consciente ne nous sert qu'à en percevoir la floraison. Les règles générales de notre conduite ont pour guides habituels des sentiments acquis par l'hérédité et bien rarement la raison.

Ces sentiments sont d'une acquisition fort lente. La morale n'a un peu de stabilité que lorsque, ayant été fixée par l'hérédité, elle est devenue inconsciente et échappe par conséquent aux influences toujours égoïstes, et le plus souvent contraires aux intérêts de la race, suggérées par la raison. Les principes de moralité que l'éducation enseigne ont une influence en vérité bien faible ; je dirais même totalement nulle, s'il ne fallait pas tenir compte des êtres à caractère neutre, de ceux que Ribot appelle justement des amorphes, et qui sont sur ces limites indécises où le moindre facteur peut les incliner vers le bien ou vers le mal. C'est surtout pour ces caractères neutres que sont utiles les codes et les gendarmes. Ils ne feront pas ce que ces derniers interdisent, mais ne s'élèveront pas à une moralité plus haute. Une éducation intelligente, c'est-à-dire négligeant tout à fait les discussions philosophiques et les dissertations, peut leur démontrer que l'intérêt bien compris est de ne pas trop côtoyer la sphère d'action du gendarme.

Tant que notre raison n'intervient pas, notre morale reste instinctive et nos mobiles d'action ne diffèrent pas de ceux des foules les plus inconscientes. Ces mobiles sont irraisonnés, en ce sens qu'ils sont instinctifs et non le produit de la réflexion. Ils ne sont pas irrationnels, en ce sens qu'ils sont la conséquence de lentes adaptations que des nécessités antérieures ont créées. C'est dans l'âme populaire qu'ils se manifestent avec toute leur force, et c'est pourquoi l'instinct des foules est si profondément conservateur et si apte à défendre les intérêts collectifs d'une race tant que les théoriciens et les rhéteurs ne le troublent pas.

Chapitre II
Rôle de la tradition dans les divers éléments de la civilisation.
Limites de variabilité de l'âme ancestrale

§1. *Influence de la tradition dans la vie des peuples.* — Difficultés de secouer le joug de la tradition. — Rareté des véritables libres-penseurs. — Difficultés d'établir les vérités les plus claires. — Origines de nos opinions journalières. — Faible influence de la raison. — Influence des traditions dans les institutions, les croyances et les arts. — Difficulté de se soustraire aux influences du passé.
§2. *Limites de variabilité de l'âme ancestrale.* — Éléments variés dont se compose l'âme léguée par les ancêtres. — Éléments hétérogènes qu'elle contient. — Comment ils peuvent surgir.
§3. *Lutte entre les croyances traditionnelles et les nécessités modernes. Mobilité actuelle des opinions.* — Comment les peuples peuvent se soustraire au joug de la tradition. — Impossibilité de s'y soustraire brusquement. — Tendance des Latins à rejeter entièrement l'influence du passé et à refaire de toutes pièces leurs institutions et leurs lois. — Luttes entre leurs traditions et les besoins de l'heure présente. — Aux croyances fixes se sont substituées des croyances transitoires et momentanées. — Mobilité, violence et puissance de l'opinion. — Exemples divers. — L'opinion publique dicte aux juges leurs arrêts, aux Gouvernements les guerres et les alliances. — Influence de la presse et puissance occulte des financiers. — Nécessité d'une croyance universellement acceptée. — Impuissance du socialisme à remplir ce rôle.

§ 1. Influence de la tradition dans la vie des peuples

Nous venons de voir que l'homme est principalement conduit par des influences ancestrales et obéit surtout à des traditions.

Ces liens de la tradition qui nous mènent, nous pouvons les maudire ; mais combien restreint à chaque époque le nombre d'hommes, artistes, penseurs ou philosophes, capables d'en secouer le joug. Il est donne à bien peu de se dégager en quelque mesure, des liens du passé. C'est par millions peut-être que se comptent les esprits qui se disent libres-penseurs, mais c'est à peine si on en compte réellement quelques douzaines par époque. Les vérités scientifiques les plus claires ont elles-mêmes parfois la plus grande peine à s'établir, et, quand elles s'établissent, ce n'est pas surtout par démonstration mais bien par le prestige de celui qui les défend.[10]

Les médecins ont nié pendant un siècle les phénomènes du magnétisme, qu'ils pouvaient cependant observer partout, jusqu'au jour où un savant possédant un prestige suffisant leur affirma que ces phénomènes étaient réels.

Dans le langage usuel, le qualificatif libre-penseur est simplement l'équivalent du terme anticlérical. Le pharmacien de province, qui se qualifie de libre-penseur parce qu'il ne va pas à la

---

[10] Il n'y a pas d'erreurs qui ne puissent s'imposer avec du prestige. Il y a une trentaine d'années l'Académie des Sciences, où devrait se rencontrer pourtant le maximum d'esprit critique, a publié comme authentiques plusieurs centaines de lettres supposées de Newton, Pascal, Galilée, Cassini, etc., et fabriquées de toutes pièces par un faussaire très peu lettré. Elles fourmillaient de vulgarités et d'erreurs, mais le prestige de leurs auteurs supposés et du savant illustre qui les présentait fit tout accepter. La plupart des académiciens, y compris le secrétaire perpétuel, n'eurent aucun doute sur l'authenticité de ces documents, jusqu'au jour où le faussaire avoua leur fabrication. Le prestige évanoui, on déclara tout à fait misérable le style des lettres, considéré d'abord comme merveilleux et bien digne de leurs auteurs supposés.

messe, et persécute son curé dont il raille les dogmes, est au fond aussi peu libre-penseur que ce curé. Ils appartiennent tous deux à la même famille psychologique et sont également conduits par la pensée des morts.

Il faudrait pouvoir étudier dans leur détail les opinions journalières que nous nous faisons sur toutes choses pour bien voir à quel point est exacte la théorie qui précède. Ces opinions, que nous croyons si libres, nous sont données par le milieu, les livres, les journaux, et suivant nos sentiments héréditaires, nous les acceptons ou les rejetons en bloc, mais le plus souvent sans que la raison ait une part quelconque dans cette acceptation, ou ce rejet. On l'invoque souvent, la raison, mais en vérité son rôle est aussi faible dans la genèse de nos opinions que dans celle de nos actions. C'est dans l'hérédité, pour les opinions fondamentales, et la suggestion, pour les opinions secondaires, qu'il faut chercher les principales sources de nos idées, et c'est pourquoi les individus des diverses classes sociales, des mêmes professions, se ressemblent autant. Vivant dans le même milieu, remâchant sans cesse les mêmes mots, les mêmes phrases, les mêmes idées, ils finissent par avoir des pensées aussi banales qu'identiques.

Qu'il s'agisse d'institutions, de croyances, d'arts ou d'un élément de civilisation quelconque, nous sommes toujours lourdement pliés sous le poids du milieu et surtout du passé. Si nous ne le voyons généralement pas, c'est parce que notre facilité à donner des noms nouveaux aux choses anciennes nous fait croire qu'en changeant ces mots nous avons changé aussi les choses qu'ils représentaient.

Pour rendre bien visible le poids des influences ancestrales, il faut prendre des éléments de civilisation bien nets, les arts par exemple. Le poids du passé apparaît alors clairement, et aussi la lutte entre la tradition et les idées modernes. Quand l'artiste croit se soustraire au poids du passé, ce n'est qu'en retournant à des formes plus anciennes ou en altérant les éléments les plus nécessaires de son art, remplaçant par exemple une couleur par une autre, le rose de la figure par du vert, ou en se livrant à toutes ces fantaisies dont les récentes expositions annuelles nous ont donné le spectacle.

Mais dans ses divagations mêmes, l'artiste ne fait que confirmer son impuissance à se soustraire au joug de la tradition et des rites séculaires. L'inspiration qu'il croit libre est toujours esclave. En dehors des formes fixées par les siècles, il ne peut rien concevoir.

Ce n'est que fort lentement qu'il peut évoluer.

§ 2. LIMITES DE VARIABILITÉ DE L'ÂME ANCESTRALE

Telle est l'influence du passé, et il faut toujours l'avoir présente à l'esprit si nous voulons comprendre l'évolution de tous les éléments d'une civilisation, comment se forment nos institutions, nos croyances et nos arts, et quelle part immense exerce sur leur genèse l'influence des morts. L'homme moderne a fait les plus consciencieux et les plus inutiles efforts pour se soustraire au passé. Notre grande Révolution croyait même pouvoir le rejeter entièrement. Combien vaines de telles tentatives ! On peut conquérir un peuple, l'asservir, le détruire même. Où est le pouvoir qui changerait son âme ?

Mais cette âme héréditaire, à l'influence de laquelle il est si difficile de se soustraire, a mis des siècles à se former. Bien des éléments divers y ont donc été déposés, et, sous l'influence de certaines excitations, des éléments très divers peuvent surgir. Un violent changement de milieu peut développer des germes qui sommeillaient en nous. De là ces possibilités de caractère dont j'ai parlé dans un autre ouvrage et que certaines circonstances mettent au jour. C'est ainsi que l'âme paisible d'un chef de bureau, d'un magistrat, d'un boutiquier, contient parfois un Robespierre, un Marat, un Fouquier-Tinville. Il suffit de certains excitants pour faire apparaître ces personnalités latentes. On voit alors des bureaucrates fusiller des otages, des artistes ordonner la destruction de monuments, et revenus après la crise à leur âme de bureaucrate ou d'artiste, se demander de quelle aberration ils ont été victimes. Les bourgeois de la Convention, retournés après la tourmente à leurs pacifiques occupations de notaires, percepteurs, professeurs, magistrats, avocats, etc., se demandèrent plus d'un fois avec stupeur comment ils avaient pu manifester des instincts aussi sanguinaires et immoler tant de victimes.

Ce n'est pas impunément qu'on agite le limon déposé par les ancêtres au fond de nous. On ne sait pas ce qu'il en peut sortir : l'âme d'un héros ou celle d'un bandit.

§ 3. La lutte entre les croyances traditionnelles et les nécessités modernes. Mobilité actuelle des opinions

C'est grâce aux quelques esprits originaux que toutes les époques voient naître que chaque civilisation sort peu à peu des liens de la tradition. C'est parce que de tels esprits sont rares qu'elle ne peut que très lentement en sortir.

La fixité d'abord, la variabilité ensuite, constituent les conditions fondamentales de la naissance et du développement des sociétés. Une civilisation n'est constituée que lorsqu'elle s'est créée une tradition, et elle ne progresse que lorsqu'elle réussit à modifier un peu cette tradition à chaque génération. Si elle ne la modifie pas, elle ne progresse plus, et, comme la Chine, reste stationnaire. Si elle veut la modifier trop vite, elle perd toute fixité, se désagrège et est bientôt condamnée à disparaître. La force des Anglo-Saxons tient surtout à ce que, tout en acceptant l'influence du passé, ils savent se soustraire à son joug dans les limites nécessaires.

La faiblesse des Latins tient au contraire à ce qu'ils veulent rejeter entièrement l'influence du passé, refaire sans cesse de toutes pièces leurs institutions, leurs croyances et leurs lois. Pour cette seule raison ils vivent depuis un siècle dans les révolutions et d'incessants bouleversements, dont ils ne semblent pas près de sortir.

Le grand danger de l'heure présente est que nous n'avons plus guère de croyances communes. Aux intérêts collectifs identiques, se substituent de plus en plus des intérêts particuliers dissemblables. Nos institutions, nos codes, nos arts, notre éducation, ont été édifiés sur des croyances qui s'effritent chaque jour et que la science et la philosophie, dont ce ne fut jamais d'ailleurs le rôle, ne sauraient remplacer.

Nous ne sommes assurément pas soustraits à l'influence du passé puisque l'homme ne peut s'y soustraire, mais nous ne croyons plus aux principes sur lesquels tout notre édifice social est bâti. Il y a désaccord perpétuel entre nos sentiments héréditaires et les idées de l'heure présente. En morale, en religion, en politique il n'y a plus d'autorité reconnue comme il y en avait jadis, et personne ne peut plus espérer imposer une direction pour ces choses essentielles. Il en résulte que les Gouvernements, au lieu de diriger l'opinion, sont obligés de la subir et d'obéir à ses incessantes fluctuations.

L'homme moderne, l'homme latin surtout, est lié par ses volontés inconscientes au passé, alors que sa raison cherche sans cesse à s'y soustraire. En attendant l'apparition de croyances fixes, il n'a plus que des croyances qui, par le seul fait qu'elles ne sont pas héréditaires, sont transitoires et momentanées. Elles naissent spontanément sous l'influence des événements de chaque jour, comme les vagues soulevées par l'orage. Elles en ont parfois la violence, mais sont aussi éphémères.

Des circonstances quelconques les font naître, l'imitation et la contagion les propagent. Dans l'état de nervosité où se trouvent aujourd'hui certains peuples, la plus faible cause provoque des sentiments excessifs. Ce sont des explosions de haine, de fureur, d'indignation, d'enthousiasme, qui, à propos du moindre événement, éclatent comme des coups de tonnerre. Quelques soldats sont surpris à Langson par des Chinois, explosion de fureur qui jette par terre, en quelques heures, le Gouvernement. Un village perdu dans un coin de l'Europe est ravagé par une inondation, explosion d'attendrissement national qui s'épanche en souscriptions, fêtes de charité, etc., qui nous fait envoyer au loin des sommes dont nous aurions tant besoin pour soulager nos propres misères. L'opinion publique ne connaît plus que les sentiments extrêmes ou la profonde indifférence. Elle est terriblement féminine, et, comme la femme, ne possède aucune aptitude à dominer ses mouvements réflexes. Elle vacille sans cesse à tous les vents des circonstances extérieures.

Cette mobilité extrême des sentiments qu'aucune croyance fondamentale ne dirige plus, les rend fort dangereux. À défaut de l'autorité évanouie, l'opinion publique devient de plus en plus maîtresse de toute chose, et, comme elle a à son service une presse toute-puissante pour l'exciter ou la suivre, le rôle des Gouvernements devient chaque jour de plus en plus difficile et la politique des hommes d'État de plus en plus oscillante. On peut trouver bien des choses utilisables dans l'âme populaire, mais on n'y trouvera jamais la pensée d'un Richelieu ni même les vues claires d'un modeste diplomate ayant quelque suite dans les idées et la conduite.

Cette puissance si grande et si fluctuante de l'opinion ne s'étend pas seulement à la politique, mais à tous les éléments de la civilisation. Elle dicte aux artistes leurs œuvres, aux magistrats leurs arrêts[11], aux Gouvernements leur conduite.

Ce qu'il y a de dangereux dans cette influence des courants d'opinion populaire, c'est qu'ils agissent inconsciemment sur nos idées et les modifient sans que nous nous en doutions. Les magistrats qui condamnent ou acquittent sous l'influence de l'opinion populaire obéissent à cette opinion le plus souvent sans le savoir. Leur inconscient se transforme pour la suivre, et la raison ne sert qu'à trouver des justifications aux revirements qui se font à leur insu dans l'esprit.

Ces mouvements populaires, caractéristiques de l'heure actuelle, ôtent aux Gouvernements, comme je le faisais remarquer plus haut, toute stabilité dans leur conduite. L'opinion populaire décrète les alliances, telle, par exemple, l'alliance franco-russe, sortie d'une explosion d'enthousiasme national. Elle décrète des guerres,

---

[11] Un des plus curieux exemples de l'invasion de l'opinion publique dans les prétoires, où siégeaient jadis des caractères plus fermes, a été fourni récemment par la bien instructive affaire du docteur Laporte. Elle restera un exemple à citer dans tous les traités de psychologie. Appelé de nuit pour un accouchement extrêmement laborieux, n'ayant sous la main aucun des instruments nécessaires, et la malade étant sur le point de succomber, le médecin se sert d'un outil de fer emprunté à un ouvrier du voisinage et ne différant de l'instrument classique que par d'insignifiants détails. Mais comme l'instrument d'occasion ne sortait pas d'une trousse de chirurgie, chose mystérieuse possédant du prestige, les commères du voisinage déclarent immédiatement que le chirurgien est un ignorant et un bourreau. Elles ameutent par leurs hurlements les voisins, la rumeur s'étend, les journaux l'enregistrent, l'opinion s'indigne, et il se trouve un magistrat pour mettre l'infortuné médecin en prison, puis un tribunal pour le condamner à un nouvel emprisonnement après une longue détention préventive. Mais, dans l'intervalle, des spécialistes éminents avaient pris l'affaire en main, retourné entièrement l'opinion et en quelques semaines le bourreau était devenu un martyr. L'affaire fut portée en cour d'appel, et les magistrats, continuant à suivre humblement les revirements de l'opinion, acquittèrent cette fois l'accusé.

telle par exemple la guerre des États-Unis avec l'Espagne, sortie d'un mouvement d'opinion créé par des journaux à la solde de quelques financiers.

Un écrivain américain, monsieur Godkin, a dénoncé dans un livre curieux, *Unforeseen Tendencies of Democracy*, le rôle funeste que jouent dans la direction de l'opinion les journaux des États-Unis, la plupart à la solde des spéculateurs. Une guerre en perspective sera, dit-il, toujours favorisée par les journaux, simplement parce que les nouvelles militaires, victoires ou défaites, augmentent énormément leur vente. Le livre était écrit avant la guerre de Cuba, et l'événement a montré combien étaient justes les prévisions de l'auteur. Les journaux mènent l'opinion aux États-Unis, mais ce sont quelques financiers qui, du fond de leur comptoir, dirigent les journaux. Leur puissance est plus funeste que celle des pires tyrans, parce qu'elle est anonyme, et que leur intérêt personnel seul, et non celui de leur pays, les guide. Ce sera, comme je l'ai fait remarquer déjà, un des gros problèmes de l'avenir de trouver le moyen de se soustraire à la puissance souveraine et démoralisante de banquiers cosmopolites qui tendent de plus en plus dans beaucoup de pays à devenir indirectement les maîtres de l'opinion et, par conséquent, des Gouvernements. Un journal américain, l'*Evening Post*, faisait remarquer récemment qu'alors que toutes les autres influences sont faibles ou impuissantes sur les mouvements populaires, le pouvoir de la petite presse a grandi outre mesure, pouvoir d'autant plus redoutable qu'il est sans limites, sans responsabilité, sans contrôle, et qu'il est exercé par des individus absolument quelconques.

Les deux journaux populaires les plus influents des États-Unis, ceux qui ont obligé les pouvoirs publics à déclarer la guerre à l'Espagne, étaient alors dirigés, l'un par un ancien cocher de fiacre, l'autre par un tout jeune homme ayant hérité de nombreux millions. Leur opinion, observait le critique américain, a sur l'emploi qu'un pays doit faire de son armée, de sa marine, de son crédit, de ses traditions, plus d'influence que tous les hommes d'État, les philosophes et les professeurs de la nation.

Ici encore nous voyons apparaître un des grands desiderata de l'heure présente, c'est-à-dire la nécessité de découvrir une croyance, universellement acceptée et qui remplace celles qui ont régi le monde jusqu'ici.

Nous résumerons ce chapitre et le précédent en disant que les civilisations ont toujours reposé sur un petit nombre de croyances, très lentes à se former, très lentes à disparaître. Qu'une croyance ne peut se faire accepter, ou tout au moins pénétrer suffisamment dans l'esprit pour devenir un mobile de conduite, que lorsqu'elle se rattache plus ou moins à des croyances antérieures. Que l'homme moderne possède par hérédité des croyances qui servent encore de base à ses institutions et à sa morale, mais qui sont aujourd'hui en lutte permanente avec sa raison.

Pour ce motif, il en est réduit à tâcher d'élaborer de nouveaux dogmes se rattachant suffisamment aux anciennes croyances et conformes cependant à ses idées actuelles. C'est dans ce conflit entre le passé et le présent, c'est-à-dire entre notre âme inconsciente et nos raisonnements conscients, que résident les causes de l'anarchie actuelle des esprits.

Le socialisme sera-t-il la religion nouvelle qui viendra se substituer aux anciennes croyances ? Il lui manque, pour réussir, ce pouvoir magique de créer une vie future, principale force jusqu'ici des grandes religions qui ont conquis le monde et qui ont duré. Toutes les promesses de bonheur du socialisme doivent se réaliser ici-bas. Or, la réalisation de telles promesses se heurtera fatalement à des nécessités économiques et psychologiques sur lesquelles la puissance de l'homme ne peut rien. Et c'est pourquoi l'heure de l'avènement du socialisme sera aussi sans doute l'heure de son déclin.

Le socialisme pourra triompher un instant, comme ont triomphé les idées humanitaires de la Révolution. Mais il périra bientôt dans de sanglants cataclysmes, car ce n'est pas en vain qu'on soulève l'âme des peuples. Il constituera donc une de ces religions éphémères que le même siècle voit naître et mourir, et qui ne servent qu'à en préparer ou en renouveler d'autres mieux adaptés à la nature de l'homme et aux nécessités de toutes sortes dont les sociétés sont condamnées à subir les lois. C'est en le considérant à ce point de vue d'agent de dissolution destiné à préparer l'éclosion de nouveaux dogmes, que l'avenir ne jugera peut-être pas le rôle du socialisme comme absolument funeste.

CHAPITRE III
ÉVOLUTION DU SOCIALISME VERS UNE FORME RELIGIEUSE

§*1. Tendances actuelles du socialisme à se substituer aux anciennes croyances.* — Évolution religieuse du socialisme. — Éléments de succès des conceptions socialistes considérées comme croyances religieuses pouvant se rattacher aux croyances antérieures. — Le sentiment religieux est un indéracinable instinct. — Ce n'est pas à la liberté, mais à l'esclavage de la pensée que l'homme aspire. — Le socialisme répond aux besoins et aux espérances de l'heure actuelle. — Impuissance des défenseurs des vieux dogmes. — La faible valeur scientifique des dogmes socialistes ne peut nuire à leur propagation. — Les grandes croyances religieuses qui ont régné sur l'humanité ne furent jamais filles de la raison.
§*2. Propagation de la croyance. Les apôtres.* — Rôle des apôtres dans la fondation des croyances. — Leurs moyens de persuasion. — Importance du rôle des hallucinés dans le monde. — Esprit religieux des véritables apôtres socialistes. — Inaccessibles à tout raisonnement, ils éprouvent le besoin ardent, de propager leur foi. — Leur exaltation, leur dévouement, leur simplisme et leur besoin de destruction. — Ces caractères sont communs aux apôtres de tous les âges. — Bossuet et les dragonnades. Torquemada et Robespierre. — Rôle funeste des philanthropes dans le monde. — Pourquoi les anarchistes ne doivent pas être confondus avec les aliénés ordinaires et les criminels. — Appoint fourni aux apôtres par les diverses classes de dégénérés.
§*3. Propagation de la croyance dans les foules.* — C'est dans les foules que toutes les conceptions politiques, religieuses ou sociales, enfoncent finalement leurs racines. — Caractères des foules. — Elles n'ont jamais pour guide l'intérêt personnel. — C'est par les foules que se manifestent les intérêts collectifs des races. — Les œuvres d'intérêt général exigeant un dévouement aveugle sont

accomplis par elles. — Violences apparentes et conservatisme réel des foules. — Ce n'est pas la mobilité, mais la fixité qui les domine. — Pourquoi le socialisme ne saurait les séduire bien longtemps.

§ 1. Tendances actuelles du socialisme à se substituer aux anciennes croyances

Après avoir considéré le rôle de nos croyances et leurs fondements lointains, nous sommes préparés à comprendre l'évolution religieuse que subit le socialisme actuel et qui constituera sans doute son plus sérieux élément de succès. Nous avons montré déjà, par les explications données dans notre étude de la psychologie des foules, que les convictions des masses tendent toujours à revêtir une forme religieuse. Les multitudes n'ont ni scepticisme ni esprit critique. Le *credo* politique, religieux ou social, accepté par elles, est toujours adopté sans discussion, et vénéré avec ferveur.

Nous n'avons pas à rechercher dans ce chapitre la valeur philosophique ou économique des nouvelles doctrines, mais uniquement l'impression qu'elles produisent sur les âmes. Nous avons répété bien des fois que le succès d'une croyance ne dépend pas du tout de la part de vérité ou d'erreur qu'elle peut contenir, mais uniquement des sentiments qu'elle fait naître et des dévouements qu'elle inspire. L'histoire de toutes les croyances en est la preuve manifeste.

Au point de vue de leur avenir comme croyances religieuses, les conceptions socialistes possèdent d'incontestables éléments de succès. En premier lieu, elles n'ont pas à lutter beaucoup contre les croyances antérieures, puisque ces dernières sont en voie de disparaître. En second lieu, elles se présentent sous des formes excessivement simples, qui les rendent accessibles à tous les esprits. En troisième lieu enfin, elles se relient aisément à des croyances précédentes, et peuvent par conséquent les remplacer sans effort.

Nous avons déjà montre en effet que les socialistes chrétiens ont des doctrines à peu près identiques à celles des autres socialistes.

Le premier point, la dissolution des croyances antérieures, est capital. L'humanité n'a pas pu vivre jusqu'ici sans croyances. Dès qu'une religion ancienne est en voie de disparition, une nouvelle vient aussitôt la remplacer. Le sentiment religieux, c'est-à-dire le besoin de se soumettre à une foi quelconque, divine, politique ou sociale, est un de nos plus impérieux instincts. L'homme a besoin de croyances pour diriger machinalement sa vie et s'éviter tout effort de raisonnement. Ce n'est pas à la liberté mais bien à l'esclavage de la pensée, qu'il aspire. Il se soustrait parfois à la domination des tyrans qui l'oppriment. Mais comment se soustrairait-il à la domination bien autrement impérieuse de ses croyances ? Après avoir été d'abord l'expression de ses besoins, et surtout de ses espérances, les croyances finissent par les modifier et par régir l'instinctif domaine de ses aspirations.

La nouvelle doctrine répond parfaitement aux désirs et aux espérances actuels. Elle apparaît à l'heure exacte où finissent de mourir les croyances religieuses et sociales dont avaient vécu nos pères, et elle est prête à en renouveler les promesses. Son nom seul est un mot magique qui, comme le paradis des vieux âges, synthétise nos rêves et nos espoirs. Quelque faible que soit sa valeur, et quelque incertaine que sa réalisation puisse être, elle constitue un idéal nouveau qui aura au moins eu le mérite de rendre à l'homme l'espérance, que les dieux ne lui donnent plus, et les illusions, que la science lui a ôtées. S'il est vrai que pour longtemps encore le bonheur de l'homme doive résider dans la faculté merveilleuse de créer des divinités et d'y croire, on ne saurait méconnaître l'importance du nouveau dogme.

Il grandit chaque jour, le décevant fantôme, et sa puissance devient de plus en plus prépondérante. Les anciens dogmes ont perdu leur puissance, les autels des vieilles divinités sont déserts, la famille se dissocie, les institutions s'effondrent, les hiérarchies disparaissent. Seul le mirage social se développe sur les ruines qui s'amoncellent de toutes parts. Il s'étend sans rencontrer de bien sérieux détracteurs. Alors que ses adeptes sont des apôtres ardents, persuadés, comme jadis les disciples de Jésus, qu'ils sont en possession d'un idéal nouveau destiné à régénérer le monde, les timides défenseurs de la vieille société sont, au contraire, très faiblement pénétrés de la valeur de la cause qu'ils soutiennent. Toute leur défense ne consiste guère qu'à ressasser péniblement dans l'ombre d'antiques formules théologiques et économiques usées depuis longtemps, et ayant perdu toute vertu. Ils donnent l'impression de momies qui essaieraient de s'agiter sous leurs bandelettes. Dans un rapport sur un concours académique, monsieur Léon Say faisait ressortir l'étonnante médiocrité des ouvrages destinés à combattre le socialisme, malgré l'importance des récompenses offertes. Les défenseurs du paganisme ne se montrèrent pas plus impuissants lorsqu'un dieu nouveau, sorti des plaines de la Galilée, vint recueillir l'héritage des vieilles divinités chancelantes et leur porta les derniers coups.

 Elles n'ont pas assurément la logique pour base, les nouvelles croyances. Mais quelles sont, depuis l'origine du monde, les croyances qui ont reposé sur la logique ?

 La plupart n'en ont pas moins présidé à l'éclosion de civilisations brillantes. L'irrationnel qui se perpétue devient rationnel, et l'homme finit toujours par s'accommoder avec lui. Les sociétés se fondent sur des désirs, des croyances, des besoins, c'est-à-dire sur des sentiments, et jamais sur des raisons, ni même sur des vraisemblances. Ces sentiments évoluent sans doute suivant une logique secrète, mais de cette logique nul penseur n'a jamais connu les lois. Aucune des grandes croyances qui ont régné sur l'humanité ne fut fille de la raison, et si chacune a subi la loi commune, qui force les dieux et les empires à décliner et à mourir, ce n'est pas la raison non plus qui amena leur fin. Ce que les croyances possèdent à un haut degré, et ce que la raison ne possédera jamais, c'est le magnifique pouvoir de relier ensemble des choses n'ayant aucun lien, de transformer en vérités éclatantes les plus manifestes erreurs, d'asservir les âmes en charmant les cœurs et finalement de transformer les civilisations et les empires. Elles ne sont pas filles de la logique, mais elles sont reines de l'histoire.

Étant donnés le côté séduisant des dogmes nouveaux, leur simplisme extrême qui les rend accessibles à tous les esprits, la haine actuelle des classes populaires pour les détenteurs de la richesse et de la puissance, le pouvoir politique absolu de changer leurs institutions que ces classes possèdent au moyen du suffrage universel. Étant données, dis-je, des conditions de propagation aussi singulièrement favorables, on pourrait se demander pourquoi les progrès des nouvelles doctrines sont relativement si lents, et quelles sont les forces mystérieuses qui en règlent la marche. L'exposé que nous avons fait des origines de nos croyances et de la lenteur de leurs transformations donne la réponse à cette question.

§ 2. Propagation de la croyance. Les apôtres

L'heure actuelle nous montre l'élaboration de la religion socialiste. Nous pouvons y étudier l'action de ses apôtres et de tous les grands facteurs dont nous avons montré ailleurs le rôle : les illusions, les mots et les formules, l'affirmation, la répétition, le prestige et la contagion. C'est surtout par ses apôtres que le socialisme pourra peut-être triompher un instant. Seuls ces convaincus ont l'ardeur indispensable pour créer la foi, puissance magique qui, à plusieurs époques, a transformé le monde. Ils connaissent l'art de persuader, art à la fois subtil et simple, dont aucun livre n'a jamais enseigné les véritables lois. Ils savent que les foules ont horreur du doute. Qu'elles ne connaissent que les sentiments extrêmes, l'affirmation ou la négation énergiques, l'amour intense ou la haine violente. Ces sentiments-là, ils savent les faire naître et les développer.

Il n'est pas nécessaire que les apôtres soient bien nombreux pour accomplir leur œuvre. Qu'on songe au petit nombre de zélateurs qu'il a fallu peur provoquer un événement aussi colossal que les croisades, événement plus merveilleux peut-être que la fondation d'une religion puisque plusieurs millions d'hommes furent amenés à tout quitter pour se précipiter sur l'Orient, et à recommencer plusieurs fois malgré les revers les plus sombres et les privations les plus dures.

Quelles que soient les croyances qui ont régné dans le monde ; qu'il s'agisse du christianisme, du bouddhisme, de l'islamisme, ou simplement de théories politiques, telles que celles qui présidèrent à la Révolution, elles ne se sont propagées que par les efforts de cette catégorie spéciale de convaincus qu'on nomme les apôtres. Hypnotisés par la foi qui les a subjugués, ils sont prêts à tous les sacrifices pour la propager, et finissent même par ne plus vivre que pour en établir le règne. Ce sont des demi-hallucinés, dont l'étude relèverait surtout de la pathologie mentale, mais qui ont toujours joué un rôle immense dans l'histoire.

Ils se recrutent principalement parmi les esprits doués de l'instinct religieux, instinct dont la caractéristique est le besoin d'être dominé par un être ou un credo quelconque, et de se sacrifier pour faire triompher un objet d'adoration. L'instinct religieux, étant un sentiment inconscient, survit naturellement à la disparition de la croyance qui l'entretenait d'abord. Les apôtres socialistes, qui maudissent ou renient les vieux dogmes chrétiens, n'en sont pas moins des esprits éminemment religieux. La nature de leur foi a changé, mais ils restent dominés par tous les instincts ancestraux de leur race. La société paradisiaque rêvée par eux est bien proche du paradis céleste de nos pères. Dans ces cervelles simples, que l'atavisme domine entièrement, le vieux déisme s'est objectivé sous la forme terrestre d'un État providentiel réparant toutes les injustices et possédant la puissance illimitée des anciens dieux. L'homme change parfois d'idoles, mais comment briserait-il les formes héréditaires de pensées qui les ont fait naître ?

L'apôtre est donc toujours un esprit religieux, désireux de propager sa croyance ; mais il est aussi, et avant tout, un esprit simple, tout à fait réfractaire à l'influence d'un raisonnement. Sa logique est rudimentaire. Les nécessités et les rapports lui échappent totalement. On se fait une idée très nette de ses conceptions en parcourant les intéressants extraits de 170 autobiographies de socialistes militants publiées récemment par un écrivain de leur secte, monsieur Hamon. Il se trouve parmi eux des hommes professant des doctrines fort différentes ; car l'anarchisme n'est en réalité qu'une exagération de l'individualisme, puisqu'il voudrait supprimer tout Gouvernement et laisser l'individu livré à lui-même, alors que le collectivisme implique une étroite soumission de l'individu à l'État. Mais, pratiquement, ces différences, à peine entrevues d'ailleurs par les apôtres, s'évanouissent tout à fait. Les sectateurs des diverses formes du socialisme manifestent la même haine contre la société, le capital, la bourgeoisie, et proposent des moyens identiques pour les supprimer. Les plus pacifiques voudraient simplement dépouiller de leurs richesses ceux qui possèdent ; les plus belliqueux tiendraient absolument à ajouter à cette spoliation l'extermination des vaincus.

Ce que leurs déclamations trahissent le mieux, c'est le simplisme de leur âme. Aucune difficulté ne les embarrasse. Rien n'est plus aisé pour eux que de refaire la société : « Il n'y a qu'à chasser révolutionnairement le Gouvernement, exproprier les détenteurs de la richesse sociale, mettre tout à la disposition de tous... Dans une société où a disparu la distinction entre capitalistes et travailleurs, il n'y a pas besoin de Gouvernement. »

Hypnotisé de plus en plus par les 2 ou 3 formules qu'il répète sans cesse, l'apôtre éprouve un ardent besoin de propager sa foi et de faire connaître au monde la bonne nouvelle qui sortira l'humanité de l'erreur où elle avait croupi jusqu'à lui. La lumière qu'il apporte n'est-elle pas éclatante, et qui pourrait, en dehors des méchants et des esprits de mauvaise foi, ne pas être converti ?

« Poussés par leur ardeur de prosélytisme, écrit monsieur Hamon, ils propagandisent sans souci de souffrir pour l'idée. Pour elle, ils brisent leurs relations de famille, d'amitié ; ils perdent leur place, leurs moyens d'existence. Dans leur zèle, ils vont jusqu'à risquer la prison, le bagne, la mort ; ils veulent imposer leur idéal, ils veulent faire le salut de la masse populaire malgré elle. Ils sont analogues aux Terroristes de 1793 qui, par amour de l'humanité, tuaient les humains. »

Leur besoin de destruction est un phénomène constaté chez les apôtres de tous les cultes. Un de ceux que cite l'auteur précédent veut démolir tous les monuments, les églises surtout, convaincu que leur destruction « serait la destruction des religions spiritualistes ».

Cette âme primitive ne fait d'ailleurs que suivre d'illustres exemples. L'empereur chrétien Théodose ne raisonnait pas autrement, lorsqu'en 389 de notre ère, il fit briser tous les monuments religieux que l'Égypte avait édifiés pendant 6.000 ans sur les bords du Nil, ne laissant debout que les murs et les colonnes trop solides pour être ébranlés.

Il semble donc que ce soit une loi psychologique presque générale dans tous les âges, qu'on ne puisse être apôtre sans éprouver le besoin intense de massacrer quelqu'un ou de briser quelque chose.

L'apôtre qui ne s'en prend qu'aux monuments appartient à une variété relativement inoffensive, mais évidemment un peu tiède. Le parfait apôtre ne se contente pas de ces demi-mesures. Il comprend qu'après avoir détruit les temples des faux dieux, il est nécessaire de supprimer leurs sectateurs. Qu'importe les hécatombes quand il s'agit de régénérer le genre humain, d'établir la vérité et de détruire l'erreur ? N'est-il pas évident que le meilleur moyen de ne pas laisser d'infidèles est de massacrer en bloc tout ce qu'on rencontre, en ne laissant debout que les apôtres et leurs disciples ! C'est là le programme des purs, de ceux qui dédaignent les hypocrites compromissions, les lâches transactions avec l'hérésie.

Malheureusement les hérétiques résistent encore un peu. Et, en attendant la possibilité de les exterminer, il faut bien se contenter de meurtres isolés et de menaces. Ces dernières d'ailleurs sont bien catégoriques et ne peuvent laisser aucune illusion aux futurs massacrés. Un socialiste italien d'avant-garde, cité par monsieur Garofalo, résume ainsi son programme :

« Nous égorgerons ceux que nous trouverons les armes à la main, nous jetterons du haut des balcons ou lancerons à la mer les vieillards, les femmes et les enfants. »

Ces procédés des nouveaux sectaires n'ont rien de bien neuf, et se sont toujours présentés sous les mêmes formes aux diverses périodes de l'histoire. Tous les apôtres ont tonné dans les mêmes termes contre l'impiété de leurs adversaires. Et dès qu'ils ont détenu le pouvoir, ils ont employé contre eux les mêmes procédés de destruction rapide et énergique. Mahomet convertissait par le sabre, les hommes de l'Inquisition par les bûchers, ceux de la Convention par la guillotine, nos anarchistes modernes par la dynamite. Il n'y a que le mode d'extermination qui ait un peu changé.

Ce qui semble le plus attristant dans ces explosions de fanatisme que les sociétés doivent périodiquement subir, c'est que chez les convaincus l'intelligence la plus haute est impuissante contre le féroce entraînement de leur foi. Nos anarchistes modernes ne parlent et n'agissent pas autrement que ne le faisait Bossuet à l'égard des hérétiques lorsqu'il commença la campagne qui devait aboutir à leur massacre et à leur expulsion. En quels termes fulgurants l'illustre prélat ne tonne-t-il pas contre les ennemis de sa foi « qui aiment mieux croupir dans leur ignorance que de l'avouer, et nourrir dans leur esprit indocile la liberté de penser tout ce qui leur plaît, que de ployer sous l'autorité divine ».

Il faut lire, dans les écrits du temps, avec quelle joie sauvage furent accueillies par le clergé la révocation de l'Édit de Nantes et les dragonnades. Les évêques et le pieux Bossuet délirent d'enthousiasme. « Vous avez, dit ce dernier en s'adressant à Louis XIV, exterminé les hérétiques. C'est le digne ouvrage de votre règne. C'en est le couronnement. »

L'extermination avait été en effet assez complète. Ce « digne ouvrage » avait eu pour résultat l'émigration de 400.000 Français, sans compter un nombre considérable de récalcitrants, brûlés à petit feu, écartelés, pendus, éventrés ou envoyés sur les galères du roi. L'Inquisition n'a pas moins décimé l'Espagne et la Convention n'a pas moins décimé la France. Cette dernière possédait, elle aussi, la vérité absolue et voulait extirper l'erreur. Elle eut toujours les allures d'un concile beaucoup plus que d'une assemblée politique.

On s'explique aisément les ravages commis par tous ces terribles destructeurs d'hommes quand on sait lire dans leur âme. Torquemada, Bossuet, Marat, Robespierre, se considéraient comme de doux philanthropes, ne rêvant que le bonheur de l'humanité. Philanthropes religieux, philanthropes politiques, philanthropes sociaux, appartiennent à la même famille. Ils se supposent de très bonne foi, les amis de l'humanité, dont ils ont toujours été les plus pernicieux ennemis. Le fanatisme aveugle des vrais croyants les rend beaucoup plus dangereux que des bêtes fauves.

Les aliénistes actuels considèrent généralement que les sectaires formant l'avant-garde du socialisme appartiennent au type criminel, à ce qu'ils appellent les criminels-nés. Mais c'est là une qualification beaucoup trop sommaire et le plus souvent fort inexacte, car elle embrasse des individus appartenant à des classes diverses, sans parenté aucune pour la plupart avec les véritables criminels. Qu'il y ait parmi les propagateurs de la nouvelle foi quelques criminels, cela n'est pas douteux, mais la plupart des délinquants, qui se qualifient de socialistes anarchistes, ne le font que pour rehausser d'un vernis politique des crimes de droit commun. Les véritables apôtres peuvent commettre des actes justement qualifiés crimes par le code, mais qui n'ont rien de criminel au point de vue psychologique. Loin d'être la conséquence de l'intérêt personnel, ce qui est la caractéristique du véritable crime, leurs actes sont contraires le plus souvent à leurs intérêts les plus évidents. Ce sont des esprits rudimentaires et mystiques, absolument incapables de raisonner, et dominés par un sentiment religieux qui a envahi tout le champ de leur entendement. Ils sont fort dangereux assurément, et une société qui ne veut pas être détruite par eux doit les éliminer soigneusement de son sein ; mais leur état mental relève beaucoup plus de l'aliéniste que du criminaliste.

L'histoire est pleine de leurs exploits, car ils constituent une espèce psychologique ayant vécu à tous les âges.

« Les aliénés et les passionnés à tendances altruistes ont surgi de tout temps, écrit Lombroso, même à l'époque sauvage, mais alors ils trouvaient un aliment dans les religions. Plus tard, ils se rejetèrent dans les factions politiques et les conjurations anti-monarchiques de l'époque. D'abord croisés, puis rebelles, puis chevaliers errants, puis martyrs de la foi ou de l'athéisme. [...] De nos jours et surtout chez les races latines, lorsqu'un de ces fanatiques altruistes surgit, il ne trouve d'autre aliment possible à ses passions que sur le terrain social et économique. [...] Ce sont presque toujours les idées les plus discutées et les moins sûres qui laissent le champ libre à l'enthousiasme des fanatiques. Vous trouverez cent fanatisés pour un problème de théologie ou de métaphysique ; vous n'en trouverez point pour un théorème de géométrie. Plus une idée est étrange et absurde, plus elle entraîne derrière elle d'aliénés et d'hystériques, surtout dans le monde politique où chaque triomphe privé devient un échec ou un triomphe public, et cette idée soutient jusqu'à la mort les fanatiques à qui elle sert de compensation pour la vie qu'ils perdent ou les supplices qu'ils endurent. »

À côté de la catégorie d'apôtres que nous avons décrite, et qui sont les propagateurs nécessaires de toutes les croyances, il existe des variétés moins importantes dont l'hypnotisation est limitée à un seul point de l'entendement. On rencontre journellement dans la vie des gens fort intelligents, éminents même, qui deviennent incapables de raisonnement quand ils abordent certains sujets. Dominés alors par leur passion politique ou religieuse, ils montrent une incompréhension et une intolérance qui surprennent. Ce sont des fanatiques d'occasion, dont le fanatisme ne devient dangereux que quand il est excité. Ils raisonnent avec lucidité et modération sur toutes les questions, excepté sur celles où la passion qui les envahit est leur seul guide. Sur ce terrain limité ils se dressent avec toute la furie persécutrice des véritables apôtres, qui trouvent en eux, dans les heures de crise, des auxiliaires pleins d'aveuglement et d'ardeur.

Il est enfin une autre catégorie de sectaires socialistes que l'idée seule n'entraîne pas et dont les croyances sont même assez faibles. Ils appartiennent à la grande famille des dégénérés. Maintenus par leurs tares héréditaires, leurs défectuosités physiques ou mentales dans des situations inférieures dont ils ne peuvent sortir, ils sont les ennemis naturels d'une société à laquelle leur incapacité incurable, les hérédités morbides dont ils sont victimes, les empêchent de s'adapter. Ils sont les défenseurs spontanés des doctrines qui leur promettent, avec un avenir meilleur, une sorte de régénération. Ces disgraciés dont nous aurons à nous occuper dans le chapitre consacré aux inadaptés, forment un immense appoint à la foule des apôtres. Le propre de nos civilisations modernes est justement de créer, et, par une sorte de bizarre ironie humanitaire, de conserver et de protéger, avec la plus imprévoyante sollicitude, un stock chaque jour plus considérable de déchets sociaux, sous le poids desquels elles finiront peut-être par sombrer.

La religion nouvelle que constitue le socialisme entre dans cette phase où la propagande se fait par les apôtres. À ces apôtres commencent à se joindre quelques martyrs : ils constituent un nouvel élément de succès. Après les dernières exécutions d'anarchistes à Paris, la police a dû intervenir pour empêcher les pieux pèlerinages à la tombe des victimes, et la vente de leur image entourée de toutes sortes d'attributs religieux. Le fétichisme est le plus ancien des cultes, et sera peut-être le dernier. Il faut toujours au peuple quelques fétiches pour incarner ses rêves, ses désirs et ses haines.

Ainsi se propagent les dogmes, et aucun raisonnement ne saurait lutter contre eux. Leur force est invincible, car elle s'appuie sur la séculaire infériorité des foules et sur l'éternelle illusion du bonheur, dont le mirage mène les hommes et les empêche de voir les barrières qui séparent les réalités et les rêves.

§ 3. Propagation de la croyance dans les foules

Ayant longuement expliqué dans mes deux derniers ouvrages le mécanisme de la propagation des croyances, je ne puis qu'y renvoyer le lecteur. Il y verra comment toutes les civilisations dérivent de l'influence d'un petit nombre d'idées fondamentales, qui, après une série de transformations, finissent par germer sous forme de croyances dans l'âme populaire. Le processus de cette fixation a une grande importance, car les idées n'exercent leur rôle social, bienfaisant ou nuisible, qu'après être descendues dans l'âme des foules. Alors, et seulement alors, elles deviennent des opinions générales, puis des croyances irréductibles, c'est-à-dire les facteurs essentiels des religions, des révolutions et des changements de civilisation.

C'est dans ce terrain final, l'âme des foules, que toutes nos conceptions métaphysiques, politiques, religieuses et sociales finissent par enfoncer leurs racines. Il importe donc de le bien connaître, et c'est pourquoi une étude du mécanisme de l'évolution mentale des peuples et de la psychologie des foules nous a paru la préface nécessaire d'un ouvrage sur le socialisme. Cette étude était d'autant plus indispensable que ces importantes questions, la dernière surtout, étaient fort mal connues. Les rares écrivains qui ont étudié les foules sont arrivés à des conclusions qui présentent assez exactement le contrepied de la réalité, ou, tout au moins, une seule face d'une question qui en comprend plusieurs. Ils n'ont guère vu dans la foule « qu'une bête fauve insatiable de rapines et de sang ».

Quand on creuse un peu le sujet, on découvre au contraire que les pires excès des foules ont très souvent pour point de départ des idées fort généreuses et fort désintéressées, et que la foule est aussi facilement victime que bourreau. Un livre ayant pour titre *Les Foules vertueuses* serait aussi justifiable qu'un livre intitulé *Les Foules criminelles*.

J'ai longuement insisté ailleurs sur ce point, qu'un des caractères fondamentaux qui séparent le plus profondément l'individu isolé de la foule, c'est que le premier a presque toujours pour guide son intérêt personnel, alors que les foules obéissent rarement à des mobiles égoïstes, mais le plus souvent à des intérêts collectifs et désintéressés. L'héroïsme, l'oubli de soi, sont beaucoup plus fréquemment le fait des foules que des individus.

Derrière toute cruauté collective il y a fort souvent une croyance, une idée de justice, un besoin de satisfaction morale, un oubli complet de l'intérêt personnel, un sacrifice à l'intérêt général, c'est-à-dire précisément le contraire de l'égoïsme.

La foule peut devenir cruelle, mais elle est surtout altruiste et tout aussi facilement entraînée à se dévouer qu'à détruire. Dominée par l'inconscient, elle a une moralité et une générosité qui tendent toujours à devenir actives, tandis que celles de l'individu restent généralement contemplatives et se bornent généralement à des discours. La réflexion et le raisonnement conduisent le plus souvent à l'égoïsme. Cet égoïsme, si enraciné chez l'individu isolé, est un sentiment que la foule ne connaît pas, précisément parce qu'elle n'est capable ni de réflexion ni de raisonnement. La fondation des religions et des empires n'aurait pas été possible avec des armées de disciples raisonnant et réfléchissant. Fort peu des soldats de telles armées eussent sacrifié leur vie pour le triomphe d'aucune cause.

On ne comprend bien l'histoire qu'en ayant toujours présent à l'esprit que la morale et la conduite de l'homme isolé sont fort différentes de celles du même homme dès qu'il fait partie d'une collectivité. C'est par les foules que se maintiennent les intérêts collectifs d'une race, intérêts qui impliquent toujours l'oubli plus ou moins grand des intérêts personnels.

L'altruisme profond, l'altruisme dans les actes et non dans les mots, est une vertu collective. Toute œuvre d'intérêt général demandant pour son accomplissement un minimum d'égoïsme et un maximum de dévouement aveugle, d'abnégation et de sacrifice, ne peut guère être accomplie que par les foules.

Malgré leurs violences momentanées, les foules se sont montrées toujours aptes à tout supporter. Les fanatiques et les tyrans de tous les âges n'ont jamais eu de peine à trouver des foules prêtes à se faire tuer pour défendre une cause quelconque. Elles ne se sont jamais montrées rebelles à aucune tyrannie religieuse ou politique, tyrannie des vivants et tyrannie des morts. Pour devenir leur maître, il suffit de s'en faire aimer ou de s'en faire craindre, plus encore par le prestige que par la force.

Violences éphémères quelquefois et soumission aveugle le plus souvent, sont deux caractéristiques opposées, mais qu'il ne faut pas séparer si on veut bien comprendre l'âme des multitudes. Leurs violences sont comparables aux vagues tumultueuses que la tempête soulève à la surface de l'Océan mais sans troubler la sérénité de ses eaux profondes. Les agitations de la foule reposent elles aussi sur un fond immuable que les mouvements de la surface n'atteignent pas. Il est constitué par les instincts héréditaires dont l'ensemble forme l'âme d'une race. Ce substratum est d'autant plus solide que la race est plus ancienne, et, par conséquent, possède plus de fixité.

Les socialistes croient que les foules seront aisément entraînées par eux, mais ils découvriront bientôt que c'est dans ce milieu que se trouveront non leurs alliés, mais leurs plus irréductibles ennemis. Les foules pourront sans doute dans leurs colères d'un jour ébranler furieusement l'édifice social, mais dès le lendemain elles acclameront le premier César dont elles verront apparaître le panache et qui leur promettra de rétablir ce qu'elles ont brisé. Ce qui domine en réalité les foules, chez des peuples ayant un long passé, ce n'est pas la mobilité, mais la fixité.

Leurs instincts destructeurs et révolutionnaires sont éphémères, leurs instincts conservateurs ont une ténacité extrême. Les instincts destructeurs pourront permettre au socialisme de triompher un instant, mais les instincts conservateurs ne lui permettront pas de durer. Dans son triomphe comme dans sa chute, les lourdes argumentations des théoriciens n'auront aucune part. L'heure n'est pas sonnée encore où la logique et la raison seront appelées à guider les enchaînements de l'histoire.

LIVRE III
LE SOCIALISME SUIVANT LES RACES

Chapitre I
Le socialisme en Allemagne

§1. Fondements théoriques du socialisme en Allemagne. — Formes scientifiques du socialisme allemand. — Différences entre les principes du socialisme allemand et ceux du socialisme latin. — Le rationalisme latin et la conception évolutionniste du monde. — Partis de principes différents, les socialistes latins et allemands arrivent à des conclusions pratiques identiques.
§2. Évolution actuelle du socialisme en Allemagne. — Voies artificielles par lesquelles l'Allemagne est arrivée à un concept socialiste analogue à celui des Latins. — Transformations produites dans l'âme allemande par le régime militaire universel. — L'absorption progressive par l'État en Allemagne. — Transformation actuelle du socialisme en Allemagne. — Abandon des anciennes théories. — Formes anodines que tend à revêtir le socialisme allemand.

§ 1. Les fondements théoriques du socialisme en Allemagne

C'est en Allemagne que le socialisme a pris aujourd'hui la plus grande extension, surtout dans les classes moyennes et supérieures. Son histoire dans ce pays sortirait tout à fait des limites de cet ouvrage. Si je lui consacre quelques pages, c'est uniquement parce que l'évolution du socialisme en Allemagne pourrait sembler au premier abord contraire à notre théorie sur le rapport étroit existant entre les conceptions sociales d'un peuple et l'âme de ce peuple. Il y a assurément des différences fort profondes entre l'âme latine et l'âme allemande. Et cependant les socialistes des deux pays aboutissent souvent à des conceptions identiques.

Avant de montrer pourquoi des théoriciens, appartenant à des races si différentes, arrivent à des conclusions parfois semblables, indiquons d'abord en quelques lignes combien la façon de raisonner des théoriciens allemands diffère de celle des théoriciens latins.

Après s'être inspirés pendant longtemps des idées françaises, les Allemands inspirent ces idées à leur tour. Leur pontife provisoire, car ils en changent souvent, a été pendant longtemps Karl Marx. Son rôle a consisté surtout à essayer de donner une forme scientifique à des spéculations bien banales et bien vieilles, empruntées, comme l'a fort bien montré monsieur Paul Deschanel, aux écrivains français et anglais.

Karl Marx, bien dédaigné aujourd'hui, même par ses anciens disciples, a été pendant plus de trente ans le théoricien du socialisme allemand. La forme scientifique de ses écrits et leur obscurité étaient fort séduisantes pour l'esprit à la fois méthodique et nuageux des Germains. Il prétendait donner pour base à son système la loi de l'évolution d'Hegel et la loi de la lutte pour l'existence de Darwin. Ce qui mène les sociétés, suivant lui, ce n'est pas le besoin de justice ou d'égalité, mais le besoin de manger, et le principal facteur de l'évolution est la lutte pour se disputer de la nourriture. La lutte des classes est constante, mais se modifie avec les découvertes industrielles. L'emploi des machines a détruit le régime féodal et assuré le triomphe du tiers-état. L'évolution de la grande industrie a divisé les hommes en deux classes nouvelles : ouvriers producteurs et capitalistes exploiteurs. Le patron, suivant Marx, s'enrichit aux dépens de l'ouvrier en ne lui donnant que la plus faible part possible de la valeur créée par son travail. Le capital est un vampire qui suce le sang de l'ouvrier. La richesse des capitalistes exploiteurs croît sans cesse à mesure que la misère de l'ouvrier augmente. Exploiteurs et exploités vont se livrer à une guerre d'extermination d'où résulteront la destruction de la bourgeoisie, la dictature du prolétariat et l'établissement du communisme.

La plupart de ces assertions n'ont pas résisté à la critique, et aujourd'hui on ne les discute plus guère en Allemagne. Elles n'ont conservé leur prestige que dans les pays latins, et c'est sur elles que le collectivisme s'appuie encore.

Mais ce qu'il faut retenir surtout de ce qui précède, ce sont les tendances scientifiques des socialistes allemands : l'âme de leur race s'y retrouve tout entière. Loin de considérer, avec leurs confrères latins, le socialisme comme une organisation arbitraire qui peut se créer et s'imposer de toutes pièces, ils n'y voient que le développement inévitable de l'évolution économique, et professent un mépris parfait pour les constructions géométriques de notre rationalisme révolutionnaire. Ils enseignent qu'il n'y a pas plus de lois économiques permanentes que de droit naturel permanent, mais seulement des formes transitoires. « Les catégories économiques ne sont point des catégories logiques, mais des catégories historiques. »

Les institutions sociales ont une valeur tout à fait relative, et jamais absolue. Le collectivisme est une forme d'évolution dans laquelle les sociétés, par le fait même de l'évolution économique actuelle, doivent nécessairement entrer.

Cette conception évolutionniste du monde est assurément aussi éloignée que possible du rationalisme latin, qui, suivant l'exemple de nos pères de la Révolution, veut détruire et rebâtir intégralement la société.

Bien que partis de principes dissemblables, où se retrouvent les caractéristiques fondamentales des deux races, socialistes allemands et socialistes latins arrivent exactement à la même conclusion : refaire la société en la faisant absorber par l'État. Les premiers veulent opérer cette reconstruction au nom de l'évolution, dont ils prétendent qu'elle est la conséquence. Les seconds veulent accomplir la démolition au nom de la raison. Mais les sociétés de l'avenir se présentent à eux sous une forme identique. Ils professent la même haine du capital et de l'initiative privée, la même indifférence pour la liberté, le même besoin d'embrigader les individus, de les régir par une réglementation à outrance. Les premiers prétendent, comme les seconds, détruire l'État moderne, mais ils le rétablissent aussitôt sous un autre nom avec une administration ne différant de celle de l'État actuel qu'en ce qu'elle posséderait des attributions bien plus étendues.

§ 2. Évolution actuelle du socialisme en Allemagne

Chez les peuples latins le socialisme d'État est, comme je le montrerai bientôt, une conséquence de leur passé, la suite de siècles de centralisation et de développement progressif du pouvoir central. Il n'en est pas tout à fait de même chez les Allemands. C'est par des voies artificielles qu'ils ont été conduits à une conception du rôle de l'État identique à celle des peuples latins. Cette conception est la conséquence de la transformation des conditions d'existence et du caractère causée depuis un siècle en Allemagne par l'extension du régime militaire universel. C'est ce que les écrivains allemands les plus éclairés, Ziegler notamment, ont parfaitement reconnu. Le seul moyen possible de modifier l'âme d'un peuple, ou tout au moins ses coutumes et sa conduite, est une discipline militaire rigide. C'est la seule en effet, contre laquelle l'individu soit impuissant à lutter. Elle le hiérarchise et lui ôte tout sentiment d'initiative et d'indépendance. On discute à la rigueur avec des dogmes ; mais comment discuter les ordres d'un chef qui a droit de vie et de mort sur ses subalternes et peut répondre par la prison à la plus humble observation ?

Tant qu'il n'a pas été universel, le régime militaire a constitué un admirable moyen d'oppression et de conquête pour les

Gouvernements. Il a fait la force de tous les peuples qui ont su le développer, et aucun n'aurait pu subsister sans lui. Mais l'âge moderne a créé le service militaire universel. Au lieu d'agir, comme jadis, sur une portion fort restreinte d'un peuple, il agit sur l'âme entière de ce peuple. C'est dans les pays où il a atteint, comme en Allemagne, son maximum de développement, qu'on peut le mieux étudier ses effets. Aucun régime, même le couvent, ne sacrifie plus complètement l'individu à la communauté, et ne se rapproche plus du type social rêvé par les socialistes. En un siècle, le caporalisme prussien a transformé l'Allemagne et l'a rendue admirablement apte à subir le socialisme d'État.

Je recommande à nos jeunes professeurs, en quête de thèses un peu moins banales que celles dont ils se contentent trop souvent, l'étude des transformations opérées pendant le XIXème siècle dans les idées philosophiques et sociales de l'Allemagne par l'application du service militaire universel et obligatoire.

L'Allemagne actuelle, régie par la monarchie prussienne, n'est pas le produit d'une lente évolution historique ; son unité récente a été faite uniquement par la force des armes, à la suite des victoires de la Prusse sur l'Autriche et la France. La Prusse a réuni d'emblée, sous un pouvoir pratiquement absolu, un grand nombre de petits royaumes jadis fort prospères. Sur les ruines de la vie provinciale et locale elle a constitué une centralisation puissante, qui fait songer à celle de la France sous Louis XIV et Napoléon. Mais ce régime centralisateur ne peut manquer avant longtemps de produire les effets qu'il a engendrés partout : destruction de la vie locale, la vie intellectuelle surtout, destruction de l'initiative des particuliers, absorption progressive par l'État de toutes les fonctions. L'histoire nous montre que ces grandes monarchies militaires ne prospèrent que quand elles ont des hommes éminents à leur tête, et comme ces hommes éminents sont rares, elles ne prospèrent jamais pendant bien longtemps.

L'absorption par l'État a été d'autant plus facile en Allemagne que la monarchie prussienne, ayant acquis par ses guerres heureuses un grand prestige, peut exercer un pouvoir à peu près sans contrôle, ce qui n'est pas le cas dans les pays où les Gouvernements ébranlés par de fréquentes révolutions trouvent à l'exercice de leur pouvoir de nombreuses entraves. L'Allemagne est aujourd'hui le grand centre de l'autoritarisme et on peut craindre qu'elle ne soit bientôt plus l'asile d'aucune liberté.

On comprend facilement que le socialisme, qui demande l'extension de plus en plus grande de l'intervention de l'État, ait trouvé en Allemagne un terrain fort bien préparé. Son développement ne pouvait déplaire dans les régions gouvernementales d'une nation aussi hiérarchisée et embrigadée que la Prusse moderne. Les socialistes furent donc vus pendant longtemps d'un œil très bienveillant. Monsieur de Bismarck les protégea d'abord, et ils auraient continué à l'être si, par une opposition politique assez maladroite de leur part, ils n'avaient fini par devenir gênants pour le Gouvernement.

On cessa dès lors de les ménager, et, comme l'empire allemand est une monarchie militaire pouvant malgré sa forme parlementaire revêtir très facilement une forme autocratique, on employa contre les socialistes des procédés énergiques et sommaires. D'après le *Vorwaertz*, en deux ans seulement, de 1894 à 1896, les tribunaux ont prononcé contre les socialistes, dans des procès de presse et politiques, des peines formant un total de 226 années de prison et 2.800.000 francs d'amende.

Que ces procédés radicaux aient fait réfléchir les socialistes, ou simplement que l'asservissement de plus en plus grand des esprits, produit par un régime militaire universel fort dur, ait marqué son empreinte sur l'âme déjà très disciplinée et très pratique des Allemands il est certain qu'aujourd'hui le socialisme tend à revêtir chez eux des formes assez anodines. Il devient opportuniste, se place sur le terrain exclusivement parlementaire, et renonce à peu près à faire triompher ses principes. L'extinction des classes capitalistes et la suppression des monopolistes n'apparaît plus que comme un idéal théorique dont la réalisation doit être fort lointaine. Le socialisme allemand enseigne aujourd'hui que « la société bourgeoise n'ayant pas été créée d'un seul coup, ne peut être anéantie d'un seul coup ». Il tend de plus en plus à se confondre avec le mouvement démocratique en faveur de l'amélioration des classes laborieuses.

On devra donc renoncer, je crois, à l'espoir que j'avais formulé ailleurs de voir les Allemands tenter les premiers l'instructive expérience du socialisme. Ils préfèrent évidemment laisser cette tâche aux peuples latins.

Et ce n'est pas seulement dans la pratique que transigent les socialistes allemands. Leurs théoriciens, jadis si absolus et si farouches, abandonnent de plus en plus les points essentiels de leurs doctrines. Le collectivisme lui-même, si puissant pendant longtemps est considéré maintenant comme une utopie un peu caduque, bonne à conserver peut-être pour le gros public, mais sans intérêt réel. L'esprit allemand était d'ailleurs trop scientifique et trop pratique pour ne pas finir par apercevoir la singulière faiblesse d'une doctrine pour laquelle nos socialistes français conservent encore un si religieux respect. Il est intéressant de constater avec quelle facilité et quelle rapidité évolue le socialisme allemand, non pas seulement dans le détail des théories, mais dans leurs parties les plus fondamentales. C'est ainsi, par exemple, que Schultze Delitsch, qui, à un moment eut beaucoup d'influence, attachait une grande importance au mouvement coopératif, afin « d'habituer le peuple à compter sur son initiative propre pour améliorer sa condition ». Lassalle et tous ses successeurs ont toujours soutenu, au contraire, que « ce dont, le peuple avait surtout besoin, c'était un recours plus étendu à l'assistance de l'État ».

Chapitre II
Le socialisme en Angleterre et en Amérique

§1. Les concepts de l'État chez les Anglo-Saxons et leur psychologie. — Ce qui importe pour un peuple, ce n'est pas le régime politique qu'il adopte, mais sa conception des rôles respectifs de l'individu et de l'État. — L'idéal social des Anglo-Saxons. — Cet idéal reste le même pour eux sous les régimes politiques les plus divers. — Les caractéristiques mentales de l'Anglo-Saxon. — Différences entre sa moralité privée et collective. — Solidarité, énergie, etc. — Les diplomates anglo-saxons. — Comment les qualités de la race sont entretenues par l'éducation. — Caractéristiques de l'éducation anglo-saxonne. — Ses résultats.
§2. Les idées sociales des ouvriers anglo-saxons. — Comment se font leur instruction et leur éducation. — Comment ils deviennent patrons. — Rareté des déclassés. — Pourquoi le travail manuel n'est pas méprisé chez les Anglo-Saxons. — Capacités administratives des ouvriers anglo-saxons. — Comment ils les acquièrent. — Les ouvriers sont fréquemment choisis comme juges de paix en Angleterre. — Comment l'ouvrier anglo-saxon défend ses intérêts contre les patrons. — Aversion de l'ouvrier anglais pour l'intervention de l'État. — L'ouvrier américain. — L'initiative privée en Amérique. — Le collectivisme et l'anarchie en Angleterre et en Amérique. — Leurs adeptes ne se recrutent que dans les métiers inférieurs exercés par les ouvriers étrangers les moins capables. — L'armée des socialistes aux États-Unis.

§ 1. Les concepts de l'État et de l'éducation chez les Anglo-Saxons

C'est surtout en comparant le concept de l'État chez les Anglais et chez les Latins que l'on voit apparaître clairement combien les institutions sont des créations de race et à quel point des noms semblables peuvent dissimuler des choses profondément différentes. On dissertera à perte de vue, comme l'ont fait Montesquieu et tant d'autres, sur les avantages que présente une république sur une monarchie ou réciproquement ; mais si nous voyons des peuples possédants, sous des régimes si différents, des conceptions sociales identiques et des institutions très voisines, nous en conclurons que ces régimes politiques, nominalement si divers, n'ont aucune influence réelle sur l'âme des peuples qu'ils sont censés régir.

Nous avons déjà insisté dans nos précédents livres sur cette thèse absolument fondamentale. Dans notre ouvrage sur les *Lois psychologiques de l'évolution des peuples*, nous avons montré, à propos de peuples voisins, les Anglais des États-Unis et les Latins des républiques hispano-américaines, combien, avec des institutions politiques fort semblables, puisque celles des seconds sont généralement la copie de celles des premiers, l'évolution avait été différente. Alors que la grande république anglo-saxonne est au plus haut degré de la prospérité, les républiques hispano-américaines, malgré un sol admirable, des richesses naturelles inépuisables, se trouvent au plus bas degré de la décadence. Sans arts, sans commerce, sans industrie, elles sont toutes tombées dans les dilapidations, la faillite et l'anarchie. Elles ont eu trop d'hommes à leur tête pour ne pas en avoir eu quelques-uns de capables : aucun n'a pu modifier cependant le cours de leurs destinées.

Ce qui importe pour un peuple, ce n'est donc pas le régime politique qu'il adopte. Ce vain costume extérieur est, comme tous les costumes, sans influence réelle sur l'âme de ceux qu'il abrite. Ce qu'il faut connaître pour comprendre l'évolution d'une nation, c'est la conception qu'elle se fait des rôles respectifs de l'individu et de l'État. L'étiquette inscrite au fronton de l'édifice social : république ou monarchie, ne possède en elle-même aucune vertu.

Ce que nous allons dire de la conception de l'État en Angleterre et en Amérique justifiera les précédentes assertions. Ayant déjà exposé dans l'ouvrage auquel je faisais allusion plus haut les caractéristiques de l'âme anglo-saxonne, je me bornerai à les résumer très brièvement maintenant.

Ses qualités les plus essentielles peuvent être d'ailleurs énoncées en peu de mots : initiative, énergie, volonté, et surtout empire sur soi, c'est-à-dire possession de cette discipline interne qui dispense l'individu de chercher des guides hors de lui-même.

L'idéal social des Anglo-Saxons est très net, et le même sous la monarchie anglaise ou sous la république des États-Unis. Il consiste à réduire à son minimum le rôle de l'État et à porter à son maximum le rôle de l'individu ; ce qui est exactement le contraire de l'idéal latin. Chemins de fer, ports de mer, universités, écoles, etc., n'ont d'autres créateurs que l'initiative privée, et l'État, en Amérique surtout, n'a jamais à s'en occuper.

Ce qui empêche les autres peuples de bien comprendre le caractère anglais, c'est qu'ils oublient d'établir une séparation très nette entre la conduite individuelle de l'Anglais à l'égard des Anglais et sa conduite collective à l'égard des autres peuples. Sa moralité individuelle est en général très stricte. L'Anglais agissant comme homme privé est fort consciencieux, très honnête et généralement respectueux de ses engagements ; mais quand les hommes d'État agissent au nom des intérêts collectifs de l'Angleterre, il en est tout autrement. Leur absence de scrupule est parfois complète. Un individu qui irait proposer à un ministre anglais l'occasion de s'enrichir sans danger en faisant étrangler une vieille dame millionnaire, serait sûr d'être immédiatement envoyé en prison ; mais qu'un aventurier quelconque, aille proposer à un homme d'État anglais, je suppose, de réunir une bande de brigands, d'envahir à main armée le territoire mal défendu d'une petite république du sud de l'Afrique, de massacrer une partie de ses habitants, puis de s'emparer du pays et d'augmenter ainsi la richesse de l'Angleterre, l'aventurier est sûr de recevoir le meilleur accueil et de voir sa proposition immédiatement acceptée. S'il réussit, l'opinion sera pour lui. C'est par des procédés analogues que les hommes d'État anglais ont réussi à conquérir la plupart des petits royaumes de l'Inde. On remarquera, d'ailleurs, que ces procédés sont tout à fait analogues à ceux employés par les autres peuples, en matière de colonisation. S'ils frappent davantage chez les Anglais, c'est que ces derniers, étant plus audacieux et plus habiles, voient plus souvent leurs entreprises couronnées de succès. Les pauvres élucubrations que les faiseurs de livres qualifient de droit des gens, droit international, etc., ne représentent qu'une sorte de code de politesse théorique propre uniquement à utiliser les loisirs de vieux jurisconsultes trop fatigués pour se livrer à une occupation utile. En pratique on y attache exactement la même importance qu'aux formules de considération ou d'amitié par lesquelles se terminent les lettres diplomatiques.

L'Anglais possède à l'égard des individus de sa race, les autres ne comptant pas pour lui, des sentiments de solidarité qu'aucun peuple ne possède au même degré. Ces sentiments tiennent à une communauté de pensées résultant de ce que l'âme nationale anglaise est très solidement constituée. Un Anglais isolé dans un point quelconque du monde se regarde comme représentant à lui seul l'Angleterre, et il considère comme un strict devoir d'agir dans les intérêts de l'Angleterre. Elle est pour lui la première puissance de l'Univers, la seule qui puisse compter.

« Dans les pays où il a déjà conquis la prépondérance, dans ceux surtout qu'il convoite, l'Anglais, écrivait le correspondant du *Temps* au Transvaal, pose dès l'abord comme un axiome sa supériorité sur tous les autres peuples du monde. Par sa persévérance et sa ténacité, par son unité et son entente, il introduit ses mœurs, ses plaisirs, sa langue, ses journaux, et il arrive même à implanter sa cuisine ! Les autres nations, il les regarde avec un mépris souverain, avec hostilité même, quand leurs représentants se montrent d'avis ou de taille à lui disputer une petite place au soleil colonial. Au Transvaal nous en avons la preuve quotidienne. L'Angleterre n'est pas seulement le *paramount power*, c'est aussi la première, l'unique, la seule nation du monde. »

Cette solidarité, si rare chez les Latins, donne aux Anglais une irrésistible force. C'est elle qui rend leur diplomatie si puissante partout. L'âme de la race étant fixée depuis longtemps, leurs diplomates pensent tous de la même façon sur les sujets essentiels. Ce sont peut-être de tous les agents des diverses nations ceux qui reçoivent le moins d'instructions, et cependant ce sont ceux qui ont le plus d'unité d'action et d'esprit de suite. On peut les considérer comme des pièces interchangeables. Un diplomate anglais quelconque succédant à un autre agira exactement comme lui.[12]

Chez les Latins, c'est absolument le contraire. Nous avons eu au Tonkin, à Madagascar, et dans les autres colonies autant de systèmes politique différents que de gouverneurs, et l'on sait s'ils changent souvent. Le diplomate français fait de la politique, mais est incapable d'avoir une politique.

---

[12] J'avais cru cette constatation évidente pour toute personne ayant voyagé et observé, jusqu'au jour où je l'exposai dans une réunion à laquelle assistaient plusieurs diplomates français. À part un amiral qui fut entièrement de mon avis, je provoquai dans l'assistance des protestations unanimes. Des diplomates interchangeables ! N'était-ce pas la négation même de la diplomatie ? À quoi alors servirait l'intelligence, etc., etc. Une fois de plus, je pus mesurer la profondeur de l'abîme qui sépare les concepts latins des concepts anglo-saxons et combien est irrémédiable notre impuissance coloniale.

Les qualités héréditaires de la race anglaise sont soigneusement entretenues par l'éducation, si profondément différente de la nôtre. Indifférence et mépris même, pour l'instruction donnée par les livres ; estime très haute pour tout ce qui développe le caractère ; enseignement supérieur et écoles secondaires plus que médiocres, peu d'universités, du moins en Angleterre. L'ingénieur, l'agronome, l'homme de loi (avocat, magistrat, etc.), se forment pratiquement dans un atelier, dans un *office*. L'apprentissage professionnel prime partout l'enseignement par les livres et les discours. Des études primaires, faites dans des écoles quelconques dues à l'initiative privée et quittées à quinze ans, sont considérées en Angleterre comme largement suffisantes.

L'instruction secondaire anglaise se fait tantôt à la maison paternelle avec l'aide des cours du soir, tantôt dans des collèges établis généralement à la campagne et sans aucune analogie avec nos lycées. La part réservée au travail intellectuel y est fort petite ; celle réservée au travail manuel (menuiserie, maçonnerie, jardinage, ferme, etc.) est prépondérante. Il y a même des écoles où les élèves se destinant aux colonies s'adonnent à tous les détails de l'élevage, de l'agriculture, de la construction, fabriquant eux-mêmes tous les objets que peut avoir à fabriquer un colon, seul dans un pays désert. Nulle part on ne fait concourir les élèves entre eux et on ne leur donne jamais de prix. L'émulation est considérée par les Anglais comme une forme de jalousie, méprisable et dangereuse. Les langues, l'histoire naturelle, la physique sont enseignées, mais toujours d'une façon pratique : les langues en les parlant, les sciences en faisant toujours manipuler et souvent fabriquer les instruments. Vers quinze ans, l'élève quitte le collège, voyage et embrasse une profession.

Cette instruction, en apparence fort sommaire, n'empêche pas les Anglais d'avoir une élite de savants et de penseurs égale à celle des peuples possédant les plus doctes écoles.

Ces savants, recrutés en dehors des universités et des concours, se caractérisent surtout par une originalité que peuvent seuls posséder les esprits qui se sont formés eux-mêmes, et que ne manifestent jamais ceux qui ont été coulés dans un moule identique sur les bancs des écoles.

Les grandes écoles, comme Cambridge, Oxford, Eton, etc., fréquentées uniquement par les fils de la haute aristocratie, et où le prix de la pension est d'environ 6.000 francs, forment une infime minorité, puisqu'elles ne comptent que 6.000 élèves. Ce sont les derniers refuges du thème latin et du vers grec ; mais les courses en canot y jouent un rôle. bien plus important. Les élèves y jouissent d'ailleurs de la plus extrême liberté, ce qui leur apprend à se conduire tout seuls, point qu'un Anglais considère avec raison comme la base de l'éducation. Les jeux où il faut savoir commander et obéir y sont regardés comme une école de discipline, de solidarité et de ténacité infiniment plus utile que l'art très inférieur, et en tout cas fort inutile, de composer des thèmes et des dissertations.

Cette originalité dans la forme et dans la pensée se retrouve jusque dans les ouvrages de science, où il semblerait qu'elle pût le moins se donner essor. Que l'on compare, par exemple, les livres de physique de Tyndall, Tait, lord Kelvin, etc., avec les ouvrages analogues écrits par nos professeurs. L'originalité, la démonstration expressive et frappante, se rencontrent à chaque page, alors que les livres corrects et froids de nos professeurs sont tous copiés sur le même modèle. Quand on en a lu un, on peut se dispenser d'ouvrir les autres. Leur but n'est en aucune façon la science en elle-même, mais la préparation à un examen. Ils ont bien soin d'ailleurs de l'indiquer sur la couverture.

En résumé, l'Anglais cherche à faire de ses fils des hommes armés pour la vie, aptes à se conduire tout seuls et à se passer de cette tutelle perpétuelle à laquelle les Latins ne savent pas se soustraire. Cette éducation donne surtout et avant tout le *self-control*, (ce que j'ai appelé la discipline interne), qui est la vertu nationale de l'Angleterre et qui aurait suffi presque à elle seule à assurer sa prospérité et sa grandeur.

Les principes qui précèdent étant une conséquence des sentiments dont l'ensemble constitue l'âme anglaise, nous devons naturellement les retrouver dans tous les pays habités par la même race, en Amérique notamment. Ils s'y retrouvent en effet. Voici comment s'exprime à ce sujet un judicieux observateur, monsieur de Chasseloup-Laubat :

« La manière dont les Américains comprennent le rôle social de l'enseignement est encore une des causes de stabilité de leurs institutions : à part un minimum de connaissances qu'ils estiment devoir fournir aux enfants dans les écoles primaires, ils pensent que l'éducation générale, et non l'instruction, doit être le but principal des pédagogues. À leurs yeux, l'éducation physique, intellectuelle et morale, c'est-à-dire le développement de l'énergie et de l'endurance, qu'il s'agisse du corps, de l'esprit ou du caractère, constitue pour chaque individu le facteur principal du succès. Il est certain que la puissance du travail, la volonté de réussir et l'habitude de répéter ses efforts sur un point déterminé, sont des forces inestimables, puisqu'elles peuvent s'appliquer à chaque instant et dans toute carrière. L'instruction, au contraire, doit changer avec la situation que l'on a et les fonctions auxquelles on se destine. »

Préparer des hommes à vivre et non à gagner des diplômes, constitue l'idéal des Américains. Développer l'initiative et la force de la volonté, habituer à penser par soi-même, sont les résultats obtenus. Il y a loin, comme on le voit, de ces idées aux idées latines. En avançant dans cette étude nous verrons les différences s'accentuer de plus en plus.

§ 2. Les idées sociales des ouvriers anglo-saxons

Ce n'est pas dans les classes aisées, mais parmi les ouvriers que se recrutent en Angleterre les socialistes. Nous devons donc sortir des généralités qui précèdent et rechercher quelles sont les sources d'instruction et d'éducation de l'ouvrier anglo-saxon, et comment se forment ses idées.

Son instruction et son éducation diffèrent assez peu de celles des classes bourgeoises. Elles se font également au contact des choses, et pas du tout par l'influence des livres. C'est même pour ce motif qu'il ne saurait exister, en Angleterre, cet abîme profond créé entre les classes par les concours et les diplômes chez les nations latines. On peut rencontrer parfois en France un ouvrier d'usine ou de mines devenu patron ; on n'en rencontrerait pas un seul devenu ingénieur officiel, puisque, pour le devenir, il lui faut passer d'abord par les écoles qui donnent les diplômes, et ne les donnent qu'à ceux qui y sont entrés avant vingt ans. L'ouvrier anglais, s'il a la capacité suffisante, devient contremaître, puis ingénieur, et ne peut même devenir ingénieur d'une autre façon.[13]

Rien n'est plus démocratique ; et avec un tel régime, il ne saurait y avoir de forces perdues, ni surtout de déclassés. Personne n'aurait l'idée de mépriser le travail manuel, si ignoré et si dédaigné de nos bacheliers et de nos licenciés, puisque ce travail manuel constitue pour toutes les classes une période de transition nécessaire.

---

[13] Un jeune Anglais, de famille riche, voulant être ingénieur sans avoir été ouvrier salarié, n'a guère d'autre ressource que d'entrer pendant 2 ou 3 ans dans une grande usine, en payant fort cher son apprentissage. Les bonnes maisons de construction lui demanderont généralement 2.500 francs par an. Les résultats obtenus montrent la valeur de ce système d'éducation pratique si dissemblable du nôtre. Ce sont des ingénieurs anglo-saxons qui se trouvent aujourd'hui à la tête des plus importants travaux du monde.

Nous venons de voir quelles sont les sources de l'instruction technique de l'ouvrier anglais, voyons maintenant les sources de son instruction théorique, de cette instruction si nécessaire lorsqu'elle suit ou accompagne la pratique, mais ne la précède pas. L'école primaire ne lui ayant fourni que des rudiments, il éprouve de lui-même le besoin de les compléter, et il apporte dans cette étude complémentaire, dont il sent l'utilité, toute l'énergie de sa race. Il acquiert aisément ce complément nécessaire par ces cours du soir que l'initiative privée a fondés partout, et dont les sujets sont toujours en rapport avec ce que les auditeurs apprennent pratiquement dans la mine et l'atelier. Ils ont ainsi constamment les moyens de vérifier l'utilité de ce qu'ils apprennent.

À cette source d'instruction théorique se joignent les bibliothèques populaires fondées partout, et aussi les journaux. Il n'y a aucune comparaison à faire entre le journal français, si futile, et qui n'aurait pas un lecteur de l'autre côté de la Manche, avec le journal anglais, si riche en informations précises de toutes sortes. Des journaux d'inventions mécaniques, tels que *Engineering*, ont surtout pour lecteur des ouvriers. Les feuilles les plus populaires des petites localités sont bourrées de renseignements sur les questions économiques et industrielles dans toutes les parties du globe. Monsieur de Rouziers parle de ses conversations avec des ouvriers d'usine, dont les réflexions lui ont montré qu'ils sont « beaucoup mieux informés de ce qui se passe sur le globe que la grande majorité des Français ayant reçu ce qu'on est convenu d'appeler une éducation libérale ».

Il cite une discussion qu'il eut avec l'un d'eux sur la question du bimétallisme, les effets du tarif Mac Kinley, etc. Pas de phrases élégantes chez l'interlocuteur, mais des observations pratiques et justes.

Voilà pour l'instruction théorique. Mais comment l'ouvrier acquerra-t-il, en outre, ces connaissances économiques générales qui exercent le jugement et permettent de conduire ses affaires ? Simplement en prenant part à la direction des entreprises qui l'intéressent au lieu de les faire gérer par l'État ou par un patron. Les plus petits centres ouvriers possèdent des sociétés de coopération, de secours, de prévoyance et autres, dirigés uniquement par des ouvriers. Ils se trouvent journellement ainsi aux prises avec les réalités, et apprennent vite à ne pas se heurter à des impossibilités et à des chimères. « Par la multitude de ces sociétés à direction autonome pour la coopération, le trade-unionisme, la tempérance, les secours mutuels, etc., la Grande-Bretagne, écrit monsieur de Rouziers, prépare des générations de citoyens capables, et se met ainsi à même de subir sans révolution violente les transformations politiques qui pourront se produire. »

Comme preuve de la capacité pratique que les ouvriers finissent ainsi par acquérir, l'auteur fait remarquer que, dans une seule année, 70 ouvriers ont été choisis en Angleterre comme juges de paix, et qu'on compte 12 d'entre eux au Parlement, parmi lesquels un sous-secrétaire d'État. Les sommes placées par les ouvriers, dans les trades-unions, les sociétés privées, les caisses d'épargne, etc., sont évaluées à 8 milliards.

Il est aisé de montrer que ce sont là uniquement les résultats des caractères de race, et non d'influences de milieu, puisque d'autres ouvriers, placés à côté des précédents, dans des conditions absolument identiques, ne présentent nullement les qualités que je viens de décrire. Tels sont, par exemple, les ouvriers irlandais des ateliers anglais. Monsieur de Rouziers a noté, après bien d'autres, leur infériorité, constatée également en Amérique : « Ils ne montrent pas le désir de s'élever, et sont satisfait dès qu'ils ont de quoi manger. » En Amérique on ne les voit guère, de même d'ailleurs que les Italiens, exercer d'autres professions que celles de mendiants, politiciens, maçons, domestiques ou chiffonniers.

Très imbu des nécessités économiques, l'ouvrier anglais sait parfaitement discuter ses intérêts avec son patron, et les lui imposer au besoin par une grève ; mais il ne le jalouse pas, et ne le hait pas, précisément parce qu'il ne le considère pas comme d'une essence différente de la sienne. Il sait parfaitement ce que ce patron gagne et par conséquent peut donner. Il ne risquera de grève que si, après mûre délibération, il a constaté que l'écart entre la rétribution du capital et celle du travail est trop grande. « On ne peut pas abuser sérieusement d'un patron, et cela pour deux raisons : c'est que si on en abuse on le ruine ; et si on le ruine, ce n'est plus un patron. »

L'idée d'obliger l'État à intervenir entre le travailleur et le patron, si chère à nos socialistes, est tout à fait antipathique à l'ouvrier anglais. Lui demander une pension de retraite pour les ouvriers paraîtrait à la fois immoral et absurde. Taine, dans ses notes sur l'Angleterre, avait déjà signalé cette aversion de l'ouvrier anglais pour la protection du Gouvernement et opposait cette aversion caractéristique à l'appel constant des ouvriers français à l'État.

Tout autant que sur le continent, l'ouvrier anglais est victime des revirements économiques et des ruines industrielles qu'ils occasionnent ; mais il a trop le sens des nécessités, l'habitude des affaires, pour s'en prendre à son patron de tels accidents. Il dédaigne tout à fait les dithyrambes sur les exploiteurs et l'infâme capital, si chers aux meneurs latins. Il sait très bien que la question ouvrière ne se borne pas à des conflits entre le capital et le travail, mais que capital et travail sont dominés par un facteur autrement puissant : la clientèle. Il saura donc se plier à des chômages ou à des réductions de salaire, quand il les jugera inévitables. Grâce à son initiative et à son éducation, il saura même changer de métier au besoin. Monsieur de Rouziers cite des maçons allant six mois par an aux États-Unis pour y trouver du travail ; d'autres ouvriers qui, se voyant ruinés par l'importation des laines d'Australie, envoyèrent des délégués étudier la question sur les lieux. Ils achetèrent sur place la laine coloniale, et transformèrent bientôt, par un commerce nouveau, les conditions d'existence de leur région.

Une telle vigueur, une telle initiative, de telles capacités chez des ouvriers sembleraient bien extraordinaires en pays latin. Il n'y a qu'à traverser l'Océan pour les retrouver plus développées encore chez les Anglo-Saxons d'Amérique.[14]

C'est là surtout qu'il n'y a jamais à compter sur l'État. Il ne saurait germer dans une cervelle américaine l'idée de lui demander de créer des chemins de fer, des ports, des universités, etc. Seule, l'initiative privée suffit à tout cela. C'est surtout dans la création de ces immenses lignes de chemin de fer qui sillonnent la grande république, que cette initiative s'est montrée merveilleuse. Aucune entreprise n'y montre mieux l'abîme qui sépare l'âme latine de l'âme anglo-saxonne, au point de vue de l'indépendance et de l'initiative.

L'industrie des chemins de fer n'est pas considérée aux États-Unis autrement qu'une industrie quelconque. Créée par des associations de particuliers elle ne se maintient que si elle est productive. La pensée ne viendrait à personne que les actionnaires puissent, comme en France, être rétribués par le Gouvernement.[15]

---

[14] Pour tout ce qui concerne la mécanique et la grande industrie, la supériorité des ouvriers américains n'est guère contestée aujourd'hui. Malgré les frais énormes de transport, les machines américaines, les locomotives notamment, s'introduisent de plus en plus en Europe. Voilà comment s'exprimait récemment dans la *Revue Scientifique* un ingénieur anglais : « Les locomotives américaines peuvent être construites à un moindre prix par unité de poids que les locomotives européennes, bien que les salaires payés en Amérique soient considérablement plus élevés que ceux payés en Europe. Cette différence capitale s'explique du reste par les *qualités caractéristiques de l'ouvrier américain* et par un emploi probablement plus étendu des machines-outils. »

[15] Toutes les compagnies de chemins de fer français, sauf une, sont obligées d'avoir recours à la garantie d'intérêts. L'État est obligé de verser à leurs actionnaires des sommes énormes qui grèvent lourdement le budget.

Les plus grandes lignes actuelles ont toujours été commencées sur une petite échelle afin de limiter les risques. La ligne ne s'étend que si ses débuts réussissent. Par ce moyen si simple, les lignes américaines ont pris une extension qui n'a été égalée chez aucune nation européenne, malgré la protection de leurs Gouvernements. Rien de plus simple pourtant que la machine administrative qui dirige ces immenses réseaux ; un très petit nombre de chefs de services, intéressés et responsables, suffit à les conduire.

« Examinons, écrit monsieur L.-P. Dubois, le fonctionnement simple, précis, rapide de la machine administrative. De bureaux, point ; pas de commis irresponsables préparant les rapports que les chefs signent sans lire ; la devise est : chacun pour soi. Le travail, essentiellement divisé, est en même temps décentralisé ; du haut en bas de l'échelle chacun a ses attributions et sa responsabilité propre, et fait tout par lui-même ; c'est le meilleur système pour mettre en valeur les qualités individuelles. Comme personnel auxiliaire, nous ne voyons que les *boys* qui font les courses et les *typewriter girls* qui écrivent à la machine les lettres qu'elles viennent de sténographier sous la dictée. Rien ne traîne : chaque affaire doit recevoir sa solution dans les 24 heures. Tout le monde est affairé, surchargé, et, depuis le président jusqu'au simple *clerk*, chacun donne neuf heures de travail par jour. D'ailleurs une grande administration de chemin de fer occupe peu de personnel et peu de place : le *Chicago Burlington and Quincy*, qui exploite dans l'Ouest plus de 10.000 kilomètres de lignes, ne tient qu'un étage de son *Building* dans *Adam's Street*, à Chicago ; le *Saint-Paul* fait de même. [...] Le président dirige effectivement l'ensemble de l'affaire : c'est le général en chef. Il est universel ; toutes les questions importantes de chaque service arrivent à lui : il se fait tout à tour ingénieur, économiste, financier, avocat devant les cours judiciaires, diplomate dans ses rapports avec les législateurs ; il est toujours sur la brèche. Souvent un président a passé successivement par tous les degrés de son administration active ou sédentaire ; tel a commencé par être mécanicien au service de la Compagnie qu'il dirige maintenant. Tous sont des hommes de haute valeur qui caractérisent bien le type supérieur du *business man* américain, formé par la pratique et conduit par elle aux idées générales. »

Tout ce qui précède laisse aisément pressentir quelles faibles chances de succès peuvent avoir chez les Anglo-Saxons nos idées du socialisme d'État, si naturelles chez les Latins. Il n'est donc, pas étonnant que les désaccords les plus profonds éclatent immédiatement entre les délégués des ouvriers anglo-saxons et ceux des ouvriers latins lorsqu'ils sont en présence dans les congrès socialistes. La race anglo-saxonne doit sa puissance au développement de l'initiative privée et à la limitation des attributions de l'État. Elle marche donc en sens inverse du socialisme et ne prospère que pour cela.

Ce n'est pas assurément que l'Amérique et l'Angleterre n'entendent, elles aussi, prêcher les pires formes du collectivisme, et même de l'anarchie. Depuis plusieurs années on signale les progrès du socialisme en Angleterre mais ce qu'on signale aussi, c'est qu'il recrute presque exclusivement ses adeptes parmi les métiers mal payés, exercés conséquemment par les ouvriers les moins capables, c'est-à-dire par ces inadaptés auxquels nous consacrerons plus loin un chapitre. Ce sont eux qui réclament, et eux seuls ont intérêt à les réclamer, la nationalisation du sol et des capitaux et l'intervention protectrice du Gouvernement.

Mais c'est surtout aux États-Unis que les socialistes possèdent une armée immense de sectateurs. Cette armée devient chaque jour plus nombreuse et plus menaçante. Elle est recrutée dans le flot croissant des nègres et des immigrants de sang étranger, sans ressources, sans énergie, et inadaptés aux conditions d'existence de leur nouvelle patrie. Ils forment maintenant un immense déchet. Les États-Unis pressentent déjà le jour où il faudra livrer de sanglantes batailles contre ces multitudes et entreprendre des luttes d'extermination sans merci qui rappelleront, mais sur une bien plus grande échelle, la destruction des hordes barbares à laquelle dut se livrer Marius pour sauver la civilisation romaine de leur invasion. Ce ne sera peut-être qu'au prix de semblables hécatombes que pourra être sauvée cette cause sacrée de l'indépendance de l'homme et du progrès de la civilisation que plusieurs peuples semblent prêts à abandonner aujourd'hui.

Chapitre III
Psychologie des peuples latins

§1. Comment se détermine le véritable régime politique d'un peuple. — Nécessité de remonter aux racines des institutions pour en comprendre la genèse. — Comment on arrive à saisir derrière les institutions apparentes, les bases réelles d'un gouvernement. — Les institutions théoriques ne sont souvent que des vêtements d'emprunt.
§2. L'état mental des peuples latins. — Ce qu'il faut entendre par peuples latins. — Leurs caractéristiques. — Vivacité de l'intelligence. — Faiblesse de l'initiative et de la volonté. — Culte apparent de l'égalité et indifférence pour la liberté. — Besoin d'être conduit. — Influence des mots et de la logique. — Opposition entre l'esprit anglo-saxon et l'esprit latin au point de vue de la logique. — Conséquences. — Développement de la sociabilité chez les Latins et faiblesse de la solidarité. — Les qualités qui ont donné jadis la supériorité aux Latins deviennent inutiles aujourd'hui. — Rôle du caractère et de l'intelligence dans le développement des civilisations.

§ 1. Comment se détermine le véritable régime politique d'un peuple

L'étude du socialisme chez les Anglo-Saxons nous a montré que les théories socialistes se heurteraient chez ces peuples à des caractères de races qui en rendraient le développement impossible. Nous allons constater au contraire que, chez les peuples dits latins, le socialisme est la conséquence d'une évolution antérieure, d'un régime auquel ils sont inconsciemment soumis depuis longtemps et dont ils ne font que réclamer de plus en plus le développement.

En raison de l'importance du sujet, il sera nécessaire de lui consacrer plusieurs chapitres. On ne saisit la marche progressive de certaines institutions qu'en remontant à leurs racines. Quand une institution quelconque prospère chez un peuple, on peut être bien certain qu'elle est la floraison de toute une évolution antérieure.

Cette évolution n'est pas toujours visible parce que, surtout dans les temps modernes, les institutions constituent souvent des vêtements d'emprunt créés par des théoriciens, et qui, ne se moulant sur aucune réalité, ne possèdent aucune action. Étudier les institutions et les constitutions extérieures, constater que les peuples sont en république ou en monarchie, n'apprend rien et ne fait que fausser l'esprit. Il existe des pays, les républiques hispano-américaines, par exemple, possédant des constitutions écrites admirables, des institutions parfaites, et plongés cependant dans la plus complète anarchie, sous le despotisme absolu de petits tyrans dont rien ne limite les fantaisies. Sur d'autres points du globe, on trouve au contraire des contrées, telles que l'Angleterre, vivant sous un régime monarchique et aristocratique, ayant la constitution la moins claire et la plus imparfaite qu'un théoricien puisse imaginer, et où cependant la liberté, les prérogatives et l'action personnelle des citoyens sont plus développées qu'elles ne l'ont jamais été chez aucun peuple.

Le procédé le plus efficace pour découvrir, derrière les vaines formes extérieures, le véritable régime politique d'un peuple, est d'étudier dans le détail des affaires publiques les limites réciproques des rôles du Gouvernement et des particuliers, c'est-à-dire déterminer la conception que ce peuple se fait de l'État.

Dès qu'on pénètre dans cette étude, les vêtements d'emprunt s'évanouissent et les réalités surgissent. On voit bien vite alors combien sont vaines toutes les discussions théoriques sur la valeur des formes extérieures des Gouvernements et des institutions, et on conçoit clairement qu'un peuple ne peut pas plus choisir les institutions qui le régiront réellement qu'un individu ne peut choisir son âge. Les institutions théoriques ont à peu près la même valeur que les artifices par lesquels l'homme cherche à dissimuler ses années. La réalité n'apparaît pas à l'observateur peu attentif, mais cette réalité n'en existe pas moins.

Nous avons déjà tenté dans plusieurs ouvrages la démonstration de ce qui précède. L'examen du socialisme chez les divers peuples fournit de nouveaux éléments à cette démonstration. Avant d'en aborder l'étude chez les peuples latins, nous donnerons une brève esquisse de la psychologie de ces peuples.

§ 2. L'ÉTAT MENTAL DES PEUPLES LATINS

Par le terme de peuples latins, de races latines, le lecteur de nos ouvrages sait ce que nous voulons dire. Ce terme de race, nous ne l'entendons pas du tout dans le sens anthropologique, puisque depuis longtemps, sauf chez les peuples sauvages, les races pures ont à peu près disparu. Chez les peuples civilisés il n'y a plus que ce que nous avons appelé ailleurs des races historiques, c'est-à-dire créées de toutes pièces par les événements de l'histoire. De telles races se forment lorsqu'un peuple, comprenant parfois des éléments d'origines fort diverses, a été soumis pendant des siècles à des conditions semblables de milieu, à un genre de vie commun, à des institutions et à des croyances communes, à une éducation identique. À moins que les populations en présence ne soient d'origines trop différentes, comme par exemple, les Irlandais soumis à la domination anglaise et les races hétérogènes soumises à la domination autrichienne, elles se fusionnent et acquièrent une âme nationale, c'est-à-dire des sentiments, des intérêts, des modes de penser semblables.

Ce n'est pas en un jour que s'accomplit une telle œuvre, mais un peuple n'est formé, une civilisation n'est constituée, une race historique n'est fixée que lorsque la création d'une âme nationale est terminée.

Ce n'est que quand elle est achevée, que la poussière d'individus sans cohésion, réunis par les hasards des conquêtes, des invasions ou des annexions, forme un peuple homogène. Sa force devient alors très grande parce qu'il possède un idéal commun, une volonté commune et est capable de grands efforts collectifs. Tous les hommes de la race ainsi formée se déterminent dans leurs actes d'après des principes semblables. Sur toutes les grandes questions religieuses ou politiques ils auront des vues semblables. Dans la façon dont ils traiteront une affaire quelconque, commerciale, diplomatique ou industrielle, l'âme de leur race se manifestera immédiatement.

Comme type de peuple ayant acquis une âme nationale bien fixée, on peut citer les Anglais. Leur âme nationale se traduit dans les moindres actes. Chez un tel peuple la décentralisation est sans danger parce que chaque petit centre animé d'une pensée commune poursuivra une œuvre commune.

Chez les Latins, composés de populations peu homogènes, fort divisées sur tous les sujets et n'ayant pas acquis encore une âme nationale solide, un régime centralisateur rigide est nécessaire pour les empêcher de se dissocier. Lui seul peut remplacer l'âme commune que ces peuples n'ont pas réussi à acquérir encore.

Cette expression de peuples latins s'applique à des peuples qui n'ont peut-être rien de latin dans le sang, qui diffèrent beaucoup entre eux, mais qui, pendant de longs siècles, ont été soumis au joug des idées latines. Ils sont latins par les sentiments, les institutions, la littérature, les croyances et les arts, et leur éducation continue à maintenir chez eux les traditions latines. « À partir de la Renaissance, écrit monsieur Hanotaux, l'image de Rome s'inscrit en caractères ineffaçables sur la figure de la France... Pendant trois siècles la civilisation française ne parut être qu'un pastiche de la civilisation romaine. » Ne l'est-elle pas encore ?

Dans un travail récent publié à propos d'une nouvelle édition de l'*Histoire romaine* de Michelet, monsieur Gaston Boissier défend la même idée. Il fait justement remarquer que « nous tenons de Rome la plus grande partie de ce que nous sommes ; quand nous descendons en nous-mêmes nous y trouvons un fonds de sentiments et d'idées qu'elle nous a laissé, que rien n'a pu nous faire perdre et sur lequel tout le reste s'appuie ».

Les caractères les plus généraux de la psychologie des peuples latins peuvent se résumer en quelques lignes.

Ils possèdent, les Celtes notamment, ces particularités fondamentales, d'avoir, avec une intelligence très vive, une initiative et une constance de volonté très faibles. Incapables de longs efforts, ils aiment à être conduits, s'en prennent toujours à leurs chefs, et jamais à eux-mêmes, de leurs insuccès. Prompts, comme le disait déjà César, à entreprendre des guerres sans motifs, ils sont abattus par les premiers revers. Ils ont une mobilité féminine, déjà qualifiée d'infirmité gauloise par le grand conquérant. Cette mobilité les rend esclaves de toutes leurs impulsions. Leur caractéristique peut-être la plus nette est ce manque de discipline interne qui, permettant à l'homme de se conduire, l'empêche de chercher à être conduit.

Le fond des choses les laisse généralement très indifférents, seul leur aspect extérieur les passionne. Ils semblent très changeants, très portés aux révolutions, mais sont en réalité au contraire prodigieusement conservateurs. Leurs révolutions se font surtout pour des mots et ne changent guère que des mots.[16]

---

[16] « Il n'y a pas de pays, disait monsieur Pierre Baudin dans un discours ministériel, où les idées nouvelles trouvent plus aisément des hommes qui s'en animent comme d'un apostolat. Mais en retour il n'est pas de pays où les

C'est pour ces mots dont ils subissent le magique empire que les Latins ne cessent de se déchirer, sans voir de quelles illusions ils sont victimes. Il n'y a pas de peuples où les parties politiques soient plus nombreux et plus hostiles entre eux, et on n'en citerait pas peut-être où il y ait en politique une plus parfaite unanimité de pensée. L'idéal commun à tous les partis, des plus révolutionnaires aux plus conservateurs, est toujours l'absolutisme de l'État. L'*Étatisme* est l'unique parti politique des Latins. L'âme d'un jacobin, d'un monarchiste, d'un clérical ou d'un socialiste ne diffèrent guère sur ce point et comment pourraient-elles différer, puisqu'elles sont filles d'un même passé et pliées sous le même joug de la pensée des morts ?

Sous des noms divers nous sommes condamnés à adorer pendant longtemps les mêmes dieux.

Les Latins semblent très amoureux d'égalité et sont très jaloux de toutes les supériorités, mais on découvre aisément sous ce besoin apparent d'égalité une soif intense d'inégalité. Ils ne peuvent souffrir personne au-dessus d'eux, parce qu'ils voudraient voir tout le monde au-dessous d'eux. Ils consacrent une grande partie de leur temps à tâcher d'obtenir des titres et des décorations qui leur permettront de marquer leur dédain à ceux qui ne les ont pas obtenus. De bas en haut c'est l'envie, et le mépris de haut en bas.

Si leur besoin d'inégalité est très grand, leur besoin de liberté est très faible. Dès qu'ils la possèdent, ils cherchent à la remettre entre les mains d'un maître, afin d'avoir une direction et une règle sans lesquelles ils ne peuvent vivre. Leur rôle historique n'a été important que lorsqu'ils ont eu de grands hommes à leur tête ; et c'est pourquoi, par un instinct séculaire, ils les recherchent toujours.

---

routines soient mieux fortifiées. Elles y supportent résolument l'assaut de la pensée scientifique. »

Ils furent en tous temps de grands discoureurs, amis des mots et de la logique. Très peu préoccupés des faits, ils aiment beaucoup les idées, à la condition qu'elles soient simples, générales et présentées en beau langage. Les mots et la logique ont toujours été les plus terribles ennemis des peuples latins. « Les Français, écrit monsieur de Moltke, prennent toujours les mots pour des faits. »

Les autres peuples latins également. On a justement remarqué que, pendant que les Américains attaquaient les Philippines, les Cortès espagnoles n'étaient occupés qu'à faire de pompeux discours et à provoquer des crises où les partis s'arrachaient le pouvoir, au lieu de tâcher de prendre les mesures nécessaires pour défendre les derniers vestiges de leur patrimoine national.

On érigerait une immense pyramide, plus haute que la plus grande d'Égypte, avec les crânes des victimes des mots et de la logique chez les Latins. Un Anglo-Saxon se plie aux faits et aux nécessités, ne s'en prend jamais à son Gouvernement de ce qui lui arrive, et se préoccupe fort peu des indications apparentes de la logique. Il croit à l'expérience et sait que la raison ne mène pas les hommes. Un Latin déduit toujours tout de la logique, et reconstruit les sociétés de toutes pièces sur des plans tracés d'après les lumières de la raison. Ce fut le rêve de Rousseau et de tous les écrivains de son siècle. La Révolution ne fit qu'appliquer leurs doctrines. Aucune déception n'a ébranlé encore la puissance de telles illusions. C'est là ce que Taine appelait l'esprit classique : « Isoler quelques notions très simples et bien générales ; puis, abandonnant l'expérience, les comparer, les combiner, et, du composé artificiel ainsi obtenu, déduire par un peu de raisonnement toutes les conséquences qu'il enferme. »

Le grand écrivain a admirablement saisi les effets de cette disposition mentale dans les discours de nos assemblées révolutionnaires :

« Parcourez les harangues de tribune et de club, les rapports, les motifs de loi, les pamphlets, tant d'écrits inspirés par des événements présents et poignants : nulle idée de la créature humaine telle qu'on l'a sous les yeux, dans les champs et dans la rue ; on se la figure toujours comme un automate simple, dont le mécanisme est connu. Chez les écrivains, elle était tout à l'heure une serinette à phrases ; pour les politiques, elle est maintenant une serinette à votes, qu'il suffit de toucher du doigt à l'endroit convenable pour lui faire rendre la réponse qui convient. Jamais de faits ; rien que des abstractions, des enfilades de sentences sur la Nature, la raison, le peuple, les tyrans, la liberté, sortes de ballons gonflés et entrechoqués inutilement dans l'espace. Si l'on ne savait pas que tout cela aboutit à des effets pratiques et terribles, on croirait à un jeu de logique, à des exercices d'école, à des parades d'académie, à des combinaisons d'idéologie. »

La sociabilité des Latins, celle des Français surtout, est fort développée, mais leurs sentiments de solidarité sont très faibles. L'Anglais est au contraire peu sociable, mais il se solidarise étroitement avec tous les individus de sa race. Nous avons vu que cette solidarité est une des grandes causes de sa force. Les Latins sont surtout guidés par l'égoïsme individuel, les Anglo-Saxons par l'égoïsme collectif.

Ce défaut complet de solidarité, qui s'observe chez tous les Latins, est un des défauts qui leur nuit le plus. C'est un vice de race, mais très développé par leur éducation. Par ses perpétuels concours et ses classements elle met toujours l'individu en lutte avec ses semblables, et développe l'égoïsme individuel aux dépens de l'égoïsme collectif.

Dans les moindres circonstances de la vie, l'absence de solidarité s'observe chez les Latins. On a remarqué depuis longtemps que dans les jeux de balle avec des Anglais, les jeunes Français perdent souvent la partie, simplement parce que le joueur anglais, préoccupé du succès de son équipe et non de son succès personnel, passe à son voisin la balle qu'il ne peut garder, alors que le joueur français s'obstine à la conserver, préférant que la partie soit perdue plutôt que la voir gagnée par un camarade. Le succès de son groupe lui est indifférent, il ne s'intéresse qu'à son succès individuel. Cet égoïsme le suivra naturellement dans la vie, et, s'il devient général, il lui arrivera parfois de laisser écraser par l'ennemi un collègue auquel il aurait pu porter secours, pour éviter de lui procurer un succès, comme nous en avons vu de tristes exemples dans notre dernière guerre.

Chez les Latins, ce défaut de solidarité est surtout frappant pour les voyageurs qui ont visité nos colonies. J'ai pu constater bien des fois la justesse des observations suivantes de monsieur A. Maillet :

« Quand deux Français sont voisins aux colonies, il est fort rare qu'ils ne soient pas ennemis. La première impression du voyageur qui tombe dans une colonie est de la stupéfaction. Chaque colon, chaque fonctionnaire, ou même chaque militaire, s'exprime sur le compte des autres avec tant d'acrimonie, qu'il se demande comment ces gens-là ne se tirent pas des coups de revolver. »

Les Latins ont une incapacité complète à comprendre les idées des autres et par conséquent à les respecter. Pour eux, tous les hommes sont construits sur un seul type et doivent par conséquent penser et sentir de la même façon.

De cette incapacité résulte leur extrême intolérance. Cette intolérance est d'autant plus grande que les opinions qu'ils acceptent, étant le plus souvent des opinions de sentiment, se trouvent par cela même à l'abri des arguments. Tout individu dont l'opinion est différente de la leur est aussitôt considéré comme un être malfaisant qu'il faut persécuter en attendant qu'on puisse s'en débarrasser par les moyens les plus violents. Les guerres de religion, la Saint-Barthélemy, l'Inquisition, la Terreur sont les conséquences de cette particularité de l'âme latine. Elle leur rendra toujours impossible l'usage prolongé de la liberté. Un Latin ne considère la liberté que comme le droit de persécuter ceux qui ne pensent pas comme lui.

 Les peuples latins ont toujours fait preuve d'une grande bravoure. Mais leur indécision, leur imprévoyance, leur défaut de solidarité, leur absence de sang-froid, leur crainte des responsabilités, rendent ces qualités inutiles dès qu'ils ne sont pas très bien commandés. Dans les guerres modernes le rôle du commandement supérieur se restreint de plus en plus par suite de l'étendue des champs de bataille. Ce sont les qualités de sang-froid, de prévoyance, de solidarité, d'esprit de méthode qui l'emportent, et c'est pourquoi les peuples latins reverront difficilement leurs anciens succès.

 À une époque peu lointaine encore, l'esprit, le beau langage, les qualités chevaleresques, les aptitudes littéraires et artistiques constituaient les facteurs principaux de la civilisation. Grâce à ces qualités, qu'ils possèdent à un haut degré, les peuples latins se sont trouvés pendant longtemps à la tête de toutes les nations. Avec l'évolution industrielle, géographique et économique de l'âge moderne, les conditions de supériorité des peuples dans la vie exigent des aptitudes fort différentes. Ce qui l'emporte aujourd'hui, ce sont des qualités d'énergie durable, d'esprit d'entreprise, d'initiative et de méthode. Les nations latines les possèdent fort peu ; leur initiative, leur volonté, leur énergie s'affaissent de plus en plus, et c'est pourquoi elles ont dû progressivement céder la place à celles qui les possèdent.

 Le régime d'éducation imposé à la jeunesse détruit de plus en plus ce qui restait de telles qualités. Elles perdent progressivement la volonté durable, la persévérance et l'initiative, et surtout cette discipline interne qui permet à l'homme de se passer de maître.

 Des événements divers ont contribué à décimer, par une sélection négative plusieurs fois répétée, les individus dont l'énergie, l'activité, l'indépendance d'esprit se trouvaient le plus développées.

Les peuples latins payent aujourd'hui les erreurs de leur passé. L'Inquisition a décimé systématiquement en Espagne, pendant plusieurs siècles, ce qu'elle avait de meilleur. La révocation de l'édit de Nantes, la Révolution, l'Empire, les guerres civiles, ont détruit en France les natures les plus entreprenantes et les plus énergiques. Le faible développement de la population, constaté chez la plupart des peuples latins, s'ajoute à ces causes de décadence. Si c'étaient encore les parties les meilleures de la population qui se reproduisaient, l'inconvénient serait tout à fait nul ; car ce n'est pas le nombre des habitants d'un pays, mais leur valeur, qui fait sa force. Ce sont malheureusement les plus incapables, les plus faibles, les plus imprévoyants qui maintiennent encore le niveau numérique de la population.

Il n'est pas douteux, et j'ai longuement insisté ailleurs sur ce point, que ce qui fait la valeur d'un peuple, c'est le nombre d'hommes remarquables en tous genres qu'il produit. Sa décadence survient par la diminution, puis par la disparition des éléments supérieurs. Dans un travail récemment publié par la *Revue scientifique*, monsieur Vacher de Lapouge est arrivé à des conclusions analogues à propos des Romains :

« Si l'on relève à 200 ans d'intervalle les grandes familles romaines, par exemple, on s'aperçoit que les plus illustres parmi les anciennes n'existent plus, et qu'il s'est élevé à leur place d'autres familles de moindre valeur sorties de partout et même du rang des affranchis. Quand Cicéron se plaignait de la décadence des vertus romaines, l'homme d'Arpinum oubliait que dans la cité, dans le Sénat même, les Romains de souche étaient rares, et que pour un descendant des Quirites, il y avait dix Latins corrompus et dix Étrusques. Il oubliait que la cité romaine avait commencé à péricliter le jour où elle s'était ouverte à l'immigration, et si le titre de citoyen perdait sans cesse de son lustre, c'est qu'il était porté par plus de fils du peuple vaincu que du peuple vainqueur. Quand, de naturalisation en naturalisation, la cité romaine se fut étendue à tous les peuples.

Quand Syriens, Thraces et Africains furent affublés du titre de citoyen, trop lourd pour leur courage, les Romains de race avaient disparu. »

Ce qui a déterminé les rapides progrès de certaines races, les Anglo-Saxons d'Amérique par exemple, c'est que la sélection, au lieu de s'exercer comme dans l'Europe latine en un sens négatif, s'est exercée dans le sens du progrès. Les États-Unis se sont peuplés pendant longtemps, en effet, de tous les êtres les plus indépendants, les plus énergiques que possédaient les divers pays de l'Europe, l'Angleterre et l'Allemagne notamment. Il fallait, en effet, les plus fortes qualités viriles pour oser émigrer avec sa famille dans des contrées lointaines, habitées par des populations guerrières et hostiles, et y créer une civilisation.

Il importe de noter ici ce que j'ai déjà marqué bien des fois dans mes derniers ouvrages, que ce n'est jamais par la diminution de l'intelligence, mais par l'affaissement du caractère, que les peuples entrent dans la décadence et disparaissent de l'Histoire. La loi s'est vérifiée jadis pour les Grecs et les Romains, et elle tend à se vérifier encore aujourd'hui.

Cette notion fondamentale est peu comprise et très contestée encore, mais elle tend cependant à se répandre. Je l'ai trouvée fort bien exprimée dans l'ouvrage récent d'un écrivain anglais, monsieur Benjamin Kidd, et je ne saurais mieux appuyer ma thèse qu'en lui empruntant quelques passages, où il montre avec justesse et impartialité les différences de caractère qui séparent l'Anglo-Saxon du Français, et les conséquences historiques de ces différences :

« Tout esprit impartial, dit cet auteur, se trouve forcé de reconnaître que certains traits caractéristiques placent la France en tête des nations intellectuelles de l'Occident... L'influence intellectuelle de ce pays se fait en réalité sentir dans toute notre civilisation, dans la politique, dans toutes les branches de l'art, dans toutes les directions que suit la pensée spéculative... Les peuples teutoniques obtiennent en général les plus hauts résultats intellectuels, là où sont nécessaires les recherches approfondies, laborieuse, consciencieuses, là où il faut réunir pièce à pièce les éléments de l'œuvre ; mais il manque à ces recherches l'idéalisme de l'esprit français... Tout observateur consciencieux, qui se trouve pour la première fois en relation intime avec l'esprit français, doit y sentir immédiatement un quelque chose d'indéfini, mais d'ordre intellectuel élevé, qui ne se trouve à l'état naturel ni chez les Allemands ni chez les Anglais. Ce quelque chose se sent dans l'art, dans la littérature courante de l'époque non moins que dans les productions supérieures du génie national dans le passé. »

Cette supériorité mentale des Français reconnue, l'auteur anglais insiste sur la prépondérance sociale du caractère sur l'intelligence, et montre dans quelle mesure l'intelligence a pu servir aux peuples qui la possédaient. Prenant l'histoire de la lutte coloniale entre la France et l'Angleterre qui a rempli la seconde moitié du XVIIIème siècle, il s'exprime ainsi :

« Le milieu du XVIIIème siècle a vu se terminer, entre la France et l'Angleterre, le duel le plus extraordinaire que relate l'histoire, étant donnés tous les événements qui dépendaient de l'issue de la lutte. L'effet de ce duel s'était fait sentir auparavant dans tout le monde civilisé. La lutte s'était engagée en Europe, dans l'Inde, en Afrique, dans le nord de l'Amérique, sur tous les océans. À en juger par les apparences qui frappent l'imagination, toutes les circonstances étaient favorables à la race la plus brillante. Elle paraissait supérieure en armements, en ressources, en population. En 1789, la Grande-Bretagne avait 9.600.000 habitants, la France 26.300.000. Le revenu de la Grande-Bretagne était de 391.250.000 francs par an et celui de la France, 600.000.000 de francs. Au commencement du XIXème siècle, la France avait 27.000.000 d'habitants, tandis que tous les peuples parlant anglais, y compris les Irlandais et les habitants des États du nord de l'Amérique et des colonies, ne dépassaient pas le chiffre de 20.000.000. [...]

Aujourd'hui, à l'époque de la clôture du XIXème siècle, les peuples parlant anglais, sans compter les peuples conquis, indiens ou nègres, arrivent au total formidable de 101.000.000, tandis que le peuple français atteint à peine le chiffre de 40.000.000. Partout, depuis de longues années, les peuples parlant anglais ont été victorieux là où ils engageaient une lutte. Ils sont les maîtres dans presque tout le nord de l'Amérique, dans l'Australie, dans les pays du sud de l'Afrique qui conviennent le mieux aux Européens. Aucun autre peuple ne s'est établi plus solidement et plus définitivement dans tous ces pays. On ne voit pas que l'avenir doive arrêter cette expansion, qui, bien au contraire, semble devoir inévitablement donner à ces peuples, au siècle prochain, une influence prépondérante sur le monde. »

Examinant ensuite les qualités de caractère qui ont permis aux Anglais d'accomplir leurs immenses progrès, d'administrer avec tant de succès leur gigantesque empire colonial, de transformer l'Égypte au point d'avoir placé en quelques années au plus haut degré de prospérité le crédit d'une nation qui allait sombrer dans la faillite, l'auteur anglais ajoute :

« Ce ne sont des qualités ni brillantes ni intellectuelles qui ont rendu ces résultats possibles… Ces qualités ne sont pas de celles qui frappent l'imagination. Ce sont surtout la force et l'énergie du caractère, la probité et l'intégrité, le dévouement simple et l'idée du devoir. Ceux qui attribuent l'énorme influence qu'ont prise dans le monde les peuples parlant anglais aux combinaisons machiavéliques de leurs chefs, sont souvent bien loin de la vérité. Cette influence est en grande partie l'œuvre de qualités peu brillantes. »

Nous voici préparés à comprendre comment des peuples, puissants par l'intelligence mais faibles par l'énergie et le caractère, ont toujours été naturellement conduits à remettre leur destinée entre les mains de leurs gouvernements. Un rapide coup d'œil jeté sur leur passé nous montrera comment cette forme du socialisme d'État connue sous le nom de collectivisme, qu'on nous propose aujourd'hui, loin d'être une nouveauté, est la floraison naturelle des institutions passées et des besoins héréditaires des races où elle se développe actuellement.

Réduisant à son minimum la source d'énergie et d'initiative que l'individu doit posséder pour se conduire dans la vie et le dégageant de toute responsabilité, le collectivisme semble pour ces raisons bien adapté aux besoins des peuples dont la volonté, l'énergie et l'initiative se sont progressivement affaissées.

Chapitre IV
Le concept latin de l'État

§1. Comment se fixent les concepts des peuples. — Nécessité pour les peuples de se plier à des traditions puis de pouvoir s'y soustraire. — Peu de peuples ont possédé la plasticité nécessaire pour réaliser la double condition de la variabilité et de la fixité. — Impossibilité de se soustraire au joug de la tradition quand elle est trop fixée. — Puissance du principe d'autorité chez les Latins. — L'autorité politique et religieuse. — Pourquoi les peuples latins n'ont pas eu à souffrir de leur soumission aux dogmes traditionnels d'autorité jusqu'aux temps modernes et pourquoi ils en souffrent aujourd'hui. — Instabilité forcée de leurs Gouvernements.
§2. Le concept latin de l'État. — Le concept de l'État est identique en France dans tous les partis. — L'ancien régime. — La Révolution n'y a introduit que de très faibles changements. — Détails de l'administration sous l'ancien régime. — Intervention constante de l'État dans les moindres affaires sous l'ancien régime. Exemples divers. — Le développement actuel du socialisme chez les Latins représente l'épanouissement de leurs institutions passées et de leur concept de l'État.

§ 1. Comment se fixent les concepts des peuples

Nous venons d'exposer, en étudiant la psychologie des peuples latins, comment leur caractère a favorisé chez eux le développement de certaines institutions. Il nous reste à montrer comment ces institutions se sont fixées, et comment, devenues causes à leur tour, elles ont fini par engendrer d'autres effets.

Nous avons déjà fait remarquer qu'une civilisation ne peut naître qu'à la condition que les peuples se soient soumis pendant longtemps au joug d'une tradition. Pendant la période de formation d'un peuple, alors que les éléments en présence sont dissemblables, avec des intérêts divers et flottants, les institutions et les croyances stables ont une importance considérable.[17]

Il importe que ces institutions et ces croyances soient en rapport avec les caractères mentaux et les besoins du peuple qu'elles sont appelées à régir, et il importe aussi qu'elles soient suffisamment rigides. Ce dernier point est fondamental, et nous y avons déjà insisté. Mais, après avoir montré que les peuples doivent être soumis pendant longtemps au joug de traditions fixes, nous avons fait voir aussi qu'ils ne progressent qu'à la condition de pouvoir lentement s'en affranchir.

Ils ne s'en affranchissent jamais par des révolutions violentes. Ces révolutions sont toujours éphémères. Les sociétés, de même que les espèces animales, ne se transforment que par l'addition héréditaire de petits changements successifs.

Peu de peuples ont possédé la plasticité nécessaire pour réaliser cette double condition de la fixité et de la variabilité. Sans

---

[17]   On pourrait trouver une contradiction apparente entre cette proposition et celle formulée ailleurs, que les institutions ne jouent aucun rôle dans la vie des peuples. Mais nous parlions alors de peuples ayant atteint la maturité et chez qui les éléments de la civilisation sont fixés par l'hérédité. Ceux-là ne peuvent être modifiés par des institutions nouvelles, et ne peuvent même les adopter qu'en apparence. Il en est tout autrement chez des peuples neufs, c'est-à-dire plus ou moins barbares et chez lesquels aucun élément de civilisation n'est encore fixé. Le lecteur désireux d'approfondir ce sujet devra se reporter à notre ouvrage : *Les lois psychologiques de l'évolution des peuples*.

une fixité assez grande, aucune civilisation ne peut s'établir, sans une variabilité suffisante, aucune civilisation ne peut progresser.

On doit considérer les institutions des peuples comme des effets qui deviennent causes à leur tour. Après s'être maintenues pendant un certain nombre de générations, elles rendent tout à fait fixes des caractères psychologiques qui étaient d'abord un peu incertains et flottants. Le bloc d'argile, d'abord malléable et élastique, le devient bientôt un peu moins, puis acquiert la dureté de la pierre et se brise plutôt que de changer de forme. Il est parfois fort difficile pour un peuple d'acquérir un bloc stable et cohérent de sentiments et de pensées, mais il lui est beaucoup plus difficile de le modifier ensuite.

Lorsque le joug de la tradition a été fixé pendant trop longtemps par l'hérédité dans les âmes, les peuples ne peuvent plus s'y soustraire que par de grands efforts, et le plus souvent ils ne s'y soustraient pas. On sait de quelles convulsions violentes le monde occidental fut agité, lorsque, à l'époque de la Réforme, les peuples du nord de l'Europe voulurent s'affranchir de la centralisation religieuse et de l'autorité de dogmes qui leur ôtaient toute indépendance et auxquels répugnait de plus en plus leur raison.

Les peuples latins ont voulu, eux aussi, se soustraire au joug du passé, et notre grande Révolution n'eut pas d'autre but. Mais il était trop tard. Après quelques années de convulsions, les liens du passé reprirent leur empire. Ces liens étaient en effet trop puissants, ils avaient laissé dans les âmes une trop profonde empreinte pour pouvoir être brisés en un jour.

Imbus de la nécessité des principes d'autorité, les Gouvernements avaient pendant des siècles empêché les peuples latins de penser, de vouloir et d'agir, et toute l'éducation avait pour résultat de maintenir cette triple interdiction. Pourquoi les hommes eussent-ils pensé et raisonné ? la religion le leur interdisait. Pourquoi eussent-ils voulu et agi ? les chefs d'État voulaient et agissaient pour eux. À la longue, l'âme latine s'est pliée à ces nécessités. Les hommes ont pris l'habitude de se soumettre sans discussion aux dogmes d'une Église réputée infaillible, de rois de droit divin également infaillibles. Ils ont laissé à des chefs politiques et religieux le soin de diriger entièrement leurs pensées et leurs actes. Cette soumission était la condition nécessaire de leur unité. Elle leur a donné à certains moments une grande force. Quand les Latins ont eu des hommes de génie à leur tête ils ont été très brillants ; mais ils n'ont été brillants qu'à ces moments-là.

De cette soumission absolue à l'autorité, les peuples latins n'eurent pas trop à souffrir, jusqu'à ce que révolution économique du monde vînt bouleverser les conditions anciennes d'existence. Tant que les moyens de communication furent très imparfaits et les progrès industriels à peu près nuls, les nations sont restées isolées les unes des autres et par conséquent tout à fait sous la main de leurs Gouvernements. Ces derniers pouvaient donc entièrement régir les actes de la vie des peuples. Avec des règlements comme ceux de Colbert, ils pouvaient diriger l'industrie dans ses moindres détails, aussi facilement qu'ils réglementaient les institutions et les croyances.

Les découvertes scientifiques et industrielles qui ont si profondément modifié les conditions d'existence des peuples, ont transformé également l'action des Gouvernements et réduit de plus en plus les limites possibles de leur action. Les questions industrielles et économiques sont devenues prépondérantes. Le télégraphe et la vapeur en supprimant les distances, ont fait du monde entier un unique marché soustrait à toute réglementation possible. Les Gouvernements ont donc bien été obligés de renoncer totalement à vouloir comme jadis réglementer l'industrie et le commerce.

Dans les pays où l'initiative individuelle s'était développée depuis longtemps et où l'action des Gouvernements était devenue de plus en plus restreinte, les conséquences de l'évolution économique actuelle ont été supportées sans peine. Les pays où cette initiative des citoyens n'existait pas, se sont trouvés au contraire désarmés et ils ont été obligés d'implorer l'aide des maîtres qui depuis tant de siècles pensaient et agissaient pour eux. Et c'est ainsi que les Gouvernements, continuant leur rôle traditionnel, se sont trouvés amenés à gérer tant d'entreprises industrielles. Mais comme, pour beaucoup de raisons que nous verrons bientôt, les produits dont l'État dirige la fabrication sont obtenus lentement et coûteusement, les peuples qui leur ont abandonné l'exécution de ce qu'ils auraient dû entreprendre eux-mêmes, se sont trouvés dans une situation inférieure vis-à-vis des autres peuples.

Loin de tendre comme par le passé à tout diriger, il est visible que les Gouvernements latins voudraient bien diriger le moins de choses possible, mais il est visible aussi que ce sont maintenant les peuples qui demandent impérieusement à être gouvernés. En étudiant l'évolution du socialisme chez les Latins, nous montrerons à quel point leurs besoins de réglementation s'accroissent chaque jour. L'État a donc continué à réglementer, régenter et protéger, simplement parce qu'il ne pouvait faire autrement. C'est une tâche de plus en plus lourde, de plus en plus difficile, nécessitant des aptitudes tout à fait supérieures et par conséquent fort rares. Les moindres erreurs des gouvernants ont aujourd'hui des répercussions infinies. De là leur instabilité très grande et les révolutions perpétuelles auxquelles sont voués depuis un siècle les peuples latins.

Cette instabilité des Gouvernements ne correspond d'ailleurs en réalité à aucune instabilité de régime, la France semble au premier abord divisée en de nombreux partis. Mais tous ces partis : républicains, monarchistes, socialistes, etc., ont, comme je l'ai dit déjà, un concept de l'État identique. Tous réclament l'extension de ses fonctions. Il n'y a donc sous des étiquettes différentes qu'un seul parti, le parti latin, et c'est pourquoi tous les changements d'étiquettes gouvernementales n'ont jamais produit aucun changement réel de régime.

§ 2. LE CONCEPT LATIN DE L'ÉTAT. COMMENT LES PROGRÈS DU SOCIALISME SONT LES CONSÉQUENCES NATURELLES DE L'ÉVOLUTION DE CE CONCEPT

En déterminant comment se sont fixés les concepts fondamentaux des peuples latins, nous avons suffisamment indiqué en quoi consistait leur concept de l'État. Il nous reste à montrer maintenant comment le développement du socialisme est la conséquence naturelle de ce concept.

Aux caractéristiques des peuples latins analysées plus haut, pourraient se joindre celle-ci, qu'il n'est pas peut-être de peuples qui aient fait plus de révolutions, et qu'il n'en est pas pourtant qui soient plus obstinément attachés à leurs institutions passées. On pourrait dire des Français qu'ils sont, à la fois les plus révolutionnaires et les plus conservateurs de tous les peuples de l'univers. Leurs plus sanglantes révolutions n'ont jamais abouti qu'à revêtir de noms nouveaux les institutions les plus surannées.

C'est qu'en effet, s'il est facile de faire des théories, des révolutions et des discours, il n'est pas possible de changer l'âme séculaire d'un peuple. On peut à la rigueur lui imposer momentanément par la force des institutions nouvelles, mais il revient bientôt à celles du passé, parce que ce sont les seules en rapport avec les nécessités de sa constitution mentale.

Des esprits superficiels s'imaginent encore que la Révolution a établi une sorte de rénovation de nos institutions, qu'elle a créé de toutes pièces des principes nouveaux, une société nouvelle. En réalité, elle n'a fait, comme l'a montré il y a longtemps Tocqueville, que jeter brusquement par terre ce qui dans l'ancienne société était déjà vermoulu et fût tombé par simple vétusté quelques années plus tard. Mais les institutions qui n'avaient pas vieilli, parce qu'elles étaient en rapport avec les sentiments de sa race, n'ont pu être atteintes par la Révolution, ou, du moins ne l'ont été que momentanément. Quelques années plus tard, ceux mêmes qui avaient tenté de les abolir les rétablissaient sous d'autres noms. On ne change pas facilement un héritage de douze siècles.

C'est surtout dans la conception de l'État, c'est-à-dire dans l'accroissement de plus en plus étendu de ses fonctions, dans la limitation toujours plus étroite de l'initiative des citoyens, fondement même du socialisme actuel, que la Révolution n'a rien changé, et ne pouvait rien changer. Et si l'on veut comprendre à quel point cette tendance à tout remettre aux mains du Gouvernement, et par conséquent à multiplier les fonctions publiques, est dans l'âme de la race, il n'y a qu'à se reporter à quelques années avant la Révolution. L'action du Gouvernement central était presque aussi intense qu'aujourd'hui.

« Les villes, écrit Tocqueville, ne peuvent ni établir un octroi, ni lever une contribution, ni hypothéquer, ni vendre, ni plaider, ni affirmer leurs biens, ni les administrer, ni faire emploi de l'excédent de leurs recettes, sans qu'il intervienne un arrêt du Conseil sur le rapport de l'intendant. Tous les travaux sont exécutés sur des plans et d'après des devis que le Conseil a approuvés par arrêt. C'est devant l'intendant, ou ses subdélégués, qu'on les adjuge, et c'est d'ordinaire l'ingénieur ou l'architecte de l'État qui les conduit. Voilà qui surprendra bien ceux qui pensent que tout ce qu'on voit en France est nouveau... Il fallait obtenir un arrêt du Conseil pour réparer le dommage que le vent venait de causer au toit de l'église, ou relever le mur croulant du presbytère. La paroisse rurale la plus éloignée de Paris était soumise à cette règle comme les plus proches. J'ai vu des paroisses demander au Conseil le droit de dépenser 25 livres. »

Alors comme aujourd'hui, la vie locale de la province était éteinte depuis longtemps par la centralisation progressive, conséquence, non du pouvoir autocratique du souverain, mais de l'indifférence des citoyens.

« On s'étonne, dit le même auteur, de la facilité surprenante avec laquelle l'Assemblée Constituante a pu détruire d'un seul coup toutes les anciennes provinces de la France, dont plusieurs étaient plus anciennes que la monarchie, et diviser méthodiquement le royaume en 83 parties distinctes, comme s'il s'était agi du sol vierge du Nouveau-Monde. Rien n'a plus surpris, et même épouvanté le reste de l'Europe, qui n'était pas préparée à un pareil spectacle. C'est la première fois, disait Burke, qu'on voit des hommes mettre en morceaux leur patrie d'une manière aussi barbare. Il semblait, en effet, qu'on déchirât des corps vivants : on ne faisait que dépecer les morts. »

C'est cette disparition de la vie provinciale qui avait rendu facile la centralisation progressive de l'ancien régime.

« Ne nous étonnons plus, dit Tocqueville, en voyant avec quelle facilité merveilleuse la centralisation a été rétablie en France au commencement de ce siècle. Les hommes de 89 avaient renversé l'édifice, mais ses fondements étaient restés dans l'âme même de ses destructeurs, et sur ses fondements on a pu le relever tout à coup à nouveau et le bâtir plus solidement qu'il ne l'avait jamais été. »

L'absorption progressive de l'État sous l'ancien régime, nécessitait, comme aujourd'hui, un nombre croissant de fonctions, et le rêve de tous les citoyens était d'en obtenir.

« En 1750, dans une ville de province de médiocre étendue, 129 personnes étaient occupées à rendre la justice, et 126 chargées de faire exécuter les arrêts des premières, tous gens de la ville. L'ardeur des bourgeois à remplir ces places était réellement sans égale. Dès que l'un d'eux se sentait possesseur d'un petit capital, au lieu de l'employer dans le négoce, il s'en servait aussitôt pour acheter une place. Cette misérable ambition a plus nui aux progrès de l'agriculture et du commerce en France que les maîtrises et la taille même. »

Ce n'est donc pas, comme on le répète si souvent, des principes de 1789 que nous vivons aujourd'hui. Nous vivons des principes créés par l'ancien régime, et le développement du socialisme ne représente que leur suprême floraison, la conséquence dernière d'un idéal poursuivi pendant des siècles. Cet idéal fut sans doute jadis fort utile dans un pays aussi divisé que le nôtre et qu'on ne pouvait unifier que par une centralisation énergique. Malheureusement, une fois l'unité faite, les habitudes établies dans les âmes ne pouvaient changer. La vie locale étant détruite, l'initiative des citoyens anéantie ne pouvait renaître. La constitution mentale d'un peuple est lente à s'établir, mais très lente aussi à changer quand elle est établie.

Tout a d'ailleurs convergé, aussi bien les institutions que l'éducation, vers cette absorption par l'État, dont nous montrerons bientôt les effrayants effets. Notre système d'éducation suffirait à lui seul à annihiler complètement la plus résistante des nations.

CHAPITRE V
LES CONCEPTS LATINS DE L'ÉDUCATION DE L'INSTRUCTION ET DE LA RELIGION

§1. Les concepts latins de l'éducation et de l'instruction. — Le concept de l'éducation chez les Latins dérive de leur concept de l'État. — Les bases de notre système universitaire. — Comment il crée dans des catégories entières d'individus la banalité de pensée et l'affaissement du caractère. — Pourquoi l'Université est un puissant foyer du socialisme d'État égalitaire et niveleur. — Les polémiques actuelles sur le rôle funeste de notre enseignement classique. — Comparaison des principes d'éducation et d'instruction chez les Anglo-Saxons et les Latins. — Incompréhension générale de ce sujet. — Ce n'est pas ce qu'on enseigne qui a de l'importance, mais la façon dont on l'enseigne. *§2. Le concept latin de la religion.* — Après avoir exercé pendant longtemps un rôle fort utile, le concept religieux des Latins leur est devenu nuisible. — Comment les Anglo-Saxons ont su mettre leurs croyances religieuses en rapport avec les besoins modernes. — Intransigeance des dogmes religieux des Latins et ses résultats. Conséquences générales des concepts latins au point de vue socialiste.

§ 1 LES CONCEPTS LATINS DE L'ÉDUCATION ET DE L'INSTRUCTION

Le concept latin de l'éducation est la conséquence du concept latin de l'État. Puisque l'État devait tout diriger, il devait diriger aussi l'éducation, et puisque l'État devait penser et agir pour les citoyens, il devait avoir soin d'imprimer dans les âmes le sentiment de l'obéissance, le respect de toutes les hiérarchies, et réprimer sévèrement toutes les velléités d'indépendance et d'initiative. L'élève devait se borner à apprendre par coeur des manuels lui disant ce que l'autorité politique, religieuse, philosophique et scientifique avait décidé sur toutes les questions. C'était là l'ancien idéal des jésuites, et il a été savamment complété par Napoléon. L'Université, telle que l'a créée ce grand despote, est le plus bel exemple des méthodes à employer pour asservir l'intelligence, affaisser les caractères et transformer les jeunes Latins en esclaves ou en révoltés.

Les temps ont marché, mais notre Université n'a guère changé. C'est sur elle surtout que pèse l'impérieuse puissance des morts. L'État, directeur exclusif de l'enseignement, a conservé un système d'éducation bon tout au plus au moyen âge, alors que les théologiens régnaient en maîtres. Ce système laisse sur toutes les âmes latines sa dissolvante empreinte. Il ne se propose plus comme autrefois d'asservir l'intelligence, de faire taire la raison, de détruire l'initiative et l'indépendance ; mais, comme les méthodes n'ont pas changé, les effets produits sont les mêmes que jadis. Nous possédons d'ailleurs des institutions qui, envisagées uniquement au point de vue de leur action psychologique, pourraient être qualifiées d'admirables, quand on voit avec quelle ingéniosité elles créent dans des catégories entières d'individus une parfaite banalité de pensée et du caractère. Quoi de plus merveilleux, par exemple, que notre école normale supérieure, avec son prodigieux système d'examens ? Ne faudrait-il pas aller jusqu'au fond de la Chine pour trouver quelque chose qui lui soit comparable ? La plupart des jeunes gens qui en sortent ont des idées identiques sur toutes choses, et une façon non moins identique de les exprimer.

La page commencée par l'un d'eux peut indifféremment être continuée par un autre, sans aucun changement dans les idées ni dans le style. Seuls, les jésuites avaient su inventer des procédés de discipline aussi parfaits.

Habitués par des règlements minutieux à prévoir à une minute près l'emploi de leur temps, les élèves de nos lycées sont convenablement prépares pour le reste de leur vie à l'uniformité de pensée et d'action que nécessite le développement du socialisme d'État. Ils auront toujours l'horreur intense de toute originalité, de tout effort personnel, le mépris profond de ce qui n'est pas spécialisé et catalogué, l'admiration un peu envieuse, mais toujours respectueuse, des hiérarchies et des galons. Toute tendance à l'initiative, à l'effort individuel, aura été entièrement éteinte chez eux. Ils pourront se révolter quelquefois, comme ils le faisaient au collège quand leurs surveillants étaient trop durs, mais ce ne seront jamais des révoltes ni inquiétantes ni durables. École normale, lycées et autres institutions analogues se trouvent être ainsi de parfaites écoles du socialisme d'État égalitaire et niveleur. C'est grâce à un tel système que nous marchons de plus en plus vers cette forme de Gouvernement.

Ce n'est qu'en examinant dans ses détails notre système d'éducation latine que l'on peut bien comprendre le succès actuel du socialisme chez les Latins. C'est une étude que je ne saurais entreprendre que très sommairement ici.

Les peuples anglo-saxons n'ont jamais connu notre odieux système d'éducation, et c'est en partie parce qu'ils ne l'ont pas connu qu'ils se trouvent aujourd'hui aux premiers rangs sur l'échelle de la civilisation et ont laissé les peuples latins si loin derrière eux.

Les principes de l'éducation anglo-saxonne sont absolument différents des principes de l'éducation latine. Il suffit de quelques lignes pour le mettre en évidence.

L'homme civilisé ne saurait vivre sans discipline. Cette discipline peut être interne, c'est-à-dire en lui-même. Elle peut être externe, c'est-à-dire hors de lui-même, et nécessairement alors imposée par d'autres. L'Anglo-Saxon ayant, par ses caractères héréditaires, que fortifie son éducation, la discipline interne, peut se conduire et n'a pas besoin de la direction de l'État. Le Latin ayant, par son hérédité et son éducation, très peu de discipline interne, a besoin d'une discipline externe. Elle lui est imposée par l'État, et c'est pourquoi il est emprisonné dans un réseau étroit de règlements, qui sont innombrables parce qu'ils doivent le diriger dans toutes les circonstances de la vie.

Le principe fondamental de l'éducation anglo-saxonne est que l'enfant passe par le collège, non pour être discipliné par d'autres, mais pour apprendre dans quelles limites il peut user de son indépendance. Il doit se discipliner lui-même et acquérir ainsi le *self-control*, d'où dérive le *self-government*. L'adolescent anglais sort du collège en sachant fort peu de grec, de latin et de sciences théoriques, mais il est devenu un homme sachant se guider dans la vie et ne comptant que sur lui-même. Les méthodes permettant d'arriver à ce résultat sont merveilleusement simples. On les trouvera exposées avec détails dans tous les livres sur l'éducation écrits par des Anglais.

L'éducation latine a un objectif exactement contraire. Son rêve est de briser l'initiative, l'indépendance, la volonté de l'élève par des règlements minutieux et sévères. Le seul devoir est d'apprendre, reciter et obéir. Les moindres actes sont prévus. L'emploi du temps est réglé minute par minute. Après sept ou huit ans de ce régime de galérien, toutes traces de volonté et d'initiative sont brisés. Mais alors quand le jeune homme sera livré à lui-même, comment pourra-t-il se conduire puisqu'il ne l'a pas appris ? S'étonnera-t-on dès lors que les peuples latins sachent si mal se gouverner et se montrent si faibles dans les luttes commerciales et industrielles que l'évolution actuelle du monde a engendrées ? N'est-il pas naturel que le socialisme, qui ne fera que multiplier les entraves dont l'État les enveloppe, soit accueilli avec tant de faveur par tous les esprits que le collège a si bien préparés à la servitude ?

Les conséquences des méthodes anglaises et latines peuvent être jugées par les résultats qu'elles produisent. Le jeune Anglais, à sa sortie du collège, n'a aucune difficulté pour trouver sa voie dans l'industrie, l'agriculture ou le commerce. Tandis que nos bacheliers, nos licenciés, nos ingénieurs ne sont bons qu'à exécuter des démonstrations au tableau. Quelques années après avoir terminé leur éducation, ils ont totalement oublié leur inutile science. Si l'État ne les case pas, ce sont des déclassés. S'ils se rabattent sur l'industrie, ils n'y seront acceptés que dans les places les plus infimes, jusqu'à ce qu'ils aient trouvé le temps de refaire entièrement leur éducation, ce à quoi ils ne réussiront guère. S'ils écrivent des livres, ce ne seront que de pâles rééditions de leurs manuels, aussi dépourvues d'originalité dans la forme que dans la pensée.

Ce ne sont pas nos programmes universitaires mais nos méthodes qu'il faudrait pouvoir changer. Tous les programmes sont bons quand on sait s'en servir. Malheureusement, pour changer ces méthodes, il faudrait pouvoir changer les idées des professeurs, et par conséquent leur éducation et un peu aussi leur âme.

§ 2. Le concept latin de la religion

Le concept religieux, après avoir exercé son rôle utile, a fini par devenir aussi funeste aux peuples latins que leurs concepts de l'État et de l'éducation et toujours pour la même raison qu'il n'a pas su évoluer.

Sans rompre brusquement avec les croyances du passé les Anglo-Saxons ont su se créer une religion plus large, pouvant s'adapter à toutes les nécessités modernes. Les faits dogmatiques trop gênants se sont estompés, ont pris une valeur symbolique, un caractère mythologique.

La religion a pu vivre ainsi sans hostilité avec la science. De toutes façons elle n'est pas un adversaire déclaré qu'il faille combattre. Le dogme catholique des Latins a conservé au contraire ses formes rigides, absolues et intolérantes, utiles autrefois peut-être, mais très nuisibles aujourd'hui. Il est resté ce qu'il était il y a 500 ans. Hors de lui point de salut. Il prétend imposer à ses fidèles les absurdités historiques les plus inacceptables. Il n'y a pas de conciliation possible avec lui. Il faut le subir ou le combattre.

Devant les révoltes de la raison, les Gouvernements latins ont bien dû renoncer à soutenir des croyances si profondément incompatibles avec l'évolution des idées, et ils ont fini généralement par s'abstenir de toute ingérence dans le domaine religieux.

Mais alors deux conséquences se sont manifestées. Sur les âmes faibles les vieux dogmes ont repris tout leur empire, et ils les courbent sous des croyances usées sans aucun rapport avec les besoins modernes.

Les esprits un peu indépendants ont su se soustraire à un joug évidemment irrationnel et pesant. Mais, comme on leur avait dit dans leur jeunesse que toute la morale reposait sur les dogmes religieux et ne pouvait exister sans eux, ils ont cru qu'avec la disparition de ces dogmes devait disparaître aussi la morale qui s'appuyait sur eux. Leur moralité s'est alors considérablement relâchée, et bientôt ils n'ont plus connu d'autres règles de conduite que celles prescrites par les codes et maintenues par les gendarmes.

Ainsi donc trois concepts fondamentaux : le concept du gouvernement, le concept de l'éducation et le concept religieux ont contribué à la formation de l'âme latine et produit son état actuel. Tous les peuples, à un certain degré de civilisation, ont subi ces concepts, et aucun ne pouvait éviter de les subir, car lorsque les peuples sont faibles, ignorants, peu développés, il est évidemment avantageux pour eux, comme il l'est pour l'enfant, que des esprits supérieurs leur imposent des idées et des croyances, pensent et agissent pour eux. Mais avec les progrès de l'évolution, le moment arrive où les peuples ne sont plus enfants et doivent se conduire eux-mêmes.

Ceux qui n'ont pas su acquérir cette aptitude se trouvent par ce seul fait bien en retard sur ceux qui la possèdent.

Les peuples latins n'y ont pas réussi encore, et, faute d'avoir su apprendre à penser et à agir par eux-mêmes, ils sont désarmés aujourd'hui dans la lutte industrielle, commerciale et coloniale, déterminée par les conditions de l'existence moderne, et où ont si vite triomphé les Anglo-Saxons. Victimes de leur concepts héréditaires, les Latins se tournent vers le socialisme, qui leur promet de penser et d'agir pour eux. Mais, en tombant sous sa domination ils ne feront que se soumettre à de nouveaux maîtres et retarder encore l'acquisition des qualités qui leur manquent.

§ 3. Comment les concepts latins ont marqué de leur empreinte tous les éléments de la civilisation

Il me resterait, pour être un peu plus complet, à suivre dans les différentes branches de la civilisation : littérature, art, industrie, etc., les conséquences, utiles ou nuisibles suivant les époques, des concepts fondamentaux dont je viens de tracer très sommairement le rôle. Une tâche aussi vaste ne peut être entreprise ici. Il suffisait de montrer comment les progrès actuels du socialisme chez les Latins sont la conséquence de leurs concepts et de déterminer la formation de ces concepts. Nous retrouverons leur influence à chaque page de cet ouvrage et notamment quand nous aurons à nous occuper des luttes commerciales et industrielles auxquelles l'évolution économique actuelle condamne tous les peuples. Le lecteur qui voudra appliquer nos principes à un élément de civilisation quelconque, sera frappé des clartés dont ils illuminent son histoire.

Ils ne suffisent pas évidemment à tout expliquer, mais ils donnent le sens de beaucoup de faits inexplicables sans eux. Ils font comprendre surtout ce besoin de direction qui laisse les Latins si timides devant les responsabilités, leur inaptitude à mener à bien toute entreprise qui n'est pas fortement conduite par des chefs, et leur tendance actuelle vers le socialisme. Lorsque les Latins ont à leur tête de grands hommes d'État, de grands généraux, de grands diplomates de grands penseurs, de grands artistes, ils se montrent capables des plus énergiques efforts. Mais les initiateurs de génie ne se rencontrent pas toujours, et, faute de tels conducteurs, les peuples latins périclitent. Avec un Napoléon ils ont dominé l'Europe. Commandés plus tard par des généraux incapables, ils ont été victimes des plus invraisemblables désastres et n'ont pu résister à ceux qu'ils avaient autrefois si facilement vaincus.[18]

---

[18]   Lorsqu'on étudie dans ses détails l'histoire de la guerre de 1870, ce n'est pas seulement la lourde incapacité des généraux placés à la tête des armées qui apparait sans cesse, mais aussi celle des officiers de tout grade sans exception. Ces derniers n'osaient jamais prendre la moindre initiative, s'emparer d'un pont inoccupé, attaquer une batterie gênante, etc. Leur principale préoccupation était d'attendre des ordres qui ne pouvaient venir. Comme les diplomates dont je parlais ailleurs, ils n'avaient pas une doctrine leur indiquant la décision à prendre dans un cas imprévu quand le chef n'est pas là. Ce qui fit la force des Allemands, c'est qu'ils possédaient cette doctrine. Les ordres leur étaient inutiles, et d'ailleurs, en dehors des indications générales, des *directives* suivant l'expression de monsieur de Moltke, ils en recevaient fort peu. Chaque officier savait ce qu'il avait à faire dans les cas variés qui pouvaient se présenter, et, par suite d'une éducation technique pratiquée pendant longtemps, il le faisait d'instinct. Une éducation n'est complète que lorsque des actes d'abord conscients et demandant de pénibles efforts sont ensuite déterminés par l'inconscient. Ils s'exécutent alors d'instinct et sans réflexion, mais ce n'est jamais par l'étude des livres qu'on arrive à ce résultat. Notre état-major commence à peine, après 30 ans de réflexion, à soupçonner l'importance de ces principes, mais l'éducation que reçoivent à l'École de Guerre nos officiers, est restée encore bien latine, c'est-à-dire déplorablement livresque et théorique.

Ce n'est pas toujours sans raison que de tels peuples sont si prompts à rejeter sur leurs chefs la responsabilité de leurs échecs. Ils valent ce que valent leurs maîtres, et ils en ont conscience.

Sous peine de bientôt périr, les Latins doivent apprendre à se conduire. Les champs de bataille, militaires ou industriels, sont aujourd'hui trop vastes pour qu'un petit nombre d'hommes, si éminents qu'on les suppose, puissent diriger les combattants. Dans la phase du monde où nous sommes entrés, l'influence des grandes capacités ne s'efface pas, mais elle tend de moins en moins à être directrice. L'autorité est trop dispersée pour ne pas s'évanouir. L'homme moderne n'a plus à compter sur aucune tutelle, et moins encore sur celle du socialisme que sur toute autre. Il doit apprendre à ne compter que sur lui-même. C'est à cette nécessité fondamentale que l'éducation devrait le préparer.

Chapitre VI
Formation du socialisme chez les peuples latins

§1. L'absorption par l'État. — Le socialisme moderne est chez les Latins la conséquence nécessaire de leur ancien concept du Gouvernement. — Extension progressive des fonctions de l'État. — Comment les exigences du public rendent cette extension nécessaire. — L'État est obligé de diriger de plus en plus les grandes entreprises et de subventionner celles qu'il ne dirige pas. — Exemples divers montrant la nécessité pour l'État d'intervenir malgré lui pour réglementer et protéger.

§2. Les conséquences de l'extension des fonctions de l'État. — Disparition des sentiments d'initiative et de responsabilité chez les citoyens. — La réglementation appelle la réglementation. — Difficultés qu'éprouve l'État à tout diriger. — Frais énormes que son intervention constante nécessite. — Accroissement inévitable de la bureaucratie chez les peuples latins. — Émiettement du pouvoir de l'État. — Réclamations incessantes du public pour accroître les règlements. — Prix énorme de revient de tout ce qui est fabriqué par l'État. — Complications fatales de son administration. — Exemples divers fournis par la guerre et la marine. — Les prix de revient de l'industrie privée. — L'administration latine aux colonies. — Conséquences identiques de l'administration latine en Italie et en France.

§3. L'État collectiviste. — Les étapes que les peuples latins ont encore à franchir pour arriver au pur collectivisme sont peu nombreuses. — Les peuples latins sont entrés depuis longtemps dans la phase du collectivisme. — Examen des diverses propositions des collectivistes et de ce qui a déjà été fait dans cette voie.

§ 1. L'ABSORPTION PAR L'ÉTAT

Les chapitres qui précèdent ont suffisamment montré que le socialisme, sous forme du socialisme d'État, bien voisine du collectivisme, est en France la floraison d'un long passé, la conséquence ultime d'institutions déjà bien vieilles. Loin de pouvoir être considéré comme révolutionnaire, le moderne collectivisme devrait apparaître comme une doctrine fort rétrograde, et ses sectateurs comme de timides réactionnaires se bornant à développer les plus anciennes et les moins élevées des traditions latines. Ils nous annoncent bruyamment chaque jour le triomphe prochain de leurs utopies. Ils n'étaient pas nés encore que nous en étions victimes depuis longtemps.

Le socialisme d'État, c'est-à-dire la centralisation entre les mains du Gouvernement de tous les éléments de la vie d'un peuple est peut-être le concept le plus caractéristique, le plus fondamental, le plus irréductible des sociétés latines. Loin d'être entrée dans une phase de déclin, l'absorption par l'État ne fait que s'accroître chaque jour. Bornée pendant longtemps aux fonctions politiques, elle ne pouvait s'étendre beaucoup dans le domaine de l'industrie à une époque où l'industrie n'existait guère. Lorsque cette dernière est devenue prépondérante, l'influence gouvernementale est intervenue dans toutes les branches industrielles. L'État s'est vu obligé, en matière de chemins de fer, de ports, de canaux, de constructions, etc., se suppléer à l'initiative qui manquait aux citoyens. Il dirige exclusivement lui-même les plus importantes entreprises et garde le monopole de nombreuses exploitations : enseignement, télégraphes, téléphones, tabacs, allumettes, etc., qu'il a successivement absorbées. Il est obligé d'entretenir celles qu'il ne dirige pas lui-même pour les empêcher de péricliter. Sans ses subventions, la plupart tomberaient promptement en faillite. C'est ainsi qu'il paie aux Compagnies de chemins de fer d'énormes subsides sous le titre de garanties d'intérêts. Il verse annuellement à leurs actionnaires près de 100 millions, somme à laquelle il faut ajouter les 48 millions de déficit que lui coûtent annuellement les lignes qu'il exploite lui-même.

Nombreuses sont les entreprises privées : maritime, commerciales ou agricoles, que l'État est forcé de subventionner, sous des formes diverses. Primes aux armateurs qui construisent des vaisseaux, primes aux fabricants de sucre, primes aux filateurs et aux sériciculteurs, etc., etc. Pour ces derniers seulement les primes annuelles ne sont guère que d'une dizaine de millions, mais pour les fabricants de sucre elles dépassaient 100 millions. Il n'est guère d'industries qui ne réclament aujourd'hui la protection financière de l'État. Sur ce point, et il est malheureusement le seul, les partis politiques les plus opposés sont parfaitement d'accord. Considéré comme responsable de tout et devant tout diriger, l'État semble posséder un trésor immense dans lequel chacun peut puiser. Un département a-t-il besoin, (comme dans cet exemple de la chambre de commerce de X... cité par le *Temps,*) de la somme nécessaire pour payer un dessinateur destiné à améliorer une industrie absolument locale qui lui rapporte plusieurs millions il s'adresse à l'État, et non aux individus intéressés aux progrès de cette industrie. Un autre département veut-il un chemin de fer d'intérêt purement local, il s'adresse encore à l'État. Un port de mer veut-il obtenir des améliorations dont il sera seul à profiter, toujours l'État. Nulle part la moindre trace d'initiative ou d'association privées pour créer ou entretenir une œuvre quelconque.

Monsieur P. Bourde a rapporté un exemple bien typique de cet état d'esprit. C'est l'histoire, totalement incompréhensible et invraisemblable pour un Anglais ou un Américain, des habitants de la petite ville de X... Une de leurs conduites d'eau ayant été brisée reçut brusquement les immondices d'un égout voisin. Faire venir un ouvrier et réparer l'accident était une idée trop peu latine pour qu'elle s'imposât au conseil municipal réuni dans le but de discuter sur l'accident. Évidemment il fallait s'adresser au Gouvernement. Quatre grandes colonnes de journal ont à peine suffi pour résumer les démarches qui furent faites. Grâce à l'intervention d'un nombre considérable de ministres, sénateurs, députés, préfets, ingénieurs, etc., le dossier ne fit que vingt stations dans diverses administrations, et la décision finale ne mit que deux ans à parvenir à la commune. En attendant, les habitants continuèrent avec résignation à boire de l'eau d'égout, sans avoir eu une seule fois l'idée de remédier eux-mêmes à l'accident. Les exemples rapportés par Tocqueville montrent que les choses se passaient exactement de la même façon sous l'ancien régime.

Il y a là un état d'esprit spécial, qui est évidemment une caractéristique de race. L'État est obligé d'intervenir sans cesse pour réglementer et protéger. Mais s'il écoutait toutes les doléances, il interviendrait bien davantage encore. Il y a quelques années, un honorable sénateur s'est fait devant le Sénat l'organe des réclamations d'un syndicat de charcutiers qui voulait obliger le Gouvernement à substituer le porc salé au bœuf dans l'alimentation de l'armée sous prétexte de protéger l'élevage des petits cochons. Dans l'esprit de ces braves gens, la fonction naturelle de l'État étant de protéger l'industrie, il devait nécessairement garantir la vente de leurs marchandises et décréter le porc salé obligatoire. On a bien tort de reprocher aux collectivistes de vouloir remettre tous les monopoles, toutes les industries, tous les services publics dans les mains du Gouvernement. Ce rêve ne leur est pas spécial, puisqu'il est celui de tous les partis. C'est un rêve de race.

Assailli de toutes parts, l'État se défend comme il peut. Mais, sous la pression unanime du public, il est bien obligé malgré lui de protéger et de réglementer. C'est de tous côtés qu'on lui demande d'intervenir, et toujours dans le même sens, c'est-à-dire dans celui de la restriction de l'initiative et de la liberté des citoyens. Les lois de ce genre qu'on lui propose chaque jour sont innombrables : lois pour décider le rachat des chemins de fer et les faire administrer par l'État, lois pour s'emparer du monopole de l'alcool, loi pour accaparer la gestion de la Banque de France, lois pour réglementer les heures de travail dans les manufactures, lois pour empêcher la concurrence des produits étrangers, lois pour donner une pension de retraite à tous les ouvriers âgés, lois pour obliger les adjudicataires de fournitures publiques à n'employer que certaines catégories d'ouvriers, lois pour réglementer le prix du pain, lois pour imposer les célibataires de façon à les obliger à se marier, lois pour accabler d'impôts les grands magasins au profit des petits, etc., etc. Tels sont les faits.

Examinons maintenant leurs conséquences.

§ 2. LES CONSÉQUENCES DE L'EXTENSION DES FONCTIONS DE L'ÉTAT

Les conséquences de cette absorption de tous les services par l'État et de son intervention constante, (absorption et intervention réclamées par tous les partis), sont désastreuses pour le peuple qui les subit, ou plutôt qui les impose. Cette intervention permanente finit par détruire entièrement chez les citoyens les sentiments d'initiative et de responsabilité qu'ils possédaient déjà si peu. Elle oblige l'État à diriger à grands frais, en raison de la complication de son mécanisme, des entreprises que les particuliers, ayant le ressort de l'intérêt personnel comme mobile, mèneraient à bien sans tant de dépenses, comme ils le font d'ailleurs dans d'autres pays.[19]

---

[19] C'est bien entendu dans tous les pays du monde que les entreprises gérées par des particuliers, nécessairement intéressés à leur succès, réussissent beaucoup mieux que quand elles sont exécutées par l'État, c'est-à-dire par des agents anonymes qui s'y intéressent fort peu. Monsieur Simon Hanann, consul américain à Francfort, a fait à propos des entreprises métallurgiques de la Russie les observations suivantes : « Il est curieux de constater que, lorsque l'État dirigeait lui-même ces entreprises, elles ont toutes périclité, qu'il en a été de même jusqu'en 1885, alors que des capitaux locaux s'y sont intéressés. Qu'enfin les capitaux étrangers ont réussi là où les autres avaient échoué. Sur 17 fonderies du sud de la Russie, 4 seulement appartiennent à des Russes. »

Ce sont là des résultats constatés dès longtemps par les économistes : « La concentration des forces économiques aux mains de l'État, écrit monsieur Leroy-Beaulieu, conduit la France nouvelle à la ruine des initiatives privées, à l'abâtardissement des volontés et des énergies individuelles, pour aboutir à une sorte de servage bureaucratique ou de césarisme parlementaire, énervant à la fois et démoralisant tout le pays appauvri. »

« La réglementation, dit de son côté Herbert Spencer, appelle d'autres réglementations, en faisant naître des conséquences nullement prévues par le législateur… Toute réglementation implique la création de nouveaux agents régulateurs, un plus grand développement du fonctionnarisme et une augmentation du corps des fonctionnaires. Plus l'intervention de l'État s'accentue, plus les gouvernés perdent leur initiative individuelle… de plus, chaque nouvelle ingérence de l'État fortifie l'opinion tacite d'après laquelle c'est le devoir de l'État de remédier à tous les maux et de réaliser tous les biens. »

Jamais les économistes n'ont eu aussi visiblement raison, et jamais pourtant ils n'ont plus complètement prêché dans le désert. Personne ne conteste leurs assertions, et pourtant nous continuons à nous avancer de plus en plus dans une voie qui conduira au dernier degré de la décadence et de la servitude les peuples qui s'y sont engagés.

Ce n'est aujourd'hui qu'au moyen d'une armée de plus en plus immense d'agents, que l'État peut arriver à tout diriger, tout administrer, tout centraliser. Ils étaient 188.000 et coûtaient annuellement 245 millions à peine il y a 50 ans. Ils sont 689.000[20] et coûtent 627 millions aujourd'hui. Leur nombre augmentera nécessairement encore dans de grandes proportions. L'instruction donnée par l'État ne sert plus guère qu'à créer des fonctionnaires

---

[20] En y comprenant ceux affectés au service des communes d'après le recensement de l'*Office du travail* de 1896.

pour l'État. La moitié des lycéens se destinent aux fonctions publiques. Seuls les fruits secs vont au commerce, à l'agriculture et à l'industrie. C'est exactement le contraire de ce qui se passe en Amérique et en Angleterre.

Le Gouvernement se défend comme il peut contre cette invasion de diplômés, auxquels leur déprimante éducation et leurs aptitudes héréditaires ne donnent pas la somme d'initiative nécessaire pour se créer des situations indépendantes. Ils n'ont de volonté que pour apprendre par coeur les plus gros manuels. Et, sur ce point, rien ne les rebute. L'État complique sans cesse la matière des examens, rend les manuels de plus en plus épais ; rien ne décourage les candidats. Avec le quart de la patience qu'il faut pour apprendre par coeur de fastidieuses inutilités, la plupart feraient fortune dans l'industrie, mais ils n'y songent même pas. On a pu dire avec raison que notre siècle est le siècle des examens. C'est exactement le système chinois, et, comme l'a fait observer Renan, il a produit dans ce peuple de mandarins une incurable sénilité.

En fait, c'est la bureaucratie qui gouverne aujourd'hui la France, et nécessairement elle la gouvernera de plus en plus. Le pouvoir de l'État se trouve émietté entre d'innombrables mains. L'irrésistible besoin des Latins d'être gouvernés étant accompagné d'un besoin non moins irrésistible d'autorité, tous les agents qui représentent l'État se gouvernent les uns les autres, suivant une hiérarchie minutieuse et rigide, qui descend par degrés successifs du ministre au dernier des cantonniers. Chaque fonctionnaire ne possédant que des attributions fort étroites, ne peut accomplir le moindre acte sans recourir à toute une hiérarchie placée au-dessus de lui. Il est emprisonné dans un lacis inextricable de règlements et de complications auxquels il ne saurait se soustraire, et dont le poids retombe nécessairement sur tous ceux qui sont dans l'obligation de s'adresser à lui.

Ce réseau de règlements se développe chaque jour à mesure que l'initiative des citoyens devient plus faible. Comme le faisait observer Léon Say, « il s'élève un cri de plus en plus fort pour demander une réglementation de plus en plus minutieuse ».

Pressé par les réclamations incessantes d'un public avide de tutelle, l'État légifère et réglemente sans relâche. Obligé de tout diriger, de tout prévoir, il entre dans les détails les plus minutieux. Un particulier est-il écrasé par une voiture, une horloge est-elle volée dans une mairie : immédiatement on nomme une commission chargée d'élaborer un règlement, et ce règlement est toujours un volume. Suivant un journal bien informé, le nouveau règlement sur la circulation des fiacres et autres moyens de transport dans Paris, rédigé par une commission chargée de simplifier l'état de choses existant, ne comprendra pas moins de 425 articles !

Ce prodigieux besoin de réglementation ne semble pas nouveau dans l'histoire. Il a été constaté déjà chez plusieurs peuples, les Romains et les Byzantins notamment, aux époques de basse décadence, et il a dû contribuer notablement à hâter cette décadence. Monsieur Gaston Boissier fait remarquer qu'à la fin de l'empire romain « jamais la minutie administrative n'avait été poussée aussi loin. Cette époque est avant tout paperassière. Un fonctionnaire impérial ne marchait jamais qu'accompagné de secrétaires et de sténographes ».

De ces hiérarchies si compliquées, de cette réglementation étroite, il résulte tout d'abord que tout ce qui est créé par l'État est produit d'une façon très lente et très coûteuse. Ce n'est pas en vain que les citoyens d'un pays renoncent à diriger eux-mêmes leurs affaires et veulent tout confier aux mains de l'État. Ce dernier leur fait forcément payer très cher son intervention. On peut citer comme un bien typique exemple les divers chemins de fer que les départements ont obligé l'État à construire.

Pour obéir à la pression publique, le Gouvernement a successivement construit et administre directement près de 2.800 kilomètres de lignes, qui ont coûté, d'après le rapport de la commission du budget pour 1895, l'énorme somme de 1.275 millions, en y comprenant les insuffisances annuelles capitalisées. Les bénéfices annuels étant de 9 millions, alors que les dépenses sont de 57 millions, le déficit annuel est d'environ 48 millions. Ce déficit tient en partie aux frais gigantesques d'exploitation. Alors que le coefficient d'exploitation est de 50 % pour les grandes Compagnies, telles que le Paris-Lyon et l'Orléans, par exemple, (peu intéressées à économiser pourtant, puisque l'État leur garantit un minimum d'intérêt), le coefficient d'exploitation des chemins de fer de l'État atteint le chiffre invraisemblable de 77 % !

« On ne saurait dire, écrit monsieur Leroy-Beaulieu, à quelle atrophie de l'initiative individuelle conduit le régime français des travaux publics. Habitués à compter sur des subventions de la commune, du département ou du pouvoir central, les diverses agglomérations d'habitants, dans les campagnes surtout, ne savent plus rien entreprendre par elles-mêmes ni se mettre d'accord sur rien. J'ai vu des villages de 200 ou 300 habitants, appartenant à une grande commune dispersée, attendre pendant des années et solliciter humblement des secours pour une fontaine qui leur était indispensable, et que 200 ou 300 francs, soit une contribution de 1 franc par tête, suffisaient à mettre en bon état. J'en ai vu d'autres n'ayant qu'un seul chemin pour faire sortir leurs denrées et ne sachant pas se concerter, quand, avec une première dépense de 2.000 francs et 200 ou 300 francs d'entretien par an, ils pouvaient rendre aisément viable cette seule voie dont ils disposaient. Je parle, cependant, de pays relativement riches, beaucoup plus aisés que la généralité des communes de France. [...] Nous ne craignons pas de dire que, parmi les nations riches et de vieille civilisation, la France est l'une des plus mal partagées pour la possession et le bon marché des instruments d'usage collectif. Le gaz y coûte plus cher que partout ailleurs. L'électricité commence à peine à éclairer quelques rues dans quelques villes. Les transports urbains y sont à l'état barbare. Les tramways, peu nombreux, n'y existent guère que dans les villes de premier ordre et dans quelques-unes seulement de second rang : les compagnies qui se livrent à cette industrie, sauf 2 ou 3 peut-être sur tout l'ensemble de notre territoire, sont ruinées. Les capitalistes, qu'effraient ces échecs, ne se sentent aucune inclination à doter nos villes d'un réseau de communications urbaines perfectionnées. Le téléphone coûte cher à Paris. 2 ou 3 fois plus qu'à Londres, à Berlin, à Bruxelles, à Amsterdam, à New-York. Ainsi, un grand pays se trouve, en plein XIXème siècle, ne profiter que dans une mesure très restreinte des progrès récents et nombreux qui ont transformé depuis 50 ans la vie urbaine. Est-ce parce que l'État n'intervient pas assez ? Non, c'est parce qu'il intervient trop. Les municipalités, qui le représentent, usent à l'excès de leur double pouvoir de contrainte : la contrainte réglementaire et administrative, qui multiplie les injonctions ou les prohibitions, les charges en nature, et qui, parfois, soumet sans aucune restriction les compagnies à l'arbitraire variable des conseils municipaux. La contrainte fiscale, qui de chaque société de capitalistes veut faire pour la municipalité une vache à lait inépuisable. Il faut y joindre encore ce sentiment étroit d'envie qui considère comme un attentat aux pouvoirs publics toute prospérité des compagnies particulières. »

La complication des procédés, la routine comme aussi la nécessité où se trouvent les employés de s'assujettir, pour sauvegarder leur responsabilité, aux plus minutieuses formalités[21]

---

[21] On peut citer comme type de l'état mental spécial créé par les nécessités bureaucratiques, l'histoire racontée au Parlement par un ministre, monsieur Delcassé, d'une longue contre verse dans les bureaux d'un ministère, ayant pour but de savoir si une dépense de 77 kilos de fer figurerait pour 3fr.46 ou pour 3fr.47 dans le budget de ce ministère. Pour décider, il fallut la délibération prolongée d'une demi-douzaine de chefs de bureau et finalement l'intervention directe du ministre lui-même. Toutes les entreprises gérées par les administrations latines sont soumises au même système de

produisent les frais énormes qu'on constate dans tout ce qui est administré par l'État. Les rapports faits au Parlement au nom de la commission du budget, par monsieur Cavaignac sur le budget de la guerre, et par monsieur Pelletan sur celui de la marine, montrent que les complications administratives dépassent tout ce qu'on peut imaginer. Dans le rapport de monsieur Cavaignac, on voit parmi un grand nombre de faits analogues, l'histoire invraisemblable et véridique pourtant, de ce chef de bataillon qui, s'étant permis de se faire confectionner aux Invalides une paire de bottines non réglementaires, se trouva débiteur de 7fr.80 envers l'État, somme qu'il était d'ailleurs tout disposé à payer. Pour régulariser son versement il fallut trois lettres du ministre de la guerre, une lettre du ministre des finances, et une quinzaine de lettres, décisions ou rapports de généraux, directeurs, chefs de bureau, etc., placés à la tête des divers services administratifs !

Dans un rapport de la commission du budget de la marine, on voit des complications bien plus considérables encore. La solde mensuelle d'un simple lieutenant de vaisseau comprend une collection de 66 tarifs différents, « tous pourvus d'une longue queue de décimales ». Pour obtenir dans un port de mer une « paumelle de voilier », morceau de cuir valant 10 centimes, il faut établir une feuille spéciale pour laquelle on doit aller, dans tous les coins du port, chercher 6 signatures différentes. Une fois le morceau de cuir

---

méticuleuses minutie dont le résultat final est de dépenser des sommes élevées pour économiser des centimes. À propos de l'hospice de la Salpêtrière, grand établissement qui a 5.000 habitants et un budget de 2 millions et demi, un journal s'exprimait de la façon suivante : « Si l'on savait les rouages à mettre en mouvement, le monde à remuer pour faire placer un réchaud à gaz, on serait stupéfait. Demande et avis favorable de l'économe, autorisation du conseil de surveillance, envoi à l'architecte, relevé de plans ; confection d'un projet, devis, retour au conseil de surveillance, ordonnance à l'architecte, avis à l'entrepreneur, c'est-à-dire perte de temps de 2 mois et dépense de 80 à 100 francs, alors qu'avec un directeur autonome, la chose aurait été faite en 8 jours, avec une dépense de 15 à 20 francs. »

confectionné, recommencent de nouvelles écritures et inscriptions sur de nouveaux registres. Pour la réception de certains objets il faut des pièces de comptabilité qui demandent 15 jours de travail. Le nombre des états dressés par certains bureaux est évalué à 100.000.

À bord des vaisseaux, la complication n'est pas moindre : l'approvisionnement bureaucratique est prodigieux. « Nous y avons trouvé, dit le rapporteur, avec 33 volumes de règlements destinés à fixer les détails de la vie administrative du bord, l'énumération de 230 types de registres, livres, carnets, états quotidiens et mensuels, certificats, pièces de recettes, fascicules, feuilles volantes, etc. » Dans ce dédale de chiffres, les malheureux employés ne se reconnaissent bientôt plus. Écrasés par leur terrible labeur, ils en arrivent à travailler tout à fait au hasard. « Des centaines d'employés sont exclusivement occupés à calculer, à transcrire, à copier dans d'innombrables registres, à reproduire sur d'innombrables feuilles volantes, à diviser, à totaliser, à envoyer au ministre des chiffres qui n'ont aucune réalité, qui ne répondent à rien dans l'ordre des faits, qui seraient probablement plus rapprochés de la vérité si on les inventait de toutes pièces. »

Aussi est-il impossible d'arriver à aucun renseignement précis sur les approvisionnements, dont chaque catégorie dépend de toute une série de bureaux ayant chacun leur autonomie. Quelques vérifications faites au hasard par le rapporteur du budget lui ont donné les chiffres les plus extravagants. Alors que des choses essentielles manquaient absolument et qu'il fallait les acheter d'urgence, comme ces 23.000 cuillères et fourchettes citées dans son rapport, et qui, vendues 10 centimes au détail dans les rues de Toulon, furent payées 50 centimes par l'administration, on rencontre des objets dont on a un approvisionnement pour 30 ans, d'autres pour 68 ans. Quant aux achats de l'Administration, les chiffres qui ont pu être relevés sont véritablement fantastiques. Elle paie en Extrême-Orient, pays de production, le riz 60 % plus cher qu'à Toulon. Les prix payés pour tous les objets sont généralement le double de ce que paierait un particulier, simplement d'ailleurs parce que, ne pouvant payer avant la régularisation de pièces de comptabilité innombrables, l'Administration est obligée de s'adresser à des intermédiaires qui lui font des avances remboursées souvent très tard à cause de l'épouvantable complication des écritures.

Tout ce gaspillage effroyable et forcé se traduit par un nombre élevé de millions dépensés aussi inutilement que si on les jetait à l'eau. Un industriel qui conduirait ainsi ses affaires n'attendrait pas longtemps la faillite.

Le rapporteur que nous citons a eu la curiosité de voir comment s'y prend l'industrie privée, pour éviter ces milliers de registres et d'employés, cette comptabilité qui aboutit, par l'impossibilité même se s'y reconnaître, aux plus graves désordres. Rien n'était plus intéressant que cette comparaison, qui met en présence le socialisme d'État, tel que le rêve le collectivisme, et l'initiative privée telle que la comprennent les Anglais et les Américains.

Voici comment il exprime :

« Pour avoir un point de comparaison, nous avons fait demander comment procédait un grand établissement d'industrie privée, qui touche un de nos arsenaux, et qui, comme lui, est consacré à la construction des navires. On jugera de l'importance de cet établissement, si l'on songe qu'en ce moment il a sur chantier un de nos grands croiseurs de Première Classe, deux cuirassés brésiliens, un croiseur à 23 nœuds, un paquebot et 5 navires à voile. En tout, une flotte de 68.000 tonnes. On accordera qu'il faut, pour cela, des magasins d'une certaine importance. [...] Un grand livre suffit à la comptabilité de chacun de ces magasins. En outre, au-dessus de la place où est déposée chaque sorte d'objets, est placée une planchette indiquant la nature de l'objet, le numéro du folio du grand livre correspondant, et au-dessus, en 3 colonnes, les entrées, les sorties et les existants. Ainsi on peut, du premier coup d'œil, connaître l'état des approvisionnements. Si un chef d'atelier a besoin d'y puiser, il délivre un bon signé et daté, indiquant le numéro et la nature de l'objet qu'il réclame. Le magasinier inscrit au dos le nom, le poids, le prix par unité, le prix total, et les bons sont transcrits sur un cahier, puis sur un grand livre. Rien de plus simple et, à ce qu'il semble, de plus suffisant. »

Il est intéressant de comparer les prix de revient de l'industrie privée, qui est obligée de gagner de l'argent, avec ceux de l'État, qui n'a pas à en gagner. Cette comparaison a été faite depuis longtemps : ce que l'État fait lui-même lui revient en général de 25 à 50 % plus cher que ce qui est fabriqué par l'industrie privée. Pour les cuirassés, dont le prix total oscille autour de 20 millions, la différence entre les prix de revient en Angleterre et en France est d'environ 25 % d'après un rapport de monsieur de Kerjegu :

« La comparaison entre les prix de revient de l'industrie privée et ceux des établissements de l'État est fort difficile parce que les intéressés oublient soigneusement de faire figurer dans le prix de revient des dépenses considérables : loyers, traitements d'employés, etc., imputées à d'autres budgets. C'est ainsi qu'il a été prouvé à la Chambre des députés, par une enquête spéciale faite par la commission du budget, que l'imprimerie Nationale, qui prétendait réaliser des bénéfices sur ses opérations, présentait un déficit annuel de 640.000 frs. Ce n'est pourtant pas le bon marché de ses productions qui amène un tel déficit. Le rapport a prouvé que le prix de revient des imprimés dans cet établissement entretenu par l'État qui lui donne indirectement 888.000 francs de subvention, est de 25 à 30 % supérieur à ceux de l'industrie privée. Les différences sont parfois bien plus fortes. Parmi les exemples cités devant la Chambre, on peut mentionner celui d'un ouvrage spécial que voulait publier le ministère de la marine. L'Imprimerie Nationale, établissement subventionné, demandait 60.000 francs. Un éditeur privé, non subventionné, en demanda 20.000. Il est vrai que dans l'imprimerie Nationale, (qu'on peut considérer comme type des établissements de la future société collectiviste) tout se passe avec une minutieuse régularité. Un des rapporteurs, monsieur Hervieu, s'exprime ainsi : "Il faut un carré de papier autorisant à y entrer, un autre autorisant à y faire l'achat projeté, un autre autorisant à emporter ce qu'on a acheté, un autre enfin autorisant à en sortir." »

Bien des motifs interviennent dans cette majoration des prix de tout ce qui est fabriqué par l'État. Il nous suffisait de constater le fait sans avoir à en rechercher toutes les causes. Nous nous bornerons à faire remarquer que quelques-unes de ces causes résident non seulement dans la complication des règlements et des formalités, mais encore dans un facteur psychologique essentiel : l'indifférence que l'on apporte nécessairement dans toutes les entreprises où l'intérêt personnel n'est pas en jeu. C'est pour cette sérieuse raison qu'on voit si souvent péricliter les entreprises industrielles qui au lieu d'appartenir à un individu personnellement intéressé à leur succès, sont gérées par des intermédiaires.[22]

De ces conditions différentes résultent nécessaire- ment des procédés d'administration fort dissemblables. J'en ai eu récemment un exemple, que je reproduis ici parce qu'il est fort typique et illustre nettement ma pensée.

Une société étrangère avait établi à ses frais, en France, une ligne de tramways reliant 2 grands centres industriels et qu'elle administrait elle-même. L'affaire marchait admirablement. La recette

---

[22] Voici ce que m'écrivait à ce propos un grand industriel belge en relations d'affaires avec beaucoup de pays et que pour cette raison j'avais consulté sur la question : « Une preuve évidente de ce que vous avancez, que les entreprises gérées par des intermédiaires périclitent, c'est la liste nombreuse des affaires cotées à la Bourse qui, après avoir donné des résultats excellents, sont tombées à presque rien depuis qu'on les a transformées en sociétés anonymes. Nous avons ici des affaires qui, lorsqu'elles appartenaient à un petit groupe intéressé directement, donnaient des dividendes de 12 à 15 %. On les a transformées en sociétés anonymes, et le revenu est tombé en moyenne à 3 %. Quelques-unes ne donnent plus rien. »

annuelle s'élevait à 1.100.000 francs et les frais d'exploitation ne dépassaient pas 47 %. Les autorités locales ayant fait observer à la société qu'il était fâcheux de voir à sa tête un étranger, cette dernière consentit à le remplacer par un ingénieur français. L'expérience fut fort probante. L'ingénieur commença tout d'abord par « réorganiser » les bureaux et les garnit de nombreux agents, sous-directeur, chef de comptabilité, chef du contentieux, caissier, etc., puis il élabora naturellement un long règlement bien compliqué où se développa toute l'ingéniosité de son esprit latin.

Les résultats ne se firent pas attendre. En moins d'une année les frais d'exploitation avaient presque doublé. Ils atteignaient en effet 82 %, et la société voyait venir rapidement l'heure de la ruine.

Elle prit un parti héroïque. Son directeur alla trouver les autorités, leur mit les résultats sous les yeux, puis leur offrit de garder à l'ingénieur son titre et son traitement, mais à la condition formelle qu'il ne mît sous aucun prétexte les pieds dans les bureaux. La proposition acceptée, l'ancienne organisation fut rétablie, et les frais d'exploitation retombèrent bientôt à leur chiffre normal de 47 %. Cet essai d'administration latine avait coûté environ 500.000 francs à la maison qui l'avait tenté.

Appliqué aux colonies, notre système d'administration a engendré les plus désastreux résultats. Il a amené la ruine progressive de nos possessions. Alors que les colonies anglaises ne coûtent presque rien au budget, nous dépensons 110 millions environ par an pour entretenir les nôtres. En échange de cette somme, nous faisons avec elles un chiffre d'affaires commerciales qui nous laisse moins de 10 millions de bénéfice. Le déficit annuel est donc énorme. Ce déficit est beaucoup plus qu'une simple perte, car la somme dépensée sert, en réalité, à développer le commerce de nos concurrents. C'est à eux en effet surtout que nos colons achètent, nos nationaux n'étant pas capables de produire aux mêmes prix.

Le chiffre des affaires faites par nos colons avec les étrangers est supérieur de 46 millions à celui qu'ils font avec nos nationaux. Il est difficile qu'il en soit autrement, étant données les entraves administratives dont nous entourons notre commerce dans nos colonies. Pour administrer les 2.300.000 habitants de la Cochinchine, nous possédons beaucoup plus de fonctionnaires que les Anglais pour administrer 250 millions d'Hindous.

L'état misérable de nos colonies est également en grande partie la conséquence d'un de ces caractères psychologiques de race dont j'ai tant de fois montré l'irrésistible force. La totale incapacité des Latins à comprendre les idées des autre peuples, leur intolérance et leur soif d'égalité et d'uniformité les ont conduits au principe de l'assimilation d'après lequel les peuples conquis doivent être gouvernés suivant les lois et les coutumes du peuple conquérant. Nègres, Malgaches, Annamites, Arabes, etc., sont couchés sur le même lit de Procuste. Nous leur expédions de Paris une armée de magistrats qui leur imposent des lois faites pour des peuples de constitution mentale fort différente, des régiments de fonctionnaires qui les soumettent à tous les minutieux règlements édictés par une bureaucratie méticuleuse et méfiante. Pour juger et administrer les quelques milliers de nègres des 2 ou 3 villages qui nous restent dans l'Inde nous avons plus de 100 fonctionnaires dont 38 magistrats. À Madagascar notre administration nous coûte 45 millions. Ces épais bataillons d'agents inutiles peuplent un peu nos colonies, mais à quel prix ! Non seulement ils pèsent lourdement sur le budget de la métropole, mais, de plus, ils font fuir tous les colons européens qui s'empressent de se réfugier dans les colonies anglaises voisines pour ne pas être emprisonnés dans un inextricable réseau de règlements et de vexations.[23]

---

[23] Vexations beaucoup plus lourdes encore pour les indigènes dont on ne comprend que trop les incessantes révoltes. On a lu il y a quelque temps dans les journaux, l'histoire de ce bureaucrate devenu résident qui, pour

« Sur les 1.914 Français qui habitent le Tonkin, écrivait, il y a quelques années Bonvalot, il y a 1.500 fonctionnaires, 400 individus qui vivent du protectorat et 13 colons. Et sur ces 13 colons, 6 sont subventionnés ! »

Un journal racontait récemment qu'à l'époque des rois de Dahomet, nos commerçants préféraient s'établir sur leur territoire plutôt que de se soumettre aux effroyables complications administratives qu'ils rencontraient dans notre colonie. Le plus dur des tyrans est beaucoup moins dur que la tyrannie bureaucratique anonyme, à laquelle, faute de savoir nous conduire nous- mêmes, nous sommes bien obligés de nous soumettre.

Les procédés d'administration latine nécessitent naturellement un budget immense. De 1.800 millions en 1869, il est progressivement monté à 4 milliards environ, somme qu'il faudrait

---

manifester son autorité, a fait enchaîner dans son propre palais et par son premier ministre le roi Norodom, personnage absolument sacré aux yeux de la population. Il est effrayant de penser qu'un grand empire colonial puisse être géré par d'aussi incompréhensives cervelles. Il n'y a qu'à parcourir nos colonies pour voir à quel point nous sommes détestés par les indigènes alors que les Anglais qui gouvernent d'après des principes fort différents sont profondément respectés. Ces principes bien simples consistant à laisser les indigènes s'administrer le plus possible eux-mêmes et à intervenir le moins possible dans leurs affaires n'ont en aucune façon le mérite de la nouveauté, car ils étaient déjà appliqués par les Romains. « Comment, écrit monsieur Boissier, après une aussi vigoureuse résistance la Gaule est-elle devenue si vite et si franchement Romaine. L'administration romaine, au moins aux bonnes époques, avait ce mérite qui, même aujourd'hui, n'est pas commun, d'être peu exigeante et pas du tout tracassière. Elle ne gênait pas la liberté des municipes, intervenait le moins possible dans leurs affaires, respectait les préjugés religieux et les vanités locales, employait très peu de fonctionnaires et encore moins de soldats. Quelques troupes de police et le bruit lointain des légions campées à la frontière suffisaient pour maintenir dans l'ordre un peuple léger, glorieux, frondeur, ami du changement, mal disposé pour l'autorité, et dans lequel nous n'avons pas de peine à nous reconnaître. La paix amena bientôt la richesse dans ce pays qui ne demande qu'à être tranquille pour devenir florissant. »

porter à plus de 5 milliards, si au budget de l'État on ajoutait celui des communes. Un tel budget ne peut s'alimenter que par des impôts écrasants.[24]

Obéissant à la tendance générale des esprits qui s'oppose à toutes les entreprises dues à l'initiative privée, l'État accable les industries d'impôts parfois extravagants. Dans son rapport de 1898, la Compagnie des Omnibus faisait ressortir que, pour un dividende de 65 frs. par action payé à ses actionnaires, elle versait à l'État ou à la Ville 149 francs de taxes, soit un impôt de plus de 200 %. Pour la Compagnie générale des voitures, l'État et la Ville prélèvent sur la recette quotidienne de chaque voiture 2fr.44 centimes, alors qu'il revient aux actionnaires 11 centimes, etc. Toutes ces entreprises marchant ainsi vers la ruine, sont fatalement destinées tôt ou tard à passer, elles aussi, dans les mains de l'État.

Les chiffres qui précèdent permettent de pressentir ce que nous ménage le socialisme d'État, lorsque son évolution sera complète. Ce sera la ruine absolue et rapide pour toutes les industries des pays où il triomphera.

Il serait presque superflu d'ajouter que les effets de la centralisation et de l'absorption par l'État, constatés en France, s'observent également chez les autres nations latines, et à un degré beaucoup plus intense encore. Les choses en étaient arrivées en Italie au point que le Gouvernement a déposé au Parlement, dans la séance du 21 février 1894, un projet de loi d'après lequel le roi devait être investi pendant une année de pouvoirs dictatoriaux, pour essayer de réorganiser les administrations de l'État. Il est à regretter que cette loi n'ait pas été adoptée, car son application eût montré

---

[24] Pour les produits d'un usage courant, l'impôt s'élève à plus du double de sa valeur. Pour l'alcool, il est 10 fois supérieur à la valeur de l'objet. Le sel, le tabac, le pétrole, etc. sont imposés d'une façon analogue. Les produits les plus essentiels, tels que le pain et la viande, subissent par les droits de douane des renchérissements qui en doublent parfois le prix.

clairement combien sont vaines les tentatives de réforme des institutions, quand elles sont les conséquences de l'état mental d'une race.

On peut se faire une idée du développement du socialisme d'État en Italie, et des entraves qu'il produit, par les extraits suivants d'un rapport d'un député italien, Bonasi, publié par la *Revue politique et parlementaire* en octobre 1895 :

« Aux chefs de service qui président en province aux différentes branches de l'administration, on ne laisse non seulement aucune initiative, mais pas même cette timide latitude d'interprétation et d'application qui est pourtant inséparable de l'exercice d'une fonction administrative : en dehors des attributions qui leur sont expressément conférées par les lois, règlements, circulaires et instructions ministérielles, ils ne peuvent pas bouger d'une semelle sans l'autorisation préalable et l'approbation ultérieure du ministre dont ils dépendent... Les préfets, les intendants des finances, les présidents de cour, les recteurs d'université ne peuvent autoriser une dépense même minime, ou ordonner une réparation, quelque peu importante ou quelque urgente qu'elle soit, sans que leur décision ait reçu le saint-chrême du *placet* ministériel. […] Si une commune ou un établissement de bienfaisance veut acquérir un immeuble, ne fût-ce qu'un mètre de terrain, ou qu'il s'agisse de l'acceptation d'un legs fait en sa faveur, même de quelques francs, on exige une délibération du conseil communal ou de l'administration de l'établissement, et de plus, dans les deux cas, un vœu de la commission administrative provinciale, une requête au roi pour l'autorisation suprême, un rapport du préfet qui accompagne l'envoi au ministère, avec le vu et les pièces justificatives. Un rapport du ministre au Conseil d'État, un avis de ce conseil, et finalement un décret royal et son enregistrement à la Cour des Comptes. »

Les conséquences inévitables de cet état de choses ont été un accroissement très rapide du nombre des fonctionnaires italiens, et par conséquent des dépenses budgétaires.

Des faits identiques se produisant chez tous les peuples latins apparaissent nettement comme la conséquence de la constitution mentale de leur race. La démonstration est plus probante encore, quand on rapproche ces faits de ce que nous avons dit dans un autre chapitre des résultats produits par l'initiative privée chez les Anglo-Saxons.

Il faut surtout retenir de notre démonstration que c'est uniquement à nous-mêmes, et non aux Gouvernements, que nous devons nous en prendre de l'extension progressive du rôle de l'État et de ses conséquences.

Quel que soit le Gouvernement que l'on suppose : République, Césarisme, Communisme ou Monarchie. Qu'il ait à sa tête Héliogabale, Louis XIV, Robespierre ou un Général victorieux, le rôle de l'État ne saurait changer chez les peuples latins. Il est la conséquence des besoins de leur race. L'État, en réalité, c'est nous-mêmes, et nous ne devons accuser que nous-mêmes de son organisation. Suivant cette disposition mentale, déjà signalée par César, c'est toujours au Gouvernement que nous nous en prenons de nos propres défauts. Et nous restons persuadés qu'en changeant nos institutions ou nos chefs, tout sera transformé. Aucun raisonnement ne saurait nous guérir d'une telle erreur. Nous pouvons cependant la reconnaître en constatant que lorsque les hasards de la politique amènent à la tête de départements ministériels les députés qui ont le plus vivement critiqué les administrations qu'ils se trouvent appelés à diriger, il n'est pas d'exemple qu'ils aient pu modifier, si légèrement que ce fût, ce qu'ils considéraient avec raison comme d'intolérables abus.

§ 3. L'ÉTAT COLLECTIVISTE

Nous venons de voir les progrès du socialisme d'État et ses conséquences. Il nous reste à montrer combien sont peu nombreuses les étapes restant à franchir pour arriver au collectivisme complet, tel que le rêvent les pontifes de la doctrine.

Les dangers du collectivisme n'ont pas échappé aux hommes d'État doués de quelque perspicacité, mais ils ne semblent pas avoir très bien vu que nous y sommes entrés depuis longtemps. Voici comment s'exprimait à ce sujet un d'entre eux, monsieur Burdeau, ancien président de la Chambre des députés :

« Le péril à craindre, ce n'est pas que le collectivisme triomphe, s'établisse, modèle la société à sa guise. C'est qu'il continue à pénétrer les esprits, à pénétrer à petites doses dans nos institutions, à jeter le mépris sur le capital, sur le patronat, sur les institutions qui en dérivent, (établissements de crédit, banques, etc.), sur l'initiative privée, sans cesse vilipendée au profit des monopoles d'État, sur l'épargne, sur la propriété individuelle, sur les héritages, sur les salaires proportionnés aux mérites et à l'utilité des produits offerts, sur les moyens qui servent aujourd'hui à l'élévation des humbles vers des situations meilleures, (et si ce n'est la leur, celle de leurs descendants), à l'entretien de la société par les millions d'efforts de l'initiative surexcitée par l'intérêt. [...] On arriverait ainsi à enfler prodigieusement le rôle de l'État, en le chargeant des chemins de fer, des mines, de la banque, peut-être des entreprises de navigation, des assurances, des grands magasins. À écraser d'impôts les fortunes moyennes ou grandes, les successions, tout ce qui stimule l'homme aux inventions, aux entreprises hardies ou de longue haleine, tout ce qui fait de lui un agent prévoyant, songeant aux générations futures, travaillant pour l'humanité à venir. À dégoûter le travailleur des besognes difficiles, de l'économie, de l'espoir de percer, bref à réduire l'individu à la médiocrité des désirs, des ambitions, de l'énergie, du talent, sous la tutelle d'un État envahisseur, à remplacer de plus en plus l'homme animé par son intérêt par un quasi-fonctionnaire. »

Les conclusions de cet homme d'État sont évidentes pour tout esprit un peu familier avec les nécessités économiques et psychologiques qui conduisent les peuples. Il a très bien vu que le triomphe latent du collectivisme est plus assuré et plus redoutable encore que son triomphe nominal.

La société de l'avenir, rêvée par les collectivistes, se réalise depuis longtemps et de plus en plus chez les peuples latins. Le socialisme d'État est, en effet, comme je l'ai montré, la conclusion nécessaire de leur passé, l'étape finale qui les conduira à la décadence, qu'aucune civilisation n'a pu éviter jusqu'ici. Hiérarchisés depuis des siècles, nivelés par une éducation universitaire et un système d'examens qui les coulent tous dans le même moule, avides d'égalité et fort peu de liberté, accoutumés à toutes les tyrannies : administratives, militaires, religieuses et morales, ayant perdu toute initiative et toute volonté, habitués de plus en plus à s'en remettre pour tout à l'État, ils sont réduits par les fatalités de leur race à subir ce socialisme d'État que les collectivistes prêchent aujourd'hui. Je disais plus haut qu'ils y étaient soumis depuis longtemps. Il suffira, pour s'en convaincre, de voir ce que les collectivistes proposent, et d'y constater le simple développement de ce qui existe déjà. Ils se croient bien novateurs, ces collectivistes, mais leur doctrine ne fait que précipiter une phase naturelle d'évolution dont la préparation et l'avènement ne sont pas leur œuvre. L'examen succinct de leurs propositions fondamentales le prouvera facilement.

Un des buts principaux du collectivisme est l'accaparement par l'État de toutes les industries, de toutes les entreprises. Or, tout ce qui en Angleterre, et surtout en Amérique, est fondé et géré par l'initiative privée se trouve aujourd'hui, chez les peuples latins, plus ou moins dans les mains du Gouvernement, et chaque jour ce dernier s'adjuge de nouveaux monopoles : téléphones et allumettes aujourd'hui ; alcool, mines et moyens de transport demain. Quand l'absorption sera complète, une partie importante du rêve collectiviste sera réalisée.

Les collectivistes veulent remettre la fortune publique dans les mains de l'État par divers moyens, notamment par l'élévation progressive des droits de succession. Ces droits de succession s'accroissent chez nous chaque jour : une loi nouvelle vient de les porter à 15 %. Il suffira de quelques augmentations successives pour arriver aux taux des socialistes.

L'État collectiviste donnera à tous les citoyens une éducation identique, gratuite et obligatoire. Notre Université, avec son terrible lit de Procuste, a réalisé cet idéal depuis longtemps.

L'État collectiviste fera tout diriger par une immense armée de fonctionnaires destinés à réglementer les moindres actes de la vie des citoyens. Ces fonctionnaires forment déjà des bataillons épais. Ils sont aujourd'hui les seuls maîtres réels dans l'État. Leur nombre s'accroît tous les jours, par le fait seul que s'accroissent les lois et les règlements qui limitent de plus en plus l'initiative et la liberté des citoyens. Ils surveillent déjà, sous des prétextes divers, le travail dans les manufactures et les moindres entreprises privées. Il n'y aura qu'à grossir un peu encore leur nombre et étendre leurs attributions, pour que le rêve collectiviste soit également réalisé sur ce point.

Tout en espérant arriver à l'absorption des fortunes au profit de l'État par l'accroissement des droits de succession, le collectivisme poursuit aussi le capital de toutes façons. L'État l'a déjà précédé dans cette voie. Toutes les entreprises privées se voient chaque jour écrasées d'impôts de plus en plus lourds, réduisant de plus en plus la rétribution du capital et les chances de prospérité. Il y a, comme nous l'avons montré plus haut, des industries, celle des omnibus à Paris, par exemple, qui, pour 65 francs versés à l'actionnaire, paient 149 francs de taxes diverses. Les autres sources de revenus sont successivement atteintes d'impôts croissants. Nous en arrivons à vouloir frapper la rente. En Italie, où cette phase est atteinte depuis longtemps, l'impôt sur la rente a été progressivement élevé à 20 %. Il suffira d'un petit nombre d'élévations successives pour arriver à l'absorption complète du revenu, et par conséquent du capital, au profit de l'État.

Enfin, suivant les collectivistes, le prolétariat doit dépouiller des pouvoirs politiques les classes actuellement dirigeantes. La chose n'est pas faite encore, mais nous y marchons rapidement. Les classes populaires sont maîtresses par le suffrage universel, et elles commencent à envoyer un nombre croissant de socialistes au Parlement. Quand la majorité sera socialiste, le cycle des revendications sera complet. Toutes les fantaisies seront possibles. Et c'est alors que pour y mettre fin s'ouvrira définitivement cette ère des Césars, puis des invasions, qui a toujours marqué, pour les peuples trop vieux, l'heure finale de la décadence.

CHAPITRE VII
L'ÉTAT ACTUEL DES PEUPLES LATINS

§1. Faiblesse des peuples latins. — Leur faiblesse et le résultat des concepts précédemment exposés. — Dangers résultant pour eux du développement du socialisme. — Les peuples latins ne peuvent plus tenter d'expériences ni de révolutions sous peine de disparaître. — Les nécessités modernes.
§2. Les Républiques latines de l'Amérique. L'Espagne et le Portugal. — État actuel des Républiques hispano-américaines. — Elles représentent le niveau le plus bas de la civilisation latine. — Leurs destinées. — Le Portugal et l'Espagne. — Leur état de décadence. — Le gouvernement colonial des Espagnols. — Pourquoi ils ont perdu leurs colonies. — La guerre hispano-américaine au point de vue psychologique. — Influence du caractère des races en présence. — Incidences de cette guerre.
§3. L'Italie et la France. — État actuel de l'Italie. — Désorganisation de son administration, de son armée et de ses finances. — Révolutions dont elle est menacée. — Triomphe prochain du socialisme. Pourquoi le triomphe du socialisme menace beaucoup plus l'Italie que l'Espagne. — Abaissement général de la moralité chez les peuples latins. — État actuel de la France. — Symptôme de fatigue et d'indifférence qu'elle présente.
§4. Résultats de l'adaptation des concepts latins par des peuples de races différentes. — Les Grecs modernes depuis l'époque de leur indépendance ont adopté en bloc les concepts latins, notamment celui de l'éducation. — Résultats produits en cinquante ans. — Désorganisation complète des finances, de l'administration et de l'armée. — Progrès du socialisme. — La guerre turco-grecque. — Les illusions européennes sur la Grèce.
§5. Avenir qui menace les peuples latins. — L'évolution nouvelle du monde ne laissera pas subsister les peuples faibles. — Prédictions de lord Salisbury. — Dangers redoutables des expériences socialistes pour les Latins.

§ 1. Faiblesse des peuples latins

Nous venons de voir les conséquences qu'a eues chez les Latins l'extension progressive de leur concept de l'État, c'est-à-dire d'un pouvoir central se substituant à l'initiative des citoyens et agissant pour eux. Que ce pouvoir central soit un monarque ou une collectivité, il n'importe. Sous ces vaines formes extérieures le concept fondamental reste le même.

Au point de vue pratique, le socialisme ne représente que l'extension du même concept. Ce qui reste encore d'initiative, de volonté dans l'âme des citoyens serait bientôt brisé entièrement par la réglementation du travail, par l'ingérence permanente des fonctionnaires dans tous les actes de la vie.

Beaucoup d'esprits que la lutte effraie semblent disposés de plus en plus à laisser le socialisme se développer. Ne pouvant dépasser par la prévision l'horizon qui les entoure, ils ne se rendent pas compte de ce qui est au delà. Or, ce qui est au delà est menaçant et terrible. S'ils veulent subsister encore, les peuples latins ne doivent plus risquer d'expériences ni de révolutions. Des nécessités économiques nouvelles sont en train de bouleverser les conditions d'existence des nations, et bientôt il n'y aura plus de place pour les peuples trop faibles. Or la faiblesse de la plupart des peuples latins aura prochainement atteint la limite extrême au-dessous de laquelle il n'y a plus de relèvement possible. Ce n'est pas en s'enivrant de phrases brillantes, en se livrant à des discussions stériles, en faisant tinter les exploits des aïeux, qu'on empêchera les choses d'être ce qu'elles sont. L'âge de la chevalerie, des sentiments héroïques et superbes, de la dialectique ingénieuse, est mort pour longtemps. Des réalités implacables nous enserrent de plus en plus, et sur ces réalités les discours les plus subtils, les dithyrambes les plus sonores sur le droit et la justice ont aussi peu d'effet qu'en avaient les verges de

Xerxès sur la mer qu'il faisait fouetter pour la châtier d'avoir détruit ses vaisseaux.

Pour préciser notre pensée nous allons essayer de présenter dans une vue d'ensemble l'état actuel des peuples latins. Le lecteur pourra alors mieux juger des conséquences que pourrait avoir pour ces peuples le développement du socialisme.

§ 2. Les républiques latines de l'Amérique. L'Espagne et le Portugal

Considérons d'abord les nations qui se trouvent au niveau le plus inférieur de l'échelle de la civilisation latine, c'est-à-dire les 22 républiques espagnoles de l'Amérique. Elles m'ont souvent servi d'exemple pour montrer le peu d'influence des institutions dans la vie des peuples et il serait inutile de revenir longuement sur leur situation. Elles ont réalisé depuis longtemps l'avenir qui nous menace. Toutes, sans une seule exception, sont arrivés à ce degré où la décadence se manifeste par la plus complète anarchie, et où les peuples n'ont qu'à gagner à être conquis par une nation assez forte pour les diriger.

Peuplées par des races usées, sans énergie, sans initiative, sans moralité et sans volonté, les 22 républiques latines de l'Amérique, bien que situées dans les contrées les plus riches du globe, sont incapables de tirer aucun parti de leurs immenses ressources. Elles vivent d'emprunts européens que se partagent des bandes de forbans politiques associés à d'autres forbans de la finance européenne chargés d'exploiter l'ignorance du public, et d'autant plus coupables qu'ils sont trop bien renseignés pour croire que les emprunts lancés par eux soient jamais remboursés. Dans ces malheureuses républiques, le pillage est général, et comme chacun veut y prendre sa part, les guerres civiles sont permanentes, les présidents régulièrement assassinés afin de permettre à un nouveau parti d'arriver au pouvoir et de s'enrichir à son tour. Cela durera ainsi sans doute jusqu'au jour où un aventurier de talent, à la tête de quelques milliers d'hommes disciplinés, tentera la facile conquête de ces tristes contrées et les assujettira à un régime de fer, le seul dont soient dignes les peuples dépourvus de virilité, de moralité, et incapables de se gouverner.

Si quelques étrangers, Anglais et Allemands, attirés par les richesses naturelles du sol, ne s'étaient pas établis dans les capitales, tous ces pays dégénérés seraient retournés depuis longtemps à la pure barbarie. La seule de ces républiques qui se maintienne un peu, la République Argentine, n'échappe à la ruine générale que parce qu'elle est de plus en plus envahie par les Anglais.

Avant de s'être constituées en républiques, toutes ces provinces étaient sous la domination de l'Espagne. Elles ont réussi à se soustraire par des révolutions, au sombre gouvernement de ses moines et à ses gouverneurs avides. Mais il était trop tard, le pli était pris, l'âme était formée, et le relèvement impossible. Les moines s'étaient chargés d'ailleurs depuis longtemps de supprimer tous les esprits ayant manifesté quelque trace d'intelligence et d'indépendance.

Des républiques latines de l'Amérique, passons aux monarchies latines de l'Europe. Leur situation est moins triste assurément, mais combien peu brillante !

On sait l'état actuel du Portugal et de l'Espagne. Le voyageur le moins observateur est vite fixé après un court séjour. Finances ruinées, industrie et commerce presque nuls. Les rares industries qui y prospèrent sont dans la main des étrangers, surtout allemands, ou ont été créées par eux. Ces pays jadis si puissants sont aujourd'hui aussi incapables de se gouverner que de gouverner leurs colonies, qu'ils ont perdues successivement. Il restait à l'Espagne les Philippines et Cuba. Elle les a soumises à une exploitation tellement avide, à des administrateurs tellement corrompus et féroces, qu'elle a provoqué le soulèvement exaspéré des indigènes et l'intervention de l'étranger.

Le docteur Pinto de Guimaraes a donné récemment, dans un travail publié sous ce titre : *la Terreur espagnole aux Philippines*, des détails qui montrent ce qu'était aux colonies la domination espagnole et combien fut légitime l'horreur profonde qu'elle inspirait. J'extrais de ce travail les lignes suivantes :

« Ce qui apparaît dans le premier coup d'œil, c'est que l'intervention des États-Unis n'était pas moins nécessaire dans le Pacifique que dans l'Atlantique. La domination espagnole pesait tout aussi lourdement sur les Philippines que sur Cuba, et, si les cruautés commises sont demeurées plus secrètes, cela tient moins à une patience plus longue de la part de ceux qui les souffraient, qu'à un isolement absolu, loin du monde civilisé, et qu'aux soins employés par les gouverneurs locaux pour étouffer toute plainte et intercepter toute réclamation. Mais la vérité, plus forte que tous les despotismes, finit toujours par se faire entendre, et les Philippines ont réussi, malgré le bâillon espagnol, à crier si fort que le monde les a entendues. [...] On ne saurait imaginer quelles vexations, quelles formalités tracassières, quelles ruineuses inventions peuvent germer dans la cervelle d'un fonctionnaire espagnol. Ces messieurs n'ont tous qu'un objectif : faire, dans les 3 ou 6 ans qu'ils doivent passer aux Philippines, la fortune la plus grosse possible et rentrer en Espagne pour échapper au concert de malédictions des habitants de l'île... Tout gouverneur dont l'avenir n'est pas largement assuré après 2 ans de fonction est universellement tenu pour un imbécile. Le célèbre général Weyler put déposer, tant dans les banques de Londres que dans celles de Paris, une somme que ses propres compatriotes n'évaluent pas à moins de 12 à 15 millions de francs. Comment s'y prenait-il pour économiser 15 millions en 3 ans avec un traitement annuel de 200.000 francs ? [...] Et pourtant, on ne peut s'empêcher de songer aux ressources merveilleuses qu'offrirait ce pays et aux superbes résultats qu'en aurait certainement tirés toute autre puissance que l'Espagne. Volées, pressurées, ruinées torturées, les Philippines parviennent néanmoins à vivre. Les caractères des fonctionnaires et les tracasseries du fisc écartent de ce beau pays tous ceux qui pourraient contribuer au développement de sa prospérité. »

Les moines constituaient avec les fonctionnaires une des plus tristes plaies des Philippines. Ils étaient au nombre de 6.000, et leur avidité[25] n'avait d'égale que leur épouvantable férocité. Ils avaient remis en honneur toutes les tortures de l'inquisition.

Le docteur de Guimaraes donne, sur la cruauté des Espagnols à l'égard des indigènes, des détails qui font frémir. Il y a notamment l'histoire de ces 100 prisonniers enfermés dans un cachot dit le « Trou de mort », à demi plein d'eau corrompue et infesté de rats, de serpents et de vermine de toute espèce, digne de l'imagination d'un romancier : « La nuit qu'ils y passèrent fut horrible ; on les entendit hurler de souffrance et supplier qu'on les achevât. Le lendemain, tous étaient morts. »

« En présence de pareils faits, conclut monsieur Guimaraes, personne ne se montrera surpris de la joie causée aux insurgés par les succès des Américains. L'Espagne a déployé depuis des siècles, dans ces îles infortunées, un étalage de férocité que l'héroïsme de sa défense ne saurait suffire à faire pardonner. »

La domination espagnole à Cuba a été la même naturellement, qu'aux Philippines, et la population a fini aussi par se révolter. Les insurgés ne formaient que des bandes mal équipées et dont le nombre n'a jamais dépassé 10.000 hommes. L'Espagne a

---

[25] D'après les chiffres donnés par monsieur Montero y Vidal, les plus faibles cures rapportaient à leurs titulaires 10.000 francs. On en cite qui rapportaient de 25.000 à 75.000 francs. Ces sommes étaient payées par les indigènes, dont la pauvreté est pourtant extrême.

envoyé contre eux 150.000 hommes commandés par de nombreux généraux, et dépensé en 4 ans pour les vaincre près de 2 milliards. Mais tous ces généraux, aux proclamations éclatantes, n'ont pas réussi, après plusieurs années de luttes, et malgré leurs implacables cruautés à triompher de ces bandes mal armées. La dureté des Espagnols, les massacres de la population inoffensive auxquels ils se livraient sur une grande échelle, ont donné aux États-Unis une excellente raison d'intervenir. Tous ceux qui ont quelque souci de l'humanité ont applaudi à leurs succès.

La guerre hispano-américaine fut pleine d'enseignements psychologiques. Jamais on ne vit se manifester plus visiblement le rôle du caractère, et par conséquent de la race, dans la vie des peuples. Le monde n'avait pas assisté encore à ce spectacle de flottes entières, solidement cuirassées, anéanties en quelques instants sans réussir à faire à l'ennemi le plus léger mal. En deux rencontres, une vingtaine de vaisseaux espagnols ont été détruits sans même avoir ébauché une défense. Mourir stoïquement est une triste excuse à l'incapacité, et jamais on ne vit mieux qu'à Manille et à Cuba ce que peuvent produire l'imprévoyance, l'indécision, l'incurie et le défaut de sang-froid. À Manille, lorsque la flotte américaine s'introduisit de nuit, les Espagnols avaient oublié d'allumer les feux qui auraient signalé sa présence et oublié aussi de défendre la passe en y posant des mines. À Santiago, on avait négligé d'envoyer les renforts, qui ne manquaient pas dans l'île et qui eussent rendu la défense facile. À Porto-Rico il n'y avait même pas de défenseurs. Quant à la flotte qui s'anéantit elle-même en se précipitant volontairement sur des rochers sans qu'un seul de ses obus ait atteint ses adversaires, elle a donné le plus triste spectacle. En se jetant sur l'ennemi au lieu de le fuir elle lui aurait sûrement fait quelque mal et eût au moins sauvé l'honneur.

« On dirait, écrit très justement à ce propos monsieur H. Dépassé, que les deux adversaires appartenaient à des civilisations différentes ou plutôt à des âges différents de l'histoire. L'un maître de ses moyens et de lui-même par l'éducation, l'autre n'obéissant qu'aux mouvements impulsifs de la nature. »

On ne saurait mieux marquer en quelques lignes un des principaux résultats de l'éducation anglo-saxonne et de l'éducation latine.[26]

L'opinion que nous venons de formuler sur l'Espagne n'est pas seulement celle des étrangers. Dans une étude remarquable publiée par la *Revue Bleue*, un écrivain espagnol, Bardo Bazan, a marqué en termes énergiques le lamentable état de décadence de son malheureux pays. Il a noté surtout l'état de démoralisation profonde des classes dirigeantes. « L'immoralité et la vénalité rongent notre administration… on craint la justice beaucoup plus que les malfaiteurs. Le pillage est général, les partis sans cesse en lutte ne cherchent à s'arracher le pouvoir que pour piller et s'enrichir à leur tour. Le peuple, pressuré jusqu'à ce qu'il ait donné tout ce qu'il possède, est tombé au plus bas degré de la misère. Les instituteurs, qu'on ne paie plus depuis longtemps en sont réduits à mendier sur les routes pour ne pas mourir trop vite de faim. L'Espagne n'a plus pour elle que ses légendes, et dans l'ancien empire de Charles-Quint il n'y a plus de bien vivants que les morts. […] Avant les rois catholiques, l'Espagne avait porté deux superbes floraisons, la civilisation romaine, l'hispano arabe du moyen âge. Alors le territoire était peuplé, renfermant jusqu'à 40 millions d'habitants, (19 aujourd'hui, en 1898) et couvert de villes superbes dont on admire

---

[26] L'extrait suivant d'une interview du maréchal espagnol Campos, reproduit par tous les journaux, résume fort bien l'impression produite dans l'univers par les invraisemblables succès de l'armée improvisée par les États-Unis contre des armées aguerries et fort nombreuses, puisque à Cuba les Espagnols avaient 150.000 hommes, c'est-à-dire dix fois plus que les Américains. « Jamais, même les plus pessimistes, n'auraient pu imaginer que nos malheurs seraient si nombreux. Le désastre de Cavité, la destruction de l'escadre, de Cervera, la reddition de Santiago, l'occupation rapide et sans obstacles de Porto-Rico, personne n'aurait pu croire à leur réalisation, même en exagérant la puissance des Etats-Unis et l'infériorité de l'Espagne. »

encore les ruines. Alors nous étions puissants, savants, nous avions une industrie, une agriculture admirable, nos systèmes d'arrosage actuels sont encore ceux que les Maures apportèrent à nos contrées du Sud. Deux siècles après les rois catholiques, l'Espagne était dépeuplée, affamée, épuisée. Quatre siècles après, aujourd'hui, rien ne nous reste des conquêtes et des grandeurs d'antan. Des vestiges, des décombres, de pâles souvenirs, voilà notre héritage. »

§ 3. L'Italie et la France

L'Italie, sans être tombée aussi bas que l'Espagne, n'est pas dans une situation bien meilleure, et ses finances trahissent son désarroi. Elle est victime non seulement des concepts latins[27] qui ont formé son âme, mais en outre de la fatale idée d'unité qui a germé dans le cerveau de ses politiciens. En réunissant sous un pouvoir central des populations aussi profondément dissemblables que sont des Piémontais, des Lombards, des Napolitains, des Siciliens, etc., l'Italie a entrepris la plus désastreuse et la plus ruineuse des expériences. D'une situation très enviable, elle est passée en 30 ans à la désorganisation politique, administrative, financière et militaire la plus complète.

Ses finances ne sont pas dans un état aussi misérable que celles de l'Espagne, mais elle en est arrivée à établir sur sa rente un impôt qui de progression en progression a atteint 20 %, et qui, en

---

[27] Dans leur façon de comprendre le rôle de l'État, les Italiens dépassent encore les Français en poussant jusqu'aux dernières conséquences les concepts latins. Nulle part n'est développée autant qu'en Italie la foi absolue dans la toute-puissance de l'État, la nécessité de son ingérence dans toutes les affaires et notamment dans le commerce et l'industrie, et, comme conséquences finales, le développement du fonctionnarisme et l'incapacité des citoyens de conduire leurs affaires eux-mêmes sans l'assistance constante du Gouvernement.

s'élevant encore, la conduira à une faillite analogue à celle du Portugal. Elle donne de loin l'illusion d'un grand peuple, mais sa puissance n'est qu'une façade fragile incapable de résister aux plus légers chocs. Malgré tant de millions dépensés pour créer une force militaire qui lui permît de figurer parmi les grandes puissances, l'Italie a donné pour la première fois au monde le spectacle imprévu d'une armée de 20.000 Européens anéantie en bataille rangée par des hordes nègres, et d'un grand pays civilisé obligé de payer une indemnité à un roitelet africain, dont quelques années auparavant une toute petite troupe anglaise avait si facilement pris la capitale. Elle se traîne à la remorque de l'Allemagne et est obligée de subir sans murmurer le mépris dont les journaux allemands ne cessent de l'accabler. Le gaspillage et l'incurie dépassent en Italie tout ce qu'on pourrait croire. Elle élève des monuments inutiles, comme celui de Victor-Emmanuel, qui aura coûté plus de 40 millions, et pendant ce temps, elle a en Sicile des provinces plongées dans la plus noire misère, des villages abandonnés de leurs habitants et envahis de ronces.[28]

On peut juger de son administration par l'affaire des banques, ou par ces attristants procès de Palerme et de Naples, où il fut prouvé que tous les agents du Gouvernement, des directeurs aux derniers des employés, se livraient depuis des années au pillage le plus éhonté des finances publiques. Devant ces preuves journalières de désorganisation et de démoralisation que l'Italie présente, et qui la montrent à la veille d'une révolution, on s'explique qu'un savant distingué de la Péninsule, monsieur Lombroso, ait porté sur son

---

[28] Et cependant les exigences des paysans italiens sont en vérité bien minimes. Il est rare que les salaires de ceux qui travaillent à la journée dépassent 50 centimes par jour. Quant aux ouvriers, ils s'estiment fort heureux quand leur salaire atteint 2 francs. Si les classes dirigeantes possédaient une faible partie de l'endurance et de l'énergie des classes inférieures, l'Italie devrait compter parmi les nations les plus prospères.

propre pays, dans un livre récent, ce jugement désespéré et que nous voulons croire trop sévère :

« Il faut être dix fois aveugle pour ne pas s'apercevoir qu'avec notre envie de prôner, nous sommes en Italie l'avant-dernier, sinon le dernier, des peuples de l'Europe. Le dernier pour la moralité, le dernier pour l'instruction, le dernier pour l'intégrité de la justice. Surtout le dernier pour l'aisance relative des basses classes. » (*Les Anarchistes*, Traduction française, p. 221).

L'Italie paraît destinée à d'inévitables révolutions, et à voir bientôt s'accomplir chez elle le cycle fatal dont nous avons plusieurs fois parlé déjà, socialisme, puis césarisme, dissolution et invasion.

Ce qui crée pour l'Italie un problème dont la solution ne s'aperçoit pas, c'est que son désir d'imiter les peuples riches l'a conduite à se créer une foule de besoins de luxe et de confort que sa pauvreté ne lui permet pas de satisfaire.

« La majorité des Italiens, écrit monsieur Guglielmo Ferrero, s'est mise sur le pied d'une civilisation supérieure, a contracté des besoins nouveaux, aspire à embellir sa vie d'un certain degré de confort, de culture, mais ses moyens n'y suffisent pas… L'Italie ne peut voir les choses grandes et belles sans vouloir en jouir. Que de désillusions, de rages, de chagrins, doit coûter l'existence journalière à la majorité des hommes vivant dans de pareilles conditions ! … Calculez quelle somme prodigieuse d'irritabilité s'amasse dans toute la société, et vous aurez peu de peine à comprendre la terrible instabilité de son équilibre. »

C'est chez les individus possédant des besoins très grands sans avoir ni la capacité ni l'énergie suffisantes pour acquérir les moyens de les satisfaire, que se développe le plus facilement le socialisme. Il s'offre comme remède à tous les maux, et c'est pourquoi l'Italie semble vouée fatalement aux plus hasardeuses expériences des socialistes.

Ces besoins de luxe, de jouissances et d'apparat différencient beaucoup l'Italie et l'Espagne. Pour ce qui concerne l'aspect extérieur de la civilisation, l'Espagne est évidemment fort au-dessous de l'Italie, mais les couches moyennes et inférieures de la population espagnole souffrent assez peu, parce que leurs besoins ne s'étant pas accrus continuent à être aisément satisfaits.

Les moyens de communication, les chemins de fer notamment, étant peu développés en Espagne, des provinces entières sont demeurées isolées du monde et ont pu conserver leur ancien mode d'existence. La vie y est restée à un bon marché incroyable. Comme les besoins sont très faibles et le luxe inconnu, les objets produits sur place suffisent à la population. L'Espagne, si on ne tient compte ni des grandes villes ni du luxe extérieur, les seules choses il est vrai qu'on connaisse, parce que ce sont les seules qui fassent parler d'elles, l'Espagne, dis-je, possède un degré de civilisation peu raffiné sans doute, mais tout à fait en rapport avec son évolution mentale et ses besoins. Le socialisme ne saurait donc la menacer bien sérieusement.

Ce ne sont guère d'ailleurs que les classes dites dirigeantes qui, chez la plupart des peuples latins, aspirent de plus en plus aux raffinements coûteux de la civilisation. L'aspiration est très louable, quand on se sent l'énergie et l'intelligence suffisantes pour se procurer ces raffinements. Elle l'est beaucoup moins quand le développement de l'énergie et de l'intelligence est très inférieur au développement des besoins.

Quand on veut faire fortune à tout prix et que les capacités ne permettent pas de satisfaire ce désir, on regarde peu aux moyens. L'honnêteté se relâche et la démoralisation devient bientôt générale. Elle l'est devenue en effet chez la plupart des peuples latins. On peut y faire de plus en plus cette inquiétante observation que la moralité des classes dirigeantes est souvent très au-dessous de celle des classes populaires. C'est là un des plus dangereux symptômes de décadence qui se puisse manifester, car si c'est par les classes supérieures que les civilisations progressent, c'est aussi par elles que les civilisations périssent.

Ce terme de moralité est si vague, embrasse des choses si dissemblables, que son usage entraîne nécessairement de graves confusions. Je l'emploie ici dans le sens de simple honnêteté, d'habitude du respect de ses engagements, de sentiments du devoir, c'est-à-dire dans le sens même où l'a employé un auteur anglais, que j'ai cité ailleurs, dans le passage où il montre que c'est grâce à ces qualités si modestes en apparence, si importantes en réalité, que les Anglais ont rapidement transformé le crédit de l'Égypte et rendu les finances de leurs colonies si prospères.

Ce n'est pas dans les statistiques criminelles, qui n'enregistrent que les cas extrêmes, qu'il faut chercher l'échelle de la moralité d'un peuple. Il est indispensable de pénétrer dans les détails. La banqueroute des finances est un baromètre qui ne traduit qu'un état final précédé d'étapes successives. Pour se faire une opinion reposant sur des bases sérieuses, il faut pénétrer dans la vie intime de chaque pays, étudier la gestion des sociétés financières, les mœurs commerciales, l'indépendance ou la vénalité de la justice, la probité des notaires, des fonctionnaires, et bien d'autres symptômes qui exigent une observation directe et qu'on ne trouve étudiés dans aucun livre. Ce sont des sujets sur lesquels quelques douzaines de personnes au plus sont parfaitement renseignées en Europe. Voulez-vous cependant sans trop de recherches être fixés sérieusement sur la moralité des différentes nations ? Consultez simplement un certain nombre de grands industriels : constructeurs, fabricants, entrepreneurs, etc., en relations forcées avec le commerce, l'administration, la magistrature de divers pays.

Un entrepreneur qui établit dans plusieurs contrées des chemins de fer, des tramways, de l'électricité, du gaz, etc., vous dira, s'il veut parler, les pays où tout s'achète, ministres, magistrats et fonctionnaires, ceux où on n'en achète absolument aucune, ceux où le commerce est honnête et ceux où il ne l'est pas du tout. Si, quelque variées que soient les sources de ces renseignements, vous les trouvez parfaitement concordantes, vous pourrez évidemment conclure à leur exactitude.[29]

Notre rapide examen des peuples latins ne peut être complet qu'en y ajoutant la France, dont le rôle fut jadis si brillant et si prépondérant dans le monde. Elle résiste encore à la décadence, mais elle est bien ébranlée aujourd'hui. Elle a connu en un siècle tout ce qu'un peuple peut connaître, les révolutions les plus sanglantes, la gloire, les désastres, les guerres civiles, les invasions et très peu le repos. Ce qu'elle éprouve le plus visiblement aujourd'hui, c'est une fatigue et une indifférence qui semblent aller jusqu'à l'affaissement. Si l'on devait s'en rapporter aux apparences, elle semblerait victime de cette loi biologique d'après laquelle « l'épuisement d'un type est en général d'autant plus complet que son épanouissement a été plus magnifique ».

« Comparée à la même classe en Angleterre et en Allemagne, écrivait récemment un pamphlétaire suisse cité par la *France extérieure*, la bourgeoisie française vous donnera l'idée d'une personne avancée en âge. L'initiative individuelle va en diminuant, l'esprit d'entreprise semble paralysé. Le besoin de repos, d'occupations sédentaires

---

[29] Il serait inutile d'entrer dans les détails de cette enquête, que les relations crées par mes voyages m'ont permis de faire dans plusieurs pays. Je me bornerai à dire que j'ai été fort heureux de constater que, parmi les pays latins, la France est celui où, en dehors de quelques politiciens, financiers et journalistes, on trouve le plus de probité dans l'administration et la justice. La magistrature y est souvent fort bornée, et cède trop facilement aux pressions politiques et aux questions d'avancement, mais elle est restée honnête. Seule la moralité de nos industriels et commerçants est parfois assez faible. Il y a au contraire des pays, l'Espagne et la Russie par exemple, où la vénalité de la magistrature et de l'administration, le manque de probité sont arrivés à ce degré où de tels vices ne cherchent même plus à se dissimuler sous des apparences.

augmente, les placements en fonds d'État augmentent, le nombre des fonctionnaires augmente, c'est-à-dire les capitaux, les intelligences, les capacités se retirent des affaires. Les recettes diminuent, les exportations diminuent, les enfants diminuent, l'énergie diminue, le sentiment de l'autorité, de la justice, de la religion diminue, l'intérêt porté aux affaires publiques diminue. Les dépenses augmentent, les importations augmentent sur toute la ligne, l'infiltration des étrangers augmente. »

En étudiant bientôt les luttes commerciales et industrielles entre les peuples de l'Occident, nous verrons à quel point sont malheureusement justifiées les assertions qui précèdent.

§ 4. Résultat de l'adoption des concepts latins par des peuples de races différentes

Les exemples de nations dans un état de civilisation inférieure adoptant brusquement et en bloc les institutions d'autres peuples, sont rares dans les temps modernes. Je ne vois à citer aujourd'hui que la Japon et la Grèce.

La Grèce présente ce phénomène intéressant d'avoir adopté en bloc les concepts latins, celui de l'éducation notamment. Les résultats produits sont frappants, et il importe d'autant plus de les citer qu'ils n'ont encore attiré l'attention d'aucun écrivain.

Les Grecs modernes n'ont, comme on le sait, aucune parenté avec les anciens Grecs. Confirmant toutes les données historiques, l'anthropologie moderne a montré que ce sont des Slaves au crâne brachycéphale, alors que les anciens Grecs étaient des dolichocéphales, ce qui suffit à établir entre les Grecs modernes et leurs prétendus ancêtres une séparation tout à fait fondamentale.[30]

Le caractère des Grecs modernes est trop connu pour nécessiter une longue description. Ils possèdent, avec peu de volonté et de constance, beaucoup de légèreté, de mobilité et d'irritabilité. Ils ont la plus complète horreur de l'effort prolongé, l'amour des phrases et des discours. Dans toutes les couches sociales le niveau de la moralité est extrêmement bas.

Il était intéressant de voir l'effet de l'éducation latine sur un tel peuple.

À peine sortis d'une longue servitude, où ils n'avaient assurément pas pu acquérir beaucoup d'esprit d'initiative ni de volonté, les Grecs modernes s'imaginèrent qu'ils allaient se relever par l'instruction. En peu d'années le pays s'est couvert de 3.000 écoles et établissements d'enseignement de toutes sortes, où furent soigneusement appliqués nos désastreux programmes d'éducation

---

[30] En 1851, à l'époque de son affranchissement, par l'intervention bien maladroite de l'Europe, la Grèce comptait environ 1 million d'habitants, dont ¼ d'Albanais ou Valaques. C'était un résidu des invasions de tous les peuples et notamment de Slaves. Depuis des siècles, les Grecs proprement dits avaient complètement disparu. À partir de la conquête romaine, la Grèce fut considérée par tous les aventuriers comme une pépinière d'esclaves où chacun pouvait aller impunément puiser. De simples trafiquants en amenaient des milliers à Rome d'un seul coup. Plus tard Goths, Hérules, Bulgares, Valaques, etc., continuèrent à envahir le pays et emmenèrent ses derniers habitants en esclavage. La Grèce ne fut un peu repeuplée que par des invasions d'aventuriers slaves, bandits de profession pour la plupart. La langue ne se conservera que parce qu'elle était parlée dans tout l'Orient byzantin. La population actuelle ne se composant guère que de Slaves, l'ancien type grec immortalisé par les statues a totalement disparu. Le célèbre Schliemann, que j'ai rencontré pendant un voyage en Grèce, m'a fait remarquer cependant que l'ancien type grec se rencontrait encore à l'état exceptionnel dans plusieurs îlots de l'archipel, habités par quelques pêcheurs, que leur isolement et leur pauvreté ont probablement soustraits aux invasions.

latine. « La langue française, écrit monsieur Fouillée, est enseignée partout en Grèce concurremment avec le grec. Notre esprit, notre littérature, nos arts, notre éducation sont beaucoup plus en harmonie avec le génie grec que ne le seraient ceux des autres peuples. »

Cette éducation théorique et livresque n'étant apte qu'à fabriquer des fonctionnaires, des professeurs et des avocats, ne pouvait naturellement produire autre chose. « Athènes est une grande fabrique d'avocats inutiles et nuisibles. » Pendant que l'industrie et l'agriculture restent à l'état rudimentaire, les diplômés sans emploi pullulent. Et comme chez les Latins soumis à la même éducation, leur unique ambition est d'obtenir un emploi de l'État.

« Tout Grec, écrit monsieur Politis, croit que la principale mission du Gouvernement est de donner une place soit à lui-même, soit à un membre de sa famille. »

S'il ne l'obtient pas, il devient immédiatement un révolté, un socialiste, et déblatère contre la tyrannie du capital, bien que le capital n'existe guère dans le pays. Les députés ont pour principale fonction de trouver des places aux diplômés des écoles.

L'instruction ne leur a même pas servi d'ailleurs à se guérir du fanatisme religieux le plus étroit. Le monde civilisé a vu avec stupeur des étudiants faire une petite révolution, qui n'a été terminée que par la démission du ministère, pour obtenir (à l'aurore du XXème siècle) l'excommunication religieuse d'écrivains qui s'étaient permis de traduire les évangiles en grec vulgaire.

Le favoritisme, l'indiscipline et la désorganisation générale ont bientôt été la conséquence du système d'éducation auquel la jeunesse grecque était soumise. Il a suffi de deux générations de déclassés pour amener le pays au dernier degré de la ruine et abaisser encore son niveau de moralité déjà si bas pourtant. L'Europe lettrée, qui regardait ce petit peuple à travers les souvenirs classiques du temps de Périclès, n'a commencé à perdre ses illusions que lorsqu'elle a constaté le parfait cynisme avec lequel des politiciens, après avoir emprunté partout en Europe, ont supprimé leur dette d'un trait de plume en refusant de payer les intérêts, et reprenant les produits des monopoles solennellement délégués aux créanciers comme garantie, le jour même où ils n'ont plus trouvé de prêteurs.[31] L'Europe a été éclairée sur la désorganisation du pays et la valeur de tous ces grands discoureurs quand elle a vu se dérouler les péripéties de leur dernière lutte avec les Turcs et assisté au spectacle d'importantes armées grecques en proie aux plus folles paniques, aux débandades les plus désordonnées, dès qu'on signalait au loin l'apparition de quelques soldats ottomans. Sans l'intervention de l'Europe, les Grecs disparaissaient de nouveau de l'histoire, et le monde n'y eût rien perdu. On a compris alors ce qui pouvait se cacher sous un vernis trompeur de civilisation. Nos jeunes universitaires, si enthousiastes de la Grèce, ont dû acquérir du même coup, sur la psychologie de certains peuples, des notions un peu plus sérieuses que celles puisées dans leurs livres.

---

[31] Ce procédé de suppression des dettes, commercialement qualifié de banqueroute, a été adopté par le Portugal, les républiques latines de l'Amérique, la Turquie et bien d'autres pays. Il a d'abord paru fort ingénieux aux politiciens qui l'ont appliqué, mais ce qu'ils n'ont pas vu du tout, c'est que ces banqueroutes conduisaient finalement les pays qui les pratiquaient à tomber sous la surveillance étroite et par conséquent sous la domination d'autres pays. Les Grecs en font aujourd'hui l'expérience. Comme il était absolument impossible de trouver chez eux les quelques hommes nécessaires pour administrer avec un peu d'intégrité les finances, il leur a bien fallu accepter, comme l'Égypte et la Turquie, que ces finances fussent administrées par des agents étrangers placés sous le contrôle de leurs Gouvernements respectifs.

§ 5. L'AVENIR QUI MENACE LES PEUPLES LATINS

Tel est, sans grandes inexactitudes, je l'espère, l'état actuel des peuples latins et de ceux qui ont adopté les concepts latins. En attendant que ces peuples aient trouvé des méthodes de relèvement, ils ne doivent pas oublier que, dans l'évolution nouvelle où le monde est entré, il n'y a plus de place que pour les forts, et que tout peuple qui s'affaiblit est bientôt destiné à devenir la proie de ses voisins, surtout à un moment où les marchés lointains se ferment de plus en plus.

Ce point de vue est tout à fait fondamental. Il a été fort bien mis en évidence dans un discours célèbre prononcé il y a quelques années par lord Salisbury alors premier ministre d'Angleterre, et dont, en raison de son importance et de l'autorité de son auteur, je vais reproduire quelques fragments. On y trouve parfaitement indiquées les conséquences de l'abaissement de la moralité que j'ai signalé plus haut et qui constitue un excellent baromètre de la décadence d'un peuple. Ce ne sont pas les protestations que ce discours a soulevées en Espagne qui peuvent modifier l'exactitude des propositions énoncées par l'éminent homme d'État, ni des conclusions qu'il en tire.

« Vous pouvez, *grosso modo*, diviser en deux catégories les nations du monde : il y a les vivantes et il y a les mourantes. Voici, d'une part, de grandes nations exerçant un pouvoir énorme, qui s'accroît d'année en année, augmentant leurs richesses, étendant leur territoire, perfectionnant leur organisation. [...] Mais, à côté de ces organismes splendides, dont il semble que rien ne puisse diminuer la force et qui présentent des revendications rivales que l'avenir, peut-être, ne réussira pas à concilier sans le recours d'un arbitrage sanglant, voilà un certain nombre de communautés que je ne peux qualifier autrement qu'en les appelant des « mourantes », encore que cette épithète ne s'applique à elles qu'à des degrés différents. Dans ces États, la désorganisation et la décadence font des progrès à peu près aussi rapides que la force de concentration et la puissance dans les nations vivantes qui les entourent. De dix ans en dix ans, on les retrouve plus faibles, plus pauvres, plus dépourvues d'hommes capables de les conduire ou d'institutions méritant leur confiance. Elles courent, selon toutes les apparences, au terme fatal, et pourtant elles se cramponnent avec une étrange ténacité à ce qui leur reste de vie. [...] Dans ces nations, le mauvais régime gouvernemental, loin que l'on y remédie, devient sans cesse plus mauvais. La société et le monde officiel lui-même, l'administration, ne sont qu'un amas de corruption, de manière que vous ne trouverez nulle part une base solide sur laquelle fonder un espoir quelconque de réforme ou de restauration. À des degrés divers, on peut dire que ces nations présentent un terrible spectacle à la portion éclairée du monde. Elles offrent un tableau qui, malheureusement, apparaît de plus en plus sombre à mesure que ces détails en sont plus exactement révélés aux autres nations, et celles-ci sont sollicitées de chercher, par pitié autant que par intérêt, un remède à de tels maux. [...] Combien de temps cet état de choses peut-il durer ? Je ne tenterai pas, bien entendu, de le prophétiser. Tout ce que je peux indiquer ici, c'est que le progrès se continue, dans l'un et l'autre sens : les États faibles vont s'affaiblissant ; les forts accroissent leurs forces. Il n'est donc pas besoin d'être prophète pour vous dire à quel résultat fatal aboutit la combinaison de ces mouvements contraires. Pour une raison ou pour une autre, (que ce soient les nécessités de la politique ou le prétexte de la philanthropie) les nations vivantes empiéteront graduellement sur le territoire des mourantes, et des germes de conflit entre peuples civilisés ne tarderont pas à se développer. »

Est-ce vraiment quand des pays sont aussi ébranlés, aussi divisés, aussi peu en progrès que les pays latins, qu'il faut tenter de les soumettre au socialisme ? N'est-il pas évident que ce sera accroître encore leur faiblesse et les rendre une proie plus facile pour les peuples forts ? Hélas ! les politiciens ne voient pas cela, pas plus que les théologiens du moyen âge, absorbés par leurs controverses religieuses au fond de leurs couvents, n'entendaient les Barbares qui ébranlaient leurs murs et se préparaient à les massacrer.

Doit-on cependant désespérer entièrement de l'avenir des peuples latins ? La nécessité est une puissance souveraine, qui peut changer bien des choses. Il est possible qu'après une série de calamités profondes, les peuples latins, instruits par l'expérience et ayant réussi à se soustraire aux convoitises des voisins qui les guettent, tentent cette rude entreprise d'acquérir les qualités qui leur manquent pour réussir désormais dans la vie. Un seul moyen est en leur pouvoir : changer entièrement leur système d'éducation. On ne saurait trop louer les quelques apôtres qui se sont attachés à une telle tâche. Les apôtres peuvent beaucoup, car ils arrivent souvent à transformer l'opinion, et l'opinion est reine aujourd'hui. Mais il faudra de rudes efforts pour balayer les lourds préjugés qui maintiennent notre système d'éducation dans son état actuel. L'histoire nous montre que pour fonder une religion il suffit parfois d'une douzaine d'apôtres. Mais que de religions, de croyances, d'opinions n'ont pu se propager faute d'avoir pu réunir cette douzaine d'apôtres.

Ne soyons pas trop pessimistes pourtant. L'histoire est tellement pleine d'imprévu, le monde est en voie de subir des modifications si profondes, qu'il est impossible de prévoir aujourd'hui la destinée des empires. Le rôle des philosophes est en tout cas terminé quand ils ont montré aux peuples les dangers qui les menacent.

Livre IV
Le conflit entre les nécessités économiques et les aspirations socialistes

Chapitre I
Évolution industrielle et économique de l'âge actuel

§1. Nouveaux facteurs de l'évolution des sociétés créés par les découvertes modernes. — L'âge moderne est celui qui a présenté le plus de changements dans le temps le plus court. — Facteurs actuels de l'évolution sociale. — Rôle des découvertes scientifiques et industrielles. — Comment elles ont bouleversé toutes les conditions d'existence.
§2. Conséquences des découvertes modernes relativement aux conditions d'existence des sociétés. — Changements forcés de la vie matérielle. — Transformations morales et sociales qui en ont été la suite. — Action de la machine sur la famille et sur l'évolution mentale des travailleurs. — En réduisant les distances, la machine a transformé le monde en un unique marché soustrait à l'action des Gouvernements. — Transformations produites aujourd'hui par des découvertes de laboratoire dans la vie des peuples. — Rôle possible des forces naturelles dans l'avenir. — L'instabilité a succédé partout à la stabilité séculaire. — La vie des peuples et les conditions de leurs progrès échappent à l'action des Gouvernements.

§ 1. Nouveaux facteurs de l'évolution des sociétés créés par les découvertes modernes

L'âge moderne est peut-être celui qui, au cours des siècles, a présenté le plus de changements dans le temps le plus court. Ces changements sont la conséquence de l'apparition de certains facteurs fort différents de ceux qui jusqu'à nos jours ont régi les sociétés. Une des principales caractéristiques de l'époque actuelle réside précisément dans les transformations des causes déterminant l'évolution des peuples. Alors que les facteurs religieux et politiques ont exercé pendant des siècles une influence fondamentale, cette influence a aujourd'hui considérablement pâli. Les facteurs économiques et industriels, dont le rôle fut longtemps très faible, prennent maintenant une importance prépondérante. Il était fort indifférent à César, à Louis XIV, à Napoléon, ou à un souverain quelconque de l'Occident que la Chine possédât ou ne possédât pas de charbon. Aujourd'hui le fait seul qu'elle en posséderait et l'utiliserait, aurait bientôt les conséquences les plus profondes sur la marche de la civilisation européenne. Un fabricant de Birmingham, un agriculteur anglais, ne se seraient jamais préoccupés autrefois de savoir si l'Inde fabriquait du coton et cultivait du blé. Ce fait, si insignifiant pendant des siècles aux yeux de l'Angleterre, a désormais pour elle une importance bien autre qu'un événement aussi considérable en apparence que la défaite de l'invincible Armada ou le renversement de la puissance de Napoléon.

Mais ce ne sont pas seulement les progrès des peuples lointains qui ont une action intense sur l'existence des nations européennes. Les transformations rapides de l'industrie ont bouleversé toutes les conditions d'existence. On a justement remarqué que jusqu'au commencement de notre siècle tout l'outillage industriel n'avait guère changé depuis des milliers d'années. Il était identique en effet dans ses parties essentielles aux types qui figurent dans l'intérieur des tombeaux des anciens Égyptiens et qui datent de 4.000 ans.[32]

---

[32] On en aura la preuve en parcourant les planches de notre ouvrage, *les Premières Civilisations de l'Orient*, où se trouvent représenté, d'après les peintures des tombeaux, l'outillage industriel de l'ancienne Égypte.

Mais depuis une centaine d'années la comparaison avec l'industrie des anciens âges n'est plus possible. L'utilisation par les machines à vapeur de l'énergie solaire condensée dans la houille, a complètement transformé l'industrie. Le plus modeste des usiniers a dans ses caves plus de charbon qu'il n'en faut pour exécuter un travail bien supérieur à celui qu'auraient pu accomplir les 20.000 esclaves que possédait, dit-on, Crassus. Nous avons des marteaux-pilons dont un seul coup représente la force de 10.000 hommes. Pour les États-Unis d'Amérique seulement, on évalue à 13 millions d'hommes et à 53 millions de chevaux ce qu'il faudrait pour effectuer les transports annuels accomplis par les chemins de fer, c'est-à-dire par la force extraite de la houille. En admettant l'hypothèse d'ailleurs impossible qu'on puisse se procurer un tel nombre d'hommes et d'animaux[33], il faudrait pour les entretenir dépenser 55 milliards, au lieu des 2 milliards et demi environ que coûte le travail exécuté par les moteurs mécaniques.

§ 2. Conséquences des découvertes modernes relativement aux conditions d'existence des sociétés

Le simple fait que l'homme a trouvé le moyen d'extraire du charbon une force utilisable a bouleversé entièrement nos conditions physiques d'existence. En suscitant des ressources nouvelles, il a créé des besoins nouveaux. Les changements de la vie matérielle ont bientôt entraîné des transformations dans l'état moral et social des peuples. Après avoir inventé la machine, l'homme s'est vu asservi par elle, comme jadis par les dieux que son imagination

---

[33] Monsieur de Foville a calculé que le transport d'une tonne de marchandises par kilomètre coûte 3fr.33 par des porteurs humains (chiffre qui s'élève jusqu'à 10 francs en Afrique), 0fr.87 par une bête de somme, 6 centimes seulement par chemins de fer en Europe, et 1 ½ centime en Amérique.

avait enfantés. Il a dû subir les lois économiques qu'elle établissait par son seul fonctionnement. C'est la machine qui a permis l'entrée dans l'usine de la femme et de l'enfant, et qui du même coup a désorganisé le foyer et la famille. En rendant le travail facile à l'ouvrier et l'obligeant à se spécialiser, la machine a amoindri chez le travailleur l'intelligence et l'aptitude à l'effort. L'artisan de jadis est descendu au rang de simple manœuvre dont il ne peut que bien exceptionnellement sortir.

Le rôle industriel des machines ne s'est pas borné à multiplier immensément la force dont l'homme disposait. En transformant les moyens de transport, elle a considérablement réduit les distances qui existaient entre les diverses parties du globe et mis en présence des peuples que tout séparait jadis. En quelques semaines, au lieu de mois nombreux, l'Occident et l'Orient peuvent se joindre. En quelques heures, quelques minutes même, ils peuvent se communiquer leurs pensées. Grâce encore au charbon, les produits des uns arrivent rapidement chez les autres, et le monde est devenu un vaste marché soustrait à l'action des Gouvernements. Les révolutions les plus sanglantes, les guerres les plus prolongées, n'ont jamais eu de résultats comparables à ceux des découvertes scientifiques de ce siècle, découvertes qui en présagent de plus influentes et de plus fécondes encore.

Ce ne sont pas seulement la vapeur et l'électricité qui ont transformé les conditions de la vie pour l'humanité moderne. Des inventions en apparence presque insignifiantes ont contribué et contribuent sans cesse à la modifier. Une simple expérience de laboratoire change entièrement les éléments de prospérité d'une province et même d'un pays. C'est ainsi, par exemple, que la conversion de l'anthracite en alizarine a tué l'industrie de la garance et appauvri du même coup les départements qui vivaient de cette industrie. Des terres valant 10.000 frs. l'hectare sont tombées au-dessous de 500 francs. Lorsque la fabrication artificielle de l'alcool, déjà réalisée dans les laboratoires, et celle du sucre, qui paraît prochaine, seront entrées dans la pratique industrielle, certains pays seront obligés de renoncer à des sources de richesse séculaires, et réduits à la pauvreté. Que seront pour eux, auprès de tels bouleversements, des événements comme la guerre de Cent ans, la Réforme ou la Révolution ? On peut d'ailleurs évaluer la portée de telles oscillations commerciales en considérant ce qu'a coûté à la France, en dix ans, l'invasion d'un insecte microscopique : le phylloxéra. De 1877 à 1887 la perte d'un million d'hectares de vignes a été évaluée à 7 milliards. Ce fut un désastre numériquement presque aussi élevé que les dépenses de notre dernière guerre en 1870. L'Espagne a été momentanément enrichie par cette perte parce qu'il a fallu lui acheter la quantité de vins qui nous manquait. Au point de vue économique le résultat a été le même que si, vaincus par les armées de l'Espagne, nous avions été condamnés à lui payer annuellement un énorme tribut.

On ne peut trop insister sur l'importance des grands bouleversements industriels, qui sont une des conditions fatales de l'âge actuel et qui ne sont encore qu'à leurs débuts. Leur principal résultat est d'ôter toute fixité à des conditions d'existence qui jadis semblaient assez stables pour pouvoir braver le cours des siècles.

« Si l'on se demande, écrit le philosophe anglais Maine, quelle est la plus terrible calamité qui puisse tomber sur une population, peut-être répondra-t-on que ce doit être une guerre sanguinaire, une famine désolante ou une épidémie mortelle. Pourtant aucun de ces désastres ne causerait de souffrances aussi intenses et aussi prolongées qu'une révolution de la mode imposant à la toilette des femmes une seule étoffe ou une seule couleur, comme il en est aujourd'hui du vêtement des hommes. Mainte cité florissante et opulente, soit en Europe, soit en Amérique, se trouverait par là condamnée à la faillite et à l'inanition. Et la catastrophe serait pire qu'une famine ou une épidémie. »

L'hypothèse n'a rien d'improbable, et il est possible que la révolution déterminée dans le costume féminin par l'usage de plus en plus général de la bicyclette en fasse une réalité bientôt. Mais les découvertes de la science produiront sûrement des variations d'une importance bien autre. La chimie, par exemple, science qui commence à peine à se constituer, nous en réserve d'inattendues. Lorsque nous manierons d'une façon courante les températures de 3 à 4.000 degrés, ou celles voisines du zéro absolu que nous commençons à produire, toute une chimie nouvelle apparaîtra nécessairement. La théorie nous dit déjà que nos corps simples ne sont très vraisemblablement que des produits de condensation d'autres éléments dont les propriétés nous sont totalement inconnues. Peut-être, comme le supposait dans un discours le chimiste Berthelot, la science fabriquera-t-elle un jour de toutes pièces les matières alimentaires, et ce jour-là « il n'y aura plus ni champs couverts de moissons, ni vignobles, ni prairies remplies de bestiaux. Il n'y aura plus de distinction entre les régions fertiles et les régions stériles ».

Nous pouvons encore supposer un avenir dans lequel les forces naturelles seraient à la disposition de tous nos besoins et remplaceraient presque entièrement le travail de l'homme. Il n'y a rien non plus de chimérique à admettre que, grâce à l'électricité, ce merveilleux agent de transformation et de transport de l'énergie, la puissance du vent, des marées, des chutes d'eau, sera prochainement à notre disposition. Les chutes du Niagara, déjà partiellement utilisées, possèdent un pouvoir moteur de 17 millions de chevaux-vapeur, et le moment n'est pas loin où cette force, que l'on commence à peine à employer, sera transportée au loin au moyen de câbles électriques. La chaleur centrale du globe, celle du soleil, sont aussi des sources inépuisables d'énergie.

Mais, sans insister sur les futures découvertes, et en nous occupant seulement des progrès réalisés depuis 50 ans, nous voyons que nos conditions d'existence changent chaque jour, et cela d'une façon tellement soudaine que les sociétés sont obligées à des transformations beaucoup plus rapides que ne le comporte l'état mental créé par une lente hérédité chez les êtres qui la composent. À la stabilité séculaire, l'instabilité a succédé partout.

Il résulte de ce qui précède que l'âge moderne est à la fois un âge de destruction et de création, un âge d'or et un âge de mort. Il semble que devant les changements déterminés par la science et l'industrie, aucune de nos idées, aucune de nos conditions d'existence passée ne puisse subsister. La difficulté de nous adapter à ces nécessités nouvelles réside surtout en ceci que nos sentiments et nos habitudes changent lentement, alors que les circonstances extérieures changent trop vite et trop radicalement pour que les conceptions anciennes auxquelles nous voudrions nous rattacher puissent subsister longtemps. De ces destructions et de ces créations inattendues, nul ne peut dire quel état social va sortir. Ce que nous voyons bien clairement, c'est que les phénomènes les plus importants de la vie des États, et la condition même de leur progrès, échappent de plus en plus à leur volonté et sont régis par des nécessités économiques et industrielles sur lesquelles ils ne peuvent rien. Ce que nous pressentons déjà et ce qui apparaîtra mieux encore dans la suite de cet ouvrage, c'est que les revendications des socialistes se trouveront de plus en plus contraires à l'évolution économique qui se prépare en dehors d'eux et fort loin d'eux. Ils devront pourtant s'y plier, comme à toutes les fatalités naturelles dont l'homme a jusqu'ici subi les lois.

Chapitre II
Les luttes économiques entre l'Orient et l'Occident

§1. La concurrence économique. — Le socialisme ignore les nécessités qui régissent actuellement le monde. — Les volontés des Gouvernements sont de plus en plus conditionnées par des phénomènes économiques extérieurs auxquels ils sont obligés de s'adapter. — Le monde des relations industrielles et économiques ne forme plus qu'un seul monde, et les pays deviennent de moins en moins libres d'agir à leur guise. — Les peuples tendent de plus en plus à être régis par des nécessités extérieures et non par des volontés particulières. — Conséquences du rapprochement des distances entre l'Orient et l'Occident. — Résultats de la lutte économique entre les peuples ayant des besoins très faibles et ceux ayant des besoins très grands. — La valeur des marchandises sur un marché est déterminée par leur valeur sur le marché où elles peuvent être produites au plus bas prix. — Résultats de la concurrence faite aux produits européens par les produits similaires fabriqués par les Orientaux. — Pourquoi l'Angleterre est obligée de renoncer de plus en plus à l'agriculture. — La concurrence de l'Inde et du Japon. — Avenir du commerce européen. — Avenir de la Russie. — La concurrence de l'Orient et le socialisme.

§2. Les remèdes. — Objections des économistes sur les conséquences de la lutte entre l'Orient et l'Occident. — La prétendue surproduction. — En quoi les arguments des économistes ne peuvent avoir de valeur que pour l'avenir. — Le protectionnisme, son rôle artificiel et provisoire. — Les peuples agricoles et les peuples industriels. — Remèdes divers à la concurrence de l'Occident cherchés par les Anglo-Saxons. — Pourquoi ils se tournent vers l'Afrique. — Difficultés de la lutte sur le terrain industriel et commercial pour les peuples latins.

§ 1. LA CONCURRENCE ÉCONOMIQUE

Nous venons d'indiquer sommairement que l'évolution économique et industrielle du monde bouleversait les anciennes conditions d'existence des hommes. Cette vérité va se dégager avec plus d'évidence en étudiant quelques-uns des problèmes qui se posent aujourd'hui.

Dans l'exposé de leurs revendications et de leurs rêves, les socialistes manifestent une complète ignorance des nécessités qui régissent le monde moderne. Ils raisonnent toujours comme si l'univers était limité au pays où ils vivent, comme si ce qui se passe dans le reste du monde ne devait avoir aucune influence dans les milieux où ils propagent leurs doctrines, comme si les mesures qu'ils proposent ne devaient pas bouleverser entièrement les rapports du peuple qui les appliquerait avec les autres peuples. S'isoler ainsi eût été possible à la rigueur il y a quelques siècles, mais il n'en est plus de même aujourd'hui. Le rôle des gouvernants de chaque pays tend de plus en plus à être conditionné par des phénomènes économiques d'origine fort lointaine, absolument indépendants de l'action des hommes d'État et qu'ils doivent subir. L'art de gouverner consiste surtout aujourd'hui à s'adapter le mieux possible à des nécessités extérieures sur lesquelles les volontés individuelles ne sauraient agir.

Sans doute chaque pays constitue toujours une patrie. Mais le monde de la science, de l'industrie, des relations économiques ne forme plus qu'un seul monde, ayant ses lois d'autant plus rigoureuses que la nécessité et non les codes les impose. Sur le terrain économique et industriel, aucun pays n'a aujourd'hui la liberté de se conduire à sa guise, et cela simplement parce que l'évolution de l'industrie, de l'agriculture et du commerce a des répercussions nombreuses chez tous les peuples. Des faits économiques et industriels se passant dans des régions lointaines peuvent obliger la nation qui leur est la plus étrangère à transformer son agriculture, ses procédés industriels, ses méthodes de fabrication, ses habitudes commerciales, et, par voie de conséquences, ses institutions et ses lois. Les peuples tendent de plus en plus à être régis par des nécessités générales et non par des volontés particulières. L'action des Gouvernements tend donc à devenir de plus en plus faible et incertaine. Ce phénomène est un des plus caractéristiques de l'âge actuel.

Le problème que nous allons aborder dans ce chapitre va nous permettre d'illustrer d'une façon très claire ce qui précède. Il nous montrera une fois de plus combien sont superficielles et irréalisables les solutions de bonheur universel proposées par les socialistes.

Ce problème, que nous avons été un des premiers à signaler il y a bien des années déjà, est celui de la lutte économique qui se dessine plus nettement chaque jour entre l'Orient et l'Occident. Le rapprochement des distances par la vapeur, et l'évolution de l'industrie, ont eu pour conséquence de mettre l'Orient à nos portes et de transformer ses habitants en concurrents de l'Occident. Ces concurrents, auxquels nous exportions jadis nos produits, se sont mis à les fabriquer dès qu'ils ont possédé nos machines. Et, au lieu de nous acheter, ils nous vendent maintenant. Ils y réussissent d'autant plus facilement qu'étant, par leurs habitudes séculaires, à peu près sans besoins, les prix de revient des objets fabriqués par eux sont très inférieurs à ceux des mêmes objets fabriqués en Europe. La plupart des ouvriers orientaux vivent avec moins de dix sous par jour, alors que l'ouvrier européen ne vit guère avec moins de quatre à cinq francs. Le prix du travail réglant toujours celui des marchandises, et la valeur de ces dernières sur un marché quelconque étant toujours déterminée par leur valeur sur le marché où elles peuvent être livrées au plus bas prix, il s'ensuit que nos fabricants européens voient toutes leurs industries menacées par des rivaux produisant les mêmes objets à des prix 10 fois moindres. L'Inde, le Japon, et bientôt la Chine, sont entrés dans la phase que nous prédisions jadis, et ils y progressent rapidement. Les produits étrangers affluent de plus en plus en Europe, et les produits fabriqués en sortent de moins en moins. Ce n'est pas certes l'invasion militaire des Orientaux qui est à craindre, comme on l'a soutenu : c'est uniquement celle de leurs produits. .

Pendant longtemps la concurrence est restée localisée sur le terrain des produits agricoles, et, par ses conséquences, nous pouvons pressentir ce qui arrivera lorsqu'elle se sera étendue aux objets fabriqués.

Les premiers résultats de la concurrence ont été, comme l'a fait remarquer monsieur Méline, à la Chambre des députés, de faire baisser de moitié en 20 ans la valeur des produits agricoles : blés, laine, vins, alcool, sucre, etc. La laine, par exemple, qui valait 2 francs le kilogramme environ en 1882, ne valait plus que 1 franc vingt ans après. Les suifs sont tombés de 95 à 42 frs, etc. Beaucoup d'économistes, et je suis du nombre, considèrent ces baisses comme avantageuses, puisque c'est en définitive le public, c'est-à-dire le plus grand nombre qui en profite. Mais il est facile de se placer à des points de vue où l'on puisse contester que de telles baisses soient avantageuses. Leur plus grave inconvénient est de mettre l'agriculture dans une situation précaire et d'obliger quelques pays à y renoncer, ce qui à certains moments pourraient avoir des conséquences graves.

Cette hypothèse de contrées obligées de renoncer à l'agriculture n'a rien de chimérique puisqu'elle se réalise de plus en plus aujourd'hui pour l'Angleterre. Ayant à lutter à la fois contre les blés de l'Inde et contre ceux de l'Amérique, elle a renoncé progressivement à en cultiver, malgré la perfection des méthodes anglaises, qui permettent d'obtenir des rendements de 29 hectolitres à l'hectare. Actuellement la production annuelle du blé en Angleterre est tombée à 23 millions d'hectolitres, alors que sa consommation annuelle est de 85 millions. Il lui faut donc en acheter environ 60 millions à l'étranger. Si l'Angleterre était emprisonnée dans son île ou n'avait pas les ressources nécessaires pour se procurer cet excédent, une grande partie de ses habitants seraient condamnés à mourir de faim.

La France, pays essentiellement agricole, a pu prolonger la lutte, grâce à la protection, moyen bien provisoire et bien fictif. Elle a un intérêt vital à lutter. Mais combien de temps le pourra-t-elle encore ? Elle produit une centaine de millions d'hectolitres, chiffre qui suivant les années peut baisser à 75 ou monter à 135. Le blé y vaut aujourd'hui 18 francs environ les 100 kilos, en baisse régulière depuis plusieurs années. Ce prix est d'ailleurs artificiel, car les blés étrangers étant frappés d'un droit protecteur de 7frs., leur véritable valeur est de 11 frs., prix de vente sur les marchés étrangers, Londres et New-York, notamment. Ce prix ne peut que continuer à baisser. Dans la République Argentine, les cultivateurs italiens arrivent à produire le blé à 5frs. l'hectolitre.

Pourra-t-on corriger pendant longtemps cette baisse progressive par des droits protecteurs également progressifs, destines à maintenir artificiellement la cherté des subsistances et à empêcher par conséquent les populations de profiter du bon marché général ? Étant donné qu'en France la consommation annuelle est de 120 millions d'hectolitres, le droit actuel de 7frs. l'hectolitre, qui élève d'un tiers au moins le prix du pain, représente une somme énorme prélevée sur la totalité de la population au profit d'un petit nombre de grands spéculateurs, car beaucoup d'agriculteurs, produisant juste ce dont ils ont besoin, ont peu à vendre. Tout ce qu'on peut dire en faveur de procédés aussi arbitraires, c'est qu'ils ont une utilité provisoire pour prolonger dans un pays l'existence de l'agriculture ou lui laisser le temps nécessaire pour s'améliorer. Mais aucun Gouvernement ne sera bientôt assez puissant pour maintenir artificiellement la cherté des subsistances.

Ce n'est pas l'Orient, à peine entré dans la lutte, qui a causé la décadence de l'agriculture européenne. On doit en voir l'origine dans la production des céréales en Amérique où le terrain ne coûte presque rien alors qu'il coûte fort cher en Europe. Mais le jour où l'Amérique s'est trouvée à son tour en concurrence avec des pays tels que l'Inde, où non seulement la terre coûte encore moins qu'aux États-Unis, mais où, de plus, le travail coûte dix fois moins. Elle risque de subir le même sort que l'Angleterre, et son agriculture est aujourd'hui menacée d'une grave crise. Les agriculteurs américains se trouvent actuellement dans la situation la plus précaire. Monsieur de Mandat-Grancey cite des fermes qui valaient autrefois 300$ l'acre, et qui aujourd'hui ne trouvent plus d'acquéreur à 10$. Aucun droit protecteur ne peut remédier pour les Américains à cette situation, puisque leur intérêt est de vendre des céréales, et non d'en recevoir. Ce n'est donc pas la protection qui peut les empêcher de se trouver en concurrence sur les marchés étrangers avec des pays qui produisent à des prix inférieurs.

Bornée d'abord aux matières premières et aux produits agricoles, la lutte entre l'Orient et l'Occident s'est étendue progressivement aux produits industriels. Dans les pays d'Extrême-Orient, l'Inde et le Japon par exemple, le salaire des ouvriers d'usine ne dépasse guère 10 sous (0fr.50) par jour, et leurs chefs n'en reçoivent pas beaucoup plus. Monsieur de Mandat-Grancey cite une usine, près de Calcutta, occupant plus de 1.500 ouvriers, et dont le sous-directeur indigène reçoit un traitement de moins de 20frs. par mois. Avec des prix de revient aussi faibles, les exportations de l'Inde ont passé en dix ans de 712 millions à plus de 4 milliards.

Mais l'Inde possède peu de charbon, alors que le Japon en possède beaucoup, assez en tous cas pour en exporter à un prix de moitié inférieur à celui du charbon anglais. Il en résulte que les progrès de ce pays ont été encore plus rapides que ceux de l'Inde. Possédant le charbon, cette source principale de la richesse pour un peuple, il n'a eu qu'à acheter les machines européennes et à les imiter pour se trouver bientôt sur un pied d'égalité complète avec l'Europe au point de vue de la capacité de production, et sur un pied de supériorité très grand au point de vue de l'économie de cette production, en raison du bas prix des salaires.

Le Japon possède maintenant de grandes usines, celles de coton par exemple, occupant 6.000 ouvriers[34] et faisant des affaires assez prospères pour donner des dividendes de 10 à 20 %, tandis qu'en Angleterre les dividendes des usines analogues, réduits de jour en jour, sont progressivement tombés pour les plus prospères à 3 %. Les autres sont en perte et ne distribuent plus de dividendes, et cela simplement parce que leur exportation diminue tous les jours à cause de la concurrence de l'Orient.

Les Orientaux se sont mis à fabriquer successivement tous les produits européens, et toujours dans des conditions de bon marché rendant toute lutte impossible. Horlogerie, faïence, papier, parfumerie, et jusqu'à l'article dit de Paris, se fabriquent maintenant au Japon. L'objet européen se trouve ainsi de plus en plus éliminé de l'Orient. Il y a des articles, les allumettes par exemple, dont les Anglais vendaient jadis pour 600.000 francs par an, et dont ils ne vendent plus aujourd'hui que pour 10.000 francs, alors que les Japonais, d'un chiffre de vente nul, sont passés en quelques années à une production qui, en 1895, montait à 2.273.000 francs. Ces allumettes sont vendues au prix de 1fr. les 144 boîtes, soit 15 boîtes pour 10 centimes. En 1890, les Japonais vendaient pour 700frs. d'ombrelles et de parapluies, ils en vendaient pour 1.300.000 francs 5

---

[34] La filature de Kanegafuchi au Japon compte près de 6.000 ouvriers se relevant jour et nuit, travaillant chacun 12 heures. Les salaires sont d'environ 0fr.50 par jour, payés en argent, dont la valeur marchande est moitié de celle de l'or, comme on le sait. Voici d'ailleurs, d'après le résumé statistique de l'Empire du Japon, publié en 1897 à Tokyo par monsieur Hanabusa, chef de la section de statistique, le traitement moyen de quelques catégories d'ouvriers : ouvriers agricoles, 0fr.32 par jour ; ouvriers imprimeurs, 1fr.40 ; ouvriers charpentiers, 1fr.75.

ans après, et de même pour tous les produits qu'ils se mettent à fabriquer.

Cette abondance de production a bientôt conduit les Japonais à accroître leurs débouchés, et, pour ne pas être tributaires de la marine européenne, ils se sont mis à acheter des navires, puis à en construire eux-mêmes. Ils possèdent de grands paquebots éclairés à la lumière électrique, faits sur les derniers modèles. Une seule Compagnie (Nippon Yusen Kaïsha) en possède 47 faisant concurrence à nos Messageries et surtout à la Compagnie anglaise dite Péninsulaire et Orientale. Ils ont créé un service bi-mensuel entre le Japon et Bombay, un autre avec l'Australie, et se préparent à en diriger un sur la France et l'Angleterre. Ils ont des équipages payés à raison de 10 francs par homme et par mois et nourris avec quelques sacs de riz.

Bien que le Chinois soit à plusieurs points de vue, et malgré son infériorité militaire, supérieur au Japonais, la Chine n'est pas encore entrée dans le mouvement industriel, mais nous voyons venir le moment où elle va s'y lancer. On peut alors prévoir qu'avec son immense population sans besoins, ses colossales réserves en charbon, elle sera en peu d'années le premier centre commercial du monde, le régulateur des marchés, et que ce sera la Bourse de Pékin qui déterminera le prix des marchandises dans le reste de l'univers. On peut déjà apprécier la puissance de cette concurrence en se souvenant que les Américains, se reconnaissant incapables de lutter contre elle, n'ont trouvé d'autre procédé que d'interdire aux Chinois l'accès de leur territoire. L'heure n'est pas loin où un bateau de marchandises européennes sera une rareté dans les mers de l'Orient. Qu'irait-il y faire ?

Il est peu de consuls anglais ou allemands de l'Extrême-Orient qui ne soient unanimes dans leurs rapports sur ces questions. Nos agents eux-mêmes, malgré le peu d'intérêt qu'ils portent au commerce, malgré surtout l'irréductible incapacité de l'esprit latin à comprendre quelque chose d'étranger à ses propres conceptions, commencent à percevoir ce qui se passe autour d'eux et à le signaler.

Dans la lutte économique qui s'accentue chaque jour, tout a favorisé l'Orient. La dépréciation de la valeur de l'argent en Occident nous a rendu la concurrence encore plus difficile. L'argent, seule monnaie de l'Orient, y a conservé toute sa valeur, alors qu'il en a perdu près de la moitié en Europe. Quand un marchand indou ou chinois envoie pour 1.000 francs de blé, de coton ou d'une marchandise quelconque en Europe, il reçoit 1.000 francs en or qu'il peut échanger pour près de 2.000 francs de lingots d'argent, qu'il n'a plus ensuite qu'à faire transformer, en Orient, en monnaie d'argent, pour payer ses ouvriers. Ces 2.000 francs d'argent représentent dans son pays la même valeur qu'il y a 25 ans, car la dépréciation subie par l'argent dans les pays européens n'a pas encore eu de répercussion en Orient, où le prix du travail a peu varié. Les objets n'y coûtant pas plus cher à fabriquer qu'autrefois, l'industriel oriental, par le fait seul qu'il vend un produit en Europe, le vend moitié plus cher qu'il ne l'a payé en Orient. Naturellement il paierait aussi le double ce qu'il voudrait nous acheter, puisqu'il lui faudrait donner 2.000 francs d'argent pour avoir 1.000 frs d'or. Aussi a-t-il tout intérêt à nous vendre de plus en plus et à nous acheter de moins en moins. Le taux actuel du change constitue donc pour l'Orient une prime énorme à l'exportation. Aucun droit protecteur, à moins d'être absolument prohibitif, ne saurait lutter contre de telles différences dans les prix de revient.

Le commerce de l'Europe semble être destiné à se réduire bientôt à ceci : échanger des marchandises coûtant dix fois plus cher qu'en Orient et payées en or, contre des produits coûtant dix fois moins et payés en argent. Des échanges pratiqués dans de telles conditions ne pouvant longtemps durer, (et ils ne durent encore un peu que parce que l'Orient n'a pas fini d'organiser son outillage industriel) il est de toute évidence que l'Europe est destinée à perdre bientôt la clientèle de l'Extrême-Orient comme elle a déjà perdu celle de l'Amérique. Non seulement elle la perdra, mais elle sera de plus, condamnée bientôt, ne produisant plus assez pour nourrir ses habitants, à acheter à ses anciens clients sans pouvoir rien leur vendre. Les Japonais n'ont aucun doute sur cette marche des choses. Un de leurs ministres des affaires étrangères, monsieur Okuma, parlant de l'Europe dans un discours publié, il y a quelques années, s'exprimait ainsi : « Elle montre des symptômes de décrépitude. Le siècle prochain verra ses constitutions en morceaux et ses empires en ruines. »

Bien des causes viendront compliquer pour la plupart des peuples de l'Europe les difficultés de la lutte commerciale avec l'Orient. Lorsque le chemin de fer transsibérien sera en pleine exploitation, tout le commerce entre l'Orient et l'Occident tendra à se concentrer entre les mains de la Russie. Ce chemin de fer relie, comme on sait, la Russie au Japon, en traversant une partie de la Chine. Les 130 millions de Russes seront alors en contact avec les 400 millions de Chinois, et la Russie deviendra la première puissance commerciale du monde, puisque ce sera forcément elle qui accomplira le transit entre l'Orient et l'Occident. De Londres à Hong-Kong, par mer, il faut aujourd'hui environ 36 jours. Il en faudra à peu près la moitié par le transsibérien. La route de la mer sera sans doute alors aussi abandonnée que l'est aujourd'hui celle du cap de Bonne-Espérance, et on peut se demander à quoi servira alors à l'Angleterre sa flotte commerciale. La France y perdra le peu de commerce qui lui reste. Ce jour-là elle regrettera peut-être les 10 milliards prêtés à la Russie, et dont une bonne part a servi à créer cette désastreuse concurrence qui ruinera Marseille. Sans être un esprit fort chagrin, on peut se demander si nous n'aurions pas beaucoup plus gagné à consacrer une aussi énorme somme au développement de notre industrie et de notre commerce.[35]

---

[35] Sans les succès des Japonais, le chemin de fer transsibérien, dont aucun de nos hommes d'État n'a semblé comprendre l'importance, aurait

Les luttes entre l'Orient et l'Occident, dont nous venons de tracer la genèse, ne font que commencer, et nous ne pouvons qu'en soupçonner l'issue. Les rêveurs de paix perpétuelle et de désarmement universel, s'imaginent que les luttes guerrières sont les plus désastreuses. Elles font périr en bloc, en effet, un grand nombre d'individus : mais il semble bien probable que les luttes industrielles et commerciales qui s'apprêtent seront plus meurtrières et accumuleront plus de désastres et de ruines que n'en firent jamais les guerres les plus sanglantes. Elles détruiront entièrement peut-être de grandes nations ce que n'ont jamais pu réaliser les armées les plus nombreuses. Ces luttes, en apparence si pacifiques, sont en réalité implacables. Elles ne connaissent pas la pitié. Vaincre ou disparaître est la seule alternative.

Le socialisme ne se préoccupe guère de tels problèmes. Ses conceptions sont trop étroites, son horizon trop limité pour qu'il puisse y songer. Ce sera pour les nations où il aura pris le plus de développement, que la lutte commerciale avec l'Orient sera le plus difficile et l'écrasement du vaincu le plus rapide. Les peuples qui posséderont à un degré suffisant l'initiative industrielle, l'intelligence nécessaire pour perfectionner leur outillage et l'adapter aux nécessités nouvelles, pourront seuls se défendre. Ce n'est pas le collectivisme, avec son idéal de basse égalité dans le travail et les salaires, qui pourra fournir aux ouvriers les moyens de lutter contre l'invasion des produits de l'Orient. Où prendra-t-il les fonds nécessaires pour payer les travailleurs quand les produits n'auront plus d'acheteurs, que les usines se seront progressivement fermées,

---

rendu la Russie commercialement maîtresse de la Chine et de ses 400 millions d'habitants. Et comme elle a un régime de protectionnisme absolu, aussi bien pour ses alliés que pour ceux qui ne le sont pas, l'Orient se serait trouvé fermé à l'Europe. Les succès du Japon ont rétabli l'équilibre de la balance, qui penchait de plus en plus lourdement d'un seul côté, mais qui maintenant va peut-être trop pencher de l'autre. Nous sommes à l'aurore d'une lutte gigantesque pour le partage de l'Orient. Les désarmements qu'on propose, non sans quelque ironie, j'imagine, ne paraissent pas prochains.

et que tous les capitaux auront émigré vers des pays où ils trouveront une rétribution facile et un accueil bienveillant au lieu de persécutions incessantes ?

§ 2. Les Remèdes

Nous venons de montrer comment est née et s'est développée la concurrence économique entre l'Orient et l'Occident. Les faits que nous avons cités établissent combien les nécessités économiques actuelles sont contraires aux aspirations des socialistes, et à quel point ceux-ci ont mal choisi leur moment pour présenter leurs revendications. En examinant maintenant les remèdes possibles à la concurrence économique que nous voyons grandir, nous constaterons une fois de plus que la possibilité de la victoire est incompatible avec l'idéal socialiste.

Nous devons faire observer tout d'abord qu'il est facile de combattre en théorie les déductions pessimistes de l'état de choses que nous avons exposé. Les économistes disent avec raison qu'il n'y a jamais eu jusqu'ici de surproduction réelle sur un seul article, que le plus léger excès de production est accompagné d'un abaissement forcé des prix, et que si, par suite de la concurrence, l'ouvrier européen est obligé de se contenter d'un salaire de quelques sous par jour, la faiblesse de ce salaire sera sans inconvénient quand pour ces quelques sous on obtiendra tous les objets qu'on ne se procurait autrefois que pour quelques francs. L'argument est fort juste, mais il n'est guère applicable que pour une époque lointaine et qui ne saurait par conséquent nous intéresser actuellement. Avant cette phase d'abaissement général de la valeur des choses, il s'écoulera une période de transition et de bouleversement assez longue. Cette période sera d'autant plus difficile à traverser que la lutte entre Orientaux et Occidentaux n'est pas seulement une lutte entre individus à salaires inégaux, mais surtout une lutte entre individus à besoins inégaux. C'est cette condition qui a rendu la concurrence avec les Chinois impossible aux Américains, qui se sont vus forcés de les expulser. Pour rétablir l'égalité des chances, il eût fallu que les Chinois établis en Amérique, eussent pris les goûts et les habitudes de dépense des Américains. Mais ils subissaient des influences ancestrales trop anciennes pour se transformer à ce point. Sans autres besoins qu'une tasse de thé et une poignée de riz, ils pouvaient se contenter de salaires fort inférieurs à ceux que réclament les ouvriers américains.

Quoi qu'il en soit de l'avenir, c'est l'heure présente qui nous touche, et ce sont des solutions actuelles que nous devons chercher. Le remède que les économistes attendent de l'évolution spontanée des choses est donc pour le moment sans valeur. Le régime protectionniste, constitue une solution provisoire, d'une application facile, et c'est pourquoi nous voyons les peuples de l'Europe et de l'Amérique l'adopter tour à tour. Il peut certainement avoir une utilité temporaire, mais ses effets bienfaisants ne sauraient durer. Un pays peu étendu, peu peuplé, pourrait à la rigueur s'entourer d'une haute muraille et ne pas s'inquiéter de ce qui se passe ailleurs. Mais de tels pays existent-ils en Occident ? Par suite du développement excessif de la population, il n'y a plus guère en Europe de contrées produisant assez pour nourrir leurs habitants pendant plus de 6 mois, d'après toutes les statistiques. En supposant qu'un pays s'entoure de la muraille dont je viens de parler, il serait bien obligé au bout de 6 mois, et sous peine de mourir de faim, d'ouvrir cette muraille pour aller acheter au dehors de quoi se nourrir : mais avec quoi ce pays paiera-t-il alors le blé et les produits alimentaires dont il aura besoin ? Jusqu'ici c'est avec des marchandises que l'Europe acquérait les denrées de l'Orient. Mais bientôt l'Orient n'aura plus besoin de nos marchandises, puisqu'il les fabrique à meilleur marché. Or le commerce est basé sur des échanges, dont la monnaie n'est que le symbole conventionnel.

À moins donc de découvertes scientifiques d'ailleurs possibles, l'avenir de l'Europe, et surtout des pays qui vivent principalement de leur commerce, paraît devoir être assez sombre.

Dans la lutte qui se prépare, deux catégories de peuples semblent seules pouvoir résister. La première comprend ceux dont l'agriculture est assez développée et la population assez faible pour qu'ils puissent se suffire à eux-mêmes, et renoncer à peu près complètement au commerce extérieur. La seconde comprend ceux dont l'initiative, la volonté et en même temps les capacités industrielles sont fort supérieures à celles des Orientaux.

Peu de peuples européens se trouvent aujourd'hui dans la première de ces catégories. La France, heureusement pour elle, y figure en très bon rang. Elle produit presque de quoi suffire à l'entretien de ses habitants, et c'est un sûr instinct qui la pousse à ne pas exagérer le chiffre de sa population, et à dédaigner à ce sujet les lamentations des statisticiens. Il lui suffirait d'augmenter un peu son rendement agricole ou de réduire un peu sa population, pour arriver à produire assez pour sa subsistance. Loin de nous acharner à l'industrie, qui ne nous réussit guère, ou au commerce qui ne nous réussit pas du tout, c'est vers l'agriculture que devraient être portés tous nos efforts.[36]

Les Anglais et les Américains se trouvent dans la seconde des catégories que j'ai indiquées. Mais ce ne sera qu'au prix d'une activité extrême et d'un perfectionnement constant dans l'outillage qu'ils arriveront à maintenir leur supériorité. Ce sera la lutte des capacités

---

[36] À tous les points de vue d'ailleurs, notre agriculture a besoin d'être développée. Dans un congrès agricole tenu à Lyon il y a quelques années, monsieur de la Rocque faisait remarquer que la mortalité, qui, dans les campagnes, n'atteint pas 20 %, dépasse 27 % dans les villes, et il en concluait que, par le fait seul de l'émigration dans les villes, la France avait perdu 700.000 habitants. « Si notre agriculture cessait de produire du vin ou des céréales, nos campagnes ne perdraient pas moins de 8 à 10 millions d'habitants. » C'est là un exemple intéressant.

supérieures contre les capacités moyennes, médiocres et inférieures. C'est ainsi que le machinisme a pu, au prix d'immenses efforts, réduire de plus en plus en Amérique le prix de revient des produits, malgré la cherté de la main-d'œuvre. On voit aux États-Unis des hauts fourneaux dont un seul arrive à fabriquer 1.000 tonnes de fonte par jour, alors que les nôtres en fabriquent 100 à 200 au plus. Des aciéries qui laminent 1.500 tonnes par jour alors que nous en laminons 150 dans le même temps. Des machines qui chargent sur un wagon 1.000 tonnes par heure, d'autres qui chargent un navire de 4.000 tonnes en quelques heures, etc.

Pour se maintenir sur ce terrain, il faut des qualités d'initiative et de capacité que peu de races possèdent aujourd'hui et qui sont le plus précieux des héritages, bien qu'elles soient si antipathiques aux socialistes. Avec de telles aptitudes il n'existe pas de difficultés qu'on ne puisse surmonter.

Si tous ces efforts ne réussissent pas aux Anglo-Saxons, ils trouveront d'autres remèdes. Ils les ont déjà cherchés. Plusieurs industriels ont réussi à faire concurrence aux Orientaux sur leur propre terrain en fondant des usines chez eux, avec des ouvriers orientaux. Des industriels anglais ne pouvant plus travailler à perte en Angleterre, ont fini par s'installer aux Indes et faire ainsi concurrence eux-mêmes aux produits anglais. Mais cette émigration des capacités et des capitaux, si elle se généralisait, laisserait fatalement l'ouvrier anglais sans travail et n'aurait guère d'autres résultats que de montrer aux capitalistes le chemin où les revendications des socialistes pourraient bien les pousser fatalement un jour. On peut se demander ce que deviendrait un État ainsi privé de tous ses capitaux, de tous les cerveaux supérieurs qu'il possède, et composé uniquement des médiocrités de la fortune et du talent. C'est alors que le socialisme pourrait s'y développer librement et faire régner son lourd esclavage.

Aussi ce sont d'autres moyens que cherchent les hommes d'État anglais pour parer au danger qu'ils voient rapidement grandir. L'Orient devant se fermer bientôt à leurs navires, ils se tournent maintenant vers l'Afrique, et nous voyons avec quelle ténacité Anglais et Allemands s'en sont emparés en peu d'années, ne laissant aux Latins que quelques lambeaux de territoires sans valeur. L'empire que les Anglais s'y sont taillé, et qui comprend près d'une moitié de l'Afrique, d'Alexandrie au Cap, sera bientôt couvert de télégraphes et de chemin de fer et formera sans doute avant peu d'années unes des plus riches régions du monde.

Les aptitudes héréditaires, l'organisation sociale actuelle, le système d'éducation des peuples latins, et sur- tout l'infiltration des idées socialistes, ne leur permettent pas d'avoir des visées si hautes. Les aptitudes de ces peuples les portent vers l'agriculture et les arts. Elles leur rendent fort difficiles l'industrie, le commerce extérieur et surtout la colonisation, qui leur coûte fort cher sans rien leur rapporter alors même que les colonies sont, comme l'Algérie, à leurs portes. C'est un fait qu'on peut regretter assurément, mais qu'on ne saurait nier, et dont la constatation a au moins l'utilité de nous faire comprendre dans quel sens nous devons diriger nos efforts.

Les peuples latins n'auront peut-être pas d'ailleurs à trop regretter de ne pouvoir jouer un rôle bien actif dans la lutte économique et industrielle qui paraît devoir déplacer bientôt les pôles de la civilisation. Cette lutte, déjà pénible pour des natures énergiques, serait totalement impossible pour les autres. Dur et mal rétribué parfois est le travail des simples manœuvres. Un avenir prochain le montre, contrairement aux rêves des socialistes, beaucoup plus dur et plus mal rétribué encore. Les grandes civilisations ne semblent pouvoir se prolonger qu'avec un asservissement de plus en plus étroit de la masse des travailleurs. L'industrialisme et le machinisme sont condamnés à être de plus en plus compressifs. Ce n'est peut-être qu'au prix d'un travail chaque jour plus pénible, d'un formidable surmenage que les peuples industriels et commerçants de l'Europe pourront combattre sans trop de chances d'insuccès sur le terrain économique avec les peuples de l'Orient. Ce sera dans tous les cas une guerre beaucoup plus meurtrière et désespérante que les carnages militaires de jadis. Car aucune illusion, aucun espoir n'y flotteront plus. Les fanaux de la consolante foi des vieux âges ne jettent plus que de vacillantes lueurs et seront bientôt éteints pour jamais.

L'homme, qui luttait jadis pour ses foyers, sa patrie ou ses dieux, semble menacé de n'avoir d'autre idéal dans ses luttes futures que celui de manger à sa guise ou tout au moins de ne pas mourir de faim.

Chapitre III
Les luttes économiques entre les peuples de l'Occident

§1. Les conséquences des aptitudes héréditaires des peuples. — Différences des aptitudes qui ont engendré les progrès des peuples aux divers âges de la civilisation. — Qualités qui ont assuré pendant longtemps la suprématie aux Latins. — La plupart de ces qualités sont aujourd'hui sans emploi. — Avec l'évolution actuelle du monde les aptitudes industrielles et commerciales passent au premier rang. — Pourquoi les faibles aptitudes commerciales et industrielles des Latins étaient suffisantes autrefois et ne le sont plus aujourd'hui.
§2. La situation industrielle et commerciale des peuples latins. — Résultats révélés par la statistique. — Indications données par nos consuls à l'étranger. — Faits caractéristiques révélant la décadence de notre industrie et de notre commerce. — Apathie, indifférence, horreur de l'effort, absence d'initiative de nos industriels et commerçants. — Exemples divers. — Invasion des produits allemands sur notre marché. — Décadence de notre marine. — Nos relations commerciales avec nos colonies se font par des étrangers. — Ce que coûtent ces colonies et ce qu'elles rapportent. — Abaissement progressif de la qualité de nos produits.
§3. Causes de la supériorité commerciale et industrielle des Allemands. — Faible influence de leur supériorité militaire sur leurs succès commerciaux et industriels. — Instruction technique des Allemands. — Leurs aptitudes à tenir compte du goût de leur clientèle. — Comment ils se renseignent sur les besoins de la clientèle des divers pays. — Leur esprit de solidarité et d'association. — Leurs éléments d'information.

§ 1. Les conséquences des aptitudes héréditaires des peuples

Nous venons de montrer comment les nécessités économiques créées par des circonstances nouvelles avaient rendu fort redoutable la concurrence que nous font aujourd'hui les peuples de l'Orient, devenus des producteurs, au lieu d'être comme jadis des consommateurs. Expulsés progressivement des marchés de l'Orient, les peuples de l'Occident en sont réduits à se disputer avec âpreté les marchés européens qui leur restent ouverts. Quelles sont les qualités qui faciliteront le succès dans des luttes qui chaque jour deviennent plus dures ? Le socialisme peut-il donner l'avantage dans de telles luttes ? C'est ce que nous nous proposons d'examiner maintenant.

Les aptitudes qui ont déterminé la supériorité des races n'ont pas été les mêmes aux diverses époques de l'histoire. C'est en grande partie parce qu'un peuple possède certaines aptitudes, mais ne saurait les posséder toutes, que nous voyons dans le cours des âges tant de peuples divers passer par toutes les phases de la grandeur et de la décadence, suivant que les conditions du moment rendent utiles ou nuisibles les qualités qui les caractérisent.

Pendant longtemps les progrès de la civilisation ont exigé certaines qualités spéciales : la bravoure, l'esprit guerrier, l'éloquence, le beau langage, les goûts littéraires et artistiques, que les peuples latins possèdent à un haut degré. Et c'est pourquoi ils se sont trouvés pendant si longtemps à la tête de la civilisation. Aujourd'hui ces qualités ont une utilité beaucoup moindre que jadis, et il semble même que quelques-unes d'entre elles ne trouveront bientôt plus d'emploi. Avec l'évolution actuelle du monde, les aptitudes industrielles et commerciales, qui figuraient jadis à un rang relativement secondaire, montent maintenant au premier. Il en résulte que ce sont les peuples industriels et commerçants qui prennent les meilleures places. Les centres de civilisation vont donc se déplacer.

Les conséquences de ces faits sont très importantes. Un peuple étant incapable de changer ses aptitudes, doit tâcher de les bien connaître pour les utiliser le mieux possible et ne pas entreprendre de vaines luttes sur un terrain où l'insuccès l'attend. Tel homme, qui eût fait un excellent musicien, un brillant artiste, fera un triste commerçant, un très maladroit industriel. Pour les peuples comme pour les individus, la première condition de succès dans la vie est de bien savoir de quoi on est capable et de n'entreprendre aucune tâche au-dessus de ses moyens.

Or, les peuples latins, par suite des concepts héréditaires dont j'ai montré la genèse, ne possèdent qu'à un degré bien faible les aptitudes commerciales, industrielles et colonisatrices, si nécessaires aujourd'hui. Ce sont des guerriers, des agriculteurs, des artistes, des inventeurs : ce ne sont ni des industriels, ni des commerçants, ni surtout des colonisateurs.

Si minimes que soient les aptitudes commerciales, industrielles et colonisatrices des latins, elles étaient suffisantes cependant à une époque où il n'y avait guère de concurrence entre les peuples. Elles ne le sont plus aujourd'hui. On parle sans cesse de la décadence industrielle et commerciale de notre race. Cette assertion n'est pas exacte d'une façon absolue, puisque notre industrie et notre commerce sont fort supérieurs à ce qu'ils étaient il y a 50 ans. Ce n'est pas décadence, mais progrès insuffisant qu'il faut dire. Toutefois le mot de décadence devient juste si l'on entend par cette expression que, progressant beaucoup moins vite que leurs rivaux, les peuples latins seront nécessairement bientôt supplantés par eux.

Les symptômes de ce ralentissement s'observent chez tous les peuples latins, ce qui prouve qu'on est bien ici en présence d'un phénomène de race. L'Espagne semble avoir atteint la dernière limite de cette infériorité progressive. L'Italie paraît devoir la rejoindre bientôt. La France lutte encore, mais les indices d'affaiblissement s'y accentuent chaque jour.

§ 2. LA SITUATION INDUSTRIELLE ET COMMERCIALE DES PEUPLES LATINS

Nous ne nous occuperons, dans l'exposé qui va suivre, que de la France. Pour les autres peuples latins nous n'aurions qu'à répéter en l'accentuant ce qui lui est applicable. Elle est la moins atteinte des nations latines, et cependant sa situation commerciale et industrielle est infiniment peu brillante.

Les faits qui démontrent notre déchéance commerciale et industrielle sont trop évidents aujourd'hui pour pouvoir être contestés. Tous les rapports de nos consuls ou de nos députés chargés d'étudier la question, sont unanimes et se répètent à peu près dans les mêmes termes.

Voici comment s'exprimait, dans une publication récente, monsieur d'Estournelles :

« Monsieur Charles Roux a résumé toutes les tristesses d'une expérience déjà longue, dans un rapport qui a fait sensation, sur la décadence de notre commerce. Il aurait pu écrire le même sur notre marine, nos colonies. La France compromet ou laisse dépérir ses ressources à force d'apathie, de routine, d'attachement à des règlements qui pour un grand nombre, datent de Colbert et de Richelieu. Comme tous les apathiques, elle fait preuve de volonté par à-coups, et alors c'est de l'héroïsme, mais ce sont aussi des coups de tête, des réformes sentimentales, non étudiées et pires parfois que le mal. Quand elle cesse par exemple d'exploiter ses colonies, c'est pour les assimiler du jour au lendemain à la mère patrie, en faire des départements français et les ruiner. Ou bien elle décide subitement, sans ombre de motif, malgré des obstacles naturels insurmontables, que tous les juifs indigènes d'Algérie seront Français, électeurs et par suite, maîtres de la population arabe, maîtres de nos colons eux-mêmes. Ou encore elle laisse naïvement organiser aux colonies, à la faveur de notre ignorance, la parodie, la caricature du suffrage universel, accorde le droit de voter notre budget, la paix ou la guerre, aux représentants d'indigènes, Indiens ou Sénégalais, qui ne paient pas nos impôts, ne servent pas dans notre armée, ne parlent pas notre langue. »

« Le péril allemand, écrit de son côté monsieur Schwob, c'est juste. Mais nous disons aussi le péril britannique, le péril australien, le péril américain, et même le péril russe, et même le péril chinois ou japonais. Sur ce champ de bataille du commerce et de l'industrie modernes, il n'y a ni paix ni alliances. On passe des traités qu'on appelle des traités de commerce, mais ces traités eux-mêmes sont pour la guerre sans trêve, sans pitié, plus implacable que la guerre à coups de canon et d'autant plus dangereuse qu'elle fait des millions de victimes sans bruit et sans fumée. [...] Ainsi notre alliance politique avec la Russie, notre amitié réciproque, inaltérable, n'empêche pas des conventions commerciales qui sont tout à l'avantage de l'Allemagne, pour le moment, et à notre dommage. Sur le terrain économique, dans l'état actuel de l'Europe et du monde, il n'y a pas d'amis. Une guerre véritablement sans entrailles se poursuit entre tous. »

Nos consuls, qui à l'étranger assistent à l'élimination graduelle de notre commerce, font entendre, malgré la réserve que leur impose leur situation officielle, les mêmes plaintes. Tous donnent, bien inutilement d'ailleurs des avertissements identiques. Ils reprochent à nos industriels et à nos commerçants leur apathie, leur incurie, leur absence d'initiative, leur impuissance à changer un vieil outillage et à l'adapter aux besoins nouveaux de leur clientèle, les formalités de toutes sortes dont ils entourent les moindres affaires, en un mot la faiblesse de leur intelligence commerciale.

Les exemples qu'on pourrait citer de cet état d'esprit sont innombrables. Je me bornerai aux suivants parce qu'ils sont très typiques.

« Nos industriels, les plus grands même, écrivait il y a quelques années le correspondant du *Temps* au Transvaal, se montrent tatillons, méfiants, dédaignent un effort, et échangent volontiers de longues correspondances sur des affaires que les concurrents anglais ou allemands traitent et enlèvent en quelques jours. »

« Les ingénieurs anglais ou allemands ont sur place les prix courants les plus détaillés pour tous les genres de machines en usage dans l'industrie minière, et quand un projet ou un devis sont demandés, ils se trouvent en mesure d'y répondre dans le court délai de 5 ou 7 jours généralement exigé. Nos ingénieurs français, moins documentés, par suite de l'inertie de leurs maisons, sont forcés de renoncer au concours, que les six semaines demandées pour un courrier pour aller et revenir de France, quand on y répond de suite, rendent impossible [...] Les Anglais et les Allemands se sont pliés à ce qu'on exigeait d'eux. »

Nombreux sont les faits analogues.

« Il y a un an, lisons-nous dans le *Journal*, un négociant de l'Amérique du Sud voulut entreprendre l'importation, en France et en Allemagne, des peaux d'agneaux du pays. Il fut abouché, à cet effet, par les soins officieux de notre consul et de notre ministère du commerce avec une de nos maisons de commission. Le négociant américain fit alors un envoi de 20.000 peaux à cette maison française et, simultanément, un envoi égal à une maison allemande de Hambourg, avec laquelle il s'était entendu. L'année écoulée, les deux maisons lui adressèrent leur compte de vente. La première avait éprouvé tant de difficultés à vendre la marchandise et avait dû consentir des prix si bas, que l'opération se traduisait par une perte de 10 %, à la charge de l'expéditeur. Plus active et mieux outillée, la maison allemande avait liquidé la même marchandise avec un bénéfice de 12 %. Et c'est en cela que le fait est caractéristique : *C'est en France même qu'elle en avait trouvé le placement.* Tout commentaire serait superflu. »

J'ai pu constater par moi-même bien des fois la profonde apathie, l'horreur de l'effort, et tous les défauts signalés dans les rapports de nos consuls. Ces défauts qui s'accentuent chaque jour apparaissent encore plus frappants quand, à dix ans de distance, on retrouve les représentants d'une industrie autrefois prospère ou demi-prospère.

Lorsque j'ai repris, à propos de la dissociation de la matière, des recherches de laboratoire laissées de côté pendant plusieurs années, j'ai été frappé de la décadence profonde du personnel et de l'outillage de nos industriels, décadence que j'avais prédite d'ailleurs dans un chapitre de mon livre : *l'Homme et les Sociétés*, publié il y a 20 ans. En une seule semaine, je me suis vu refuser, par des maisons différentes, la livraison d'instruments représentant un total de plus de 500 francs, par la seule raison que ces livraisons auraient demandé un tout petit dérangement aux vendeurs. Pour la première commande, il s'agissait d'une certaine lampe électrique. Avant de l'acquérir, j'écrivis au marchand pour lui demander s'il consentirait à la faire fonctionner devant moi. N'ayant même pas obtenu de réponse, je lui fis demander par un de mes amis la cause de son silence. « Il faudrait trop se déranger pour vendre dans des conditions pareilles », fut-il répondu. Dans la seconde commande, il s'agissait d'un grand appareil auquel je désirais faire ajouter un niveau d'eau sur une partie métallique. Le marchand, directeur d'une des premières maisons de Paris cependant, n'avait pas d'ouvrier capable d'exécuter ce travail. Dans la troisième, il s'agissait d'un galvanomètre sur lequel je voulais faire placer deux bornes supplémentaires, travail pouvant bien demander ¼ d'heure. Le fabricant avait les ouvriers nécessaires sous la main : « Mais, me répondit-il, mon associé ne serait pas content si je dérangeais le personnel pour une commande dont le prix n'atteint même pas 200 francs. »

Tout autres sont les procédés des industriels allemands. Ayant eu besoin, peu de temps après les déconvenues qui, précèdent, d'une petite quantité de cobalt laminé, métal qui n'est pas très rare, j'écrivis aux premières maisons de produits chimiques de Paris. Vu le peu d'importance de la commande, elles ne prirent même pas la peine de répondre. Une seule le fit pour me dire qu'elle me procurerait peut-être le produit demandé dans quelques semaines. Ayant attendu 3 mois et ayant absolument besoin de ce métal, je m'adressai à une maison de Berlin. Bien qu'il ne s'agît cette fois d'une commande de quelques francs, j'eus la réponse par retour du courrier, et le métal, laminé dans les dimensions demandées, était livré au bout d'une semaine.

Il en est toujours ainsi quand on s'adresse aux maisons allemandes. La plus insignifiante commande est reçue avec reconnaissance, et toutes les modifications demandées par l'acheteur exécutées rapidement. Aussi les maisons allemandes se multiplient-elles tous les jours à Paris, et le public est bien forcé de s'adresser à elles malgré ses répugnances patriotiques. On y entre pour des achats insignifiants, et bientôt on ne va plus ailleurs. Je pourrais citer plusieurs, grands établissements scientifiques officiels qui, à la suite d'ennuis analogues à ceux que j'ai moi-même éprouvés, en sont arrivés à faire presque exclusivement leurs commandes en Allemagne.

L'incapacité commerciale des Latins se constate malheureusement dans toutes les branches de l'industrie, quelles qu'elles soient. Que l'on compare par exemple les hôtels de la Suisse, si attirants pour l'étranger, aux misérables et malpropres auberges qui se rencontrent dans les sites les plus pittoresques de la France et de l'Espagne. Comment s'étonner dès lors que ces sites soient si peu visités. D'après les statistiques officielles, les hôtels suisses font une recette annuelle de 115 millions laissant à leurs propriétaires 31 millions de bénéfices, somme véritablement immense pour un petit pays dont le budget des recettes atteint à peine 80 millions. Les hôtels constituent pour la Suisse un véritable placer d'or qui peut rivaliser avec les plus riches de l'Afrique.

« Combien faudra-t-il de temps, demande monsieur Georges Michel, qui cite ces chiffres dans l'*Économiste français*, avant que nos colonies, pour lesquelles nous avons prodigué tant de centaines de millions, nous rapportent la centième partie de ce que la Suisse, qui n'a ni colonies ni mines d'or ou d'argent à exploiter, sait prélever sur l'étranger ? »

On ne cesse aujourd'hui de donner aux jeunes Français le conseil d'aller coloniser les pays étrangers. Ne serait-il pas beaucoup plus sage et beaucoup plus productif de leur conseiller de tâcher d'abord de coloniser leur propre pays ? Puisque nous ne savons pas utiliser les richesses naturelles que nous avons sous la main, comment pourrions-nous prétendre surmonter les difficultés beaucoup plus grandes que nous rencontrerions dans les pays éloignés ?

Quant à notre grande industrie, son état est tout à fait lamentable lorsqu'on la compare à celle des Anglais et surtout des Allemands. En 1897, la production de la fonte en France était de 2.472.000 tonnes. L'Allemagne, qui produisait 1.430.000 tonnes en 1872, en produisait, grâce au développement de son outillage, 6.889.000 tonnes en 1897. Ayant obtenu de la Russie un traité de commerce qui nous a été refusé, elle lui a vendu en 1897 2.600.000 tonnes payées naturellement avec l'argent prêté par nous à ce pays auquel, grâce aux droits prohibitifs qui ferment son territoire à nos marchandises, nous ne vendons rien.

« Pourquoi cette situation arriérée ? écrit monsieur Félix Martin, après avoir reproduit les chiffres qui précèdent. Il faut en chercher la cause principale dans notre système douanier, qui maintient la production française en lui conservant le marché intérieur, mais lui rend l'exportation à peu près impossible. Endormis dans une fausse sécurité, nos chefs d'usines ne font rien pour améliorer leur production : ils sont aujourd'hui incapables de lutter hors de France avec les nations qui, stimulées par la concurrence, n'ont cessé de se tenir à la hauteur de tous les perfectionnements. Aussi notre exportation métallurgique est-elle en train de disparaître. »

Ne médisons pas trop du régime douanier protecteur. S'il est une absurdité économique il est peut-être une nécessité psychologique pour certains peuples que leur défaut d'outillage et leur faible énergie rendent incapables de lutter contre leurs concurrents. Sans la protection des droits de douane, il ne se fabriquerait probablement plus une seule tonne de fer en France.

Ce qui vient d'être dit du fer pourrait malheureusement être répété dans les mêmes termes pour bien d'autres industries, celles de la houille et du sucre par exemple. « L'Allemagne, qui extrayait moins de houille que la France il y a 25 ans, nous offre aujourd'hui une production presque quadruple de la nôtre. »

« En 10 ans, écrit l'auteur cité plus haut, la France vient de voir son exportation de sucre descendre de 200 millions à 60. Elle ne produit plus que 700.000 tonnes par an, inférieure à la Russie, à l'Autriche-Hongrie qu'elle surpassait autrefois. L'industrie sucrière allemande, née d'hier, a jeté sur le marché en 1896, 1.835.000 tonnes. » Ici encore, sans les droits protecteurs qui empêchent l'invasion des produits étrangers, l'industrie du sucre disparaîtrait totalement en France. Ces droits protecteurs ne suffisent même pas à la faire vivre. L'État était obligé d'accorder aux fabricants des primes tellement énormes que le budget ne pouvant plus les supporter a dû les supprimer récemment.

L'industrie des produits chimiques a suivi la même décadence, mais au moins ne coûte-t-elle pas à l'État. Il n'a pas à l'entretenir par la raison qu'elle ne produit presque plus rien. La plupart des produits chimiques et pharmaceutiques consommés en France viennent maintenant d'Allemagne. « Leur exportation, nulle il y a 25 ans, dépasse aujourd'hui 50 millions. »

« Tous les observateurs, écrit l'auteur cité plus haut, constatent aujourd'hui l'état de malaise dans lequel nous voyons plongés nos plus grands centres industriels. [...] C'est Lyon qui pousse, par la voix de sa Chambre de commerce, un cri d'alarme à l'approche du chômage menaçant. La concurrence de la Suisse, de l'Italie, de la Russie même, menace déjà gravement la fabrique lyonnaise. Qu'adviendra-t-il lorsqu'elle subira les effets du traité de commerce franco-japonais que le Parlement vient de voter si inconsidérément ? [...] C'est Marseille, dont le port, insuffisamment desservi par l'unique voie ferrée qui le relie au centre de la France, privé de communication avec la grande voie fluviale du Rhône, ruiné par l'excès des taxes maritimes, des formalités douanières, des monopoles de toute nature (docks, Compagnies de navigation privilégiées), arrive à manquer de bateaux pour les besoins de ses industries locales. [...] C'est Rouen, où le prix des cotonnades s'avilit, dont le port dépérit, où la valeur de la main-d'œuvre est tellement abaissée, que la façon d'une chemise d'homme tombe à quinze centimes. [...] C'est Bordeaux dont le port, ensablé, est en plein déclin, et dont les beaux hôtels du XVIIIème siècle, derniers témoins de sa prospérité commerciale, aujourd'hui vides et délabrés, font songer à ces palais de Venise habités par des miséreux. [...] C'est Roubaix, longtemps prospère, qui grâce à la perfection de son outillage avait distancé toutes ses rivales dans l'industrie de la laine : Reims, Sedan, Elboeuf, et qui se voit distancé à son tour par l'industrie allemande, développée à un tel degré depuis 15 ans, que ses achats de matière première à Londres ont augmenté de 135 %, tandis que les nôtres s'accroissaient à peine de 15 % dans la même période. »

Ajoutons encore à toutes les causes de notre décadence industrielle le développement que les peuples étrangers ont su donner aux grandes voies commerciales. Le percement du Saint-Gothard qui assure la communication directe de Suez par Gênes et Milan avec Berlin et l'Europe centrale, a porté un coup fatal à Marseille et on a évalué à 600 millions la perte qu'en 14 ans cette ligne a fait perdre à la France. Par contre-coup le tonnage de Gênes a décuplé. Quand le transsibérien, construit avec notre argent et qui mettra Londres à 15 jours du Japon, fonctionnera régulièrement, le coup porté à notre commerce sera autrement considérable.

Ce n'est pas seulement le développement des grandes routes commerciales internationales qui nous a coûté si cher. Ce sont aussi les routes intérieures d'un pays qui contribuent à sa richesse. Rotterdam, Anvers, Hambourg, doivent une partie de leur prospérité aux fleuves qui les relient à de nombreuses villes situées dans l'intérieur des terres. Si Marseille, situé au débouché de la vallée du Rhône, pouvait être relié au fleuve par un canal, comme cela a été proposé tant de fois, sa prospérité pourrait peut-être renaître un peu. Les Allemands multiplient sans cesse leurs canaux, perfectionnent la navigabilité de leurs fleuves. Ces travaux leur ont coûté plus d'un milliard en 25 ans.

À côté de ce développement des voies navigables de l'Allemagne, il serait triste de parler de l'état de la navigation intérieure de la France. Que voit-on en effet ?

« La Loire[37] complètement abandonnée et d'où toute navigation a disparu. La Seine obstruée à l'aval de Paris par les boues et les immondices qu'on laisse accumuler dans son lit. Le Rhône, à peu près navigable, mais sans communication avec le port de Marseille, et portant de rares et antiques bateaux contemporains de Papin. Des canaux qui, en dehors de quelques canaux du Nord ou

---

[37] En 1802, la navigation sur la Loire représentait un tonnage de 402.500 tonnes. Il n'arrive pas à 30.000 tonnes aujourd'hui.

de l'Est, remontent à Louis XIV et n'ont pas été améliorés depuis trois siècles... »

Tout ce qui précède est bien connu, mais l'indifférence pour ces questions est telle qu'on ne trouve plus personne qui consente à s'en occuper. Il semble que nous ne soyons plus aptes à faire preuve d'un peu d'énergie que quand il s'agit de discussions politiques. Pour le reste nous sommes satisfaits si nous réussissons à gagner de modestes sommes sans dérangement, sans risques et sans travail.

« Les Français, écrit un des auteurs cités plus haut, sont heureux désormais s'ils vivent d'un petit gain honnête et sûr, sans aléa, et s'ils finissent, bon an mal an, par mettre les deux bouts ensemble, comme le savetier de La Fontaine. Mais ils finiront même par ne plus les joindre, les deux bouts de leur petite ficelle très honnête. Il leur faut encaisser tout de suite une modeste somme, tout de suite. [...] Et quand elle est dans la caisse, on ne la sortira plus on n'exposera pas cet humble profit à de nouvelles aventures. Surtout on se gardera bien de renouveler le machinisme, de réformer l'outillage. Ne me parlez plus de réforme ! On ira ainsi tant qu'on pourra, mais on ne pourra pas toujours, et voici que les hommes les plus compétents, les plus modérés en leurs jugements, nous disent qu'on est au bout ou presque. »

On y est, en effet. Nous vivons de l'ombre du passé, c'est-à-dire de l'ombre d'une ombre, et la décadence s'accentue avec une rapidité qui frappe tous les statisticiens. Nos exportations, qui, il y a 20 ans, étaient fort supérieures à celles de l'Allemagne, sont bien inférieures maintenant. Comme on l'a dit justement, nos pertes commerciales sont telles que nous repayons tous les trois ou quatre ans l'indemnité de guerre que nous pensions n'avoir eu à payer qu'une fois.

Ce qui sauve d'un anéantissement complet notre commerce extérieur, c'est le monopole de certains produits naturels, tels que les vins de qualité supérieure, que presque seuls nous possédons, et l'exportation de quelques articles de luxe : modes, soieries, fleurs artificielles, parfumerie, bijouterie, etc., ou notre habileté artistique n'est pas encore trop atteinte pour l'instant. Mais sur tout le reste la baisse est rapide.

Notre marine marchande a suivi naturellement cette décadence. Elle reste stationnaire, alors que toutes les nations augmentent la leur dans d'énormes proportions. L'Allemagne a presque doublé la sienne en dix ans. L'Angleterre a augmenté la sienne d'un tiers. Nous descendons progressivement des premiers rangs vers les derniers. Alors que le tonnage du port de Hambourg a décuplé en 25 ans, la décadence des ports du Havre et de Marseille s'accentue d'année en année. Ce sont des étrangers qui commercent pour notre compte sur notre propre territoire. Sur les 16 millions de tonneaux représentant le mouvement maritime annuel entre les pays d'outre-mer et la France, 4 millions de tonneaux sont transportés par des bateaux français. Le reste, c'est-à-dire les ¾, par des bâtiments étrangers. Et pourtant ces bâtiments étrangers ne touchent rien des 11 millions de primes que le Gouvernement en est réduit à accorder annuellement à notre marine commerciale pour la sauver d'une ruine totale que son incurie et son incapacité rendraient inévitable.

Les chantiers allemands, bien que ne cessant de croître en nombre et en importance, ne peuvent suffire aux commandes, et pourtant ils produisent annuellement plus de 165.000 tonnes, alors que nous arrivons à peine à 40.000.

Nos chantiers ne vivent d'ailleurs que des commandes de l'État. Personne autre que lui ne pourrait songer à leur donner des commandes, puisque à cause de leur outillage démodé, de leur personnel routinier et paperassier, leurs prix de revient sont de 50 à 60 % supérieurs aux prix anglais et allemands. Et malgré ces prix si élevés, nos constructeurs demandent pour livrer ces navires quatre fois plus de temps que les Anglais, deux fois plus de temps que les Allemands !

Ils coûtent effroyablement cher à l'État, les rares bateaux que nous construisons. Sans les primes dont on accable leurs constructeurs, ces derniers n'en construiraient sans doute plus un seul. Pendant l'expédition de Madagascar, il a fallu louer des bateaux anglais pour transporter notre matériel. L'État fait ce qu'il peut pour relever notre marine, mais comment changerait-il l'âme de nos industriels ?

D'après les chiffres donnés à la Chambre des députés par le ministre du commerce dans la séance du 29 octobre 1901, les primes payées par l'État s'élèvent pour certains voiliers à 75.000 francs par an, ce qui donne pour un capital de 500.000 francs un dividende de 31 %. Voici quelques extraits du discours du même ministre :

« Les travaux de la commission extraparlementaire de 1896 ont permis de reconnaître combien était profond le mal dont souffre notre marine marchande. Toutes les dépositions ont constaté que notre flotte marchande était de beaucoup inférieure à celle des nations voisines et que la France était arrivée à ne pas utiliser les avantages énormes que paraissait lui assurer sa situation géographique. [...] Notre marine marchande a donc été en ces dernières années d'un faible secours pour notre commerce. Et les statistiques démontrent qu'en 1900 la part du pavillon français dans le mouvement de nos ports a été de 20 % seulement, tandis que celle des pavillons étrangers était de 80 %. Le résultat est chiffré par la direction des douanes. [...] Notre marine marchande a laissé perdre près de 5 milliards à cause de son matériel restreint et notre commerce paye 370 millions par an, environ un million par jour, aux marines marchandes étrangères. » (*Le Temps* du 30 octobre 1901).

Pouvons-nous, au moins, nous dédommager en commerçant avec nos colonies. Hélas ! non. Elles refusent d'accepter nos produits, préférant les articles anglais et allemands. Ces colonies qui nous ont coûté tant de centaines de millions à conquérir, ne servent de débouchés qu'aux maisons de Londres, Brême, Hambourg,

Berlin, etc. Jamais nos commerçants ne sont arrivés à comprendre qu'un Arabe, un Chinois, un Canaque, un nègre, peuvent avoir des goûts différents d'un Français. Cette impuissance à se représenter des idées autres que les siennes, est, comme nous l'avons dit, tout à fait caractéristique chez les Latins.

Même avec les colonies qui sont à nos portes nous ne pouvons pas réussir à faire du commerce. Un journal publiait récemment les réflexions suivantes sur le commerce de la France avec la Régence de Tunis :

« Les sucres viennent d'Angleterre, d'Autriche et d'Allemagne. L'alcool, d'Autriche. Les coton-filés, pour une grande part, d'Angleterre, et pour une part plus faible, d'Autriche. Les tissus de coton, de lin, de chanvre, de laine, d'Angleterre. Les tissus de soie proviennent des Indes et d'Allemagne. La chemiserie, d'Autriche et d'Angleterre. Les bois d'Amérique. La bougie, d'Angleterre et de Hollande. Les papiers sont d'origine anglaise et autrichienne. La coutellerie vient d'Angleterre, la verrerie, d'Autriche. Les bouteilles, d'Angleterre. L'horlogerie, de Suisse ou d'Allemagne. La bimbeloterie, d'Allemagne. Les produits chimiques, d'Angleterre. Les pétroles, de Russie. Et de France ? Il vient des soldats et des fonctionnaires, toujours. »

Et pourtant elles nous coûtent horriblement cher en hommes et en argent, nos trop inutiles colonies. Dans son rapport pour le budget de 1897, un député, monsieur Siegfried, a fait justement remarquer que toutes les colonies anglaises, avec leur superficie de 38.414.000 kilomètres carrés et leurs 393 millions d'habitants, ne coûtent à la métropole que 62 millions, tandis que les nôtres, avec moins de 7 millions de kilomètres carrés et 32 millions d'habitants, nous coûtent beaucoup plus.[38]

---

[38] D'après le budget publié par le *Journal Officiel* du 26 février 1901, les dépenses militaires coloniales et celles qui s'y rattachent atteignent maintenant

Bien entendu, ce n'est pas pour la gloire de posséder des colonies que les Anglais dépensent 62 millions pour elles. Ces 62 millions ne sont qu'une avance bien des fois remboursée par le commerce que font ces colonies avec la métropole. Les seuls produits que les Latins aient exportés jusqu'ici dans leurs colonies sont d'épais bataillons de fonctionnaires et quelques articles de luxe en quantité insignifiante, consommés à peu près uniquement d'ailleurs par ces mêmes fonctionnaires. Le budget définitif de nos colonies est fort limpide. Elles nous coûtent 110 millions par an et nous rapportent environ 7 millions. C'est là une opération tout à fait lamentable accomplie à la grande stupéfaction des peuples qui nous voient persister à la pratiquer.

À toutes les causes de notre décadence commerciale, il faut malheureusement ajouter encore les procédés peu scrupuleux de

---

91 millions sans l'Algérie, qui, administrativement, n'est pas considérée comme une colonie. Madagascar coûte plus de 29 millions par an. L'Indo-Chine le même chiffre. Dans ces chiffres ne sont pas comprises les subventions que nous distribuons généreusement à nos diverses colonies, et qui, d'ailleurs, ne nous en savent aucun gré. 840.000 francs à la Guadeloupe, 618.000 à la Martinique, 440.000 francs à la Réunion, 455.000 francs à nos petits villages de l'Inde, etc., etc. La dépense réelle des colonies atteint 111 millions. Nous ne les exploitons pas. Ce sont elles qui nous exploitent, et cela largement. Rien n'est plus difficile pour une nation peu peuplée que d'être à la fois une grande puissance militaire et une grande puissance coloniale. Elle peut être l'une ou l'autre, mais jamais l'une et l'autre. Nos colonies sont cause que notre force militaire ne peut nous empêcher d'être à la merci de la puissance possédant une marine supérieure à la nôtre. On l'a vu bien clairement à propos de l'affaire de Fachoda. Notre domaine colonial n'est qu'une cause d'affaiblissement et de dangers redoutables et imprévus. En outre, nos procédés d'administration latines exaspèrent les indigènes qui sont toujours prêts à se soulever. Pour maintenir à grand-peine la paix en Algérie dont la population arabe est pourtant si clairsemée, nous sommes obligés d'y maintenir des troupes aussi nombreuses que l'armée européenne qui suffit aux Anglais pour maintenir dans une tranquillité profonde 250 millions d'indiens, parmi lesquels 50 millions de musulmans autrement redoutables que ceux de l'Algérie et qui se souviennent toujours que l'Inde conquise jadis par eux leur appartenait encore à la fin du XVIIIème siècle.

beaucoup de nos commerçants, procédés que ne connaissent que trop ceux qui ont voyagé à l'étranger. Je me souviens que, lorsque j'étais aux Indes, je fus frappé de voir sur toutes les bouteilles de bordeaux et de cognac une petite étiquette anglaise indiquant que la bouteille avait été remplie par une maison de Londres qui garantissait la pureté du produit. M'étant informé, j'appris que les grandes maisons de Bordeaux et de Cognac avaient vendu pendant longtemps des produits de qualité tellement inférieure aux commerçants anglais établis à l'étranger, que ces derniers avaient entièrement renoncé à s'adresser directement à elles, et préféraient passer par l'intermédiaire de maisons anglaises achetant les produits sur les lieux. Ce fait n'étonnera pas les personnes au courant de la valeur des objets que nos négociants qualifient « articles d'exportation ».

Cet abaissement de la qualité des produits ne s'observe pas uniquement sur ceux que nous destinons à l'étranger, mais atteint de plus en plus ceux que nous vendons chez nous, et c'est ce qui explique le succès écrasant de la concurrence étrangère. Prenons un article bien défini, par exemple, les objectifs photographiques, qui aujourd'hui sont un produit de grand commerce. Un photographe quelconque vous dira que l'objectif anglais et surtout allemand, bien que coûtant 3 ou 4 fois plus cher, a fait presque entièrement disparaître l'objectif français sur le marché. À quoi tient le succès de cette concurrence ? Simplement à ceci, que tous les objectifs étrangers de grande marque sont tous bons et que les nôtres ne le sont qu'exceptionnellement. Le fabricant étranger, comprenant que son intérêt est de ne pas déprécier sa marque, ne met pas en vente les objectifs qu'il n'a pas réussis. Le fabricant français n'a pas encore pu s'élever à cette conception. Tout ce qu'il a fabriqué, bon ou mauvais, il faut qu'il l'écoule. Finalement il n'écoule plus rien du tout.[39]

Même observation pour une foule de produits, par exemple les plaques photographiques. Prenez les meilleures marques françaises, et dans chaque boîte vous trouverez infailliblement une ou deux plaques mauvaises, provenant d'émulsions non réussies, et que le fabricant français a glissé dans les bonnes boîtes, ne pouvant se résigner à les mettre au rebut. Rien de semblable avec les plaques étrangères. Le fabricant anglais ou allemand n'est peut-être pas plus honnête que le fabricant français mais il comprend beaucoup plus intelligemment ses intérêts. La conclusion inévitable est que dans peu d'années, malgré tous les droits protecteurs imaginables, malgré toutes les réclames de nos fabricants, et par la simple force des choses, la plaque photographique étrangère se sera substituée à la plaque française, exactement comme cela est arrivé pour l'objectif photographique.

Le relâchement de la probité de nos commerçants constitue un symptôme fort grave, et qui malheureusement s'observe dans toutes les industries et ne fait que progresser. C'est bien en vain qu'on accumule les règlements pour mettre un frein à la fraude dans toutes les branches du commerce. À Paris, par exemple, la police a presque renoncé à saisir les combustibles vendus en sacs plombés avec poids prétendu garanti. Invariablement le poids est inférieur de 25 % à celui indiqué et les tribunaux ne suffiraient pas à condamner.

---

[39] Dans un catalogue des magasins du *Louvre*, d'articles de voyage, paru en juin 1898, sur quatre catégories d'objectifs photographiques mis en vente, trois sont indiquées comme étant de fabrication allemande, une seule qualité d'objectifs de marque française est proposée à l'acheteur et encore ne s'applique-t-elle qu'à un appareil bon marché. L'objectif français est à peu près invendable aujourd'hui, alors qu'il y a trente ans c'était l'objectif allemand qui était invendable.

Dans une de ces affaires, portant sur une livraison de 25.000 kilos de charbon, il manquait le ¼ du poids. Les employés du gros industriel qui se livrait à cette opération durent reconnaître qu'elle se pratiquait journellement. Dans d'autres affaires analogues il fut constaté que le patron volait un quart de la marchandise à livrer, et le charretier un autre quart.

Et malheureusement ces tendances sont de plus en plus générales, même dans des commerces exercés par des hommes instruits. Dans un rapport inscrit à l'*Officiel* du 23 décembre 1897 et résumant les analyses faites par le laboratoire municipal pendant 3 ans sur des produits saisis dans des pharmacies, le rapporteur fait remarquer que « le nombre des préparations ou de produits exempts de tout reproche est à peine d'un tiers ».

§ 3. Causes de la supériorité commerciale et industrielle des Allemands

La supériorité industrielle et commerciale des Anglais et surtout des Allemands, est suffisamment démontrée et il serait puéril de vouloir la nier aujourd'hui. Les Allemands savent parfaitement, d'ailleurs, à quoi s'en tenir sur ce point. Voici comment s'exprime un de leurs écrivains dans une publication récente :

« C'est nous maintenant qui exportons à Paris l'article de Paris ! Que les temps et les rôles sont changés ! [...] Il faut des Italiens en France pour les terrassements, les métiers durs et peu rétribués. Il faut des Allemands, des Belges, des Suisses, pour l'industrie, la banque et le commerce en général. [...] C'est par dizaines de mille que se chiffrent les ouvriers français sans ouvrage. Et cependant, fait bien significatif, l'Allemand qui vient à Paris n'y reste pas longtemps les bras croisés. Combien en avons-nous vus partir pour la France, qui tous ont trouvé un emploi, sans que nous puissions citer d'exception ! [...] Chez nos voisins, envoyer un fils à l'étranger est le suprême du luxe. Seules, quelques familles riches se le permettent. Combien rencontrez-vous d'employés français chez nous ? en Angleterre ? Combien sans autre moyen d'existence que leur traitement ? Pour l'Allemagne, le compte est vite fait, il y en a bien une douzaine. [...] Chaque année, la France cède le pas à telle ou telle autre nation pour tel ou tel autre article. Du troisième rang, elle passe au quatrième, du quatrième au cinquième, sans jamais regagner le terrain perdu. Le tableau des différentes exportations du monde entier pendant les dix dernières années présente un aspect saisissant. On croirait assister à une course dans laquelle la France, épuisée et mal montée, se laisserait peu à peu dépasser par tous les concurrents. [...] Quand une nation grossissante en coudoie une autre plus clairsemée, qui par suite forme un centre de dépression, il s'établit un courant d'air, vulgairement appelé invasion, phénomène pendant lequel le Code civil est mis de côté... C'est aux nations clairsemées à se serrer les coudes. »[40]

Faisant allusion à l'auteur dont je viens de reproduire quelques passages, monsieur Arthur Maillet s'exprime ainsi :

« Cet Allemand a écrit des phrases qui hantent sans cesse mon esprit. Il a prédit que la France deviendrait une sorte de colonie qui serait administrée par des fonctionnaires français et mise en valeur par des industriels, des commerçants, des agriculteurs allemands aidés par une main-d'œuvre immigrée également. La première fois que je lus cette prédiction, il y a 3 ou 4 ans, elle me parut être une simple injure. Mais en y regardant de près j'ai pu

---

[40] Nos jeunes « intellectuels » feront bien de méditer sérieusement sur les dernières lignes de cette citation. Avec un peu plus d'intellectualité, ils finiraient par comprendre qu'ils ne peuvent conserver la faculté de cultiver en paix le Moi qui leur est si cher qu'en méprisant un peu moins leur patrie et en respectant beaucoup plus l'armée qui seule peut la défendre. Comme l'écrivait le grand Frédéric : « C'est sous la protection de l'art militaire que tous les autres arts fleurissent... L'État se soutient autant que les armes le protègent. »

constater que déjà elle était plus d'aux ¾ réalisée. En doutez-vous ? Alors demandez à ceux qui ont l'expérience de ces choses, ce que deviendraient l'industrie et le commerce français, si subitement tous les étrangers étaient obligés de sortir de France. Combien sont-elles, les sociétés nouvelles dont ils ne sont pas les promoteurs et dont ils ne tiennent tous les ressorts ? »

Essayons de nous rendre compte des causes qui ont donné aux Allemands une telle supériorité industrielle et commerciale en moins de trente ans.

Nous éliminerons tout d'abord cette raison si souvent répétée que c'est le prestige de leurs victoires qui facilite leur commerce. Ce prestige n'y est absolument pour rien. Il est de toute évidence, en effet, que l'acheteur se soucie uniquement de la marchandise qu'on lui livre et pas du tout de la nationalité de celui qui la lui livre. Le commerce est chose individuelle et non nationale. Tous les peuples peuvent librement commercer dans les colonies anglaises, et si les indigènes ont préféré pendant longtemps les marchandises anglaises, c'est simplement parce qu'elles étaient meilleur marché et mieux à leur goût. S'ils commencent maintenant à préférer les marchandises allemandes, c'est évidemment que ces dernières leur paraissent plus avantageuses. Si donc le commerce allemand envahit de plus en plus l'univers, ce n'est pas parce que les Allemands ont une armée puissante. C'est simplement parce que les clients préfèrent les marchandises allemandes. Les succès militaires n'ont rien à voir dans cette préférence. Ce qu'on pourrait dire tout au plus en faveur de l'influence du régime militaire allemand, c'est que le jeune homme qui l'a subi y a acquis des qualités d'ordre, de régularité, de dévouement, de discipline, qui lui seront très utiles plus tard dans le commerce.

Cette première cause de l'influence de la supériorité militaire étant éliminée, il faut en chercher d'autres.

Au premier rang apparaissent comme toujours des qualités de race. Mais avant d'insister sur elles, nous devons faire observer tout d'abord que la puissance des Allemands ne se composent pas seulement de leur propre force, mais aussi de notre faiblesse.

En étudiant les concepts formateurs de l'âme latine, nous avons montré les causes de cette faiblesse. Nos lecteurs savent comment les aptitudes des peuples latins ont été créées par leur passé, et à quel point ces peuples subissent aujourd'hui les effets de ce passé. Ils savent l'influence de notre centralisation séculaire, celle de l'absorption progressive par l'État détruisant toutes les initiatives individuelles et rendant les citoyens incapables de rien accomplir par eux-mêmes lorsqu'ils sont privés de direction. Ils connaissent aussi le terrible effet d'un système d'éducation qui dépouille la jeunesse des vestiges d'initiative et de volonté que l'hérédité leur a laissés, les lance dans la vie sans autres connaissances que des mots et fausse leur jugement pour toujours.

Et pour montrer à quel point la force des Allemands est en grande partie formée de notre propre faiblesse, il suffira de faire voir que ce sont nos industriels et nos commerçants qui, au lieu de lutter contre eux, sont précisément les propagateurs en France de leurs produits. Ces faits échappent à la statistique, mais ils révèlent un état d'esprit que je crois beaucoup plus grave encore que l'apathie, les dispositions tatillonnes et méfiantes, et le défaut d'initiative que tous nos consuls reprochent à nos industriels et à nos commerçants. Non seulement ils renoncent de plus en plus à tout effort et à toute idée de lutte, mais ils en sont arrivés à fournir des armes à nos rivaux en vendant de plus en plus exclusivement les produits de ces rivaux.

Dans beaucoup d'industries, nos anciens fabricants sont devenus de simples commissionnaires, se bornant à revendre avec un fort bénéfice, après y avoir mis leur nom, l'article qu'ils se sont procuré en Allemagne. C'est ainsi qu'en moins de vingt ans des industries où la France brillait jadis au premier rang, telles que celles des appareils de photographie, des produits chimiques, des instruments de précision et même des articles dits de Paris, ont passé à peu près entièrement dans les mains étrangères. Je pourrais citer de très vieilles maisons, occupant jadis de nombreux ouvriers, et qui n'en occupent plus aujourd'hui. Faire fabriquer à Paris le plus simple objet de précision est devenu d'une difficulté considérable. La difficulté sera même insurmontable quand les anciens fabricants qui vivent encore auront disparu.

Évidemment il paraît beaucoup plus simple de vendre un article fabriqué que de le fabriquer soi-même. Ce qui est moins simple peut-être, c'est de prévoir les conséquences de cette opération. Elles sont cependant bien claires.

Le fabricant allemand, qui a livré à son concurrent parisien un objet que ce dernier est censé avoir fabriqué et sur lequel il réalise parfois un bénéfice considérable, se dit bientôt qu'il aurait tout avantage à vendre à Paris directement au public le même objet sous son propre nom. Il commence d'abord par vendre à plusieurs commissionnaires avec sa marque, ce qui met le Français dans l'impossibilité de vendre le même objet sous son nom et supprime du même coup une partie de son bénéfice. Encouragé par le succès, l'industriel étranger se décide bientôt à ouvrir à Paris une maison de vente sous son propre nom.[41]

Il n'y a pas malheureusement que les industries de la photographie, des instruments de précision, des produits chimiques

---

[41] Et souvent aussi une fabrique. Il existe actuellement à Paris 3 maisons allemandes vendant les objectifs. Une d'elles a installé en plein Paris pour la fabrication de ces objectifs une usine qui compte 200 ouvriers, tous venus d'Allemagne naturellement, et qui suffisent à peine à fournir aux commandes des clients français. Quand nos commerçants et industriels prétendent souffrir de la concurrence étrangère, ne pourrait-on leur répondre que c'est surtout de leur incapacité et de leur apathie qu'ils souffrent réellement ? Paris sera bientôt considéré par les Allemands comme la plus productive de leurs colonies.

qui aient ainsi passé dans des mains étrangères. Les articles dits de Paris, vendus par les grands magasins de confection, sont de plus en plus allemands. Les étoffes d'habillement pour hommes viennent de plus en plus d'Allemagne ou d'Angleterre, et de plus en plus elles sont vendues par des tailleurs étrangers, qui ouvrent maintenant boutique sur tous les points de la capitale. Presque toutes les brasseries qui ont remplacé nos grands restaurants sont commanditées par des Allemands. Les étrangers ouvrent chez nous des librairies, des épiceries, des magasins d'objets d'art, de bijouterie, et ils commencent maintenant à entreprendre le commerce des soieries et des objets de toilette pour dames. Si à la grande Exposition Universelle de 1900, un jury s'était avisé d'éliminer tous les articles étrangers vendus sous une marque française, notre part y eût été peut-être bien réduite.[42]

Il serait sévère de trop jeter la pierre à nos industriels et d'attribuer exclusivement à leur incapacité et à leur paresse ce qui est aussi en partie la conséquence d'autres causes. Il est bien évident en effet que les exigences croissantes des ouvriers, favorisés par la bienveillance des pouvoirs publics, puis les impôts énormes qui accablent nos industries contribuent autant que l'imperfection et l'insuffisance de notre outillage et l'élévation de nos prix de revient, à l'impossibilité de lutter contre nos concurrents. Il est très explicable que le patron, harcelé et ennuyé, finisse par renoncer à fabriquer des articles qu'il peut se procurer à des prix de revient inférieurs. Il ferme alors ses ateliers et descend au rôle de simple revendeur. Sans doute, s'il avait d'autres aptitudes héréditaires, il ferait comme ses confrères anglais ou américains, qui se trouvent eux aussi en présence des exigences des ouvriers et de la concurrence, mais qui, grâce à leur énergie et au perfectionnement

---

[42] En ma qualité de membre du jury d'admission pour les instruments de précision, j'avais songé à proposer cette élimination, mais on m'a prié de renoncer à ce projet dont la réalisation eût soulevé trop de contestations de la part des exposants.

journalier de leur outillage, luttent sans trop de désavantage contre les rivaux allemands.

Malheureusement pour nos industriels, ils manquent de toutes les qualités de caractère qui assurent la supériorité dans une telle lutte. Au fond de tous les problèmes sociaux revient toujours cette question dominante de la RACE, régulatrice suprême de la destinée des peuples. Tous les faits que nous avons énumérés dans ce chapitre sont actuels, mais combien lointaines leurs causes !

Le système de centralisation auquel sont depuis quelque temps soumis les Allemands, les conduira peut-être un jour, eux aussi, comme je l'ai fait remarquer ailleurs, au point où nous en sommes aujourd'hui. Mais en attendant, ils bénéficient des qualités créées par leur passé, qualités peu brillantes, mais solides, et qui se trouvent tout à fait en rapport avec les besoins nouveaux créés par l'évolution des sciences, industries et commerce.

Ce que nous avons dit de leurs succès industriels et commerciaux dans le précédant paragraphe a fait déjà pressentir les causes de ces succès. Nous les comprendrons mieux encore en étudiant leurs qualités nationales et le parti qu'ils en tirent.

Les qualités principales des Allemands sont la patience, l'endurance, la persévérance, l'habitude de l'observation et de la réflexion, et une grande aptitude à l'association. Toutes ces qualités sont très bien développées par une merveilleuse éducation technique.[43]

---

[43] Un industriel me parlait récemment de l'étonnement qu'il avait éprouvé en visitant une grande usine d'électricité allemande, du nombre de contremaîtres et de simples ouvriers qu'il avait entendu qualifier de « Monsieur le Docteur », « Monsieur l'ingénieur ». Les Allemands ne souffrent pas comme nous de la pléthore des licenciés et bacheliers sans emploi, parce que leur éducation technique étant fort soignée, ils trouvent facilement à s'utiliser dans l'industrie, alors que l'éducation purement théorique des Latins

Ce sont là les causes les plus générales et en même temps les plus profondes de leurs succès. Elles se traduisent industriellement et commercialement de la façon suivante : perfectionnement constant de l'outillage industriel et des produits[44], fabrication de marchandises faites au goût du client et modifiées sans cesse suivant ses observations, ponctualité extrême dans les livraisons, envoi dans le monde entier de représentants intelligents connaissant la langue et les mœurs des divers pays et porteurs de marchandises. Plusieurs sociétés commerciales fournissent sans cesse à leurs associés, au moyen de nombreux agents expédiés sur tous les points du globe, les renseignements les plus précis. L'*Export Verein*, de Dresden, a dépensé de 1885 à 1895 près de 500.000 frs. pour l'envoi de voyageurs-enquêteurs. La *Société Coloniale Allemande* possède un revenu annuel de 120.000 frs, fourni par les cotisations de ses membres, et a 249 représentants à l'étranger. L'union des employés de commerce siégeant à Hambourg a 42.000 membres et place un millier d'employés par an.

La plupart des marchandises destinées à l'exportation sortent par le port de Hambourg, dont le commerce a décuplé depuis 1871, et qui dépasse aujourd'hui Liverpool par le tonnage des vaisseaux, pendant que Marseille et Le Havre déclinent d'année en année. On y trouve de nombreux agents d'exportation représentant les intérêts des fabricants et les mettant en relation avec les acheteurs. Ils ont

---

ne les rend aptes qu'à faire des professeurs, des magistrats, des fonctionnaires ou des politiciens.

[44] On a cité certaines usines allemandes possédant jusqu'à 80 chimistes, dont quelques-uns ne s'adonnent qu'à des recherches théoriques reprisent ensuite par d'autres chimistes qui tâchent d'en tirer une application industrielle. Les industriels allemands sont à l'affût de toutes les inventions nouvelles et tâchent de les perfectionner aussitôt. Quelques jours après la publication de l'invention du télégraphe sans fil, une maison de Berlin fabriquait l'appareil complet, y compris le Morse, pour 200 marks. J'ai eu l'instrument entre les mains et constaté que les très grandes difficultés de réglage que présente son relais avaient été admirablement surmontées.

dans leurs magasins des échantillons de tous les articles, dont ils font modifier sans cesse la forme et la nature par les fabricants suivant les renseignements qu'ils reçoivent des points les plus éloignés du globe.

Les résultats que toutes ces associations obtiennent sont considérables et rapides. Dans un rapport de 1894, un consul américain, monsieur Monagan, donne comme exemple les affaires réalisées en Bosnie par la succursale à Sofia de l'une des sociétés dont je parlais plus haut. Après avoir pris la peine de faire fabriquer un almanach bulgare, envoyé près de 200.000 lettres ou prospectus, dépensé près de 100.000 francs en commis voyageurs, elle obtenait dès la première année pour 10 millions de commandes et réduisait du même coup le commerce de tous ses concurrents dans d'immenses proportions.

Ce n'est pas sans peine qu'on arrive à de tels résultats, mais l'Allemand ne recule jamais devant la peine. À l'encontre de l'industriel français, il étudie avec le plus grand soin les goûts, les habitudes, les mœurs, en un mot la psychologie de ses clients, et les renseignements que publient annuellement les sociétés dont je parlais contiennent à ce sujet les documents les plus précis. Monsieur Delines, résumant un rapport du professeur Yanjoul, a montré avec quelle minutie les enquêteurs allemands étudient la psychologie des peuples avec lesquels les négociants doivent commercer. Pour les Russes, par exemple, on indique leurs goûts, la nécessité de boire du thé avec eux avant de traiter aucune affaire, puis on examine les objets qu'on peut leur vendre, en spécifiant devant les meilleurs : « vente absolument bonne ». Dans le livre *Export Hand-Adressbuch* qui est dans les mains de tous les commerçants allemands, on trouve des indications caractéristiques dans le genre des suivantes :

« Les Chinois sont habitués à préparer leur nourriture dans des vaisseaux de fer à parois très minces. Le riz est vite cuit, mais la casserole est brûlée en peu de temps et il faut la remplacer souvent.

Une maison anglaise, pour défier toute concurrence, expédia en Chine un lot de pots de fer plus épais, plus résistants, et qu'elle livrait à des prix plus bas. Les Chinois se laissèrent d'abord séduire et les pots de fer furent enlevés en moins de rien. Ce succès fut de brève durée, car la vente s'arrêta net au bout de quelques jours. La raison en était logique : le combustible coûte très cher en Chine. Les casseroles anglaises étant plus fortes, le riz cuisait plus lentement et, en définitive, elles revenaient à un prix beaucoup plus élevé que les anciens pots de fer, dans lesquels le riz était tout de suite cuit. Les Chinois revinrent à leurs anciens ustensiles, d'un usage beaucoup plus économique. »

Si nous entrons ici dans de tels détails, c'est pour bien montrer de quels éléments se composent aujourd'hui les succès des peuples. Envisagés séparément, ces éléments semblent minimes. C'est leur somme qui fait leur importance et cette importance est immense. La tournure d'esprit grâce à laquelle un Allemand se préoccupe sérieusement de la façon dont un Chinois fait cuire son riz doit sembler fort méprisable à un Latin, préoccupé de grandes questions comme la révision de la constitution, la séparation de l'Église et de l'État, l'utilité de l'enseignement du grec, etc., etc.

Il faut pourtant que les Latins arrivent à se persuader que leur rôle dans le monde sera bientôt terminé et qu'ils disparaîtront totalement de l'histoire s'ils ne se résignent pas à abandonner leurs inutiles discussions théoriques, leur vaine et sentimentale phraséologie pour s'occuper de ces petites questions pratiques sur lesquelles reposent aujourd'hui la vie des peuples. Aucun Gouvernement ne peut leur donner ce qui leur manque. C'est en eux-mêmes et non hors d'eux-mêmes qu'ils doivent chercher des appuis.

Peut-on supposer que l'application des doctrines socialistes remédierait à l'état de choses que nous avons signalé dans ce chapitre ? Est-ce dans une société socialiste, encore plus enrégimentée que la nôtre que se développeraient cet esprit d'initiative et cette énergie si nécessaire aujourd'hui et qui font tant défaut aux Latins ? Quand l'État collectiviste dirigera tout, fabriquera tout, les produits seront-ils meilleurs et moins coûteux, leur exportation plus facile, la concurrence étrangère moins redoutable ?

Il faudrait en vérité bien ignorer les lois générales de l'industrie et du commerce pour le croire. Si la décadence est si profonde chez les peuples latins, c'est au contraire en grande partie parce que le socialisme d'État a depuis longtemps déjà fait d'immenses progrès chez eux, et qu'ils sont incapables de rien entreprendre sans l'appui perpétuel du Gouvernement. Il suffira de rendre la conquête socialiste plus complète pour accentuer encore la décadence.

Chapitre IV
Les nécessités économiques et l'accroissement des populations

§1. Le développement actuel de la population dans les divers pays et ses causes. — Complexité réelle et simplicité apparente des phénomènes sociaux. — Le problème de la population. — Avantages et inconvénients que l'accroissement de la population présente suivant les pays. — Erreurs psychologiques des statisticiens. — Les peuples nombreux sont bien plus menaçants par leur industrie et leur commerce que par leurs canons. — Causes de la diminution de la population dans certains pays. — Pourquoi cette diminution tend à devenir générale dans tous les pays civilisés. — Influence de l'aisance et de l'esprit de prévoyance.
§2. Conséquences de l'accroissement ou de la réduction de la population. — Faible rôle du nombre dans l'histoire ancienne et moderne des peuples. — Les sources de la puissance d'un pays sont l'agriculture, l'industrie, le commerce, et non le nombre de ses soldats. — Dangers que présenterait pour la France l'accroissement de sa population. — Pourquoi l'excès de la population n'a pas d'inconvénients en Angleterre et en Allemagne. — Conditions dans lesquelles l'émigration devient avantageuse ou nuisible pour un peuple. — Désastres produits par l'accroissement de la population dans certains pays. — Exemple de l'Inde. — Difficultés que l'évolution économique actuelle du monde créera bientôt aux peuples industriels trop nombreux. — Avantages que présentera bientôt pour la France le faible chiffre de sa population.

§ 1. LE DÉVELOPPEMENT ACTUEL DE LA POPULATION DANS LES DIVERS PAYS ET SES CAUSES

Les phénomènes sociaux se présentent toujours avec ce double caractère de paraître très simples et d'être en réalité d'une complication extrême. Les remèdes aux maux dont nous souffrons semblent d'un emploi très facile, mais dès qu'on veut les appliquer, on découvre aussitôt que les nécessités invisibles qui nous enserrent limitent étroitement la sphère de notre action. La vie collective d'un peuple est un tissu formé d'innombrables mailles. On ne peut toucher à l'une d'elles sans que l'action produite se répercute bientôt sur toutes les autres.

Ce n'est qu'en prenant séparément un à un tous les petits problèmes dont se compose le grand problème social, qu'on voit apparaître la formidable complication de ce dernier, et combien sont chimériques les remèdes que des âmes simples ne cessent de proposer chaque jour.

Nous allons trouver une preuve nouvelle de cette complexité des problèmes sociaux en examinant une des questions les plus étroitement liées aux progrès du socialisme. Je veux parler des rapports existants entre le développement de la population et les nécessités économiques que nous voyons grandir chaque jour.

Nous avons essayé dans nos derniers chapitres de mettre en évidence deux points fondamentaux : le premier, que l'évolution industrielle et économique du monde revêt un caractère tout à fait différent de celui des siècles passés. Le second, que des peuples possédant certaines aptitudes spéciales, d'une utilité jadis assez faible, doivent, lorsque ces aptitudes deviennent applicables, s'élever à un rang supérieur.

L'évolution industrielle et économique du monde, dont nous ne faisons qu'apercevoir l'aurore, a coïncidé avec des circonstances diverses, qui ont provoqué chez la plupart des peuples un accroissement rapide de leur population.

Pouvons-nous dire, en présence des nécessités économiques actuelles, que cet accroissement présente des avantages ou des inconvénients ? Nous allons voir que la réponse doit varier suivant l'état des peuples chez qui s'est manifesté ce phénomène.

Quand un pays présente une grande surface de territoire, peu peuplée, comme les États-Unis et la Russie, ou comme l'Angleterre grâce à ses colonies, l'augmentation de sa population présente, au moins pendant un certain temps, des avantages évidents. En est-il de même pour des pays suffisamment peuplés, possédant peu de colonies et n'ayant aucune raison d'envoyer dans celles qu'ils possèdent des habitants très doués pour l'agriculture, très peu pour l'industrie et le commerce extérieur. Nous ne le pensons pas, et il nous semble au contraire que de tels pays agissent fort sagement en ne cherchant pas à accroître leur population. Étant donnée l'évolution économique que nous avons décrite, cette abstention est le seul moyen qu'ils possèdent d'éviter une sombre misère.

Tel n'est pas, comme on le sait, l'avis des statisticiens.

Ayant constaté que la population de la plupart des pays de l'Europe progresse très vite, alors que celle de la France reste à peu près stationnaire. Ayant observé que nous avions, en 1800, 33 naissances sur 1.000 habitants, 27 en 1840, 25 en 1880 et 22 en 1895, ils ne cessent de remplir les journaux et les sociétés savantes de leurs lamentations. L'État (toujours l'État), doit se hâter suivant eux, d'intervenir. Il n'est pas de mesures extravagantes : impôt sur les célibataires, primes aux pères de familles nombreuses, etc., qu'ils ne proposent pour remédier à ce qu'ils considèrent comme un désastre, et à ce que nous considérons, étant donnée la situation de notre pays, comme un bienfait, et en tout cas comme une nécessité résultant de causes en regard desquelles toutes les mesures proposées ont un caractère de puérilité et d'inefficacité évident.

Tous ces braves statisticiens semblent croire que le nombre des enfants dans les familles peut être fixé par les fantaisies d'un législateur. Ils ne paraissent pas se douter que les familles élèvent autant d'enfants qu'elles peuvent et ont des raisons tout à fait sérieuses de ne pas en élever davantage.

Le seul inconvénient que les statisticiens aient pu d'ailleurs découvrir à cet état stationnaire de notre population, est que les Allemands, ayant beaucoup d'enfants, auront bientôt par conséquent beaucoup plus de conscrits que nous, et pourront alors facilement nous envahir. En ne considérant même la question qu'à ce point de vue restreint, on peut dire que ce danger suspendu sur nos têtes est assez faible. Les Allemands nous menacent bien plus par leur industrie et leur commerce que par leurs canons, et il ne faut pas oublier que le jour où ils seraient assez nombreux pour tenter chez nous avec succès une invasion guerrière, ils seraient menacés de la même invasion par les 130 millions de Russes placés derrière eux, puisque les statisticiens admettent par hypothèse que les peuples les plus nombreux doivent nécessairement envahir les moins nombreux.

Il est fort probable qu'à l'époque où les Allemands pourront réunir des multitudes capables d'envahir un peuple dont l'histoire ne permet pas de méconnaître les aptitudes guerrières, l'Europe sera revenue de cette illusion que la puissance des armées se mesure à leur effectif. L'expérience aura prouvé, conformément aux judicieuses prévisions du général allemand von der Golz, que ces hordes de soldats demi-disciplinés, sans éducation militaire réelle, sans résistance possible, dont se composent les armées actuelles, seront vite détruites par une petite armée de soldats professionnels aguerris, comme jadis les millions d'hommes de Xerxès et de Darius furent anéantis par une poignée de Grecs disciplinés, rompus à tous les exercices et à toutes les fatigues.

Quand on examine les causes de cette diminution progressive de notre population, on voit d'une part qu'elle est la conséquence, à peu près invariable à tous les âges, de l'accroissement de l'esprit de prévoyance engendré par l'aisance. Ceux-là seuls qui possèdent, songent à conserver et à assurer quelques ressources à leurs descendants, dont ils limitent intentionnellement le nombre.

À cette raison déterminante, dont les effets furent observés à toutes les époques, et notamment à l'apogée de la civilisation romaine, sont venues s'ajouter des causes spéciales à l'âge actuel, et dont les principales sont : l'évolution de l'industrie qui, par le perfectionnement des machines, réduit le nombre des bras utilisables, et l'absence d'esprit colonisateur, qui restreint l'étendue de nos débouchés au dehors et nous laisserait surchargés au dedans par un excédent de population.

Ces données ne sont pas particulières à la France, puisqu'elles s'observent dans des pays habités par des races fort différentes. Les États-Unis peuvent être assurément rangés parmi les pays les plus prospères, et cependant les statisticiens ont dû, non sans stupeur, y constater le même ralentissement d'accroissement de la population qu'en France. Leur natalité générale actuelle est de 2,6 %, c'est-à-dire à peine supérieure à la nôtre. Dans 10 provinces des États-Unis, elle est même inférieure, puisqu'elle varie de 1,6 à 2,2 %. Il n'y a pas pour ces pays à invoquer ni l'influence du service militaire obligatoire, qui n'y existe pas, ni celle de l'alcool dont la vente est interdite, ni les dispositions du code, puisque la liberté de tester y est tout à fait complète, ce qui veut dire que le père n'a pas à restreindre le nombre de ses enfants pour éviter d'avoir à trop diviser sa fortune. Un abaissement analogue de la natalité s'observe également en Australie, où elle est tombée de 4 % il y a 20 ans à 3 % aujourd'hui.

Tous ces faits démontrent catégoriquement la pauvreté des arguments des statisticiens pour expliquer ce qu'ils appellent le péril de notre dépopulation.

Le même ralentissement d'accroissement de la population s'observe à peu près partout, jusque dans les pays où l'accroissement s'est montré le plus intense pendant un moment.

En Allemagne, la natalité, qui était de 4,2 % en 1875, était progressivement descendue à 3,6 % vingt ans plus tard. En Angleterre elle est tombée de 3,6 à 2,9 % pendant la même période. La perte est plus grande qu'en France, puisque pendant le même temps la natalité n'est tombée dans ce dernier pays que de 2,5 à 2,2 %. Les deux peuples perdent donc graduellement leur avance sur nous, et il est bien probable qu'ils finiront par la perdre tout à fait.

§ 2. Conséquences de l'accroissement ou de la réduction de la population dans divers pays

Nous voyons par ce qui précède que l'abaissement du progrès de la population tend à se manifester partout et que ce n'est pas par leur nombre que nos rivaux nous menaceront bientôt.

Admettons cependant que l'avance qu'ils ont aujourd'hui sur nous ils ne la perdent pas, et voyons si l'élévation du chiffre de leur population peut constituer un sérieux danger pour nous ?

Il semblerait vraiment, à entendre les doléances de ces statisticiens, bien qualifiés par l'*Économiste français* de « Jacobins étourdis », et dont en vérité l'esprit semble singulièrement restreint, que ce soit le nombre qui fasse la supériorité des peuples. Or le coup d'œil le plus rapide jeté sur l'histoire prouve, par l'exemple des Égyptiens, des Grecs, des Romains, etc., que le nombre n'a joué dans toute l'antiquité qu'un bien faible rôle. Faut-il rappeler qu'avec 100.000 hommes bien exercés les Grecs triomphèrent des millions d'hommes de Xerxès, que les Romains n'eurent jamais plus de 400.000 soldats disséminés sur un empire qui, de l'Océan à l'Euphrate, avait 1.000 lieues de longueur sur 500 de largeur ?

Et sans remonter à ces lointaines époques, pouvons-nous admettre que le nombre ait joué dans les temps modernes un rôle plus considérable que dans l'antiquité ? Rien n'autorise à le penser. Sans parler des Chinois, qui semblent bien peu redoutables au point de vue militaire, malgré leurs 400 millions d'hommes, ne sait-on pas qu'il suffit aux Anglais d'une armée de 65.000 hommes pour maintenir sous leur joug 250 millions d'Hindous, et à la Hollande d'une armée beaucoup plus faible pour dominer 40 millions de sujets asiatiques. L'Allemagne elle-même se croit-elle sérieusement menacée parce qu'à ses portes est un immense empire civilisé dont la population est trois fois supérieure à la sienne ?

Laissons donc de côté ces craintes puériles, et rappelons-nous que ce qui nous menace réellement c'est la capacité industrielle et commerciale de nos concurrents et non leur nombre. Les trois sources réelles de la puissance d'un pays sont l'agriculture, l'industrie, le commerce, et non pas les armées.

Il n'est pas supposable, heureusement, que toutes les récriminations des statisticiens aient pour résultat d'augmenter d'un seul individu le nombre des habitants de notre pays. Félicitons-nous de la complète inutilité de leurs discours. Supposons qu'un Dieu irrité veuille faire fondre sur la France la plus dangereuse des calamités. Laquelle pourrait-il bien choisir ? Le choléra, la peste ou la guerre ? Non certes, car ce sont là des maux éphémères. Il n'aurait qu'à doubler le chiffre de notre population. Ce serait, étant données les conditions économiques actuelles du monde, les dispositions psychologiques et les besoins des Français, un irrémédiable désastre. Nous verrions à bref délai de sanglantes révolutions, une misère sans espoir, le triomphe assuré du socialisme, suivi de guerres permanentes et de non moins permanentes invasions.

Mais pourquoi, dans d'autres pays, comme l'Angleterre et l'Allemagne, l'excès de la population n'a-t-il pas de tels inconvénients ? Simplement, d'une part, parce que ces pays possèdent des colonies, où se déverse l'excédent de leur population. Et d'autre part, parce que l'émigration, si absolument antipathique aux Français, y est considérée comme chose fort désirable, alors même qu'elle ne constituerait pas pour eux une nécessité tout à fait impérieuse.

C'est le goût pour l'émigration et la possibilité de le satisfaire qui permettent à un peuple d'accroître notablement le chiffre de sa population. Conséquence d'abord d'un excédent de population, la tendance à émigrer devient cause à son tour, et contribue à accroître encore cet excédent. Le célèbre explorateur Stanley a très bien mis ce point en évidence, dans une lettre publiée par un journal en réponse à une question qui lui avait été adressée. Il fait remarquer que c'est seulement le jour où une population dépasse un certain chiffre par mille carré que l'émigration commence.

La Grande-Bretagne avait 130 habitants au mille carré en 1801. Dès qu'elle atteignit 224 habitants au mille carré, c'est-à-dire en 1841, elle commença un mouvement d'émigration qui s'accentua rapidement. Quand l'Allemagne vit sa population arriver au même chiffre de 224 par mille carré, il lui fallut, à son tour, chercher des colonies.[45]

L'Italie put attendre plus longtemps, en raison de l'extrême sobriété de ses habitants, mais sa population ayant fini par atteindre le chiffre de 253 habitants par mille carré, elle dut subir la loi commune et tâcher de s'ouvrir des débouchés au dehors. Elle ne réussit guère dans cette tentative si difficile pour des Latins, et dépensa inutilement 200 millions en Afrique, pour n'aboutir qu'à d'humiliantes défaites. Mais, sous peine d'une ruine inévitable, vers laquelle elle marche d'ailleurs à grands pas, il lui faudra recommencer

---

[45] Je donne les chiffres en mesures anglaises, d'après Stanley. Voici quelle est la population actuelle des divers pays de l'Europe par kilomètre carré (d'après l'*Annuaire du bureau des longitudes*, pour 1898) : Angleterre 117, Italie 110, Allemagne 99, France 73, Espagne 36.

ses tentatives. Le véritable danger qui menace l'Italie et la voue prochainement aux révolutions et au socialisme, c'est qu'elle est beaucoup trop peuplée. Comme partout, la misère a été trop féconde.[46]

La France, beaucoup moins peuplée, n'a aucun besoin d'émigration, fait remarquer Stanley, et c'est bien à tort qu'elle dépense la force vive de ses jeunes gens au Tonkin, à Madagascar, au Dahomey (où n'émigrent que des fonctionnaires d'un entretien fort coûteux), alors surtout qu'elle possède à ses portes l'Algérie et la Tunisie sans réussir à les peupler.[47]

Ces contrées n'ont en effet que 25 habitants par mille carré, dont une faible proportion seulement sont français.

Stanley a parfaitement raison et a très bien marqué le nœud du problème. Ses conclusions sont analogues à celles indiquées antérieurement par un de ses compatriotes, Malthus. Celui-ci avait nettement montré qu'il y avait un rapport étroit entre la population d'un pays et ses moyens de subsistance, et que, quand l'équilibre est rompu, la famine, la guerre et des épidémies de toutes sortes fondent sur le peuple devenu trop nombreux, et déterminent une mortalité qui rétablit promptement l'équilibre.

---

[46] La misère est toujours féconde parce qu'elle est imprévoyante. Peut-on véritablement avoir une haute opinion de la moralité des individus qui font plus d'enfants qu'ils n'en peuvent nourrir et avoir pour eux beaucoup de sympathie ? Je ne le crois pas et serais plutôt près de l'opinion de John Stuart Mill, qui disait : « On ne peut guère espérer que la moralité fasse des progrès tant qu'on ne considérera pas les familles nombreuses avec le même mépris que l'ivresse ou tout autre excès corporel. » Cette réflexion ne s'applique bien entendu qu'à ceux qui se savent hors d'état d'élever les enfants qu'ils mettent au monde.

[47] Conquise il y a 70 ans, l'Algérie, d'après le recensement de. 1901, contient sur une population de 4.739.000 habitants, 364.000 Français d'origine et 317.000 étrangers (dont 155.000 espagnols et 57.000 juifs). Elle possède un peu plus de 4 millions d'Arabes. Ces derniers ont doublé en moins de 50 ans.

Les Anglais ont pu vérifier la justesse de cette loi. Lorsque, après des guerres nombreuses, et meurtrières pour les vaincus, ils eurent terminé la conquête du grand empire des Indes et plié 250 millions d'hommes sous leur loi, ils rendirent impossibles les luttes entre les divers souverains et établirent dans la Péninsule une paix profonde. Les résultats furent rapides. La population augmenta dans d'immenses proportions (de 33 millions de 1881 à 1891), et elle ne fut bientôt plus en rapport avec les moyens de subsistance. Ne pouvant se réduire par des guerres, puisque ces guerres sont interdites, elle tend à se réduire suivant la vieille loi de Malthus, par des famines périodiques, qui font mourir de faim plusieurs millions d'hommes, et par des épidémies presque aussi désastreuses. Les Anglais, qui ne peuvent rien contre les lois naturelles, assistent avec philosophie à ces hécatombes, dont chacune détruit autant d'hommes que toutes les guerres réunis de Napoléon.

Comme il s'agit d'Orientaux, l'Europe reste indifférente à ce spectacle. Il mérite au moins de fixer son attention à titre de démonstration, en attendant celle que lui fournira bientôt l'Italie. Les statisticiens pourraient en tirer cette leçon qu'ils ont grand tort de prêcher la multiplication à certains peuples, et qu'ils les pousseraient ainsi dans une voie de désastres, si leurs phrases produisaient l'effet qu'ils en attendent.

Pourrions-nous supposer qu'avec l'évolution économique prochaine que nous avons décrite, les peuples trop nombreux retireront dans l'avenir de l'excès de leur population des avantages sur lesquels ils ne sauraient compter aujourd'hui ? Il est bien visible, au contraire, que cet excédent leur serait très funeste, et que, dans l'avenir, le sort le plus heureux est réservé aux pays les moins peuplés, c'est-à-dire à ceux dont la population ne dépasse pas le chiffre d'hommes que peut nourrir le fonds de subsistance produit par la contrée elle-même. Dans le chapitre consacré à la lutte économique entre l'Orient et l'Occident, nous avons fait voir que, par suite du développement exagéré de leur population, la plupart des pays de l'Europe ne peuvent plus produire de quoi nourrir leurs habitants, et en sont réduits à aller acheter en Orient leur énorme déficit alimentaire annuel. Ces matières alimentaires, ils les ont payées jusqu'ici avec des marchandises fabriquées pour les Orientaux. Mais, comme ces Orientaux sont arrivés à produire les mêmes marchandises à des prix de revient dix fois moindres que ceux d'Europe, le commerce entre l'Orient et l'Occident tend à se restreindre chaque jour.

Les peuples qui ne vivent que de leur commerce et de leur industrie, non de leur agriculture, seront prochainement les plus menacés. Ceux qui, comme la France, étant agricoles, produisent presque assez pour la consommation de leurs habitants, et peuvent, à l'extrême rigueur se passer de commerce extérieur, seront dans une situation infiniment meilleure et souffriront beaucoup moins de la crise qui menace de plus en plus l'Europe et que précipiterait bien vite le triomphe des socialistes.

Livre V
Le conflit entre les lois de l'évolution, les idées démocratiques et les aspirations socialistes

Chapitre I
Les lois de l'évolution, les idées démocratiques et les aspirations socialistes

§1. Rapports des êtres avec leurs milieux. — L'existence de tous les êtres est conditionnée par leurs milieux. — Importance des transformations que ces milieux produisent et lenteur de ces transformations. — Pourquoi les espèces semblent immuables. — Les milieux sociaux. — Brusques changements produits dans ces milieux par les découvertes modernes et difficultés pour l'homme de s'y adapter.
§2. Le conflit entre les lois naturelles de l'évolution et les conceptions démocratiques. — Opposition croissante entre nos conceptions théoriques du monde et les réalités constatées par la science. — Difficultés pour les idées démocratiques de se mettre d'accord avec les nouvelles notions scientifiques. — Comment se résout en pratique le conflit. — Les démocraties sont amenées finalement à favoriser toutes les supériorités. — Formation des castes dans le régime démocratique. — Avantages et dangers des démocraties. — Les mœurs financières de la démocratie américaine. — Pourquoi la vénalité des politiciens américains ne présente que de faibles inconvénients sociaux. — Les idées démocratiques et les sentiments des foules. — Les instincts des foules ne sont pas démocratiques.
§3. Le conflit entre les idées démocratiques et les aspirations socialistes. — Opposition entre les principes fondamentaux des démocraties et les idées socialistes. — Le sort des faibles dans les démocraties. — Pourquoi ils ne gagneraient rien au triomphe des idées socialistes. — Haine du socialisme pour la libre concurrence et la liberté. — Le socialisme est actuellement le plus redoutable ennemi de la démocratie.

§ 1. Rapports des êtres avec leurs milieux

Les naturalistes ont prouvé depuis longtemps que l'existence de tous les êtres est rigoureusement conditionnée par les milieux où ils vivent, et qu'une très légère modification de ces milieux suffit, à la simple condition qu'elle soit prolongée, pour transformer entièrement leurs habitants.

Le processus de ces transformations est aujourd'hui parfaitement connu. L'embryologie des êtres, qui répète la série des évolutions ancestrales, nous montre les changements profonds éprouvés pendant la succession des âges géologiques.

Pour que ces transformations se produisent, il n'est pas nécessaire que les variations des milieux soient très grandes, il faut simplement que leur influence soit très prolongée. Une variation trop grande ou trop rapide amènerait la mort et non le changement. Un abaissement ou une élévation de température de quelques degrés, continué pendant plusieurs générations, suffit à transformer entièrement la faune et la flore d'une contrée par de lentes adaptations.

Dans un travail récent, monsieur Quinton donne un exemple intéressant des changements produits par de simples variations de température :

« En face du refroidissement du globe, dit cet auteur, les êtres organisés tendent à maintenir artificiellement dans leurs tissus la haute température extérieure primitive. L'importance de cette tendance est capitale. On sait qu'elle détermine déjà, dans l'embranchement des vertébrés, l'évolution de l'appareil reproducteur, et corrélativement de l'appareil osseux. Elle entraîne également la modification de tous les autres appareils organiques, et par conséquent l'évolution elle-même. […] Cela ressortira avec force d'une simple considération *a priori*. Qu'on imagine anatomiquement un type schématique primitif. Le refroidissement du globe survient. La vie tend à maintenir sa haute température précédente. Ce maintien ne peut être obtenu que par une production de chaleur opérée dans les tissus, c'est-à-dire par une combustion. Toute combustion exige des matériaux combustibles et de l'oxygène. Et voici déterminé, pour y satisfaire, le développement des appareils digestif et respiratoire. L'obligation de porter dans les tissus ces matériaux et cet oxygène, obligation croissant avec la combustion, entraîne l'évolution de l'appareil circulatoire. Du progrès de ces trois appareils, auquel se joint celui de l'appareil reproducteur, résulte nécessairement le progrès de l'appareil d'innervation. Enfin, produire de la chaleur n'est qu'un premier point, il faut la conserver ; et voilà commandée l'évolution de l'appareil tégumentaire. Mais le refroidissement du globe croissant, l'écart thermique à maintenir entre les deux milieux, animal et ambiant, grandit. Une combustion plus vive, une organisation plus parfaite donc, se trouvent incessamment nécessitées. On voit ainsi comment, en face du refroidissement du globe, l'effort très naturel que fait la vie vers le maintien des conditions premières de son phénomène chimique détermine sans répit l'évolution de tous les appareils organiques, et leur impose *a priori* un perfectionnement croissant avec la récence. Pour confirmer cette vue théorique il suffira de ranger les différents groupes animaux selon l'ordre de leur apparition sur le globe, et d'observer ensuite, selon cet ordre, un progrès effectif de chacun de leurs appareils organiques. »

Ce qui est vrai pour les milieux physiques l'est également pour les milieux moraux, les milieux sociaux notamment. Les êtres vivants tendent toujours à s'y adapter. Mais, en raison de la puissance de l'hérédité, qui lutte contre la tendance au changement, ils ne s'y adaptent qu'avec lenteur. C'est ce qui fait que les espèces, quand on ne considère que la courte durée des temps historiques, semblent invariables. Elles le sont en apparence, comme l'est l'individu qu'on ne considère que pendant un instant. Le lent travail qui conduit de la jeunesse à la décrépitude et à la mort ne s'est pas ralenti pendant cet instant. Il s'est accompli, bien que nous ne l'ayons pas vu.

Tous les êtres sont donc conditionnés par leurs milieux physiques ou moraux. S'ils se trouvent dans des milieux qui changent lentement (et tel est le cas général des continents et des climats, aussi bien que des civilisations), ils ont le temps de s'y adapter. Qu'une circonstance particulière vienne à modifier brusquement le milieu, l'adaptation devient impossible et l'être est condamné à disparaître. Si, par suite d'un bouleversement géologique, la température du pôle ou celle de l'équateur s'établissait en France, cette contrée aurait perdu après 2 ou 3 générations le plus grand nombre de ses habitants et sa civilisation ne pourrait subsister dans son état actuel.

Mais la géologie ne connaît pas ces brusques cataclysmes et nous savons aujourd'hui que la plupart des transformations accomplies à la surface du globe se sont produites fort lentement.

Il en avait été jusqu'ici de même pour les milieux sociaux. Sauf le cas de destruction par conquête, les civilisations se sont toujours transformées graduellement. Bien des institutions ont péri, bien des dieux sont tombés en poussière, mais les uns et les autres n'ont été remplacés qu'après une période de longue vieillesse. De grands empires se sont évanouis, mais après une lente période de décadence, à laquelle les sociétés comme les êtres ne sauraient se soustraire. La puissance de Rome finit par disparaître devant les invasions des Barbares. Mais ce fut seulement très progressivement, après plusieurs siècles de décomposition, qu'elle finit par leur céder la place, et c'est en réalité par des transitions insensibles, contrairement à ce que nous disent la plupart des livres, que le monde ancien se relie au monde moderne.

Par un phénomène unique jusqu'ici dans les annales du monde, les découvertes scientifiques et industrielles modernes ont, en moins d'un siècle, créé dans les conditions d'existence des changements plus profonds que tous ceux enregistrés par l'histoire depuis l'époque où sur les rives du Nil et dans les plaines de la Chaldée l'homme ébauchait les germes de ses premières civilisations. Des sociétés très vieilles, établies sur certaines bases qu'elles pouvaient croire éternelles, voient ces bases ébranlées. Les milieux ayant changé trop brusquement pour donner à l'homme le temps de s'y adapter, il en résulte un bouleversement considérable dans les esprits, un malaise intense, une opposition générale entre des sentiments fixés par l'hérédité et des conditions d'existence et de pensée créées par des nécessités modernes. Partout éclatent des conflits entre les idées passées et les idées nouvelles, filles des besoins nouveaux.

Nous ne savons pas encore ce qui résultera de tous ces conflits, et nous ne pouvons que les constater. En étudiant ici ceux qui se rattachent aux questions qui font l'objet de cet ouvrage, nous allons voir combien quelques uns sont profonds.

§ 2. LE CONFLIT ENTRE LES LOIS NATURELLES DE L'ÉVOLUTION ET LES CONCEPTIONS DÉMOCRATIQUES

Parmi les conflits que l'heure prochaine nous prépare et que l'heure présente voit déjà naître, un des plus manifestes sera peut-être l'opposition croissante existant entre les conceptions théoriques du monde créées jadis par notre imagination et les réalités que la science a fini par mettre en évidence.

Ce n'est pas seulement entre les conceptions religieuses sur lesquelles notre civilisation est encore basée et les conceptions scientifiques dues aux découvertes modernes qu'il y a contradiction évidente. Cette ancienne divergence ne heurte plus, et le temps en a déjà émoussé les angles. C'est entre les doctrines scientifiques nouvelles et les conceptions politiques sur lesquelles les peuples modernes appuient leurs institutions que s'établit l'antagonisme.

Lorsque les hommes de la Révolution, guidés par les rêves des philosophes, firent triompher leurs idées humanitaires et inscrivirent aux frontons des édifices les mots d'Égalité, de Liberté et de Fraternité, qui synthétisaient ces rêves, les sciences modernes n'étaient pas nées. Ils pouvaient donc invoquer, sans qu'aucune contradiction fût possible, l'état de nature, la bonté primitive de l'homme, sa perversion par les sociétés, et agir comme si les sociétés, étaient choses artificielles, que les législateurs peuvent reconstruire à leur gré.

Mais des sciences nouvelles sont venues faire apparaître la vanité de telles conceptions. La doctrine de l'évolution surtout les a puissamment ébranlés, en montrant partout dans la nature une lutte incessante, terminée toujours par l'écrasement des plus faibles, loi sanguinaire sans doute, mais génératrice de tous les progrès, et sans laquelle l'humanité ne serait pas sortie de la barbarie primitive, et n'aurait jamais donné naissance à aucune civilisation.

Que ces principes scientifiques aient pu sembler démocratiques, et que les démocraties aient réussi à s'accommoder avec eux sans voir à quel point ils leurs étaient contraires[48], est un de ces phénomènes que peuvent seuls comprendre les penseurs qui, ayant étudié l'histoire des religions, savent avec quelle facilité les croyants tirent d'un texte sacré les déductions les plus contraires à ce texte et les plus invraisemblables. En fait rien n'est plus

---

[48] L'opposition entre les idées démocratiques et la science commence déjà cependant à pénétrer dans les livres d'enseignement écrits par les professeurs de l'Université. Voici comment s'exprime un des plus connus par ses ouvrages de vulgarisation, monsieur Lavisse : « Les philosophes du siècle dernier avaient mis à la mode le sentiment de la fraternité en l'humanité. Aujourd'hui, la plus répandue des philosophies, celle qui a pénétré les sciences, enseigne la nécessité du combat pour la vie, la légitimité de la sélection qui se fait par œuvre de mort, l'illégitimité de la faiblesse. »

aristocratique que les lois de la nature. « L'aristocratie, a-t-on pu dire avec raison, est la loi des sociétés humaines, comme elle est, sous le nom de sélection, la loi des espèces. »

Nous sommes obligés de nous donner autant de mal aujourd'hui pour accorder les données nouvelles de la science avec nos illusions démocratiques que les théologiens s'en donnaient jadis pour accorder la Bible avec les découvertes géologiques. À force de tiraillements on masque encore un peu les divergences. Mais, comme elles s'accentuent chaque jour davantage, elles apparaîtront bientôt à tous les yeux.

Bien que fort réel, ce conflit est loin d'être aussi grave qu'on pourrait le croire. Je doute même qu'il ait jamais une grande importance pratique et dépasse la région des discussions philosophiques. À vrai dire, le désaccord est purement théorique. Il n'est pas dans les faits. Et comment d'ailleurs pourrait-il y être, puisque les faits sont la conséquence de lois naturelles supérieures à nos volontés et dont nous ne pouvons, par conséquent, éluder l'action ?

Nous le verrons en recherchant quel est le sens véritable des démocraties. Si, malgré les apparences, elles favorisent les supériorités de toutes sortes y compris celle de la naissance, elles sont aussi aristocratiques en réalité, c'est-à-dire aussi propices à une élite, que les formes de gouvernement qui les ont précédées. Dès lors, leur contradiction avec les lois de l'évolution n'existe pas.

Laissons de côté, pour cette démonstration, les mots par lesquels on définit les démocraties, et recherchons leur esprit. Je le trouve parfaitement indiqué dans les lignes suivantes, que j'emprunte à monsieur Bourget :

« Si vous cherchez à vous définir à vous-même ce que représente réellement ces deux termes : une aristocratie et une démocratie, vous trouverez que le premier désigne un ensemble de mœurs dont la fin est la production d'un petit nombre d'individus supérieurs. C'est l'application de l'adage : *humanum paucis vivit genus*. Le second, au contraire, désigne un ensemble de mœurs qui aboutissent au bien-être et à la culture du plus grand nombre possible d'individus. Partant, le point d'excellence d'une société aristocratique, son épreuve, est le personnage d'exception, (résultat suprême et résumé des milliers de destinées occupées à soutenir cet être rare), et le point d'excellence d'une société démocratique est une communauté où la jouissance et le travail soient répartis par portions indéfiniment fractionnées entre beaucoup. Il n'est pas besoin d'un grand esprit d'observation pour constater que le monde moderne, et notre monde français en particulier, s'aiguille tout entier vers cette seconde forme d'existence. Ce qui constitue la nouveauté de la société moderne c'est la substitution de la masse organisée à l'initiative personnelle, l'avènement des foules et la disparition, la diminution tout au moins du pouvoir de l'élite. »

Telles sont bien sans doute les tendances théoriques des démocraties. Voyons si les réalités s'accordent avec ces tendances.

Les démocraties posent comme principe fondamental l'égalité des droits de tous les hommes et la libre concurrence. Mais, dans cette concurrence, qui peut triompher, sinon les plus capables, c'est-à-dire ceux possédant certaines aptitudes plus ou moins dues à l'hérédité, et toujours favorisées par l'éducation et la fortune ? Nous rejetons aujourd'hui les droits de la naissance, et nous avons raison de les rejeter pour ne pas les exagérer encore en y ajoutant des privilèges sociaux. En pratique toutefois ils conservent tout leur empire, et même un empire supérieur à celui qu'ils possédaient jadis, car la compétition libre venant se superposer aux dons intellectuels donnés par le naissance ne fait que favoriser la sélection héréditaire. La démocratie est en réalité le régime qui crée le plus d'inégalités sociales. Les aristocraties en créent beaucoup moins et ne font guère que consolider celles qui existent. Les institutions démocratiques sont surtout avantageuses pour les élites de toutes sortes, et c'est pourquoi ces élites doivent les défendre et les préférer à tous les autres régimes.

Peut-on dire que les démocraties ne font pas naître des castes ayant des pouvoirs bien analogues à ceux des vieilles castes aristocratiques ? Voici comment s'exprime monsieur Tarde à ce sujet :

« Dans toute démocratie comme la nôtre, nous pouvons être certains qu'il existe une, hiérarchie sociale subsistante ou surgissante, des supériorités reconnues, héréditaires ou *sélectives*. Chez nous il n'est pas difficile d'apercevoir par qui la noblesse ancienne a été remplacée. D'abord, la hiérarchie administrative a été se compliquant, se développant en élévation par le nombre de ses degrés, et en étendue par le nombre des fonctionnaires. La hiérarchie militaire, de même, en vertu des causes qui contraignent les États européens modernes à l'armement universel. Puis, les prélats et les princes du sang, les moines et les gentilshommes, les monastères et les châteaux, n'ont été abattus qu'au plus grand profit des publicistes et des financiers, des artistes et des politiques, des théâtres, des banques, des ministères, des grands magasins, des grandes casernes et autres monuments groupés dans l'enceinte d'une même capitale. Toutes les célébrités se donnent là rendez-vous. Et qu'est-ce que les diverses espèces de notoriété et de gloire, avec tous leurs degrés inégaux, si ce n'est une hiérarchie de places brillantes, occupées ou disponibles, dont le public seul dispose ou croit disposer librement ? Or, loin de se simplifier et de s'abaisser, cette aristocratie de situations enorgueillissantes, cette estrade de sièges ou de trônes lumineux, ne cesse de devenir plus grandiose par l'effet même des transformations démocratiques. »

Il faut donc reconnaître que les démocraties créent des castes tout comme les aristocraties. La seule différence consiste en ceci, que dans les démocraties ces castes ne semblent pas fermées. Chacun peut y entrer ou croit pouvoir y entrer. Mais comment y pénétrer sinon en possédant certaines aptitudes intellectuelles, que la naissance seule peut donner, et qui créent à ceux qui les possèdent une supériorité écrasante sur les rivaux qui ne les possèdent pas. Il en résulte que les élites seules sont favorisées par les institutions démocratiques. Elles doivent donc se féliciter que ces institutions soient aussi envahissantes. L'heure est encore lointaine où les foules s'en détourneront. Elle finira cependant par sonner pour des raisons que nous dirons bientôt. Mais auparavant les démocraties sont exposées à d'autres dangers tirés de leur essence même et qu'il nous faut indiquer maintenant.

Le premier de ces dangers est que les démocraties sont fort coûteuses. Il y a déjà longtemps que Léon Say a montré que la démocratie est destinée à devenir le plus coûteux des régimes. Un journal a récemment fort bien raisonné sur ce fait dans les lignes suivantes :

« À juste titre l'opinion s'indignait autrefois contre les prodigalités du pouvoir monarchique, contre les courtisans, qui excitaient le prince à des magnificences retombant sur eux en pluie de bénéfices et de pensions. Depuis que le peuple est Roi, les courtisans ont-ils disparu ? Leur nombre n'a-t-il pas grossi au contraire avec les fantaisies du maître irresponsable et multiple qu'ils ont à servir ? Les courtisans ne sont plus à Versailles, dans les salons historiques où leur troupe dorée tenait tout entière. Ils pullulent dans nos villes, dans nos campagnes, dans nos plus humbles chefs-lieux d'arrondissement et de canton, partout où le suffrage universel dispose d'un mandat et peut conférer une parcelle de puissance. Avec eux, ils apportent l'annonce de libéralités ruineuses, la création d'emplois superflus, le développement inconsidéré des travaux et des services publics, moyens de popularité facile et surenchère électorale. Au Parlement, ils se font les dispensateurs des largesses promises, s'occupent à doter leur circonscription aux dépens de l'équilibre budgétaire. C'est le triomphe de l'étroite compétition locale sur l'intérêt d'État, la victoire de l'arrondissement sur la France. »

Elles sont parfois singulièrement excessives les exigences de l'électeur, et pourtant le législateur qui veut être réélu doit les respecter. Il doit trop souvent obéir aux ordres des marchands de vin et des petits commerçants, de cervelle assez faible, qui composent ses principaux agents électoraux. L'électeur exige l'impossible, et il faut bien le lui promettre. De là ces réformes hâtives décrétées sans soupçon de leurs répercussions. Chaque parti qui veut arriver au pouvoir sait qu'il ne le peut qu'en exagérant encore les promesses de ses rivaux.

« On voit surgir sous chaque parti un nouveau parti qui guette le premier, l'insulte et le dénonce. Quand la Convention régnait on entendait la Montagne menaçante sourdre sur la Convention. Et la Montagne, de son côté, redoutait la Commune, et la Commune craignait de sembler trop tiède à l'Évêché. Jusqu'aux derniers bas-fonds de la démagogie, cette loi règne et se vérifie. Il y a pourtant, dans cette exploration des *extrêmes*, une région louche et trouble où l'on ne distingue plus nettement : c'est là que fréquentent les plus ardents, les plus « purs », les plus sanguinaires (comme Fouché, Tallien, Barras), bons à faire des pourvoyeurs de guillotine, bons à faire des valets de César. Cela aussi, cette confusion des partis à leur lisière la plus lointaine, est une loi politique constante. Nous sortons d'une expérience très concluante à cet égard. »

Ce qui constitue le sérieux danger de cette intervention des foules dans les Gouvernements démocratiques, ce n'est pas seulement les dépenses exagérées qui en sont la suite, mais surtout cette illusion populaire redoutable qu'on peut remédier à tous les maux par des lois. Les parlements sont ainsi condamnés à enfanter un nombre immense de lois et de règlements dont personne ne prévoit les conséquences et qui ne font guère qu'entourer de mille entraves la liberté des citoyens et accroître les maux auxquels ils devaient remédier.

« Les institutions d'État, écrit un économiste italien, monsieur Luzzati, ne peuvent changer les conditions de notre misérable nature humaine, ni insinuer dans nos âmes les vertus qui leur manquent, ni élever les salaires pour permettre d'en tirer de plus grandes épargnes, parce que nous dépendons des conditions générales et inexorables de l'économie nationale et même mondiale. »

Cette proposition semblera fort élémentaire à des philosophes, mais elle n'a de chances d'être comprise du public qu'après une centaine d'années de guerres, des milliards dépensés et des révolutions sanglantes. Ce n'est qu'à ce prix, du reste, que se sont établies dans le monde la plupart des vérités élémentaires.

Les institutions démocratiques ont encore pour conséquence une instabilité ministérielle très grande. Mais cette instabilité présente des avantages qui balancent parfois ses inconvénients. Elle met le pouvoir réel dans la main des administrations dont chaque ministre a besoin, et dont il n'a pas le temps de changer la vieille organisation et les traditions qui font leur force. En outre chaque ministre, sachant que son existence sera éphémère et désireux de laisser quelque chose derrière lui, est accessible à beaucoup de propositions libérales. Sans les changements fréquents de ministres, bien des entreprises savantes auraient été impossibles en France.

Il faut aussi ajouter que cette facilité de changement de Gouvernement, qui est la conséquence des institutions démocratiques, rend les révolutions inutiles et par conséquent fort rares. Chez les peuples latins cet avantage ne saurait être considéré comme minime.

Un inconvénient plus sérieux des démocraties est la médiocrité croissante des hommes qui les gouvernent. Ils n'ont guère besoin que d'une qualité essentielle : être prêts à parler immédiatement sur quoi que ce soit, à trouver de suite des arguments plausibles ou tout au moins bruyants pour répondre à leurs adversaires. Les esprits supérieurs qui veulent réfléchir avant de parler, fussent-ils Pascal ou Newton, feraient pauvre figure dans les assemblées parlementaires. Cette nécessité de parler sans réfléchir élimine des Parlements beaucoup d'hommes de valeur solide et de jugement pondéré.

Ils en sont éliminés aussi par d'autres motifs, notamment celui-ci, que les démocraties ne supportent pas la supériorité chez ceux qui les gouvernent. En contact direct avec la foule, les élus ne peuvent lui plaire qu'en flattant ses passions et ses besoins les moins élevés, en lui faisant les plus invraisemblables promesses. Par suite de cet instinct si naturel qui pousse toujours les hommes à rechercher leurs semblables, les foules vont aux esprits chimériques ou médiocres, et les introduisent de plus en plus dans le sein des Gouvernements démocratiques.

« Par nature, écrivait récemment la *Revue politique et parlementaire*, le nombre préfère les esprits vulgaires aux esprits cultivés, se donne aux agités ou aux parleurs plutôt qu'aux penseurs et aux calmes, rend difficile pour ceux-ci, à force de le rendre désagréable, de se faire écouter et d'être élu. Le niveau baisse ainsi d'une manière à peu près continue dans les préoccupations qui se posent, dans les considérations qui décident, dans les affaires qui s'entreprennent, dans le personnel appelé et dans les mobiles qui le désignent. Nous avons cela sous les yeux. À moins de nous laisser tomber à un degré très bas et très malheureux, il faudra qu'on avise[49]. Nous arrivons à ce point que, pour capter le nombre, même

---

[49] L'auteur oublie de nous dire comment on pourra « aviser ». Comme ce n'est pas par des règlements, puisque de tels règlements seraient la négation même des principes fondamentaux de la démocratie, il est bien visible que sa proposition est tout à fait chimérique.

des lettrés et des gens de talent trouvent au mieux de lui offrir journellement en but la suppression de la fortune acquise, et à peine ose-t-on le réprouver. »

Et ce qui semblerait montrer que ce vice est inhérent à toutes les démocraties et n'est pas un effet de race, c'est que le phénomène, observé en France, s'observe aussi et même à un bien plus haut degré encore aux États-Unis d'Amérique. L'abaissement du niveau intellectuel et moral dans la classe spéciale qualifiée de politiciens s'y accentue chaque jour dans des proportions inquiétantes pour l'avenir de la Grande République. Cela tient aussi à ce que les fonctions politiques étant généralement dédaignées par les hommes capables, ne sont guère exercées que par les déclassés de tous les partis. L'inconvénient n'est pas aussi grand qu'il le serait en Europe, parce que le rôle du Gouvernement étant fort minime, la valeur du personnel politique importe moins. C'est aussi en Amérique que se peut observer un des dangers qui menacent le plus les démocraties, la vénalité. Il n'a pris nulle part un développement pareil à celui atteint aux États-Unis. La corruption y existe à tous les degrés des fonctions publiques, et il n'est guère d'élection, de concession, de privilège qui ne se puisse obtenir à prix d'argent. D'après un article de la *Contemporary Review*, une élection présidentielle coûte 200 millions, avancés par la ploutocratie américaine.

Le parti qui triomphe est largement remboursé d'ailleurs de ses avances. On commence par révoquer en bloc tous les fonctionnaires, et leurs places sont données aux électeurs du nouveau parti. Les nombreux partisans qui n'ont pu être casés reçoivent des pensions imputables au fonds des pensions de la guerre de Sécession, fonds qui augmente toujours, bien que la plupart des survivants de cette guerre aient disparu depuis longtemps. Ces pensions électorales atteignent maintenant le chiffre annuel de près de 800 millions de francs.

Quant aux chefs de parti, ils ont des appétits bien autrement vastes. Les gros spéculateurs notamment, dont le rôle est toujours prépondérant dans les élections, se font payer royalement. Il y a une vingtaine d'années, à la suite d'une élection, ils firent décréter qu'ils pourraient changer au Trésor de l'argent métal contre de l'or sur la base de l'ancien rapport. Ce qui veut dire simplement qu'en remettant au Trésor un poids d'argent acheté 12 francs sur le marché ils recevaient une pièce d'or valant 20 francs en échange. La mesure était si ruineuse pour l'État qu'il fallut bientôt limiter à 240 millions par an le cadeau que faisait le Gouvernement à quelques privilégiés. Quand le Trésor fut à peu près épuisé, l'exécution du *bill* fut suspendue. Cette colossale piraterie avait mis de telles fortunes entre les mains des spéculateurs qu'ils ne songèrent pas trop à protester.[50]

Nous avons fait un bruit énorme en France à propos du Panama, et la désespérante imbécillité de certains magistrats a tout fait pour nous déshonorer vis-à-vis de l'étranger, à propos de quelques billets de 1.000 francs acceptés par une demi-douzaine de députés besogneux. Les Américains n'y ont rien compris, car il n'est pas un politicien qui n'eût fait de même, avec cette seule différence qu'aucun d'eux ne se fût contenté de rétributions aussi insignifiantes. Comparé aux Chambres américaines, notre Parlement possède une vertu catonienne. Elle est d'autant plus méritoire que les appointements de nos législateurs suffisent à peine aux exigences de leur situation. En encourageant le Panama, qu'on leur reproche tant, ils n'ont fait d'ailleurs qu'obéir aux exigences unanimes de leurs électeurs. Le canal de Suez, qui fit un demi-dieu de son créateur, ne s'est pas fait d'une façon différente que le Panama et ne pouvait se

---

[50] Dans la campagne fructueuse qu'ils ont menée contre le Trésor américain, c'est-à-dire contre les intérêts financiers de la nation, les producteurs d'argent ont eu pour alliés directs les producteurs de blé et d'une façon plus générale les grands fermiers de l'Ouest. Faire accepter de vive force par la complicité de l'État une monnaie avilie comme l'argent, ce n'est pas autre chose que préparer une hausse artificielle du cours des marchandises.

faire autrement. Ce ne fut jamais par des procédés de vertu austère que s'est déliée la bourse des financiers.

Il n'y a évidemment, au point de vue des idées européennes, aucune excuse possible aux mœurs politiques des États-Unis. Elles sont déshonorantes pour un pays. Cependant, puisque les Américains s'en accommodent fort bien et ne les trouvent pas déshonorantes du tout, c'est qu'elles correspondent à un idéal particulier que nous devons tâcher de comprendre. En Europe, le goût de la richesse est au moins aussi répandu qu'en Amérique, mais nous avons conservé d'anciennes traditions qui font que si les brasseurs d'affaires et les financiers véreux sont enviés quand ils réussissent, ils n'en sont pas moins assez méprisés et considérés un peu comme des forbans heureux. On les subit, mais il ne viendrait jamais à l'idée de les comparer à des savants, des artistes, des militaires, des marins, c'est-à-dire à des individus exerçant des carrières exigeant pour être pratiquées une certaine élévation d'idées ou de sentiments dont on sait la plupart des spéculateurs complètement dépourvus.

Dans un pays comme l'Amérique, sans traditions, voué presque exclusivement au commerce et à l'industrie, où règne une égalité parfaite, où il n'existe aucune hiérarchie sociale, puisque tous les emplois importants, y compris ceux de la magistrature, sont remplis par des titulaires renouvelés sans cesse et ne jouissant pas d'ailleurs de plus de considération que le plus mince boutiquier. Dans un tel pays, dis-je, une seule distinction peut exister, celle de la fortune. La valeur comme la puissance d'un individu, et par conséquent, sa place sociale, ont forcément pour unique mesure le nombre de dollars qu'il possède. La poursuite des dollars devient alors l'unique idéal visé, et tous les moyens sont bons pour l'atteindre. L'importance d'une fonction n'est mesurée que par ce qu'elle rapporte. La politique n'est considérée que comme un simple métier devant rétribuer largement qui le pratique. Bien que cette conception soit évidemment très dangereuse et fort basse, le public américain l'accepte parfaitement puisqu'il donne sans difficulté ses voix aux politiciens les plus connus par leurs habitudes de pillage.

La politique, considérée comme une affaire, explique la formation de syndicats pour l'exploiter. Ainsi seulement pouvons-nous concevoir la puissance, si mystérieuse au premier abord pour les Européens, d'associations telles que la fameuse *Tammany Hall* de New-York, qui exploite sur une large échelle les finances de cette ville depuis plus de 50 ans. C'est une sorte de franc-maçonnerie faisant nommer les employés de la municipalité, les magistrats, les agents de police de la ville, les entrepreneurs, les fournisseurs, en un mot, tout le personnel. Ce personnel lui est dévoué corps et âme et obéit aveuglément aux ordres du chef suprême de l'association. Deux fois seulement, en 1894 et en 1901, l'association ne réussit pas à se maintenir. Une des enquêtes officielles faites sur ses agissements, révéla les plus incroyables déprédations. Sous un seul de ses chefs, le fameux William Twed, le montant des vols partagé entre les associés s'élevait, d'après la commission d'enquête, à 800 millions de francs. Après une courte éclipse, le syndicat a reconquis tout son pouvoir, puis l'a de nouveau perdu récemment, mais pour peu de temps. Aux avant-dernières élections il avait dépensé 35 millions, dit-on, pour faire nommer son candidat maire de New-York. Cette somme fut remboursée facilement aux associés, puisque ce maire dispose d'un budget annuel de 400 millions.

Tout autre peuple que les Américains serait vite désorganisé par de telles mœurs. Nous savons ce qu'elles ont produit dans les républiques latines de l'Amérique. Mais la population des États-Unis possède cette qualité souveraine, l'énergie, qui triomphe de tous les obstacles. Le danger de l'intervention des financiers dans les affaires n'ayant pas été encore trop visible, le public ne s'en est pas préoccupé. Le jour, probablement peu lointain, où ce danger apparaîtra, les Américains emploieront leur énergie habituelle pour remédier au mal. Ils ont, à cet usage, des procédés sommaires. On sait comment ils se débarrassent des nègres et des Chinois qui les incommodent. Quand les financiers et les prévaricateurs les gêneront trop, ils ne se feront aucun scrupule d'en lyncher quelques douzaines pour faire réfléchir les autres sur l'utilité de la vertu.

La démoralisation que nous venons de signaler n'a atteint jusqu'ici, en Amérique, que la classe spéciale des politiciens, et très peu celles des commerçants et des industriels. Ce qui, je le répète, en limite étroitement d'ailleurs les effets, c'est qu'aux États-Unis comme dans tous les pays anglo-saxons, l'intervention du Gouvernement dans les affaires est très restreinte, au lieu de s'étendre partout comme chez les peuples latins.

Ce point est capital, et explique la vitalité des démocraties américaines comparée à la faible vitalité des démocraties latines. Les institutions démocratiques ne peuvent bien prospérer que chez les peuples ayant assez d'initiative et de volonté pour savoir se conduire et faire leurs affaires sans l'intervention constante de l'État. La corruption des fonctionnaires n'a guère de conséquences fâcheuses lorsque l'influence des pouvoirs publics est très limitée. Quand, au contraire, cette influence est grande, la démoralisation s'étend à tout, et la désorganisation est prochaine. Le sombre exemple des républiques latines de l'Amérique est là pour montrer le sort qui attend les démocraties chez des peuples sans volonté, sans moralité et sans énergie. L'esprit autoritaire, l'intolérance, le mépris de la légalité, l'ignorance des questions pratiques, le goût invétéré du pillage, se développent alors rapidement. L'anarchie vient bientôt, et à l'anarchie succède toujours la dictature.

Une telle fin a toujours menacé les Gouvernements démocratiques. Elle menacerait beaucoup plus encore un Gouvernement tout à fait populaire basé sur le socialisme.

Mais en dehors des dangers que nous venons de signaler et qui tiennent à l'état des mœurs, les démocraties ont encore d'autres difficultés à combattre qui résident dans l'état d'esprit des classes populaires, qu'elles font tous leurs efforts pour favoriser pourtant.

Les plus redoutables ennemis des démocraties ne se trouvent pas du tout du côté où elles s'obstinent à les chercher. Elles sont menacées non par les aristocraties, mais par les classes populaires. Dès que la foule souffre de la discorde et de l'anarchie de ses gouvernants, elle songe de suite au dictateur. Il en fut toujours ainsi aux périodes troublées de l'histoire, chez les peuples n'ayant pas ou n'ayant plus les qualités suffisantes pour supporter des institutions libres. Après Sylla, Marius et les guerres civiles, ce fut César, Tibère et Néron. Après la Convention, Bonaparte. Après 1848, Napoléon III. Et tous ces despotes, fils du suffrage universel de tous les âges, furent toujours adorés des foules. Comment d'ailleurs auraient-ils pu se maintenir si l'âme des peuples n'avait pas été avec eux ?

« Osons le dire et le redire, écrivait un des plus fermes défenseurs de la démocratie, monsieur Schérer, on se condamne à méconnaître les instincts les plus caractéristiques du suffrage universel, en France du moins, lorsqu'on s'obstine à ne pas tenir compte des quatre plébiscites qui ont élevé Louis-Napoléon à la présidence de la République, ratifié l'attentat du 2 décembre, fait l'Empire, et en 1870, renouvelé le pacte de la nation avec le funeste aventurier. »

Peu d'années se sont écoulées depuis l'époque où le même suffrage universel faillit renouveler un pacte semblable avec un autre aventurier dépourvu même de l'autorité du nom et n'ayant que le prestige de son panache de général.

Ils sont nombreux, les justiciers qui ont fait le procès des rois. Très rares sont ceux qui ont osé faire celui des peuples.

§ 3. LE CONFLIT ENTRE LES IDÉES DÉMOCRATIQUES ET LES ASPIRATIONS SOCIALISTES

Tels sont les avantages et aussi les inconvénients des institutions démocratiques. Elles conviennent admirablement aux races fortes et énergiques, chez qui l'individu est habitué à ne compter que sur ses propres efforts. Elles n'ont en elles la vertu de créer aucun progrès, mais elles constituent une atmosphère propice à tous les progrès. À ce point de vue rien ne les égale et rien ne saurait les remplacer. Aucun régime n'assure aux plus capables une telle liberté de développement, ne leur donne de telles chances de réussite dans la vie. Grâce à la liberté qu'elles laissent à chacun et à l'égalité qu'elles proclament, elles favorisent le développement de toutes les supériorités, et surtout celui de l'intelligence, c'est-à-dire la supériorité d'où dérivent tous les grands progrès.

Mais cette égalité, cette liberté, dans une lutte où les concurrents sont inégalement doués, met-elle sur le même pied les favorisés de l'hérédité intellectuelle et la foule des esprits médiocres ne possédant que des aptitudes mentales peu développées ? Laisse-t-elle à tous ces individus mal doués beaucoup de chances, non de triompher de leurs rivaux, mais simplement de n'être pas trop écrasés par eux ? En un mot, les êtres faibles, sans énergie et sans vaillance peuvent-ils trouver dans les institutions libres l'appui qu'ils sont incapables de trouver en eux-mêmes ? Il semble évident que la réponse est négative, et il semble évident aussi que plus il y a d'égalité et de liberté, plus l'asservissement des incapables, ou même des demi-capables, est complet.

Remédier à cet asservissement est peut-être le plus difficile problème des temps modernes. Si on ne limite pas les libertés, la situation des déshérités ne peut qu'empirer chaque jour. Si on les limite, et l'État seul évidemment peut se charger d'une telle limitation, on arrive de suite au socialisme d'État, dont les conséquences sont pires que les maux qu'il prétend guérir. Il reste alors à faire appel aux sentiments altruistes des plus forts. Mais les religions seules ont pu réussir jusqu'ici, et encore seulement aux âges de foi, à éveiller de tels sentiments, qui, même alors, ont constitué des bases sociales véritablement très fragiles.

De toutes façons nous devons bien reconnaître que le sort des individus faibles et mal adaptés est certainement infiniment plus dur dans les pays de liberté et d'égalité complètes, comme les États-Unis, que dans les pays à constitution aristocratique. Parlant des États-Unis dans son ouvrage sur le Gouvernement populaire, l'éminent historien anglais Maine s'exprime ainsi :

« On n'a jamais vu jusqu'ici de communauté où le faible ait été plus impitoyablement rejeté contre le mur, où ceux qui ont réussi aient été aussi uniformément de la race des forts, où, dans un temps aussi court, il se soit élevé une aussi grande inégalité de fortunes privées et de luxe domestique. »

Ce sont là évidemment les inconvénients nécessaires de tout régime ayant pour base la liberté, et ce sont pourtant les conditions inévitables du progrès. La seule question qu'on puisse se poser est celle-ci : doit-on sacrifier les éléments nécessaires du progrès, ne considérer que l'intérêt immédiat et visible des multitudes, et combattre sans cesse par toutes sortes de moyens arbitraires les conséquences des inégalités que la Nature s'obstine à répéter à chaque génération ?

« Qui a raison, écrit monsieur Fouquier, de l'individualisme aristocratique ou de la solidarité démocratique ? Lequel est le plus favorable aux progrès de l'humanité ? Qui vaut le mieux, fût-ce pratiquement, d'un Molière ou de 200 bons instituteurs ? Qui a rendu le plus de services de Fulton et de Watt ou de 100 sociétés de secours mutuels ? Visiblement, l'individualisme élève, la démocratie rabaisse. Visiblement, la fleur humaine pousse sur un fumier humain. Seulement, ces créatures médiocres, inutiles, d'instinct bas, de cœurs envieux souvent, d'intelligence vaine et vaniteuse, dangereuses parfois, sottes toujours, ce sont encore des créatures humaines ! »

On peut théoriquement supposer l'inversion des lois naturelles et sacrifier les forts, qui sont la minorité, aux faibles, qui constituent la majorité. Tel est, dégagé des vaines formules, le rêve poursuivi par les socialistes.

Admettons pour un instant la réalisation d'un tel rêve. Supposons l'individu emprisonné dans l'étroit réseau de règlements et d'entraves proposés par les socialistes. Supprimons le capital, la concurrence et l'intelligence. Pour donner satisfaction aux théories égalitaires, mettons un peuple dans cet état de faiblesse où il serait à la merci de la première invasion venue. La foule y gagnerait-elle, même momentanément, quelque chose ?

Hélas ! non. Elle n'y gagnerait rien d'abord et y perdrait bientôt tout. C'est seulement par l'influence des esprits supérieurs que se font les progrès qui enrichissent tous les travailleurs, et c'est seulement sous leur direction que le mécanisme si compliqué de la civilisation moderne peut fonctionner. Sans les esprits supérieurs, un grand pays serait bientôt un corps sans âme. L'usine, sans l'ingénieur qui la construit et la dirige, ne marcherait pas longtemps. Elle deviendrait ce que devient le navire privé de ses officiers : une épave à la merci des flots et qui se brisera sur le premier rocher rencontré. Sans les puissants et les forts, l'avenir des médiocres et des faibles apparaîtrait plus misérable qu'il ne le fut jamais.

De telles conclusions sont rendues évidentes par le raisonnement. Mais la démonstration ne peut être accessible à tous les esprits parce que l'expérience n'a pas été tentée encore. Ce ne sont pas des arguments qui convaincraient les adeptes de la foi socialiste.

Les démocraties favorisant, par le fait même de leurs principes, la liberté et la concurrence qui font triompher nécessairement les plus capables, alors que le socialisme rêve, au contraire, la suppression de la concurrence, la disparition de la liberté et une égalisation générale, il y a opposition évidente et irréductible entre les principes socialistes et les principes démocratiques.

Cette opposition, les socialistes modernes ont fini par l'entrevoir au moins d'instinct. Car, avec leur prétention que tous les hommes ont des capacités égales, ils ne peuvent la reconnaître nettement. De cet instinct, confus et inconscient le plus souvent, mais pourtant très réel, est née leur haine pour le régime démocratique, haine beaucoup plus intense que celle dont la Révolution enveloppa l'ancien régime. Rien n'est moins démocratique que leur idée de détruire les effets de la liberté et des inégalités naturelles par un régime absolument despotique qui supprimerait toute concurrence, donnerait le même salaire aux capables et aux incapables et détruirait sans cesse, par des mesures législatives, les inégalités sociales résultant des inégalités naturelles.

Il ne manque pas aujourd'hui de flatteurs prêts à persuader aux foules que la réalisation d'un tel rêve est facile. Ces dangereux prophètes croient qu'ils vivront assez pour recueillir les fruits de leur popularité et pas assez pour que les événements manifestent leur imposture. Ils n'ont donc rien à perdre.

Ce conflit entre les idées démocratiques et les aspirations socialistes n'est pas encore très visible pour les esprits ordinaires, et la plupart ne considèrent le socialisme que comme l'aboutissement nécessaire, la conséquence prévue des idées démocratiques. En réalité il n'y a pas de conceptions politiques qui soient séparées par des abîmes plus profonds que la démocratie et le socialisme. Un pur athée est, sur bien des points, beaucoup plus rapproché d'un dévot qu'un socialiste ne l'est d'un démocrate fidèle aux principes de la

Révolution. Les divergences entre les deux doctrines commencent seulement à se dessiner. Bientôt elles éclateront et alors le déchirement sera violent.

Ce n'est donc pas entre la démocratie et la science qu'il y a réellement conflit, mais entre le socialisme et la démocratie. La démocratie a indirectement enfanté le socialisme, et c'est par le socialisme qu'elle périra peut-être.

Il ne faut pas songer, comme on le propose quelque-fois, à laisser le socialisme tenter ses essais afin de mettre en évidence sa faiblesse. Il enfanterait immédiatement le Césarisme, qui supprimerait bien vite toutes les institutions démocratiques.

Ce n'est pas dans l'avenir, mais aujourd'hui, que les démocrates doivent combattre leur redoutable ennemi, le socialisme. Il constitue un danger contre lequel doivent se liguer tous les partis sans exception et avec lequel aucun, celui des républicains moins que tout autre, ne devrait jamais pactiser. On peut contester la valeur théorique des institutions qui nous régissent, on peut souhaiter que la marche des choses ait été autre, mais de tels vœux doivent rester platoniques. Devant l'ennemi commun, tous les partis doivent s'unir, quelles que soient leurs aspirations. Ils n'auraient que de bien faibles chances de gagner quelque chose à un changement de régime, et ils s'exposeraient à tout perdre.

Certes les idées démocratiques n'ont pas, au point de vue théorique, une base scientifique plus solide que les idées religieuses. Mais cette lacune, qui n'eut jadis aucune influence sur le sort des unes ne saurait entraver davantage la destinée des autres. Le goût de la démocratie est universel aujourd'hui chez tous les peuples, quelle que soit la forme de leurs Gouvernements.

Nous sommes donc ici en face d'un de ces grands courants sociaux qu'il serait vain de vouloir endiguer. Le principal ennemi actuel de la démocratie, le seul qui pourrait la vaincre, c'est le socialisme.

Chapitre II
La lutte des peuples et des classes

§1 Les luttes naturelles des individus et des espèces. — La lutte universelle des êtres est une loi constante de la nature. — Elle est la condition essentielle du progrès. — Intolérance de la nature pour la faiblesse.
§2. La lutte des peuples. — Lutte constante des peuples depuis l'origine de l'histoire. — Le droit du plus fort a toujours été l'arbitre de leurs destinées. — Pourquoi la force et le droit sont des identités. — Comment les petits États peuvent parfois subsister. — Les limites du droit des peuples sont mesurées par la force dont ils disposent pour les défendre. — Comment les peuples civilisés appliquent aux nègres les principes précédents. — Valeur des dissertations des théologiens et des philanthropes. — Le droit et la justice dans les relations internationales. — Pourquoi les luttes des peuples seront probablement plus vives dans l'avenir que dans le passé.
§3. La lutte des classes. — Ancienneté de la lutte des classes. — Sa nécessité. — Pourquoi, loin de s'effacer, elle ne peut que s'accroître. — Tentatives inutiles des religions pour supprimer les luttes entre les classes. — La division qui sépare les classes est beaucoup plus profonde en réalité que jadis. — Programme de lutte des socialistes. — Incompréhension réciproque des partis en présence. — Rôle considérable de l'erreur dans l'histoire.
§4. Les futures luttes sociales. — Violence de la lutte avec les socialistes. — La lutte aux États-Unis. — Difficultés qu'auront les vieilles sociétés pour se défendre. — Dissociation de leurs armées.

§ 1. LA LUTTE NATURELLE DES INDIVIDUS ET DES ESPÈCES

Le seul procédé que la nature ait su trouver pour améliorer les espèces est de faire naître beaucoup plus d'êtres qu'elle n'en peut nourrir et d'établir entre eux une lutte perpétuelle dans laquelle les plus forts, les mieux adaptés, peuvent seuls survivre. La lutte a lieu non seulement entre les diverses espèces, mais aussi entre les individus de la même espèce, et c'est souvent entre ces derniers qu'elle est la plus violente.

C'est par ce procédé de sélection que se sont perfectionnés les êtres depuis l'origine du monde, que l'homme s'est dégagé des types informes des temps géologiques, et que nos sauvages ancêtres de l'âge des cavernes se sont lentement élevés à la civilisation. Envisagée au point de vue de nos sentiments, la loi de la lutte pour l'existence, avec survivance des plus aptes peut sembler fort barbare. Il ne faut pourtant pas oublier que sans elle nous disputerions misérablement encore une proie incertaine à tous les animaux que nous avons fini par asservir.

La lutte que la nature a imposée aux êtres créés par elle est universelle et constante. Partout où il n'y a pas lutte, non seulement il n'y a pas progrès, mais il y a tendance rapide à rétrograder.

Après nous avoir montré la lutte régnant entre tous les êtres, les naturalistes nous l'ont montrée régnant aussi au sein de nous-mêmes.

« Loin de se prêter un mutuel concours, écrit monsieur Kunstler, les différentes parties du corps des êtres vivants semblent, au contraire, être en lutte perpétuelle entre elles. Tout développement de l'une d'elles a pour conséquence corrélative une diminution d'importance des autres. En d'autres termes, toute partie qui s'accroît détermine l'affaiblissement d'autres parties. [...] Geoffroy Saint-Hilaire avait déjà perçu les grandes lignes de ce phénomène en établissant son *principe du balancement des organes*. La théorie moderne de la phagocytose n'ajoute pas beaucoup à ce principe, mais elle détermine avec plus de netteté le processus par lequel le phénomène se produit. [...] Non seulement les organes luttent entre eux, mais aussi toutes les parties, quelles qu'elles puissent être. Par exemple, le conflit existe entre les tissus, entre les éléments d'un même tissu. L'évolution des plus faibles en est diminuée ou arrêtée. Ils peuvent être impitoyablement sacrifiés au bénéfice des forts qui en deviennent plus florissants. [...] Les choses paraissent se passer comme si les organismes vivants ne possédaient qu'une dose déterminée de puissance évolutive à dépenser. Si, grâce à un artifice quelconque, cette force de développement est départie à un organe ou à un appareil, les autres organes en sont plus ou moins complètement rendus stationnaires, ou même ils peuvent péricliter. »

« Constamment, écrit de son côté monsieur Duclaux, il y a, dans la société cellulaire qui constitue un être vivant, des individus qui sont malades ou meurent, des cellules qui sont affaiblies et doivent disparaître, dans l'intérêt commun, même avant d'être tout à fait mortes. Ce sont encore les leucocytes qui sont chargés de ce soin et sont organisés pour être en lutte perpétuelle avec les cellules au milieu desquelles ils circulent. Ils les menacent toutes, et sitôt qu'une d'elles faiblit dans sa résistance, pour quelque cause que ce soit, tous les leucocytes voisins se jettent sur elle, l'englobent, la tuent, la digèrent et en emportent avec eux les derniers éléments. Le régime permanent de notre organisme est donc non l'état de paix, mais l'état de guerre et l'oppression du faible, du malade et du vieux. La nature nous donne sur ce point son ordinaire leçon de cruauté. »

La nature professe donc une intolérance absolue pour la faiblesse. Tout ce qui est faible est bientôt condamné par elle à périr. Elle ne respecte que la force.

L'intelligence étant en rapport étroit avec la masse de matière cérébrale que l'individu possède, il s'en suit que dans la nature les droits d'un être vivant sont étroitement en rapport avec la capacité de son cerveau. Ce n'est qu'en raison de sa capacité cérébrale plus grande que l'homme a pu s'arroger le droit de tuer et de manger les êtres qui lui sont inférieurs. Si ces derniers pouvaient être consultés, ils trouveraient sans doute que les lois naturelles sont bien contristantes. La seule consolation à leur offrir serait que la nature est pleine de fatalités tout aussi contristantes. Avec un cerveau plus développé, les animaux comestibles arriveraient peut-être à se syndiquer pour échapper au couteau du boucher, mais ils n'y gagneraient pas grand'chose. Abandonnés à eux-mêmes et ne pouvant plus compter sur les soins intéressés et par cela même très attentifs des éleveurs, quel serait leur sort ? Dans les pays encore vierges, ils pourraient trouver leur pâture au milieu des prairies, mais ils y trouveraient aussi la dent des carnassiers, et, s'ils y échappaient, ils n'échapperaient pas à la mort lente par la faim dès qu'ils seraient devenus trop vieux pour aller chercher leur nourriture et la disputer à leurs semblables. La nature a cependant donné aux êtres faibles un moyen assuré de se perpétuer à travers les âges, malgré leurs ennemis, en leur accordant une fécondité capable de lasser l'appétit de tous ces ennemis. Une femelle de hareng pondant annuellement plus de 60.000 œufs, il s'échappe toujours un nombre suffisant de jeunes harengs pour assurer la continuation de l'espèce.

Il semblerait même que la nature ait apporté autant de vigilance pour maintenir la perpétuité des espèces les plus infimes, des parasites les plus obscurs, que pour assurer l'existence de êtres les plus élevés. La vie des plus grands génies ne pèse pas plus devant elle que l'existence des plus misérables microbes. Elle n'est ni bienveillante ni cruelle la nature. Elle « songe » seulement à l'espèce et reste indifférente (formidablement indifférente), envers l'individu. Nos idées de justice, elle ne les connaît pas. On peut protester contre ses lois, mais il faut bien vivre avec elles.

§ 2. LA LUTTE DES PEUPLES

L'homme a-t-il réussi à supprimer pour lui-même les dures lois de la nature auxquelles sont soumis tous les êtres ? La civilisation a-t-elle un peu adouci les rapports entre les peuples ? La lutte est-elle devenue moins vive au sein de l'humanité qu'entre les diverses espèces ?

L'histoire nous enseigne le contraire. Elle nous dit que les peuples sont toujours restés en lutte, et que depuis l'origine du monde, le droit du plus fort a été l'unique arbitre de leurs destinées.

Cette loi fut celle des temps antiques, aussi bien que de l'âge moderne. Rien n'indique qu'elle ne sera pas aussi celle des siècles futurs.

Ce n'est pas sans doute qu'il manque aujourd'hui de théologiens et de philanthropes pour protester contre cette loi inexorable. Nous leur devons de nombreux livres où, en phrases éloquentes, ils font de pressants appels au droit et à la justice, sortes de divinités souveraines qui dirigeraient le monde du fond des cieux. Mais les faits sont toujours venus démentir cette vaine phraséologie. Ces faits nous disent que le droit n'existe que lorsqu'on possède la force nécessaire pour le faire respecter. On ne peut dire que la force prime le droit, puisque la force et le droit sont des identités. Là où il n'y a pas de force, aucun droit ne saurait subsister.[51]

---

[51] On ne peut contester cependant qu'on entrevoit la future formation d'un droit international fondé sur l'opinion. Elle commence déjà à devenir assez puissante pour obliger les souverains à en tenir compte. Il est certain par exemple que les Anglais n'auraient jamais songé à débarquer à Calais pour s'en emparer alors qu'en 1870 nous étions sans défense. Il y a quelques siècles une telle invasion eut été considérée comme très naturelle. Une des raisons qui empêcha l'empereur d'Allemagne, au lendemain de la défaite des Russes, de profiter de l'occasion pour nous déclarer la guerre afin de s'emparer de quelques provinces fut le mouvement d'unanime réprobation soulevé en

Personne ne doute, j'imagine, qu'un pays qui, confiant dans le droit et la justice, voudrait licencier ses armées, serait immédiatement envahi, pillé et asservi par ses voisins. Si aujourd'hui de faibles États comme la Turquie, la Grèce, le Maroc, le Portugal, l'Espagne et la Chine peuvent subsister à peu près, ce n'est qu'à cause des rivalités des peuples puissants qui voudraient s'en emparer. Obligés de ménager des rivaux aussi forts qu'eux, les grands États ne peuvent dépouiller les faibles pays qu'avec prudence et en ne s'emparant de leurs provinces que par fragments. Les duchés Danois, la Bosnie, Malte, Chypre, l'Égypte, le Transwaal, Cuba, les Philippines, etc., ont été ainsi enlevés tour à tour aux nations qui les possédaient.

Aucun peuple ne doit oublier aujourd'hui que les limites de son droit sont exactement mesurées par les forces dont il dispose pour le défendre. Le seul droit reconnu au mouton est de servir de nourriture aux êtres possédant un plus gros cerveau que le sien. Le seul droit reconnu aux nègres est de voir leurs pays envahis et pillés par les blancs et d'être abattus à coups de fusil s'ils résistent. S'ils ne résistent pas, on se borne à s'emparer de leurs biens, puis à les faire travailler à coups de fouet pour enrichir leurs vainqueurs. Telle fut jadis l'histoire des indigènes de l'Amérique. Telle est aujourd'hui celle des habitants de l'Afrique. Les nègres ont ainsi appris ce qu'il en coûte d'être faibles. Pour faire plaisir aux philanthropes qui écrivent des livres, on débite de belles tirades sur le malheureux sort de ces populations avant de les mitrailler. On pousse même la bienveillance jusqu'à leur expédier des missionnaires, dont les poches sont bourrées de bibles et de bouteilles d'alcool, afin de les initier aux bienfaits de la civilisation.

Europe par la misérable querelle du Maroc. Les peuples agiront très sagement cependant en comptant beaucoup plus sur leurs canons pour se défendre que sur la puissance fort limitée encore de l'opinion.

Laissant donc de côté les puérils bavardages des théologiens et des philanthropes, nous reconnaîtrons comme un fait d'observation constante que les lois humaines ont été tout à fait impuissantes à modifier celles de la nature, et que ce sont ces dernières qui continuent à régir les rapports entre les peuples. Toutes les théories sur le droit et la justice n'y peuvent rien.

Les relations entre peuples sont aujourd'hui ce qu'elles furent depuis l'origine du monde, dès que des intérêts différents sont en présence ou simplement quand un pays éprouve le désir de s'agrandir. Le droit et la justice n'ont jamais joué aucun rôle toutes les fois qu'il s'est agi de relations entre peuples de force inégale. Ou vainqueur ou vaincu, ou gibier ou chasseur, telle a toujours été la loi. Les phrases des diplomates, les discours des rhéteurs rappellent tout à fait les civilités que se font les gens du monde dès qu'ils ont endossé un habit. C'est à qui s'effacera pour vous laisser passer et vous demandera avec une affectueuse sympathie des nouvelles de vos parents les plus éloignés. Qu'il se manifeste une circonstance quelconque où l'intérêt soit en jeu, et aussitôt on verra s'évanouir ces superficiels sentiments. C'est alors à qui passera le premier, dût-il, comme à l'incendie du bazar de la Charité ou au naufrage de la *Bourgogne*, écraser à coups de talon de botte ou assommer à coups de triques les femmes et les enfants qui le gênent. On compte assurément des exceptions, des êtres intrépides prêts à se dévouer pour leurs semblables, mais ils sont si rares qu'on les considère comme des héros et que leurs noms sont consignés dans l'histoire.

Il n'y a que de faibles raisons de croire que les luttes entre les peuples seront moins intenses dans l'avenir que par le passé. Il y a au contraire de très fortes raisons d'admettre qu'elles seront beaucoup plus violentes. Lorsque les nations étaient séparées par de grandes distances, que la science n'avait pas appris à franchir rapidement, les causes de conflit étaient rares. Aujourd'hui elles deviennent de plus en plus fréquentes.

Jadis c'étaient surtout des intérêts dynastiques ou des fantaisies de conquérants qui provoquaient les luttes internationales. Dans l'avenir elles auront pour principaux mobiles ces grands intérêts économiques d'où dépend la vie même des peuples et dont nous avons montré la force. Les prochaines luttes entre nations seront de véritables luttes pour l'existence, ne pouvant guère se terminer que par l'anéantissement complet de l'un des combattants. La dernière guerre du Transwaal en a été un bien typique exemple.[52]

Ce sont là des vérités essentielles, qu'il n'y a aucun intérêt à cacher, et qu'il est fort dangereux de vouloir cacher. On admettra comme suffisamment évident, je pense, qu'on eût rendu grand service aux Espagnols, il y a 25 ans, en leur inculquant solidement cette notion qu'aussitôt qu'ils seraient suffisamment affaiblis par leurs dissensions intestines, un peuple quelconque profiterait du premier prétexte venu pour s'emparer de leurs dernières colonies, et y réussirait sans difficulté malgré les oraisons des moines et la protection des madones. Peut-être alors eussent-ils compris l'utilité de faire moins de révolutions, de prononcer moins de discours et d'organiser leur défense de façon à ôter l'idée de les attaquer. Un

---

[52] Les Anglais croyant pendant quelque temps ne pouvoir la terminer que par l'extermination totale des Boers, prirent pour y arriver des mesures très efficaces. Partout où leurs colonnes pénétraient, les villages, les fermes et les moissons étaient incendiés, les habitants (y compris les femmes, les vieillards et les enfants), emmenés en captivité. On les parquait dans des enclos dits « camps de concentration » où, exposés demi-nus à toutes les intempéries et recevant une nourriture dont l'insuffisance était savamment dosée, ils mouraient très rapidement Le nombre des prisonniers était de 109.000 en septembre 1901. D'après les statistiques officielles, la mortalité annuelle y était en juin de 10,9 % par an, en juillet de 18 %, en août de 21,4 %, en septembre de 26,4 %. On voit la progression. Quant aux enfants on s'arrangeait, en prévision de l'avenir, pour que leur mortalité soit bien plus élevée encore. Elle s'éleva à 43,3 %, ce qui signifie que si la guerre s'était prolongée, au bout de deux ans ils auraient tous disparu. Le prix de la nourriture qu'on donna à toute cette population était de 19 centimes par jour et par tête d'après les documents fournis par les journaux anglais.

petit peuple suffisamment énergique sait fort bien se défendre. Beaucoup de nations consacrent aujourd'hui le tiers de leur budget à des dépenses militaires, et cette prime d'assurance contre les agressions de leurs voisins ne serait assurément pas trop élevée si elle était toujours bien employée.

§ 3. La lutte des classes

Les collectivistes attribuent à leur théoricien Karl Marx la constatation de ce fait que l'histoire est dominée par des luttes de classes se disputant pour des intérêts économiques, et aussi l'assertion que cette lutte doit disparaître par suite de l'absorption de toutes les classes en une seule : la classe ouvrière.

Le premier point, la lutte des classes, est une banalité aussi vieille que le monde. Par le seul fait de la répartition inégale de la richesse et de la puissance, conséquence des différences naturelles de capacité ou simplement des nécessités sociales, les hommes ont toujours été divisés en classes, dont les intérêts furent nécessairement plus ou moins opposés et, par conséquent, aux prises. Mais l'idée que cette lutte puisse cesser est une de ces conceptions chimériques que toutes les réalités contredisent et dont il faudrait bien se garder de souhaiter la réalisation. Sans la lutte des êtres, des races et des classes, en un mot sans le combat universel, l'homme ne fût jamais sorti de la sauvagerie primitive et ne se fut pas élevé à la civilisation.

La tendance à la lutte, que nous avons vue régir les relations entre les espèces animales et entre les peuples, régit donc aussi les relations entre les individus et entre les classes.

« Nous n'avons, écrit monsieur B. Kidd, qu'à regarder autour de nous pour voir que la rivalité constante de l'homme avec son semblable devient le trait dominant de notre caractère. On le retrouve dans toutes les parties de l'édifice social. Si nous examinons les motifs de nos actes de chaque jour et des actes de ceux qui nous entourent, nous devons reconnaître que la première et principale pensée de la majorité d'entre nous, c'est de savoir comment nous défendre nous-mêmes dans la société […] Les outils de l'industrie sont plus meurtriers que des épées. »

Et non seulement il y a lutte entre les classes, mais encore lutte entre les individus d'une même classe et la lutte entre ces derniers est, comme dans la nature, la plus violente. Les socialistes eux-mêmes, bien que quelquefois unis par un but commun : la destruction de la société actuelle, ne peuvent se réunir sans que les plus bruyants dissentiments éclatent entre eux.

La lutte est plus violente aujourd'hui qu'elle ne le fut jamais. Cette violence a des causes diverses, et entre autres celle-ci, que nous avons poursuivi des chimères de justice et d'égalité que la nature ne connaît pas. Ces vaines formules ont fait et ferons plus de mal à l'homme que tous les maux dont le destin l'a condamné à subir le poids.

« Il n'y a pas, écrit très justement monsieur Bouge, de justice sociale, parce que la nature elle-même n'est pas égale. L'injustice et l'inégalité sont au berceau. […] Du berceau à la mort, au cours d'une existence dont arbitrairement elle abrège ou prolonge le bienfait ou la charge, l'inégalité naturelle suit l'homme pas à pas. […] Inégalité sous mille formes ! Inégalité naturelle, hasards de la naissance ou de l'héritage, avantages ou disgrâces physiques, disparates intellectuels, inégalités du destin, agitent et mènent la vie humaine en sens contraire et en contre-coup. »

Bien avant le socialisme, les religions, elles aussi, avaient rêvé de supprimer les luttes des peuples, des individus et des classes. Mais qu'ont-elles obtenu, sinon de rendre plus âpres les combats qu'elles voulaient abolir ? Les guerres qu'elles ont provoquées n'ont-elles pas été les plus cruelles de toutes, les plus fécondes en désastres politiques et sociaux ?

Pouvons-nous espérer qu'avec les progrès de la civilisation la lutte entre classes s'atténuera ? Tout porte à croire, au contraire, qu'elle va devenir beaucoup plus intense que par le passé.

La raison de cette progression probable est double. D'abord la division de plus en plus profonde qui sépare les classes, et, en second lieu, la puissance que les formes nouvelles de l'association donnent aux diverses classes pour défendre leurs revendications.

Le premier point est peu contestable. Les divergences entre les classes, ouvriers et patrons, propriétaires et prolétaires, par exemple, sont visiblement plus âpres que celles qui séparaient jadis les castes, le peuple et la noblesse par exemple. La distance créée par la naissance était alors considérée comme infranchissable. Résultant des volontés divines, elle était acceptée sans discussion. La violence des abus pouvait bien engendrer parfois des révoltes, mais c'était seulement contre ces abus qu'on s'insurgeait, et non contre l'ordre de choses établi.

Il en est tout autrement aujourd'hui. Les révoltes ont lieu non pas contre les abus, ils ne furent jamais moindres que maintenant, mais bien contre le régime social tout entier. Actuellement il s'agit pour le socialisme de détruire la bourgeoisie, simplement pour prendre sa place et s'emparer de ses richesses.

« Le but, comme le dit justement monsieur Boilley, est clairement expliqué : il s'agit sans ambages de former une classe populaire pour exproprier la bourgeoisie. C'est le pauvre qu'on veut lancer à la poursuite du riche, et le bénéfice de la conquête se soldera par l'accaparement des dépouilles des vaincus. Timour et Gengis-Khan ne donnaient pas d'autres motifs pour entraîner leurs multitudes. »

Les conquérants n'en ont guère proposé d'autres en effet, mais ceux qu'ils menaçaient de la conquête savaient parfaitement que leur seule chance de ne pas périr était de se défendre avec énergie, tandis qu'aujourd'hui les adversaires des nouveaux barbares ne songent qu'à parlementer avec eux, et à prolonger un peu leur existence par une série de concessions, qui ne font qu'encourager ceux qui montent à l'assaut et provoquer leur mépris.

Ce qui aggravera ces luttes futures, c'est qu'elles ne seront pas seulement inspirées, comme les guerres de conquêtes, par le désir de s'emparer des dépouilles d'ennemis qui, vaincus, devenaient indifférents. Aujourd'hui règne une haine furieuse entre les combattants. Elle tend de plus en plus à prendre une forme religieuse et à revêtir ce caractère spécial de férocité et d'intransigeance dont sont toujours animés les vrais croyants.

Nous avons vu précédemment qu'une des causes les plus puissantes de la haine actuelle des classes était les idées très fausses que se font les uns des autres les partis en présence. En étudiant les fondements de nos croyances, nous avons assez montré à quel point l'incompréhension domine les relations existant entre les êtres pour ne pas être persuadés de l'impossibilité de la faire disparaître. Les guerres les plus violentes, les luttes religieuses qui ont le plus ensanglanté le monde, le plus profondément changé la face des civilisations et des empires, ont le plus souvent eu pour cause l'incompréhension réciproque des partis en présence et aussi la fausseté de leurs concepts.

C'est l'erreur même des idées qui parfois fait leur force. Suffisamment répétée, l'erreur la plus manifeste devient pour la foule une vérité éclatante. Rien n'est plus facile à germer que l'erreur, et, quand elle a pris racine, elle possède la toute-puissance des dogmes religieux. Elle inspire la foi, et rien ne résiste à la foi. C'est avec les concepts les plus erronés qu'on a lancé, au moyen-âge, une partie de l'Occident sur l'Orient, que les successeurs de Mahomet ont fondé leur puissant empire, que plus tard l'Europe a été mise à feu et à sang.

La fausseté des idées génératrices de ces bouleversements est évidente aujourd'hui pour des enfants. Ce ne sont plus que des mots vagues dont les siècles ont usé la force au point que nous n'arrivons plus à comprendre la puissance qu'ils ont exercée. Puissance irrésistible pourtant, car il y eut un moment où les raisonnements les plus clairs, les démonstrations les plus évidentes n'auraient pas prévalu contre elle. Le temps seul, et jamais la raison, a désagrégé ces chimères.

Ce n'est pas seulement pendant les vieux âges que les concepts erronés, les mots trompeurs ont exercé un prestigieux empire. L'âme populaire a changé, mais ses croyances sont toujours aussi fausses, les mots qui la mènent aussi trompeurs. L'erreur, sous des noms nouveaux garde la même magie qu'aux temps passés.

§ 4. Les futures luttes sociales

Rendue inévitable par les irrésistibles lois de la nature, la lutte entre les classes, sera aggravée par les conditions nouvelles de la civilisation, par l'incompréhension qui régit les rapports réciproques de ces classes, par la divergence croissante de leurs intérêts et surtout de leurs idées. La lutte est destinée sans doute à devenir plus violente qu'elle ne le fut à aucune époque. L'heure approche où l'édifice social subira les plus redoutables assauts qu'il ait jamais affrontés.

Car ce n'est pas seulement les détenteurs de la richesse que menacent les nouveaux barbares, mais bien notre civilisation même. Elle ne leur apparaît que comme la protectrice du luxe, comme une complication inutile. Jamais les malédictions de leurs meneurs n'ont été aussi furieuses. Jamais peuple dont un ennemi sans pitié menaçait les foyers et les dieux n'a fait entendre de pareilles imprécations. Les plus pacifiques des socialistes se bornent à demander l'expropriation de la bourgeoisie. Les plus ardents veulent son anéantissement complet. Suivant le mot prononcé par l'un d'eux dans un congrès et cité dans un livre de monsieur Boilley : « la peau des infâmes bourgeois est tout au plus bonne à faire des gants ».

Ces meneurs joignent, autant qu'ils peuvent, l'action à la parole. Le relevé des crimes commis depuis une quinzaine d'années en Europe par l'avant-garde du parti socialiste est significatif : cinq chefs d'État, dont une impératrice, assassinés, et deux autres blessés, une douzaine de préfets de police tués, et un nombre considérable de morts à la suite d'explosions de palais, de théâtres de maisons et de trains de chemins de fer. Une seule de ces explosions, celle du théâtre le Liceo, à Barcelone, a fait 83 victimes. Celle du Palais d'hiver à Pétersbourg a tué 8 personnes et en a blessé 45. On évolue à 40 en Europe le nombre des journaux qui entretiennent cette excitation. La violence de ces escarmouches laisse deviner quelle férocité sauvage animera la lutte quand elle se sera généralisée.

Les temps passés en ont connu d'aussi violentes sans doute, mais les conditions des forces en présence étaient très différentes et la défense sociale beaucoup plus facile. Les foules n'avaient pas alors de pouvoir politique. Elles ne savaient pas encore se syndiquer et former ainsi des armées obéissant aveuglément aux ordres de chefs absolus. Nous voyons ce que peuvent ces syndicats par la dernière grève de Chicago. Elle a entraîné celle de tous les ouvriers de chemins de fer des États-Unis, et comme résultats l'incendie des palais de l'Exposition et celui des immenses usines Pulmann. Le Gouvernement n'en a triomphé qu'en suspendant les libertés publiques, décrétant la loi martiale, et livrant de véritables batailles aux insurgés. Les grévistes furent vaincus après avoir été mitraillés sans pitié. Mais on devine quelles haines doivent remplir l'âme des survivants.

Les États-Unis paraissent devoir fournir au vieux monde les premiers exemples de ces luttes qui opposeront à l'intelligence, à la capacité et à la fortune cette terrible armée des inadaptés dont nous parlerons bientôt, déchet social dont l'évolution actuelle de l'industrie a immensément accru le nombre.

Pour les États-Unis, l'issue de la lutte sera peut-être leur séparation en plusieurs républiques rivales. Nous n'avons pas à nous occuper de leur sort : il ne nous intéresse qu'à titre d'exemple. C'est cet exemple qui sauvera peut-être l'Europe du triomphe complet du socialisme, c'est-à-dire d'un recul vers la plus honteuse barbarie.

Ce qui compliquera singulièrement encore la question sociale aux États-Unis, c'est que la grande République est divisée en régions dont les intérêts sont fort contraires, et, par conséquent, en lutte. C'est ce que monsieur de Varigny a bien mis en évidence dans les lignes suivantes :

« Washington demeure le terrain neutre et neutralisé où se résolvent les questions politiques. Elle n'est pas la ville où ces questions naissent et s'agitent. La vie est ailleurs ; l'unité n'est pas faite, l'homogénéité n'existe pas. Sous l'union apparente d'un grand peuple (et l'union n'est pas l'unité), subsistent des divergences profondes, des intérêts divers, des tendances qui se contrarient. Elles s'accentuent à mesure qu'on avance et que l'histoire se crée ; elles s'affirment par des faits tels que la guerre de Sécession, qui mit l'Union à deux doigts de sa perte. [...] Si nous examinons de près cette vaste république, que la Russie, le Canada et la Chine dépassent seules en étendue territoriale, et qui, comme population, occupe déjà le cinquième rang dans le monde, nous serons tout d'abord frappés de ce fait : un groupement géographique et commercial qui divise les États-Unis en trois sections : les États du Sud, ceux du Nord et de l'Ouest, ceux du Pacifique ; et encore, entre le Nord et l'Ouest, existe-t-il des germes de division. Entre ces groupes, des intérêts divers créent des exigences incompatibles, et depuis 15 années on cherche, sans le découvrir, le moyen de faire vivre et prospérer sous un tarif commun des industries qui réclament un régime spécial. Le Sud produit des matières premières, le sucre et le coton. Le Nord est manufacturier, l'Ouest agricole, le Pacifique agricole et minier. Le système protectionniste en vigueur ruine le Sud et gêne l'Ouest en faisant la fortune du Nord, à qui le libre échange porterait un coup terrible. [...] Et ce n'est pas seulement dans le domaine des intérêts matériels que le dissentiment se produit. Le Nord est républicain, le Sud est démocrate. Le Nord tend à la centralisation, le Sud maintient les droits des États. Le Nord veut un pouvoir fédéral fortement organisé et l'Union autoritaire, le Sud réclame l'autonomie et le droit de discussion du pacte fédéral. L'un a vaincu l'autre, et le vaincu ne pardonne pas au vainqueur. »

Il ne faudrait pas cependant pour aucun peuple baser sur quelques indications générales des prévisions trop précises. Notre destinée est encore couverte des brumes impénétrables de l'avenir. Il est possible parfois de pressentir la direction des forces qui nous mènent, mais combien vaine l'idée de vouloir en définir les effets ou en conjurer le cours ! Ce que nous voyons seulement, c'est que la défense des vieilles sociétés va devenir bien difficile. L'évolution des choses a sapé les fondements de l'édifice des anciens âges. L'armée, dernière colonne de cet édifice, la seule qui pouvait le soutenir encore, se désagrège de jour en jour, et c'est parmi les individus instruits que se recrutent aujourd'hui ses pires ennemis. Notre ignorance de certaines évidences psychologiques incontestables, ignorance qui frappera de stupeur les historiens de l'avenir, a conduit la plupart des États européens à renoncer à peu près entièrement à leurs moyens de défense, en remplaçant les armées professionnelles, telles que celle dont se contente si justement l'Angleterre, par des foules indisciplinées, auxquelles on croit pouvoir apprendre en quelques mois un des plus difficiles métiers. Ce n'est pas parce qu'on a enseigné l'exercice à des millions d'hommes qu'on en a fait des soldats. On a fabriqué ainsi des bandes sans discipline, sans résistance et sans valeur, plus dangereuses pour ceux qui voudront les manier que pour leurs ennemis.[53]

Ce n'est pas seulement dans leur insuffisance militaire que réside le danger de ces multitudes au point de vue de la défense sociale, mais dans l'esprit qui les anime. Les armées professionnelles formaient une caste spéciale, intéressée à la défense de l'ordre social et sur laquelle les sociétés pouvaient s'appuyer pour se défendre. Quels sentiments analogues pourraient avoir des foules ne passant au régiment que le temps nécessaire pour subir les ennuis du métier militaire et le prendre en horreur ? Sorties de l'usine, de l'atelier, du chantier, où elles retourneront bientôt, de quelle utilité pourront-elles être pour défendre un ordre social qu'elles entendent sans cesse attaquer et qu'elles détestent de plus en plus ? Là est le péril que les Gouvernements ne voient pas encore, et sur lequel il serait, par conséquent, inutile d'insister. Je doute cependant qu'une seule société européenne puisse subsister longtemps sans une armée permanente, et en ne s'appuyant que sur les recrues du service obligatoire universel. Sans doute ce service obligatoire satisfait notre avide besoin de basse égalité, mais est-il vraiment admissible que la satisfaction d'un tel besoin doive l'emporter sur l'existence même d'un peuple ?

L'avenir renseignera les nations et leurs Gouvernements sur ce point. L'expérience est le seul livre dont la lecture puisse instruire les peuples. Sa lecture leur a malheureusement toujours coûté fort cher.

---

53 Évidemment pour des causes d'ordre purement moral, il est impossible de supprimer le service militaire obligatoire universel qui a du reste l'avantage de donner un peu de discipline à des individus qui n'en ont guère. Mais on pourrait arriver à un compromis très simple : réduire à une année le service obligatoire, et avoir une armée permanente de 2 à 300.000 hommes, formée comme en Angleterre d'engagés volontaires qui feraient de la carrière militaire leur profession définitive.

Chapitre III
Le problème fondamental du socialisme.
Les inadaptés

§1. La multiplication des inadaptés. — Définition des inadaptés. — Conditions qui provoquent aujourd'hui leur multiplication. — Les inadaptés de l'industrie, de la science et des arts. — Danger de leur présence au sein des sociétés. — Comment l'évolution actuelle de l'industrie accroît chaque jour leur nombre. — La concurrence entre les inadaptés. — Conséquences de cette concurrence sur l'abaissement extrême des salaires dans les métiers faciles. — Impossibilité matérielle de remédier à cet abaissement. — Élimination progressive des incapables dans toutes les industries. — Exemples divers.
§2. Les inadaptés par dégénérescence. — Fécondité des dégénérés. — Dangers présents et futurs des dégénérés pour les sociétés. — Importance des problèmes que leur présence soulève. — Les dégénérés sont des recrues certaines pour le socialisme.
§3. La production artificielle des inadaptés. — Les inadaptés artificiellement créés. — Leur production par l'éducation latine actuelle. — Comment l'instruction qui devait être une panacée universelle a eu pour conséquence de créer une foule immense de déclassés. — Impossibilité d'utiliser l'armée des bacheliers et des licenciés sans emploi. — Sentiments anti-démocratiques de l'Université. — Les illusions actuelles sur les résultats de l'instruction qu'elle donne. — Rôle considérable joué par l'Université dans les destructions sociales qui se préparent.

§ 1. La multiplication des inadaptés

Parmi les caractéristiques les plus importantes de notre âge, il faut mentionner la présence au sein des sociétés d'individus qui, n'ayant pu, pour une raison quelconque, s'adapter aux nécessités de la civilisation moderne, ne trouvent pas de place dans cette civilisation. Ils forment un déchet inutilisable. Ce sont les *inadaptés*.

Toutes les sociétés en ont toujours possédé un certain nombre, mais jamais ce nombre ne fut aussi considérable qu'aujourd'hui. Inadaptés de l'industrie et de la science, des métiers et des arts, ils forment une armée qui grandit chaque jour. Malgré la diversité de leurs origines, ils sont reliés par ce sentiment commun : la haine de la civilisation où ils ne peuvent trouver place. Toutes les révolutions, quel que soit le but qu'elles poursuivent, sont sûres de les voir accourir au premier signal. C'est parmi eux que le socialisme recrute ses plus ardents soldats.

Leur nombre immense, leur présence dans toutes les couches de nos sociétés, les rendent plus dangereux pour elles que ne furent les Barbares pour l'Empire Romain. Rome sut se défendre pendant longtemps contre les envahisseurs du dehors. Les Barbares modernes sont dans nos murs, indigènes ou immigrés. S'ils n'ont pas incendié Paris complètement à l'époque de la Commune, c'est uniquement parce que les moyens d'exécution leur firent défaut.

Nous n'avons pas à rechercher comment, à tous les degrés de l'échelle sociale, s'est formé le déchet des inadaptés. Il suffira de montrer que l'évolution de l'industrie a contribué à en accroître rapidement le nombre. Les chiffres donnés dans un précédent chapitre ont montré l'élévation progressive des salaires dans les classes ouvrières et l'extension de la richesse dans les masses profondes. Mais cette amélioration générale ne s'est étendue qu'à la catégorie moyenne des travailleurs. Que deviennent ceux que leurs incapacités naturelles placent au-dessous de cette moyenne ? Au tableau brillant de l'amélioration générale que nous avons donné, va succéder une peinture très sombre.

Avec le vieux système des corporations, les métiers étant régis par des règlements qui limitaient le nombre des ouvriers et empêchaient la concurrence, les inconvénients de l'infériorité ne se manifestaient pas trop. L'individu qui faisait partie de ces corporations ne s'élevait généralement pas très haut, mais il ne descendait pas non plus très bas. Ce n'était pas un isolé, un nomade. La corporation était pour lui une famille, et il ne restait à aucun moment seul dans la vie. Sa place pouvait n'être pas bien grande, mais il était toujours certain d'avoir une place, une alvéole dans la grande ruche sociale.

Avec les nécessités économiques qui régissent le monde moderne, et la concurrence, qui est la loi de la production, les choses ont bien changé. Comme le dit très justement monsieur Cheysson : « Les anciens ciments qui maintenaient les sociétés s'étant dissous, les grains de sable dont elles sont formées aujourd'hui obéissent à une sorte de poussée individuelle. Tout homme qui, dans la lutte pour la vie, a une supériorité quelconque sur son entourage, s'élèvera comme une bulle d'un gaz léger dans l'air, sans qu'aucun lien enchaîne son ascension, de même que tout homme, mal doué sous le rapport moral ou matériel, va tomber fatalement sans qu'aucun parachute ralentisse sa déchéance. C'est le triomphe de l'individualisme affranchi de toute servitude, mais destitué de toute tutelle. »

À l'époque de transition où nous sommes encore, les inadaptés par incapacité arrivent à peu près à vivre, bien que fort misérablement. Il semble fatal que leur misère déjà si profonde ne puisse que grandir encore. Recherchons pourquoi.

Aujourd'hui, dans toutes les branches du commerce, de l'industrie et de l'art, les plus capables avancent très vite. Les moins capables trouvant les meilleures places prises, et ne pouvant produire, de par leur incapacité même, qu'un travail inférieur, sont obligés d'offrir ce travail, d'une exécution facile, à des prix minimes. Mais la concurrence sur le terrain de l'incapacité est beaucoup plus vive que sur celui de la capacité, puisque le premier est bien plus peuplé que le second, et que le travail facile trouve plus d'exécutants que le travail difficile. Il en résulte que l'inadapté est réduit, afin d'obtenir la préférence sur ses rivaux, à abaisser le prix demandé pour ce qu'il produit. De son côté, le patron acheteur de ces productions médiocres, destinées à une clientèle peu difficile mais nombreuse, tend naturellement à les payer le moins cher possible, de façon à vendre bon marché et augmenter sa clientèle. Le prix de la main-d'œuvre arrive ainsi à la limite extrême au-dessous de laquelle le travailleur, victime à la fois de son insuffisance et des nécessités économiques, mourrait de faim.

Ce système de concurrence entre inadaptés, pour le travail facile, constitue ce que les Anglais ont traduit par une expression énergique et juste, le *sweating system*.

Il n'est en réalité que la conséquence de la vieille « loi d'airain » que les socialistes ont abandonnée un peu vite car elle régit toujours le travail des inadaptés.

« Le *sweating system*, dit monsieur de Rousiers, règne en maître là où les individus sans capacités suffisantes produisent à leur compte les objets usuels de qualité inférieure. [...] Le *sweating system* prend une multitude de formes : dans les industries du vêtement, le tailleur qui, au lieu de faire exécuter ses commandes dans son atelier, donne du travail au dehors à des prix infimes, pratique le *sweating system*. De même le grand magasin qui donne des travaux de couture à de pauvres femmes retenues chez elles par le soin de leur ménage et de leurs enfants. »

C'est par le *sweating system* que se fabriquent aujourd'hui à vil prix tous les articles ordinaires des magasins de confection et d'ameublement, que les corsetières, giletières, piqueuses de bottines, chemisières, etc., arrivent à ne plus gagner que 1,25 à 1fr.50 par jour, que certains ouvriers ébénistes gagnent à peine 3 francs, etc.

Rien n'est plus triste qu'un tel sort, mais rien n'est plus lourd que la chaîne des nécessités qui le rendent inévitable. Peut-on s'en prendre au patron qui fait travailler à vil prix ? En aucune façon, car le patron est dominé par un maître souverain : la clientèle. Qu'il augmente les salaires et il lui faudra aussitôt augmenter de quelques sous la chemise vendue 2fr.50, la paire de chaussures vendue 5 francs. Immédiatement sa clientèle le quittera pour aller chez un voisin vendant meilleur marché. Veut-on supposer que tous les patrons se coaliseront pour rehausser les salaires ? Mais alors les étrangers qui travaillent encore à meilleur compte inonderaient immédiatement le marché de leurs produits, ce qui ne ferait que rendre plus misérable le sort des inadaptés.

Les ouvriers victimes de ces fatalités ont cru très simple d'y remédier en faisant établir par leurs syndicats des salaires fixes, au-dessous desquels le patron ne peut descendre sans se voir quitter par tous ses travailleurs. Ils ont été aidés dans leurs revendications par des tarifs minimum établis par les municipalités des grandes villes telles Paris, et au-dessous desquels les entrepreneurs de travaux publics n'ont pas le droit d'employer les ouvriers. Ces salaires fixes et ces tarifs ont été jusqu'ici plus nuisibles qu'utiles à ceux qu'ils voulaient protéger, et n'ont guère servi qu'à montrer combien les règlements sont impuissants devant les nécessités économiques. Les patrons ont subi les exigences des syndicats pour certaines industries anciennement établies, demandant un matériel compliqué et coûteux ou des ouvriers habiles. Pour les autres, fort nombreuses, qui ne réclament ni tant de complication, ni tant d'habileté, la difficulté a été vite tournée, et tout à l'avantage du patron. Comme exemple choisi parmi d'innombrables cas analogues, je citerai l'industrie de l'ébénisterie à Paris.

Autrefois les patrons faisaient travailler les ouvriers dans leurs ateliers. Dès que les syndicats manifestèrent leurs exigences, les patrons congédièrent les ¾ de leurs ouvriers, ne gardant que les plus capables pour les travaux les plus urgents ou les réparations. L'ouvrier a dû alors travailler chez lui, et comme il n'avait d'autre clientèle que le patron, c'est à ce dernier qu'il lui a bien fallu offrir les meubles fabriqués. Le patron a pu à son tour dicter ses conditions. Par suite de la concurrence que se faisaient les producteurs français et étrangers, les prix sont tombés, de moitié, et l'ouvrier de capacité ordinaire, qui gagnait facilement 7 à 8 francs par jour à l'atelier, n'arrive plus maintenant que péniblement à en gagner chez lui 4 ou 5. Le patron a ainsi appris comment on pouvait se soustraire aux exigences socialistes. Le public y a gagné d'avoir des meubles, de pacotille il est vrai, mais à vil prix. L'ouvrier en échange de sa ruine a pu acquérir au moins cette notion que les nécessités économiques qui mènent le monde moderne ne se modifient pas par des syndicats ni par des règlements.

Quant aux entrepreneurs, obligés d'accepter des tarifs imposés par les municipalités, ils ont tourné la difficulté d'une façon analogue en n'employant que les ouvriers les plus capables, c'est-à-dire justement ceux n'ayant besoin d'aucune protection, puisque leur capacité leur assure partout les salaires les plus élevés. Les tarifs obligatoires ont simplement eu pour résultat d'obliger les entrepreneurs à éliminer les ouvriers médiocres, qu'ils utilisaient autrefois à des travaux secondaires, mal rétribués sans doute, mais enfin rétribués. En résumé, les tarifs, qui avaient pour but de protéger les ouvriers auxquels la faiblesse de leurs capacités rendait la protection utile, ont tourné contre eux, et n'ont eu d'autre résultat que de rendre leur situation bien plus difficile qu'auparavant.

La grande leçon qui se dégage de tout cela est celle qu'indiquait monsieur de Rousiers à propos du *sweating system* : « Rien ne peut dispenser l'ouvrier de la valeur personnelle. »[54]

C'est là, en effet, la conséquence la plus claire résultant de la concurrence, telle que les nécessités économiques modernes l'ont créée. Si elle ne fait pas toujours triompher les plus capables, elle élimine généralement les moins capables. Cette formule est à peu près l'expression de la loi de la sélection, d'où dérive le perfectionnement des espèces dans toute la série des êtres vivants, et à laquelle l'homme n'a pu encore se soustraire.

Les capables ont tout à gagner à cette concurrence, les incapables n'ont qu'à y perdre. On conçoit donc facilement que les socialistes en souhaitent la suppression. Mais, en supposant qu'ils puissent la détruire dans les pays où ils arriveraient à être maîtres, comment l'annuler aussi dans les pays où ils n'auraient pas d'action et dont les produits viendraient aussitôt, en dépit de tous les droits protecteurs, envahir les marchés ?

---

[54] La valeur personnelle est le capital le plus important, celui qu'il faut accroître par tous les moyens. Ce devrait être le rôle de l'éducation. Elle le remplit fort mal dans les pays latins et fort bien ailleurs. Dans un article du *Temps* du 18 janvier 1902 nous lisons que nos compagnies de chemin de fer en sont, réduites à acheter un grand nombre de locomotives et de leur matériel (pour près de 40 millions de francs en deux ans) en Allemagne, non seulement parce que les prix y sont de 26 % moins cher qu'en France, mais surtout parce que nos industriels ne sont pas outillés pour répondre aux demandes. Pourquoi cette infériorité ? Simplement parce que le personnel dirigeant et exécutant est de capacité insuffisante. Nos procédés de fabrication sont surannés, l'outillage défectueux, les ouvriers médiocres, etc. « L'ensemble de notre industrie de construction mécanique, dit le rédacteur de cet article que je viens de mentionner, ne suit que de loin les énormes progrès réalisés par nos concurrents à l'étranger. » J'ai montré plusieurs fois dans cet ouvrage les causes de notre insuffisance, mais on ne saurait trop insister sur un sujet aussi capital. Notre avenir dépend tout à fait de l'amélioration de notre technique scientifique et industrielle.

Nous avons vu, en étudiant les luttes commerciales entre les peuples de l'Orient et de l'Occident, puis entre les peuples de l'Occident, que la concurrence est une loi inévitable de l'âge moderne. Elle pénètre absolument partout, et toutes les entraves qu'on essaie de lui opposer ne font que la rendre plus dure pour ses victimes. Elle s'impose d'elle-même dès qu'il s'agit d'améliorer un travail quelconque, scientifique ou industriel, exécuté dans un intérêt privé ou général. Comme exemple typique des effets qu'elle produit je citerai le cas suivant que j'ai eu sous les yeux et qui sous des formes diverses, a dû se répéter des milliers de fois.

Un ingénieur de mes amis avait été placé à la tête d'une grande entreprise entretenue par le budget et consistant à refaire avec beaucoup de précision le nivellement d'un pays. On le laissait parfaitement libre de choisir ses employés et de les payer à sa guise, sous la seule condition de ne pas excéder le crédit annuel qui lui était alloué. Les employés étant nombreux et le crédit assez faible, l'ingénieur essaya d'abord de répartir également entre eux la somme dont il disposait. Après avoir constaté que le travail se faisait médiocrement et lentement, il eut l'idée de payer ses employés uniquement à la tâche en créant des moyens de contrôle automatiques permettant de vérifier la valeur du travail exécuté. Chaque employé capable arriva bientôt à faire à lui seul le travail de 3 ou 4 employés ordinaires, et gagna trois fois plus qu'auparavant. Les employés incapables ou seulement demi-capables, ne pouvant gagner de quoi vivre, s'éliminèrent d'eux-mêmes, et en moins de deux ans, le budget accordé par l'État, qui primitivement était à peine suffisant, se trouvait en excédent de 30 % sur les dépenses. L'État avait donc gagné à cette opération un travail mieux fait en dépensant moins, et les employés capables avaient vu tripler leur salaire. Tout le monde était satisfait, sauf naturellement les incapables, que leur incapacité avait éliminés. Ce résultat, très heureux pour les finances publiques et pour le progrès, était évidemment très malheureux pour les employés insuffisants. Quelle que soit la sympathie qu'on puisse porter à ces derniers, est-il soutenable que l'intérêt général aurait dû leur être sacrifié ?

Le lecteur qui voudra creuser cette question verra vite la difficulté d'un des plus redoutables problèmes sociaux, et l'impuissance des moyens proposes par les socialistes pour le résoudre.

L'importance de ce problème n'a pas, d'ailleurs, échappé à tous les socialistes. Voici comment s'exprime à son égard un socialiste italien fort convaincu, monsieur Colejanni, dans un ouvrage récent :

« Cette armée de sans travail a été créée par l'organisation capitaliste à son avantage et elle a l'obligation de l'entretenir d'après les principes de la justice. Cette obligation ne peut pas être atténuée par l'augmentation des inadaptés qui préoccupe Gustave Le Bon. Une question de justice ne peut pas être changée parce que le nombre de ceux qui y sont intéressés est infini. Et si les inadaptés augmentent effroyablement *c'est le signe que l'organisation sociale actuelle est vicieuse et que par suite, il est nécessaire de la transformer.* »

On voit combien la solution des problèmes les plus difficiles peut devenir élémentaire pour les socialistes latins. Leur formule universelle « transformer la société » permet de résoudre toutes les questions et faire régner le bonheur sur la terre. Sur ces âmes de théologiens subjuguées par la foi et que le doute n'atteint plus, aucun argument ne saurait agir.

§ 2. Les inadaptés par dégénérescence

À cette couche d'inadaptés créés par la concurrence, il faut ajouter la foule des dégénérés de toute sorte : alcooliques, rachitiques, etc., que la médecine moderne conserve précieusement, grâce aux progrès de l'hygiène. Ce sont précisément à peu près les seuls individus qui s'abandonnent sans mesure à la plus inquiétante fécondité, confirmant le fait déjà signalé, que les sociétés tendent aujourd'hui à se perpétuer surtout par leurs éléments les plus inférieurs.

On sait les progrès de l'alcoolisme dans toute l'Europe. Les cabarets se multiplient rapidement partout, aussi bien en France[55] que dans les autres pays.

Ils constituent aujourd'hui la seule distraction que possèdent des milliers de pauvres diables, le seul foyer d'illusion, l'unique centre de sociabilité où s'éclairent un instant des existences souvent bien sombres. L'église ne les charme plus, que leur resterait-il donc si on leur ôtait le cabaret ? L'alcool est l'opium de la misère. Sa consommation est un effet d'abord avant de devenir une cause. Ce n'est d'ailleurs que par l'excès qu'il devient funeste. Si alors ses ravages sont graves, c'est parce qu'ils compromettent l'avenir par les dégénérescences héréditaires qu'ils amènent.

Ce qui fait le danger de tous les dégénérés : rachitiques, alcooliques, épileptiques, aliénés, etc., c'est qu'ils multiplient à l'excès une foule d'êtres trop inférieurs pour s'adapter à la civilisation et qui par conséquent deviennent fatalement ses ennemis. En voulant conserver trop précieusement l'individu on arrive à menacer sérieusement l'espèce.

« On fait vivre aujourd'hui, écrit monsieur Schera, une foule de créatures que la nature avait condamnées, des enfants chétifs, des malingres, des semi-moribonds, et l'on considère comme une grande victoire d'avoir ainsi prolongé leurs jours, et comme un grand progrès, cette préoccupation toute moderne de la société [...] Seulement, voici l'ironie. Ces soins dévoués, ingénieux, qui rendent

---

[55] Il y en avait 350.000 en 1850, 364.000 en 1870, 372.000 en 1881, 430.000 en 1891, dont 31.000 à Paris.

tant d'êtres humains à la société, ne les lui rendent pas sains, vigoureux, mais affectés des vices du sang qu'ils ont apportés en naissant, et comme nos mœurs pas plus que nos lois n'empêchent ces êtres de se marier, ils sont destinés à transmettre l'empoisonnement. De là, évidemment, une altération de la santé générale, une contamination de la race. »

Le docteur Salomon a cité un exemple bien frappant des cas nombreux qui s'observent chaque jour. Il s'agit d'une famille provenant de l'union d'un alcoolique avec une épileptique. Ils eurent 12 enfants, sur lesquels il y eut juste 12 épileptiques ou tuberculeux.

« Que faire de ces tristes produits ? se demande le docteur Salomon, et ne vaudrait-il pas mille fois mieux qu'aucun d'eux ne fût arrivé à l'existence ? Et quelles lourdes charges de telles familles ne créent-elles pas à la société, au budget de l'Assistance Publique, voire même à celui de la justice criminelle ! Pilier d'hôpital ou gibier de potence, l'enfant de l'alcoolique ne peut guère aspirer qu'à l'un de ces deux états. Multiplier les hôpitaux et les gendarmes, il semble donc que tel soit l'avenir des sociétés civilisées. Elles finiront par en mourir, si la fécondité devient l'apanage de ceux pour qui la stérilité serait précisément un devoir. »

Bien d'autres écrivains, et parmi eux les plus illustres se sont préoccupés de ce difficile problème. Voici ce qu'écrivait à ce sujet Darwin :

« Chez les sauvages, les individus faibles de corps ou d'esprit sont promptement éliminés, et les survivants se font ordinairement remarquer par leur vigoureux état de santé. Quant à nous, hommes civilisés, nous faisons tous nos efforts pour arrêter la marche de l'élimination. Nous construisons des asiles pour les idiots, les infirmes et les malades. Nous faisons des lois pour venir en aide aux indigents, nos médecins déploient toute leur science pour prolonger autant que possible la vie de chacun. On a raison de croire que la vaccine a préservé des milliers d'individus qui, faibles de constitution, auraient autrefois succombes à la variole. Les membres débiles des sociétés civilisées peuvent donc se reproduire indéfiniment. Or quiconque s'est occupé de la reproduction des animaux domestiques sait, à n'en pas douter, combien cette perpétuation des êtres débiles doit être nuisible à la race humaine. On est tout surpris de voir que le manque de soins, ou même des soins mal dirigés, amènent rapidement la dégénérescence d'une race domestique, et à l'exception de l'homme lui-même, personne n'est assez ignorant ni assez maladroit pour permettre aux animaux débiles de se reproduire. »

Sous l'empire de nos hérédités chrétiennes nous conservons tous ces dégénérés nous bornant à enfermer les plus dégradés et entretenant soigneusement les autres qui peuvent alors se reproduire à leur gré. Il faut avoir vu de près quelques-uns de ces dégénérés pour comprendre l'absurdité des idées qui nous conduisent à les conserver. Voici comment s'exprime à ce sujet le docteur Maurice de Fleury :

« Nous flétrissons ces Spartiates qui procédaient dans leur fleuve Eurotas, à des noyades légales, administratives, d'enfants mal venus, de corps et d'esprit atrophique. Et pourtant un jour, à Bicêtre, comme je visitais le service d'enfants arriérés du docteur Bourneville, j'ai, devant le troupeau des idiots imperfectibles, tout à fait incurables, vivement souhaité la suppression immédiate de ces petits êtres sans nom. [...] Parqués sur un balcon dont le parquet de fer à claire voie donnait au-dessus d'une fosse qui recevait leurs immondices, uniformément vêtus d'une robe de laine et de chaussons toujours souillés, ils vivaient là, les fils de l'alcool et de la dégénérescence, asymétriques avortons, avec des crânes mal formés aux os épais et mal soudés, des yeux bridés, des oreilles mal détachées, un regard sans attention et qui ne s'attardait à rien, un cou flasque soutenant mal une tête oscillante. De temps à autre, l'un d'eux ouvrait la bouche, une bouche semblable à un bec membraneux d'oiseau, et il en sortait un cri fauve, un cri de colère sans cause, cependant qu'une surveillante, jeune, résignée et sans impatience, allait de l'un à l'autre, mouchant ici, torchant plus loin, attachant aux barreaux celui-là qui veut frapper ou mordre, et donnant à tous la pâtée, voracement engloutie. Elle leur parlait, incomprise de ces cerveaux embryonnaires. Vaines paroles, besogne à jamais inutile, car ceux-là sont irréductibles, jamais une lueur d'esprit ne leur viendra, jamais une parcelle d'âme. Ils grandiront ainsi, plus bêtes que les bêtes, sans une parole, sans une idée et sans un sentiment. Ils ne feront pas de progrès. Dans dix ans ils seront pareils, à moins que quelque pneumonie bienfaisante ne les emporte. [...] On les soigne pourtant. On les élève en cage, on les préserve de la mort. Pourquoi faire, grands dieux ! Est-il vraiment humain de laisser respirer ces monstres, ces êtres de ténèbres, ces larves de cauchemar ? Ne pensez-vous pas, au contraire, qu'il serait ici plus pieux de tuer, d'anéantir cette laideur et cette inconscience que la souffrance même n'ennoblit pas ? » (*Revue du Palais*, 1er octobre 1898).

Il faut bien reconnaître que si une divinité bienfaisante supprimait à chaque génération l'armée croissante des dégénérés, que nous protégeons si soigneusement, elle rendrait un immense service à la race, à la civilisation et aux dégénérés eux-mêmes. Mais puisque nos sentiments humanitaires exigent que nous les conservions et que nous favorisions leur reproduction, nous n'avons qu'à subir les conséquences de ces sentiments. Sachons au moins que tous ces dégénérés, comme le dit justement John Fiske, « constituent un élément de vitalité inférieur, comparable au cancer implanté dans les tissus sains, et tous leurs efforts tendront à abolir une civilisation qui a pour résultat fatal leur propre misère ».

Ce sont, bien entendu, des adeptes sûrs pour le socialisme.[56]

---

[56] Un universitaire distingué me disait récemment qu'il avait constaté que la plupart de ses collègues devenus socialistes étaient le plus souvent

À mesure que nous avançons dans cet ouvrage, nous voyons de quels éléments variés et dangereux se compose la multitude des disciples de la nouvelle foi.

§ 3. LA PRODUCTION ARTIFICIELLE DES INADAPTÉS

À la foule des inadaptés créés par la concurrence et par la dégénérescence, s'ajoutent chez les peuples latins les dégénérés produits par incapacité artificielle. Ces inadaptés sont fabriqués à grands frais par nos collèges et nos universités. La légion des bacheliers, licenciés, instituteurs et professeurs sans emploi constituera peut-être un jour un des plus sérieux dangers contre lesquels les sociétés auront à se défendre.

La formation de cette classe d'inadaptés artificiels est toute moderne. Son origine est psychologique. Elle est la conséquence des idées actuelles.

Les hommes de chaque âge vivent sur un certain nombre d'idées politiques, religieuses ou sociales, considérées comme d'indiscutables dogmes et dont ils doivent nécessairement subir les effets. Parmi ces idées, une des plus puissantes aujourd'hui est celle de la supériorité que procure l'instruction théorique donnée dans nos établissements d'enseignement. Le maître d'école et le professeur d'Université, quelque peu dédaignés jadis, sont tout à d'un coup devenus les grands fétiches modernes. Ce sont eux qui doivent remédier aux inégalités naturelles, effacer les distinctions des classes et gagner les batailles.

L'instruction devenant la panacée universelle, il était indispensable de bourrer la cervelle des jeunes citoyens de grec, de

---

malingres et souffreteux. Le socialisme est aujourd'hui comme le christianisme à ses débuts, la religion des déshérités de la vie.

latin, d'histoire et de formules scientifiques. Aucun sacrifice, aucune dépense n'ont été jugés trop considérables pour atteindre ce résultat. La fabrication des instituteurs, des bacheliers et des licenciés est devenue la plus importante des industries latines. C'est même à peu près la seule qui ne chôme pas aujourd'hui.

En étudiant dans un autre ouvrage le concept latin de l'éducation, nous avons fait voir les résultats produits par notre système d'enseignement. Nous avons vu qu'il fausse pour toujours le jugement, bourre l'esprit de phrases et de formules destinées à être bientôt oubliées, ne prépare en rien aux nécessités de la vie moderne, et ne fabrique en définitive qu'une armée immense d'incapables, de déclassés, et par conséquent, de révoltés.

Mais pourquoi notre éducation, au lieu d'être simplement inutile comme jadis, arrive-t-elle aujourd'hui à fabriquer des déclassés et des révoltés ?

La raison en est très claire. Notre éducation théorique à coups de manuels, ne préparant absolument à rien qu'aux fonctions publiques, et rendant les jeunes gens totalement inaptes à toute autre carrière, ils sont bien obligés, pour vivre, de se ruer furieusement vers les emplois salariés par l'État. Mais comme le nombre des candidats est immense et le nombre des places minime, la très grande majorité est éliminée et se trouve sans aucun moyen d'existence, par conséquent déclassée et naturellement révoltée.

Les chiffres sur lesquels s'appuie ce que je viens de dire montrent l'étendue du mal.

L'Université fabrique tous les ans près de 1.200 candidats pour les 200 places de professeurs dont elle dispose. Elle en laisse donc un millier sur le pavé. Naturellement ils se dirigent vers d'autres fonctions. Mais ils y rencontrent l'épaisse armée des diplômés de toutes sortes qui sollicitent tous les emplois, jusqu'aux plus médiocres. Pour 40 places d'expéditionnaires vacantes annuellement à la préfecture de la Seine, il y a 2 à 3.000 candidats. Pour 150 places d'instituteurs vacantes dans les écoles de la ville de Paris, il y a 15.000 concurrents. Ceux qui ne réussissent pas baissent graduellement leurs prétentions et sont parfois heureux d'entrer par protection dans ces maisons qui fabriquent des bandes d'adresses et où on gagne 40 sous par jour en travaillant sans relâche douze heures consécutives. Il n'est pas besoin d'une psychologie bien raffinée pour deviner les sentiments qui remplissent l'âme de ces malheureux manœuvres.

Quant aux élus, c'est-à-dire aux candidats heureux, il ne faut pas croire que leur sort soit bien enviable : employés à 1.500 francs, juges de paix à 1.800 francs, ingénieurs de l'École Centrale gagnant à peine autant comme piqueurs dans une Compagnie de chemins de fer ou chimistes dans une usine, ont une situation pécuniaire bien au-dessous de celle d'un ouvrier de capacité moyenne, et en outre, ils sont beaucoup moins indépendants.

Mais alors pourquoi cette poursuite obstinée des places officielles ? Pourquoi la cohue des diplômés non placés ne se rabat-elle pas sur l'industrie, l'agriculture, le commerce ou les métiers manuels ?

Pour deux raisons : d'abord parce que ces diplômés sont totalement incapables, en raison de leur éducation théorique, de faire autre chose que d'exercer les professions faciles de bureaucrates, magistrats ou professeurs. Sans doute ils pourraient recommencer leur éducation et se livrer à un apprentissage. Ils ne le font pas (et ceci est la seconde raison), à cause du préjugé indéracinable contre le travail manuel, l'industrie et l'agriculture, qui existe chez les peuples latins, et n'existe d'ailleurs que chez eux.

Les peuples latins possèdent en effet, malgré de trompeuses apparences, un tempérament si peu démocratique que le travail manuel, fort estimé dans l'aristocratique Angleterre, est jugé par eux comme humiliant ou même déshonorant. Le plus humble sous-chef de bureau, le plus petit professeur, le plus modeste expéditionnaire, se croient des personnages auprès d'un mécanicien, d'un contremaître, d'un ajusteur, d'un fermier, qui pourtant dépensent généralement infiniment plus d'intelligence, de raisonnement et d'initiative dans leur métier que les bureaucrates et les professeurs dans le leur. Je n'ai jamais pu découvrir, et j'ai la certitude que personne ne le découvrira jamais, en quoi un latiniste, un employé, un professeur de grammaire ou d'histoire, peuvent être considérés comme intellectuellement supérieurs à un bon ébéniste, à un ajusteur capable, à un contremaître intelligent. Si, après avoir établi la comparaison entre eux au point de vue intellectuel, on l'établissait au point de vue utilitaire, on reconnaîtrait bien vite que le latiniste, le bureaucrate, le professeur sont très inférieurs au bon ouvrier, et c'est pourquoi ce dernier est en général beaucoup plus payé.

La seule supériorité visible que l'on puisse reconnaître aux premiers, c'est qu'ils portent une redingote, assez râpée généralement, mais qui enfin conserve à peu près l'aspect d'une redingote, alors que le contremaître et l'ouvrier exécutent leur travail en blouse, article de toilette très déprécié dans le public élégant. Si l'on creusait l'influence psychologique exercée en France par ces deux catégories de costume, on verrait qu'elle est tout à fait immense, beaucoup plus grande en tous cas que celle de toutes les constitutions fabriquées depuis 100 ans par le flot des avocats sans emploi. Si au moyen d'une baguette magique on pouvait nous amener à admettre que la blouse est aussi élégante et aussi bien portée que la redingote, nos conditions d'existence seraient du même coup transformées. Nous assisterions, dans les mœurs et les idées, à une révolution dont la portée serait bien plus grande que toutes celles du passé. Mais nous n'en sommes pas là, et les Latins devront pendant longtemps encore supporter le poids de leurs préjugés et de leurs erreurs.

Les conséquences de notre mépris latin du travail manuel seront bien plus graves encore dans l'avenir. C'est à cause de ce sentiment que nous voyons s'accroître de plus en plus l'armée redoutable des inadaptés créés par notre enseignement. Constatant la faible considération dont jouit le travail manuel, se voyant dédaignés par la bourgeoisie et l'Université, le paysan et l'ouvrier finissent par croire qu'ils sont dans une caste inférieure, dont il faut à tout prix sortir. Et alors leur unique rêve est de lancer à force de privations leurs fils dans la caste des diplômés. Ils ne réussissent le plus souvent qu'à en faire des inadaptés, incapables de s'élever à la bourgeoisie par défaut de fortune et incapables par leur éducation de suivre le métier de leur père. Ces inadaptés traîneront, durant une misérable existence, le poids des funestes erreurs dont leurs parents les ont rendus victimes. Ce seront des soldats assurés pour le socialisme.

Ce n'est donc pas seulement par l'enseignement qu'elle donne, mais aussi par son esprit fort peu démocratique, que l'Université actuelle aura exercé en France l'action la plus néfaste. En affichant son mépris de tout travail manuel et de tout ce qui n'est pas théorie, phrase ou discours. En laissant croire à ses élèves que les diplômes créent une sorte de noblesse intellectuelle mettant leurs possesseurs dans une caste supérieure qui donne accès à la richesse ou au moins à l'aisance, elle a joué un funeste rôle. Après de longues et coûteuses études, les diplômés sont bien obligés de reconnaître qu'ils n'ont acquis aucune élévation de l'intelligence, ne sont guère sortis de leur caste, et que leur existence est à recommencer. Devant le temps perdu, devant leurs facultés émoussées pour tout travail utile, devant la perspective de l'humiliante pauvreté qui les attend, comment ne deviendront-ils pas des révoltés ?[57]

Les maîtres de notre Université ne voient naturellement rien de tout cela. Leur œuvre leur inspire, au contraire, comme à tous les

---

[57] On peut se rendre compte des progrès croissants du socialisme dans la jeunesse universitaire en lisant le manifeste plein de haine et de fureur contre la société publié récemment par les « étudiants collectivistes ».

apôtres, le plus vif enthousiasme, et ils ne manquent pas une occasion d'entonner des chants de triomphe.

« Il faut lire, écrit monsieur H. Béranger, les livres de messieurs Liard et Lavisse, les deux principaux architectes de notre enseignement supérieur, pour comprendre la sorte d'enthousiasme qui les a saisis devant le résultat de leur œuvre. Entendent-ils la rumeur sourde mais formidable de tous ceux que l'Université déçoit, qui lui doivent plus d'élévation pour tomber dans plus de misère et que de toutes parts on commence à nommer les prolétaires intellectuels ? »

Hélas ! non, ils ne l'entendent pas, et s'ils l'entendaient, ils ne la comprendraient guère. Certes l'œuvre de ces universitaires fut particulièrement néfaste, bien plus néfaste que celle de Marat et de Robespierre, qui eux, au moins, ne corrompaient pas les âmes. Mais peut-on dire que ce soit vraiment leur œuvre ? Quand certaines illusions règnent puissamment sur les âmes, faut-il s'en prendre aux agents obscurs, aux comparses aveugles qui n'ont fait qu'obéir aux tendances générales de leur temps ?

L'heure où s'évanouiront nos terribles illusions sur la valeur de l'éducation latine n'a pas sonné encore. Elles sévissent au contraire plus que jamais. Chaque jour une laborieuse jeunesse, de plus en plus nombreuse va demander à l'Université la réalisation de ses rêves et de ses espérances.[58]

Le nombre des étudiants, qui était de 10.900 en 1878, de 17.600 en 1888, oscille autour de 30.000 maintenant. Quelle armée de déclassés, de révoltés, et par conséquent de partisans du socialisme pour l'avenir ?

---

[58] Voir les documents réunis dans mon ouvrage *Psychologie de l'éducation*, septième édition.

Et, comme le nombre de ces futurs déclassés ne paraît pas assez grand encore, c'est à qui réclamera de l'État des bourses pour permettre d'accroître ce nombre. En vain quelques esprits éclairés voient le danger et le montrent. Leur voix sonne inutilement dans un désert sans écho.

« Les millions que ces bourses coûtent au budget, disait récemment monsieur Bouge devant la Chambre des députés, sont peu de chose à côté de ce problème social, empêcher qu'elles deviennent une fabrique de déclassés. Des déclassés, il s'en forme trop déjà sans que l'État y aide par des distributions de bourses. »[59]

Nos lecteurs voient maintenant comment s'est formée d'une façon tout à fait artificielle, une nouvelle armée d'inadaptés. C'est elle surtout qui sera dangereuse un jour et qui fournira au socialisme ses plus redoutables bataillons. Ce n'est pas, je le répète encore, dans les âmes populaires que germe le plus activement le socialisme, mais

---

[59] L'instruction classique supérieure étant chose de luxe et ne pouvant servir qu'à ceux qui possèdent une certaine aisance, il n'y a pas une seule raison sérieuse pour la donner gratuitement ; et c'est ce que les Américains ont parfaitement compris. Un jeune homme qui en sentirait le besoin par suite d'aptitudes manifestes trouverait toujours le moyen de gagner d'abord son existence et ce serait pour lui une excellente préparation à la vie. Ainsi font les étudiants pauvres dans les pays vraiment démocratiques comme l'Amérique. Dans un travail sur l'université de Chicago, qu'il a visitée, un des plus illustres savants français, monsieur Moissan, s'exprime comme il suit : « Dans la plupart des universités américaines, on rencontre des jeunes gens sans fortune qui, pour payer les droits scolaires, s'élevant à Chicago à 178 francs par trimestre environ, se livrent à un travail manuel quelconque en dehors des heures de cours et d'études. Un étudiant se fera allumeur de becs de gaz, un autre offrira le soir ses services à un hôtel. Celui-ci gagnera sa nourriture en se faisant majordome ou le cuisinier de ses camarades. Tel autre aura économisé pendant plusieurs années sur un modeste traitement pour venir gagner un diplôme à l'université. » On peut être certain que les jeunes gens qui ont eu l'énergie suffisante pour dépenser de tels efforts ne seront jamais des déclassés et réussiront dans la vie, quelle que soit la carrière entreprise.

dans celle des déclassés fabriqués par l'Université. Pour la destruction sociale qui se prépare, notre Université aura joué un rôle très actif. Les historiens de l'avenir seront sévères pour elle et ne lui ménageront pas leurs malédictions en voyant tout le mal qu'elle a fait et en le comparant à tout le bien qu'elle aurait pu faire.

Chapitre IV
L'utilisation des inadaptés

§1. L'attaque future des inadaptés. — Haine des inadaptés pour la société où ils ne trouvent aucune place. — Les inadaptés aux États-Unis. — Leur condition misérable et leur nombre. — Luttes violentes qu'il faudra soutenir contre eux. — Les prédictions de Macaulay sur l'avenir des États-Unis.
§2. L'utilisation des inadaptés. — Cette utilisation constitue le plus difficile problème de l'heure actuelle. — La difficulté apparaît dès qu'on examine les moyens de résoudre le problème. — Solutions proposées et essayées. — Impuissance de l'État à nourrir l'armée des inadaptés. — La charité publique ou privée ne fait qu'accroître leur nombre. — Le droit au travail. — Résultats désastreux des expériences déjà tentées. — Vanité des promesses socialistes.

§ 1. L'attaque future des inadaptés

Nous venons de voir comment des conditions spéciales à l'âge actuel avaient multiplié en d'immenses proportions la foule des inadaptés. Cette multitude d'incapables, de déshérités, de dégénérés, est un danger grave pour toutes les civilisations. Unis dans une haine commune contre la société où ils n'ont aucune place, ils ne demandent qu'à la combattre. C'est une armée prête à toutes les révolutions, n'ayant rien à perdre et tout à gagner, au moins en espérance. Elle est prête surtout pour toutes les destructions. Rien n'est plus naturel que les sentiments de haine que ces déclassés professent envers une civilisation trop compliquée pour eux et à laquelle ils sentent bien ne jamais pouvoir s'adapter. Pour monter à l'assaut ils n'attendent qu'une occasion.

Les dangers qui menacent l'Europe, menacent les États-Unis dans un avenir beaucoup plus prochain encore. La guerre de Sécession a été le préludé de la lutte sanglante qui s'engagera bientôt entre les couches diverses qui vivent sur leur sol. C'est vers le nouveau monde que se dirigent d'instinct tous les inadaptés de l'univers. Malgré ces invasions, dont aucun homme d'État américain n'a compris le péril, la race anglo-saxonne est encore en majorité aux États-Unis. Mais d'autres races, Mexicains, Nègres, Italiens, Portoricains, etc., s'y multiplient de plus en plus. C'est ainsi, par exemple, que les États-Unis comptent aujourd'hui environ 8 millions de nègres. Une immigration annuelle de 400.000 étrangers accroît sans cesse cette dangereuse population. Ces étrangers forment de véritables colonies, parfaitement indifférentes, et le plus souvent fort hostiles à leur patrie d'adoption. Sans lien de sang, de tradition ou de langage avec elle, ils ne se soucient nullement de ses intérêts généraux. Ils ne cherchent qu'à se faire nourrir par elle.

Mais leur existence est d'autant plus dure, leur misère d'autant plus profonde, qu'ils sont en concurrence avec la race la plus énergique de l'univers. Ils ne peuvent vivre à peu près qu'à la condition de se contenter des travaux les plus infimes, des emplois les plus secondaires, et par conséquent, des plus insuffisants salaires.

Ces étrangers ne forment encore que 15 % environ de la population totale des États-Unis, mais dans certaines régions ils sont bien près d'être en majorité, et ils le seront bientôt si les nègres continuent à pulluler dans les décennies à venir. L'État du Dakota septentrional compte déjà 44 % d'étrangers. Les 9 dixièmes des nègres sont concentrés dans les 13 États du Sud, où ils forment un tiers de la population. Dans la Caroline du Sud, ils sont maintenant en majorité et dépassent le chiffre de 60 %. Ils égalent les blancs en nombre dans la Louisiane. On sait comment les nègres sont traités sur le sol américain, où généralement leur libération de l'esclavage est considérée comme une colossale erreur. Ils jouissent théoriquement de tous les droits reconnus aux autres citoyens, mais en pratique on les pend et on les fusille sans aucune forme de procès, au premier délit. Traités comme une espèce animale intermédiaire entre le singe et l'homme, ils seront tous prêts à entrer dans la première armée qui entreprendra la lutte contre la grande République.

La population noire est devenue le cauchemar de l'Amérique. Non seulement ces 8 millions de sauvages n'ont pu, après 30 ans d'efforts être élevés à une demi-civilisation, mais il a bien fallu constater que depuis la suppression de l'esclavage ils sont en régression mentale très visible. Leur paresse incurable, leur stupidité et leur dangereuse bestialité les rendent inutilisables dans un pays civilisé. Les mesures les plus variées ont été proposées pour se débarrasser d'eux. On a conseillé de les parquer dans certains états, de les déporter en masse à Cuba et aux Philippines, etc. Le nègre est malheureusement un être tellement inférieur, sauf d'infimes exceptions, qu'il n'est éducable et utilisable qu'après avoir été d'abord réduit en esclavage. Ce qui exaspère le plus les Américains, c'est que, pour découvrir cette vérité psychologique élémentaire, il leur a fallu dépenser 5 milliards et faire périr un million d'hommes pendant la guerre de Sécession, faite comme on le sait, pour supprimer l'esclavage. Ce n'est qu'à la suite de dépenses analogues que peuvent se répandre dans les foules certaines notions, banales depuis longtemps pour les savants.[60]

---

[60] J'ai l'intime persuasion que quand la conquête de l'Afrique sera terminée, les Européens seront obligés, pour la civiliser, d'y établir l'esclavage, en ayant soin bien entendu, de le désigner par un mot nouveau pour ne pas chagriner les philanthropes. Je n'ai pas encore rencontré d'ailleurs un seul voyageur ayant vécu en Afrique, qui ne soit convaincu que le nègre soit

Quoi qu'il en soit, les 8 millions de nègres américains forment une masse dont il n'est pas facile de se défaire, et trop d'intérêts divers sont en jeu pour qu'on puisse songer maintenant au rétablissement de l'esclavage. Les Américains se sont débarrassés des Chinois en leur interdisant l'entrée de leurs États, des Indiens en les parquant dans des territoires qu'entouraient des gardiens vigilants munis de fusils à répétition et ayant pour consigne de les abattre comme des lapins dès que la faim les obligeait à sortir de leurs enclos. Par ces procédés sommaires on a pu détruire à peu près tous les Indiens en fort peu d'années. Mais ils semblent difficilement applicables à des millions de nègres, et pas applicables du tout au stock immense de petits blancs étrangers, de toute origine, disséminés dans les villes, d'autant plus que ces blancs sont électeurs et peuvent envoyer leurs représentants siéger dans les Chambres ou exercer les pouvoirs publics. Dans la dernière grève de Chicago, le gouverneur de la province était du côté des insurgés.

Le grand historien Macaulay prévoyait de la façon suivante l'issue de ces luttes futures dans une lettre adressée à un Américain en 1857 :

« Le jour viendra, disait-il, où dans l'État de New-York, une multitude de gens, qui n'ont qu'un maigre déjeuner et qui n'attendent pas un meilleur dîner, auront à élire les Chambres ; et peut-on douter du caractère des Chambres qui seront élues ? Voici d'un côté un homme politique qui prêche la patience, le respect des droits acquis, la fidélité aux engagements publics ; voici de l'autre un démagogue qui déclame contre la tyrannie des capitalistes et des usuriers, qui demande de quel droit quelqu'un boit du champagne et va en voiture, tandis que des milliers de braves gens manquent du nécessaire. Lequel de ces deux candidats a le plus de chances d'être élu par l'ouvrier dont les enfants demandent du pain ? Je crains bien

---

« civilisable » autrement. Tous le disent, mais je crois bien être le premier écrivain qui ait osé l'écrire.

que dans de pareilles circonstances vous ne preniez des mesures fatales. De deux choses l'une : ou quelque César, quelque Napoléon saisira de sa forte main les rênes du Gouvernement, ou votre République sera mise au pillage par les barbares du XXème siècle aussi affreusement que l'Empire romain le fut par les barbares du Vème siècle. La différence sera que les Huns et les Vandales venaient du dehors, et que vos pillards auront été suscités dans votre propre pays par vos propres institutions. […] Ma conviction, conclut Macaulay, est depuis longtemps que des institutions complètement démocratiques sont faites pour détruire tôt ou tard soit la liberté, soit la civilisation, soit l'une et l'autre à la fois. »

Je ne doute pas, étant donné le caractère énergique des Anglo-Saxons de l'Amérique, qu'ils n'arrivent à surmonter les dangers dont les menaçait Macaulay, mais ce ne sera qu'au prix de luttes plus destructives que toutes celles qu'a enregistrées l'histoire.

Nous n'avons pas d'ailleurs à nous occuper ici des destinées de l'Amérique mais il n'est pas impossible que ses dissensions intestines touchent tôt ou tard l'Europe et que nous connaissions un jour les mêmes problèmes ethniques que les États-Unis.

Nos inadaptés européens ne sont actuellement ni aussi nombreux ni aussi dangereux que ceux de l'Amérique, mais ils n'en sont pas moins fort redoutables, et l'heure sonnera où ils seront embrigadés sous le drapeau du socialisme et où il faudra leur livrer de sanglantes batailles. Mais ces crises aiguës seront nécessairement éphémères. Quelles que soit leur issue, le problème de l'utilisation des inadaptés se posera pendant longtemps avec les mêmes difficultés. La recherche de sa solution pèsera lourdement sur la destinée des peuples de l'avenir, et il est impossible de pressentir aujourd'hui par quels moyens ils pourront le résoudre. Nous allons montrer pourquoi.

§ 2. L'utilisation des inadaptés

Les seules méthodes proposées jusqu'ici pour venir en aide aux inadaptés ont été la charité privée et l'assistance de l'État. Or l'expérience a enseigné depuis longtemps que ce sont là des remèdes insuffisants d'abord et dangereux ensuite. En supposant même que l'État ou les particuliers fussent assez riches pour entretenir la multitude des inadaptés, cet entretien ne ferait qu'en multiplier rapidement le nombre. Aux véritables inadaptés viendraient bientôt se joindre les demi-inadaptés et tous ceux qui, préférant la paresse au labeur, ne travaillent aujourd'hui que parce qu'ils y sont forcés par la faim.

Jusqu'ici la charité publique ou privée n'ont fait qu'accroître considérablement la foule des inadaptés. Dès qu'un bureau d'Assistance Publique fonctionne quelque part, le nombre des pauvres s'accroît dans d'immenses proportions. Je connais un petit village aux portes de Paris ou près de la moitié de la population est inscrite au bureau de bienfaisance.

Les recherches faites sur ce sujet ont prouvé que 95 % des pauvres secourus en France sont des individus qui refusent toute espèce de travail. Ce chiffre résulte surtout des expériences faites sous la surveillance de monsieur Monod, directeur au ministère de l'intérieur. Sur 727 mendiants valides pris au hasard et se lamentant de n'avoir pas d'ouvrage, 18 seulement consentirent à exécuter un travail facile leur rapportant 4 francs par jour. L'assistance privée ou publique ne fait donc que les maintenir dans leur paresse. Dans un rapport sur la situation du paupérisme en France, monsieur de Wateville écrivait il y a quelques années :

« Depuis 60 ans que l'administration de l'Assistance Publique à domicile exerce son initiative, on n'a jamais vu un indigent retiré de la misère et pouvant subvenir à ses besoins par les moyens et l'aide de ce mode de charité. Au contraire, elle constitue souvent le paupérisme à l'état héréditaire. Aussi voyons-nous aujourd'hui inscrits sur les contrôles de cette administration les petits-fils des indigents admis aux secours publics en 1802, alors que les fils avaient été en 1830 également portés sur les tables fatales. »

Dans ses *Essais sur le principe de la population*, Malthus s'exprimait à ce sujet de la façon suivante :

« La cause principale et permanente de la pauvreté a peu ou point de rapport avec la forme du Gouvernement ou avec l'inégale division des biens (il n'est pas en la puissance des riches de fournir aux pauvres de l'occupation et du pain), et, en conséquence, les pauvres, par la nature même des choses, n'ont nul droit à leur en demander... Mais comme l'expérience et la théorie démontrent invinciblement que la concession d'un tel droit ferait croître les besoins au-delà de toute espèce de possibilité de les satisfaire, et comme le simple essai d'une telle entreprise aurait inévitablement l'effet de plonger la race humaine dans la plus affreuse misère, il est clair que notre conduite, qui nie tacitement l'existence du droit dont il s'agit, est mieux assortie aux lois de notre nature que ne le sont les stériles déclamations par lesquelles nous prétendons le faire valoir. »

L'illustre écrivain anglais Herbert Spencer a écrit sur la même question une page beaucoup plus énergique encore :

« Nourrir les incapables aux dépens des capables, c'est une grande cruauté. C'est une réserve de misère amassée à dessein pour les générations futures. On ne peut faire un plus triste cadeau à la postérité que de l'encombrer d'un nombre toujours croissant d'imbéciles, de paresseux et de criminels. Aider les méchants à se multiplier, c'est au fond préparer malicieusement à nos descendants une multitude d'ennemis. On a le droit de se demander si la sotte philanthropie, qui ne pense qu'à adoucir les maux du moment et persiste à ne pas voir les maux indirects, ne produit pas au total une plus grande somme de misère que l'égoïsme extrême. En refusant d'envisager les conséquences éloignées de sa générosité inconsidérée, celui qui donne sans réfléchir est à peine d'un degré au-dessus de l'ivrogne qui ne songe qu'au plaisir d'aujourd'hui et ignore les douleurs de demain, ou du prodigue qui cherche les jouissances immédiates au prix de la pauvreté finale. Sous un rapport, il est pire car, jouissant lui-même sur le moment de la douceur de faire plaisir, il lègue à d'autres les misères futures auxquelles lui-même échappe. Il est une chose qui appelle une réprobation encore plus sévère. C'est ce gaspillage d'argent inspiré par une fausse interprétation de la maxime « que charité efface une multitude de péchés ». Chez les nombreuses personnes qui s'imaginent, par suite de cette fausse interprétation, qu'en donnant beaucoup elles peuvent expier leurs mauvaises actions, nous pouvons reconnaître un élément de véritable bassesse. On s'efforce d'acquérir une bonne place dans l'autre monde, sans s'inquiéter de ce qu'il en peut coûter à ses semblables. »

Mais en dehors de la charité proprement dite, destinée à secourir simplement les nécessiteux qui ne peuvent ou ne veulent travailler, un autre problème consiste à savoir si l'État, suivant la prétention des socialistes, ne devrait pas se charger de distribuer du travail aux individus qui en manquent et en demandent.

Cette théorie découle évidemment du concept latin de l'État, et nous n'avons pas à la discuter ici. Il nous suffira, sans nous occuper du principe, de rechercher simplement si l'État est dans la possibilité de remplir le rôle qu'on veut lui attribuer. L'expérience ayant été faite plusieurs fois, car ce n'est pas d'aujourd'hui que se proclame le droit au travail, il est facile de répondre à la question.

L'Assemblée nationale et la Convention, après avoir, en 1791 et en 1793, décrété la création d'un établissement destiné à « donner du travail aux pauvres valides qui n'auraient pu s'en procurer », et affirmé que « la société doit la subsistance aux citoyens malheureux », établirent des ateliers nationaux. En 1791, ils occupaient à Paris 31.000 ouvriers payés 40 sous par jour. Ces ouvriers arrivaient sur les chantiers vers dix heures, partaient à trois heures, et ne faisaient que boire et jouer aux cartes dans l'intervalle. Quant aux inspecteurs chargés de les surveiller, lorsqu'on les interrogeait, ils répondaient simplement qu'ils n'étaient pas en force pour se faire obéir et ne voulaient pas s'exposer à se faire égorger.

« Le tableau, écrit monsieur Cheysson, a été le même avec nos ateliers nationaux de 1848, qui ont abouti aux sanglantes journées de Juin (quand on voulut les supprimer). [...] Il est curieux de constater que, malgré les leçons de l'histoire, ce préjugé du droit au travail a gardé ses fidèles. Il vient de se tenir, à Erfurt, le sixième congrès évangélique social, sorte de Parlement des Églises réformées, très imprégné de socialisme chrétien. Sur le rapport d'un publiciste distingué, monsieur de Masson, l'actif collaborateur du pasteur Badelswing pour la création des colonies de travailleurs, le Congrès a proclamé que « c'était, pour un État bien régie, un devoir strict de parer, dans la mesure du possible, au douloureux fléau social du chômage immérité ». C'est la formule mitigée du droit au travail. »

Dans le système socialiste ce sera l'État qui organisera les nouveaux ateliers nationaux. On n'a qu'à visiter nos arsenaux pour savoir ce que pourra produire une telle organisation.

Monsieur Lockroy, ancien ministre de la marine, signalait dans le *Temps* du 2 novembre 1906 que la « tonne d'armement » revient à 141 francs à Brest, à 220 francs à Lorient et à 460 francs à Rochefort.

On voit où peut conduire la théorie du droit au travail et l'intervention de l'État. Le problème discuté dans ce paragraphe a préoccupé depuis longtemps de grands esprits, et aucun d'eux n'a pu lui trouver de solution même lointaine. Il est évident d'ailleurs, que si cette solution avait été découverte, la question sociale serait en grande partie résolue.

Et c'est parce qu'elle reste jusqu'ici introuvable que le socialisme, qui prétend résoudre l'insoluble problème et ne recule devant aucune promesse, est si redoutable aujourd'hui. Il a pour alliés tous les déshérités, tous les vaincus de la vie, tous les inadaptés, dont nous avons expliqué la formation. Il représente pour eux cette dernière lueur d'espoir qui ne meurt jamais dans le coeur de l'homme. Mais comme ses promesses seront nécessairement vaines, puisque les lois de la nature qui régissent notre sort ne peuvent être changées, son impuissance éclatera à tous les yeux aussitôt qu'il aura triomphé, et alors il aura pour ennemies les multitudes mêmes qu'il avait séduites et qui mettent en lui maintenant leur espoir. De nouveau désabusé, l'homme reprendra une fois encore l'éternel labeur de se créer des chimères capables de charmer son âme pendant quelque temps.

# Livre VI
L'évolution de
l'organisation sociale

Chapitre I
Les sources et la répartition des richesses : l'intelligence, le capital et le travail

§1. L'intelligence. — Rôle immense de l'intelligence dans l'évolution moderne du monde. — Elle est la principale créatrice des richesses dont bénéficient tous les travailleurs. — Le travail du manœuvre ne profite qu'à lui seul, celui de l'inventeur profite à tous les travailleurs. — Les capacités d'une petite élite produisent plus de richesse que le travail de tout le reste de la population. — Haine des socialistes pour l'intelligence. — En quoi à leur point de vue cette haine est fondée.
§2. Le capital. — Définition du capital. — Son rôle. — Services que rend le capitaliste aux travailleurs en abaissant le prix de revient des marchandises. — Diffusion actuelle du capital dans un grand nombre de mains. — Morcellement progressif de la fortune publique. — Ce que produirait la répartition égale de la fortune publique entre tous les travailleurs. — Réduction progressive de la part des actionnaires dans toutes les entreprises industrielles et élévation constante de celle des travailleurs. — Le revenu de l'actionnaire tend de plus en plus à disparaître. — Conséquences pour l'avenir des entreprises. — État actuel de la fortune immobilière. — Pourquoi elle tend aussi à s'évanouir. — La grande propriété n'est plus une source de la richesse et tend de plus en plus à se morceler. — Les mêmes phénomènes sont constatés en France et en Angleterre.
§3. Le travail. — Rapports actuels du capital et du travail. — Jamais la situation des ouvriers n'a été aussi prospère qu'aujourd'hui. — Progression constante des salaires ouvriers. — Ces salaires sont souvent supérieurs aux

gains réalisés dans les professions libérales. — La situation des ouvriers est la seule qui s'améliore constamment.
§4. *Les rapports du capital et du travail.* Patrons *et ouvriers.* — Hostilité croissante des ouvriers contre le capital. — Incompréhension totale régissant les rapports actuels entre ouvriers et patrons. — Insuffisance des notions psychologiques des patrons dans leurs relations avec les ouvriers. — Le patron dans la grande industrie moderne. — Patrons et ouvriers forment aujourd'hui deux classes toujours ennemies.

Les découvertes scientifiques et industrielles de l'âge actuel condamnent les sociétés à subir une évolution profonde. Nous l'avons dit déjà dans plusieurs parties de cet ouvrage. Il nous reste à préciser dans ce chapitre et ceux qui vont suivre les caractéristiques les plus essentielles de cette évolution.

Les plus importantes des transformations sociales actuelles dérivent du problème de la répartition des richesses. Avant de rechercher comment la richesse peut se répartir il faut d'abord savoir comment elle se produit. C'est ce que nous allons examiner tout d'abord.

Les socialistes ne reconnaissent guère que 2 sources de la richesse : le capital et le travail. Toutes leurs réclamations portent sur la part trop grosse, suivant eux, que s'attribue le capital. Ne pouvant nier la nécessité du capital dans l'industrie moderne, ils rêvent au moins la suppression des capitalistes.

En dehors du capital et du travail, il existe cependant une troisième source de la richesse : l'intelligence. Les socialistes n'y attachent généralement qu'une faible valeur. Son action est pourtant dominante, et c'est pourquoi nous commencerons par elle notre examen.

§ 1. L'INTELLIGENCE

À l'aurore des civilisations, la capacité intellectuelle jouait un rôle à peine supérieur à celui du travail manuel. Avec les progrès des sciences et de l'industrie, ce rôle a fini par devenir tellement prépondérant que son importance ne saurait être exagérée. Le travail de l'obscur manœuvre ne profite guère qu'à lui-même, alors gue les œuvres de l'intelligence enrichissent l'humanité tout entière. Un socialiste assurait, dans un discours à la Chambre des députés, « qu'il n'y a pas d'hommes qui soient dans la réalité humaine l'équivalent humain de 100.000 hommes ».

Il est évident au contraire que, en moins d'un siècle, on peut citer, de Stephenson à Pasteur, toute une élite d'inventeurs dont chacun vaut beaucoup plus de 100.000 hommes, non pas seulement par la valeur théorique des inventions sorties de leurs cerveaux, mais par les richesses que ces inventions ont répandues dans le monde, et les bienfaits qu'en ont retirés tous les travailleurs.[61]

---

[61] Même en négligeant les grandes découvertes comme celles de la machine à vapeur des chemins de fer, etc., on pourrait citer par centaines les inventions dont tous les travailleurs ont profité. Certaines inventions comme celle de la transformation de la fonte en acier, réalisée par Bessemer, ont révolutionné l'industrie et donné du travail à des milliers d'ouvriers. Avant lui le prix de la tonne d'acier était de 1.500 francs et sa consommation ne dépassait guère 50.000 tonnes. Après sa découverte le prix est tombé à 150 francs et la consommation est devenue 20 fois plus considérable. L'acier a remplacé le bois pour la construction des navires et la pierre pour celle des grands édifices. On peut entrevoir quelles entraves rencontreraient des découvertes analogues sous le régime socialiste en voyant l'opposition qu'elles provoquent parfois de la part des savants organisés en corporation. Quand Bessemer fit connaître en 1856 sa découverte à l'Association britannique pour l'avancement des sciences, elle fut considérée comme si peu intéressante qu'on refusa d'insérer le mémoire où elle était exposée dans les comptes-rendus de l'association.

Si au jour du jugement dernier les œuvres sont pesées à leur valeur réelle, de quel poids immense compteront celles de ces puissants génies ? C'est à leurs découvertes qu'est due la plus grosse partie du capital existant dans le monde. L'économiste anglais Mallock évalue à un tiers du revenu actuel de l'Angleterre la part imputable à la capacité d'une petite élite. Cette petite élite produit à elle seule beaucoup plus que tout le reste de la population. L'histoire de la civilisation n'est en réalité que l'histoire des grands hommes qui se sont succédé d'âge en âge. Les peuples qui n'ont pas possédé de tels hommes n'ont eu ni civilisation ni histoire.

Les socialistes de toutes les écoles répugnent à reconnaître l'importance de la supériorité intellectuelle. Marx n'entend par travail que l'ouvrage manuel, et relègue au second plan l'esprit d'invention, de capacité, de direction qui a cependant transformé le monde.

Cette haine des socialistes pour l'intelligence est assez fondée, car c'est précisément l'intelligence qui sera l'obstacle éternel devant lequel se briseront leurs idées égalitaires. Supposons que par une mesure analogue à la révocation de l'édit de Nantes (mesure que les socialistes, s'ils étaient les maîtres, seraient bien vite conduits à tenter), toutes les supériorités intellectuelles de l'Europe : savants, artistes, industriels, inventeurs, ouvriers d'élite, etc., fussent expulsés des pays civilisés, et obligés de se réfugier dans une île quelconque inhabitée aujourd'hui. Admettons encore qu'ils s'y réfugient sans un sou de capital. Il n'est pas douteux pourtant que cette île, si dénuée qu'on la suppose, deviendrait vite le premier pays du monde par sa civilisation et sa richesse. Cette richesse serait bientôt telle que ses possesseurs pourraient entretenir une puissante armée de mercenaires et n'auraient rien à craindre de personne.

§ 2. Le Capital

Le capital comprend tous les objets ; marchandises, outils, maisons, terres, etc., ayant une valeur négociable quelconque. La monnaie n'est que le signe représentatif, l'unité commerciale servant à évaluer et échanger les divers objets.

Pour les socialistes, le travail est la source unique et la mesure de la valeur. Le capital ne serait qu'une portion de travail non payé volée à l'ouvrier.

Il serait inutile de perdre son temps à discuter des assertions réfutées tant de fois. Le capital est du travail soit matériel, soit surtout intellectuel, accumulé. C'est le capital qui a soustrait l'homme à l'esclavage des vieux âges, à celui de la nature surtout, et qui constitue aujourd'hui le soutien fondamental de toute civilisation. Le traquer, le persécuter, serait l'obliger à fuir ou à se cacher, et tuer du même coup l'industrie, qu'il ne viendrait plus alimenter, puis, par voie de conséquence supprimer tout salaire. Ce sont là des banalités qui ne nécessitent véritablement aucune démonstration.

L'utilité du capital dans la grande industrie est tellement évidente que si les socialistes parlent tous de supprimer les capitalistes, ils ne parlent plus guère de supprimer le capital. Le grand capitaliste rend d'immenses services au public par la réduction du prix de revient et de vente des objets. Un grand industriel, un grand importateur, un grand magasin, peuvent se contenter d'un bénéfice de 5 à 6 %, et vendre par conséquent les produits beaucoup moins chers que le petit industriel, le petit commerçant, obligés, pour couvrir leurs frais et vivre de majorer leurs marchandises de 40 à 50 %.[62]

L'accroissement de la richesse et le nombre des participants à cette richesse est aujourd'hui considérable. On peut en juger par les chiffres suivants, extraits d'un travail lu à la Société de statistique et publié par l'*Officiel* du 27 juin 1896. Ils donnent des renseignements fort intéressants et qui semblent exacts, au moins pris en gros, comme la plupart des chiffres des statisticiens. Le capital nominal des rentes françaises qui était de 713 millions en 1800, s'élevait à 4 milliards 426 millions en 1830, 5 milliards 516 millions en 1852 et 26 milliards en 1896.

Le nombre des inscriptions de rentes, qui était de 195.000 en 1830, était de 5 millions en 1895. Le nombre des rentiers serait donc 25 fois plus élevé qu'en 1814.[63]

L'accroissement du nombre des participants aux entreprises industrielles tend aussi à s'accroître. En 1888, les actions du Crédit

---

[62] Les majorations sont parfois plus élevées encore. Il résulte d'un document publié par plusieurs journaux que la valeur des marchandises de première nécessité est parfois quadruplée par les intermédiaires. Pour ne citer qu'un exemple : le cultivateur expédiant un colis de 150 kilos de salade à Paris, touche un peu moins de 10 frs. sur un prix de vente au public d'environ 45 frs. « On peut dire, observait l'auteur de l'article, que dans le trafic des denrées qui se fait aux Halles de Paris, les consommateurs parisiens paient 5 francs ce que les producteurs du département vendent 1 franc. » On voit aisément ce que gagnerait le public à ce que de grands capitalistes puissent s'emparer de l'industrie de l'alimentation comme ils l'ont fait de celle de l'habillement.

[63] Il ne faut pas oublier cependant que la même personne pouvant avoir et ayant même nécessairement plusieurs titres, ces chiffres n'ont rien d'absolu. D'après un relevé que j'ai obtenu au ministère des Finances, le chiffre d'inscriptions nominatives ou au porteur était, à la fin de 1896, de 4.522.449 (et non de 5.000.000, comme l'assure le rapport dont je viens de parler). Naturellement on ignorait entre combien de mains ces titres étaient répartis, malgré les conclusions du même statisticien.

Foncier appartenaient à 22.000 individus ; elles appartiennent à 40.000 aujourd'hui.

Même morcellement pour les actions et obligations des Compagnies de chemins de fer : elles sont réparties entre les mains de 2 millions de personnes.

Nous verrons bientôt qu'il en est de même pour la propriété. Près des deux tiers de la France sont entre les mains de 6 millions de propriétaires. Monsieur Leroy-Beaulieu arrive finalement à cette conclusion que « les ¾ de la fortune accumulée, et probablement des quatre cinquièmes du revenu national sont aux mains d'ouvriers, de paysans, de petits bourgeois, de petits rentiers ».

Aussi les grosses fortunes sont-elles de plus en plus rares. Les statistiques évaluent à 2 % au plus, le nombre de familles ayant 7.500 francs de revenus. Sur les 500.000 héritages annuels, 2.600 seulement dépassent la somme de 20.000 francs en capital.

Le capital tend donc à se diffuser de plus en plus en un grand nombre de mains, et il se diffuse parce qu'il s'accroît constamment. Les lois économiques agissent ici dans le sens rêvé par les socialistes, mais par des moyens bien différents de ceux qu'ils préconisent, puisque l'effet produit est la conséquence de l'abondance des capitaux et non de leur suppression.

On peut se demander cependant ce que produirait la répartition égale entre tous, de la fortune générale d'un pays, et si les travailleurs y gagneraient. Il est facile de répondre à cette question.

Admettons que, suivant le vœu de certains socialistes, on partage les 220 milliards qui représentent la fortune de la France entre ses 38 millions d'habitants. Admettons aussi qu'on puisse réaliser cette fortune en numéraire, réalisation évidemment impossible puisqu'il n'existe que 7 à 8 milliards d'or ou d'argent[64], le reste étant représenté par des maisons, des usines, des terres, des objets de toute sorte. Admettons encore qu'à l'annonce de ce partage le taux des valeurs mobilières ne s'effondre pas dans les 24 heures. En admettant toutes ces impossibilités, chaque individu aurait un capital d'environ 5.500 francs représentant 165 francs de rente. Il faudrait bien peu connaître la nature de l'homme pour ne pas être convaincu que l'incapacité, le gaspillage d'un côté, l'épargne, l'énergie et la capacité de l'autre, faisant vite leur œuvre, l'inégalité des fortunes serait vite rétablie. Si, pour éviter un partage général, on se bornait à diviser les grosses fortunes seulement. Si, par exemple, on confisquait tous les revenus au-dessus de 25.000 frs. pour les partager entre les autres catégories de citoyens, le revenu de ces derniers ne serait accru que de 4,5 %. L'individu ayant actuellement 1.000 francs de salaire annuel toucherait alors 1.045 francs.[65]

---

[64] Il n'existe dans le monde entier, d'après les économistes, que 24 milliards de monnaie d'or et 20 milliards de monnaie d'argent. Si on les partageait entre les 1.500 millions d'habitants de la terre, il reviendrait à chacun 29 francs. Le pays le plus riche du monde, les Etats-Unis, ne possède que 8 milliards de numéraire. La fortune des nombreux milliardaires qu'il contient se compose surtout de papier. Le numéraire n'acquiert sa valeur que par une rapide circulation.

[65] Ce n'est là, il est vrai, que le côté matériel de la question. Elle comporte aussi un côté psychologique qu'il ne faut pas négliger. Ce qui fait le scandale des trop grosses fortunes, et provoque tant de récriminations contre elles, c'est : 1°/ leur origine, constituée trop souvent par de véritables déprédations financières. 2°/ la puissance énorme qu'elles donnent à leurs possesseurs en leur permettant de tout acheter, jusqu'à des titres de membres des académies les plus savantes. 3°/ la vie scandaleuse des héritiers de ceux qui ont fondé ces fortunes. Il est évident qu'un industriel qui s'enrichit en vendant à bon marché des produits coûteux jusqu'à lui, ou en créant une industrie nouvelle telle que, par exemple, la transformation de la fonte en acier, un nouveau mode de chauffage, etc., rend service au public en s'enrichissant. Il en est tout autrement de ces financiers dont la fortune a pour seule origine le placement dans le public de toute une série d'emprunts de pays véreux, d'actions de sociétés interlopes, sur lesquels ils touchent

En échange de cette insignifiante augmentation, le commerce et beaucoup d'industries, faisant vivre des millions d'individus, seraient totalement anéantis. La ruine des travailleurs serait donc générale et leur sort bien inférieur à ce qu'il est aujourd'hui.

En même temps que se constate la diffusion des capitaux, que tous les socialistes sincères devraient bénir, on observe aussi que la part revenant au capital dans toutes les entreprises industrielles se réduit, tandis que, au contraire, celle des ouvriers grandit.

Monsieur Harzé, inspecteur des mines en Belgique, a montré que depuis 30 ans, alors que les frais d'exploitation avaient peu varié et oscillaient autour de 38 %, la part des actionnaires s'était progressivement réduite de plus de la moitié, tandis que celle de l'ouvrier avait considérablement augmenté.

On a calculé que si on abandonnait aux travailleurs de certaines entreprises la totalité de leurs bénéfices, chaque ouvrier gagnerait une moyenne de 86 francs de plus par an. Il ne les gagnerait pas longtemps d'ailleurs. L'entreprise étant forcément gérée par les ouvriers dans cette hypothèse, elle péricliterait bientôt, et ils gagneraient finalement beaucoup moins que dans l'état de choses actuel.

Le même phénomène, c'est-à-dire l'accroissement des salaires aux dépens de la rétribution du capital, s'observe partout. D'après monsieur Daniel Zolla, pendant que le capital foncier

---

d'énormes remises. Leurs colossales fortunes ne se composent guère que de l'addition de vols impunis. Et tous les États devront trouver un jour un moyen quelconque soit par d'énormes droits de succession, soit par des impôts spéciaux, de les empêcher de fonder un État dans l'État. Cette nécessité a préoccupé déjà plusieurs philosophes éminents. Voici comment s'exprime à ce sujet Stuart Mill : « Le pouvoir de léguer est un des privilèges de la propriété qui peuvent être utilement réglementés dans un intérêt d'utilité publique, et la meilleure manière d'empêcher l'accumulation des grandes fortunes dans les mains de ceux qui ne les ont pas acquises par leur travail, est de mettre une limite à ce que chacun peut acquérir par legs ou successions. »

baissait de 25 %, les salaires agricoles se seraient élevés de 11 %. En Angleterre, suivant monsieur Lavollée, depuis 30 ans le revenu des classes ouvrières s'est élevé de 59 %, et le revenu des classes aisées s'est abaissé de 30 %.

Le salaire de l'ouvrier continuera sans doute à s'élever ainsi, jusqu'à ce qu'il ne reste plus de disponible que le minimum indispensable à la rémunération, non pas du capital dépensé dans une entreprise, mais simplement des administrateurs nécessaires pour la diriger. C'est là du moins la loi de l'heure présente. Ce ne saurait être celle de l'avenir. Les capitaux immobilisés dans d'anciennes entreprises ne peuvent éviter la disparition qui les menace. Mais les capitaux futurs sauront mieux se défendre. Nous verrons en étudiant les syndicats de production industrielle comment ils entreprennent maintenant leur défense.

Le travailleur actuel se trouve dans une phase qu'il ne reverra plus, où il peut dicter ses lois et saigner impunément la poule aux œufs d'or. Pour toutes les vieilles entreprises par actions : transports, chemins de fer, omnibus, usines, mines, etc., les syndicats ouvriers sont certains d'arriver progressivement à exiger la totalité des bénéfices, en ne s'arrêtant qu'au moment précis où le dividende de l'actionnaire sera réduit à zéro, et où il restera juste assez pour payer directeurs et administrateurs. On sait, par d'innombrables exemples, avec quelle résignation admirable l'actionnaire supporte, de la part des États ou des Compagnies privées, la réduction d'abord, puis la suppression totale de son revenu. Les moutons ne tendent pas avec plus de douceur leur cou au boucher.

Ce phénomène de la réduction progressive, (tendant vers l'évanouissement total) des revenus de l'actionnaire, s'observe aujourd'hui sur une grande échelle dans les pays latins. Par suite de l'indifférence et de la méprisable faiblesse des administrateurs des Compagnies, toutes les exigences des personnels syndiqués sont immédiatement satisfaites. Ce n'est, bien entendu, qu'en prenant sur le bénéfice des actionnaires qu'elles peuvent l'être. Naturellement, les revendications des mêmes syndiqués se répètent bientôt, et naturellement encore les administrateurs qui, eux, n'ont rien à perdre et que la peur talonne, continuent à céder, ce qui réduit de nouveau le dividende, et par suite la valeur de l'action. Cette série d'opérations peut se prolonger jusqu'au jour où, le dividende arrivant à être nul, la valeur des actions le sera également. Par cette méthode de dépouillement ingénieux, beaucoup de nos grandes entreprises industrielles rapportent de moins en moins et ne rapporteront absolument rien dans quelques années. Les propriétaires véritables de l'entreprise auront été progressivement et totalement éliminés, ce qui est le rêve du collectivisme. Il n'est pas aisé de dire comment on pourra alors trouver des actionnaires pour fonder de nouvelles entreprises. Dès à présent on voit se dessiner une judicieuse méfiance et une tendance à exporter les capitaux dans des pays où ils sont moins exposés. L'exode des capitaux et aussi des capacités, serait la première conséquence du triomphe complet des socialistes.

Le double phénomène que nous venons de constater pour la richesse mobilière : répartition de la richesse dans un nombre de mains de plus en plus grand et réduction des revenus du capital par suite de l'élévation progressive de la part faite aux travailleurs, se constate également pour la fortune immobilière.

D'après le rapport de monsieur E. Tisserand sur la dernière enquête décennale, il y a en France 49 millions et demi d'hectares soumis à l'exploitation agricole. Ils sont répartis en 5.672.000 exploitations. 2,5 % de ces exploitations seulement sont consacrées à la grande culture, c'est-à-dire possèdent une surface supérieure à 40 hectares. Mais ces 2,5 % d'exploitations comprennent en étendue les 45 % du sol. Si donc il y a très grande prépondérance en nombre des petites exploitations, il se trouve en même temps que près de moitié du sol appartient à 2,5 % seulement du nombre des exploitations.

La grande propriété comprend donc encore en France près de la moitié du territoire. Mais il est visible qu'elle ne saurait se maintenir bien longtemps, en raison, précisément, de la part de plus en plus restreinte laissée au capital dans tous les ordres d'entreprises. Les causes de sa disparition prochaine sont faciles à montrer.

La profession agricole est exercée par 8.500.000 individus environ,[66] dont plus de la moitié est propriétaire du sol qu'elle cultive, l'autre moitié vit de salaires. Or, si l'on compare la statistique agricole de 1856 à celle de 1886, la dernière publiée avec quelques détails, on voit que si le nombre des agriculteurs a un peu diminué, celui des propriétaires cultivateurs a au contraire augmenté. La diminution apparente des agriculteurs, dont s'inquiètent tant quelques écrivains, est *le simple résultat de l'extension croissante de la petite propriété.*

Cette extension du nombre des propriétaires est un phénomène exactement parallèle à celui de l'accroissement du nombre des porteurs de valeurs mobilières.

---

[66] Ces chiffres varient notablement suivant la façon d'utiliser les dénombrements. Voici d'après les chiffres de l'Office du Travail résumés par monsieur de Flaix dans l'Économiste français le recensement du personnel des industries et des professions en France en 1896. Je donne les chiffres en nombres ronds :

Agriculteurs	8 502 000	des deux sexes
Industriels	5 605 000	-
Commerçants	2 287 000	-
Professions libérales	339 000	-
Service personnel (coiffeurs, etc.)	52 000	-
Domestiques	917 000	-
Fonctionnaires	689 000	-
	18 391 000	des deux sexes

Sur 38.500.000 Français à peu près la moitié prennent part au travail national, dans ce nombre figurent plus de 6 millions de femmes.

Si le nombre des individus cultivant eux-mêmes augmente, il est évident que celui des fermiers, métayers et domestiques doit diminuer. Il doit diminuer d'autant plus, pour les domestiques surtout, que la main-d'œuvre coûteuse est remplacée de plus en plus par des machines agricoles. Le progrès des cultures fourragères, accrues d'¼ depuis 1862, et exigeant un personnel bien moins nombreux, y a contribué également. Si donc les campagnes se sont un peu dépeuplées, c'est uniquement parce qu'elles ont eu moins besoin de bras. Mais elles n'en ont jamais manqué. Les bras suffisent largement. Ce sont les têtes qui parfois font un peu défaut.

Évidemment la petite culture n'est pas très productive, elle nourrit cependant ceux qui la pratiquent. Ils gagnent certainement moins en travaillant pour eux que s'ils travaillaient pour les autres, mais c'est tout autre chose de travailler pour soi que de travailler pour le compte d'un maître.

La situation des grands propriétaires est devenue des plus précaires, aussi bien en France qu'en Angleterre, et c'est pourquoi, comme je le disais plus haut, ils tendent à disparaître. Leurs terres sont condamnées à un morcellement prochain. Incapables de les cultiver eux-mêmes, voyant qu'elles rapportent de moins en moins par suite de la concurrence des céréales étrangères, et des exigences grandissantes des ouvriers, ils sont progressivement obligés de renoncer à des exploitations, qui leur coûtent parfois plus cher qu'elles ne leur rapportent.[67]

Ils finiront nécessairement par vendre leurs terres en fragments à des petits propriétaires exploitant eux-mêmes. Ces derniers n'ayant aucun frais, et peu de capital à rétribuer, vu le bas prix de leurs acquisitions vivront à l'aise de terres dont les grands

---

[67] Dans l'Aisne, pays de grande culture, on comptait, dit-on, il y a quelques années, 900 fermes importantes à l'abandon. Mais jamais on n'y a cité une seule petite propriété abandonnée par son propriétaire. Cette dernière observation est applicable également à l'Angleterre.

propriétaires vivaient très mal. La grande propriété ne sera bientôt plus qu'un objet de luxe inutile. Elle est encore un signe, mais non plus une source de la richesse.

Les phénomènes que je viens de constater sont observés partout, et d'une façon plus particulière, dans les pays de très grande propriété tels que l'Angleterre. Ils résultent, comme je l'ai dit, des exigences croissantes de la population ouvrière coïncidant avec la réduction de la valeur des productions du sol, par suite de la concurrence étrangère faite par les peuples chez qui la terre a peu de valeur, comme en Amérique, ou par ceux chez qui c'est le travail manuel qui est sans valeur, comme aux Indes. C'est cette concurrence qui, en peu d'années, a fait tomber chez nous le prix du blé de 25 %, malgré les droits protecteurs, payés naturellement par tous ceux qui consomment du pain.

En Angleterre, pays de liberté, où il n'y a aucun droit protecteur contre la concurrence étrangère, la crise sévit dans toute son intensité. Les grains étrangers encombrent les ports anglais, ainsi que les viandes étrangères. Des bateaux frigorifiques font continuellement le trajet entre Sydney, Melbourne et Londres. Ils apportent à 10 ou 15 centimes la livre les moutons et les bœufs tout dépecés, sans parler du beurre dont certains de ces bâtiments apportent jusqu'à 600.000 kilogrammes en un seul voyage. Bien que les propriétaires aient abaissé de plus de 30 % le prix de leurs fermages, ils ne touchent presque plus rien. Monsieur de Mandat-Grancey, dans sa remarquable enquête, cite des propriétaires dont il a examiné les livres, et chez qui des terres rapportant de 500.000 à 800.000 francs il y a quelques années ont fini par ne plus rapporter que 10.000 à 12.000 francs par suite du non-paiement des fermages. Impossible de congédier les fermiers qui ne payent pas, par la simple raison qu'on n'en trouverait aucun consentant à payer. Même en ne payant pas, les occupants rendent au moins le service d'entretenir le sol et de l'empêcher de retourner à l'état sauvage. Les propriétaires anglais seront donc conduits forcément, comme les propriétaires français dont je parlais plus haut, à morceler leurs terres, et à les vendre à vil prix à de petits cultivateurs. Ces derniers pourront alors les exploiter avec profit, d'abord parce qu'ils les exploiteront eux-mêmes et ensuite parce que le prix d'achat aura été insignifiant.

Il ne faut pas trop regretter je crois que les grands propriétaires soient partout destinés à être bientôt victimes de l'évolution des lois économiques. Il y a un intérêt considérable pour les sociétés de l'avenir à ce que la propriété soit morcelée au point que chacun n'en possède que ce qu'il peut en cultiver. De cet état de choses résulterait une stabilité politique très grande. Le socialisme n'aurait aucune chance de succès dans de telles sociétés.

En résumé, ce que nous avons dit pour la répartition du capital se constate aussi pour la répartition du sol. Par l'action des lois économiques, la grande propriété est condamnée à disparaître. Avant que les socialistes aient fini de discuter sur elle, l'objet de leurs discussions se sera évanoui, par suite du jeu imperturbable de ces lois naturelles, qui fonctionnent, tantôt dans le sens de nos doctrines, tantôt contre, mais sans jamais se soucier d'elles.

§ 3. Le travail

Les chiffres que nous avons donnés ont montré la progression croissante des bénéfices du travail, et la réduction non moins croissante de ceux du capital. En raison de son incontestable nécessité, le capital a pu imposer pendant longtemps aux travailleurs ses exigences ; mais aujourd'hui les rôles ont bien changé. Les rapports du capital et du travail, qui étaient d'abord ceux de maître à serviteur, tendent maintenant à s'inverser. Le progrès des idées humanitaires, l'indifférence progressive des chefs d'exploitation pour les intérêts d'actionnaires qu'ils ne connaissent pas, et surtout l'énorme extension des syndicats, ont peu à peu conduit le capital à ce rôle effacé.

Malgré les réclamations bruyantes des socialistes, il est parfaitement évident que la situation des ouvriers n'a jamais été aussi prospère qu'à l'heure actuelle.

Étant données les nécessités économiques qui régissent le monde, il semble fort probable que les travailleurs traversent un âge d'or qu'ils ne reverront peut-être pas. Jamais on n'a fait droit à leurs revendications comme aujourd'hui, jamais le capital n'a été aussi peu oppressif ni aussi peu exigeant.

Comme le fait justement remarquer l'économiste anglais Mallock, le revenu des classes ouvrières modernes dépasse de beaucoup le revenu de toutes les classes il y a 60 ans. Elles possèdent, en réalité, beaucoup plus qu'elles ne posséderaient si toute la fortune publique avait alors passé dans leurs mains, suivant le rêve de certains socialistes.

En France, depuis 1813, d'après monsieur de Foville, les salaires ont plus que doublé, alors que l'argent n'a perdu que le tiers de sa valeur.

À Paris, près de 60 % des ouvriers ont des salaires journaliers oscillant entre 5 et 8 francs, et, d'après les chiffres publiés par l'Office du travail, les salaires de l'élite s'élèvent bien plus haut. Le salaire quotidien des ajusteurs varie de 7fr.50 à 9fr.50, celui des tourneurs de 9 à 10 francs. Les tailleurs de pierres fines gagnent jusqu'à 15 francs par jour. Les ouvriers électriciens, de 6 à 10 francs, les fondeurs de cuivre de 8fr.50 à 12fr.50, les tôliers de 9 à 10fr.75. Les contremaîtres ordinaires gagnent 10 francs par jour, les plus capables jusqu'à 800 francs par mois. Ce sont là des salaires qu'un officier, un magistrat, un ingénieur, un employé, mettent souvent de bien longues années à atteindre, quand ils les atteignent. On peut donc répéter avec monsieur Leroy-Beaulieu : « Le travailleur manuel est le grand bénéficiaire de notre civilisation. Toutes les situations s'abaissent autour de lui, et la sienne s'élève. »[68]

§ 4. LES RAPPORTS DU CAPITAL ET DU TRAVAIL. PATRONS ET OUVRIERS

Malgré cette situation si satisfaisante du travailleur moderne, on peut dire que jamais les rapports entre patrons et ouvriers, c'est-à-dire entre le capital et le travail, n'ont été plus tendus. L'ouvrier devient de plus en plus exigeant à mesure que ses désirs sont mieux satisfaits. Son hostilité contre le patron croît à mesure qu'il en obtient davantage. Il s'habitue à ne voir en ce dernier qu'un ennemi ; et naturellement le patron tend lui aussi, à ne voir dans ses collaborateurs que des adversaires dont il doit se défier, et pour lesquels il finit par ne plus dissimuler son antipathie.

Tout en constatant les exigences et les torts évidents des ouvriers, il ne faudrait pas nier cependant ceux des patrons. La direction d'un personnel ouvrier est chose de psychologie délicate et subtile, demandant une étude attentive des hommes. Le patron moderne conduisant de loin des foules anonymes, ne les connaît plus guère. Avec un peu d'habileté, il réussirait souvent à rétablir l'entente, comme le prouve la prospérité de certaines usines, où patrons et ouvriers forment une véritable famille.

---

[68] Il semblerait, quand on lit les discours prononcés au Parlement, que la classe ouvrière soit la seule dont il y ait à s'occuper dans une société. Il est certain que c'est celle dont on s'occupe davantage. Les paysans, plus nombreux et tout aussi intéressants j'imagine, attirent assez peu l'attention. C'est pour les ouvriers que sont faites les caisses de retraite, les sociétés de secours et d'assurances contre les accidents, les habitations économiques, les sociétés coopératives, les dégrèvements d'impôts, etc. Les pouvoirs publics ou privés s'excusent sans cesse de ne pas faire assez. Les chefs d'industrie suivent le mouvement, et ce sont des soins les plus variés qu'aujourd'hui on entoure l'ouvrier.

Ne voyant plus ses ouvriers, le patron moderne les dirige par des intermédiaires généralement peu habiles. Aussi ne rencontre-t-il que de l'hostilité et de l'antipathie, malgré toutes les sociétés de secours, les caisses de retraite, etc.,[69] et l'élévation des salaires.

Les liens d'une discipline anonyme et forcément rigide ont remplacé les liens personnels de jadis. Le patron se fait craindre quelquefois, il ne sait plus se faire aimer ni respecter, et n'a plus de prestige. Se méfiant de ses ouvriers, il ne leur laisse aucune initiative, et veut toujours, je parle pour les peuples latins bien entendu, intervenir dans leurs affaires. Il fondera des caisses de secours, des sociétés coopératives, etc., mais jamais il ne les laissera diriger par les ouvriers eux-mêmes. Ces derniers n'y voient pour cette raison que des œuvres d'asservissement, de spéculation, ou tout au plus de charité dédaigneuse. Ils se croient exploités ou humiliés, et sont par conséquent irrités. Il faut avoir une pauvre connaissance de la psychologie des foules pour croire que les bienfaits collectifs puissent provoquer de la reconnaissance. Ils n'engendrent le plus souvent qu'ingratitude et mépris pour la faiblesse de celui qui a cédé si facilement à toutes les exigences.[70]

---

[69] 97 % des sociétés de mines donnent des retraites à leurs ouvriers ; et, suivant monsieur Leroy-Beaulieu, plus de la moitié des bénéfices de ces sociétés passe aux institutions de secours pour les mineurs. Tous les directeurs des Compagnies industrielles se sont engagés dans cette voie, ce qui leur est d'ailleurs extrêmement facile, puisque tous les frais de cette philanthropie sont payés par les actionnaires, gens taillables et corvéables à merci comme chacun sait. La Compagnie du chemin de fer de Paris-Lyon dépense annuellement 12 millions en institutions d'assistance de toute sorte, la Compagnie de l'Est distribue annuellement à ses employés 11 millions (57 % du dividende des actionnaires) en dehors bien entendu des 55 millions de salaires qu'elle répartit entre ses 36.000 employés. Toutes les Compagnies de chemin de fer agissent de même c'est-à-dire font preuve de la même générosité aux dépens de leurs actionnaires.

[70] Le fait a été curieusement constaté dans la célèbre grève de Carmaux. Le directeur de l'usine a fait l'expérience de ce que peuvent coûter la

C'est bien là le cas de dire que la façon de donner vaut mieux que ce qu'on donne. Les syndicats ouvriers qui, en raison de leur anonymat, peuvent exercer et exercent en effet une tyrannie beaucoup plus dure que celle du patron le plus inflexible, sont religieusement respectés. Ils ont du prestige, et l'ouvrier leur obéit toujours, même quand cette obéissance l'oblige à perdre son salaire.

Le patron de la grande industrie moderne tend de plus en plus à n'être lui-même qu'un sous-ordre aux gages d'une Compagnie et n'a par conséquent aucun motif de s'intéresser à son personnel. Il ne sait pas d'ailleurs lui parler. Un petit patron, qui a été ouvrier lui-même, sera souvent bien plus dur, mais il saura très bien comment s'y prendre pour conduire ses travailleurs et ménager leur amour-propre. Les chefs des usines actuelles sont le plus souvent de jeunes ingénieurs sortant de nos grandes écoles avec un gros bagage d'instruction théorique, mais ignorant profondément la vie et les hommes. Aussi étrangers que possible au métier qu'ils exercent, ils n'admettent pas cependant qu'aucune pratique des êtres et des choses puisse être supérieure à leur science abstraite. Ils seront

---

maladroite philanthropie et la faiblesse. Il payait ses ouvriers plus cher qu'ailleurs, organisait des économats où ils avaient en détail, au prix de gros, les objets nécessaires à la consommation. Les résultats obtenus sont clairement indiqués dans l'extrait suivant d'une interview avec ce directeur, publiée par le *Journal* du 13 août 1895 : « Les ouvriers de Carmaux ont toujours touché des salaires plus élevés que partout ailleurs. J'ai voulu, en les payant plus cher, être sûr de la tranquillité. Tous les ans je leur ai payé, de ce fait, 100.000 francs de plus qu'ils n'auraient touché dans une autre verrerie. Et à quoi ce sacrifice énorme a-t-il servi ? À me créer des ennuis que je voulais à tout prix éviter. » Avec une psychologie moins rudimentaire, ce directeur eût pressenti que de pareilles concessions devaient forcément provoquer de nouvelles exigences. Tous les êtres primitifs ont toujours méprisé la bonté et la faiblesse, sentiments fort voisins, et qui n'ont pour eux aucun prestige.

d'autant plus maladroits qu'ils professent un profond dédain pour la classe dont la plupart du temps ils sortent plus ou moins.[71]

Personne ne méprise autant le paysan que le fils de paysan, ni l'ouvrier que le fils d'ouvrier, quand ils sont parvenus à s'élever au-dessus de leur caste. C'est là une de ces vérités psychologiques désagréables à reconnaître, comme d'ailleurs la plupart des vérités psychologiques, mais qu'il faut bien constater.

Beaucoup plus instruit que vraiment intelligent, le jeune ingénieur est totalement impuissant à se représenter, et jamais d'ailleurs il ne l'essaye, les chaînes de raisonnements et les idées des hommes qu'ils est appelé à diriger. Il ne se préoccupe pas davantage des vrais moyens d'agir sur eux. Ces choses ne s'enseignant pas à l'école, ne sauraient exister pour lui. Toute sa psychologie se réduit à deux ou trois idées toutes faites qu'il a entendu répéter dans son entourage sur la grossièreté de l'ouvrier, son ivrognerie, la nécessité de le tenir serré, etc. Les idées et les conceptions de l'ouvrier ne lui apparaissant que par fragments déformés, il touchera à tort et à travers aux rouages si délicats de la machine humaine. Suivant son tempérament, il sera faible ou despotique, mais dans tous les cas sans autorité réelle et sans prestige.

---

[71] Les candidats aux grandes écoles de l'État, l'École polytechnique, l'École centrale, etc., se recrutent principalement aujourd'hui dans les classes les plus humbles de la société. Les examens d'entrée et de sortie demandent des efforts de mémoire et une dose de travail dont ne sont guère capables que les individus talonnés par la misère. Bien que le prix de pension de l'École polytechnique soit très minime, plus de la moitié des élèves ne peuvent le payer. Ce sont des fils de commerçants modestes, de domestiques, d'ouvriers, de petits employés ayant déjà obtenu une bourse au lycée. Suivant un travail publié par monsieur Cheysson dans les *Annales des Ponts et Chaussées* de novembre 1882, le nombre des boursiers de l'École polytechnique, qui était d'environ 30 % en 1850, dépassait 40 % en 1880. Depuis cette époque, les chiffres n'ont fait qu'augmenter. D'après mon enquête personnelle, faite à l'École même en 1897, sur 447 élèves, 249 ne payaient aucune pension.

En général la conception que le bourgeois se fait du travailleur est aussi peu exacte. Pour lui, l'ouvrier est un être grossier et buveur. Incapable de faire des économies, il dépense sa paye sans compter chez le marchand de vin au lieu de rester bien sagement le soir dans sa chambre. Ne devrait-il pas être heureux de son sort, et ne gagne-t-il pas beaucoup plus qu'il ne mérite ? On lui donne des bibliothèques, on lui fait des conférences, on lui bâtit des maisons à bon marché. Que demande-t-il donc de plus ? N'est-il pas incapable de conduire ses propres affaires ? On doit le tenir avec une main de fer, et, si on fait quelque chose pour lui il faut toujours le faire sans lui, et le traiter comme un dogue à qui on jette de temps en temps un os à ronger quand il gronde un peu trop. Peut-on essayer de perfectionner un être aussi peu perfectible ? D'ailleurs le monde n'a-t-il pas pris depuis longtemps sa forme définitive, en économie politique, en morale et en religion même, et que signifient toutes ces aspirations vers le changement ?

Rien n'est plus rudimentaire comme on le voit qu'une pareille psychologie.

C'est surtout l'incompréhension irréductible existant entre patrons et ouvriers qui rend aujourd'hui leurs rapports réciproques si tendus. Impuissants chacun à s'assimiler les pensées, les besoins et les goûts de la partie adverse, ils interprètent ce qu'ils ne connaissent pas d'après leur mentalité propre.

L'idée que se fait le prolétaire du bourgeois, c'est-à-dire de l'individu qui ne travaille pas de ses mains, est aussi inexacte que celle du patron relativement à l'ouvrier que je viens d'indiquer. Pour l'ouvrier, le patron est un être dur et rapace, ne faisant travailler les hommes que pour en tirer de l'argent, mangeant et buvant beaucoup, et se livrant à toutes sortes d'orgies. Son luxe, si faible que ce luxe puisse être et ne consistât-il qu'en des habits un peu propres et un intérieur un peu soigné, n'est qu'une monstrueuse inutilité. Ses travaux de cabinet ne sont que de pures niaiseries, des occupations d'oisif. Le bourgeois a de l'argent à ne savoir qu'en faire, alors que l'ouvrier n'en a pas. Rien ne serait plus facile que de remédier à ces injustices, puisqu'il suffirait de quelques bons décrets pour transformer la société du soir au lendemain. Obliger les riches à rendre au peuple ce qui lui appartient, serait la simple réparation de criantes injustices.

Si le prolétaire pouvait douter de la valeur de sa faible logique, il ne manquerait pas de rhéteurs, plus serviles devant lui que ne le sont les courtisans à l'égard des despotes de l'Orient, prêts à lui rappeler sans cesse ses droits imaginaires. Il faut, comme je l'ai déjà montré que l'hérédité ait bien solidement fixé certaines notions dans l'inconscient populaire pour que les socialistes n'aient pas depuis longtemps triomphé.

En résumé, patrons et prolétaires forment aujourd'hui, au moins chez les peuples latins, deux classes ennemies ; et comme les uns et les autres se sentent incapables de surmonter par eux-mêmes les difficultés de leurs relations journalières, ils font invariablement appel à l'intervention de l'État, montrant ainsi, une fois de plus, l'indestructible besoin de notre race d'être gouvernée, son incapacité à concevoir la société autrement que comme une hiérarchie de castes sous le contrôle tout puissant d'un maître. La libre concurrence, l'association spontanée, l'initiative personnelle sont des concepts inaccessibles à notre esprit national. Son idéal est toujours le salariat sous la loi d'un chef. Cet idéal réduit sans doute le rendement de l'individu à son taux le plus bas, mais il ne demande aussi qu'un minimum de caractère et d'action. Et c'est ainsi que nous revenons une fois encore à cette notion fondamentale, que le caractère d'un peuple, et non ses institutions, régit ses destinées.

Chapitre II
La solidarité sociale

§1. La solidarité sociale et la charité. — Différence fondamentale entre les termes solidarité et charité. — La charité est un sentiment anti-social et nuisible. — Les œuvres les plus utiles de la solidarité n'ont ni la charité ni l'altruisme pour base. — Elles reposent sur l'association d'intérêts semblables. — Le mouvement vers la solidarité est une des plus importantes tendances de l'évolution sociale actuelle. — Ses causes profondes. — L'association remplace l'égoïsme individuel impuissant par un égoïsme collectif très puissant dont chacun profite. — La solidarité est actuellement la meilleure arme des faibles.

§2. Les formes modernes de la solidarité. — Elle n'est possible qu'entre individus ayant des intérêts similaires immédiats. — Les sociétés coopératives. — Leur développement chez les Anglo-Saxons. — Pourquoi elles réussissent mal chez les Latins. — Les sociétés par actions. — Leur puissance et leur utilité. — Nécessité de les faire pénétrer dans les classes populaires. — Les sociétés en participation et leurs inconvénients. — Comment les ouvriers pourraient devenir, au moyen des sociétés par actions, propriétaires des usines où ils travaillent.

§3. Les syndicats ouvriers. — Leur utilité, leur puissance et leurs inconvénients. — Ils sont une conséquence nécessaire de l'évolution moderne. — Disparition forcée des anciennes relations familiales entre ouvriers et patrons.

§4. Les industries à gestion communale. Le socialisme municipal. — Socialisme municipal dans les pays non socialistes. — Extension de l'administration communale en Angleterre et en Allemagne. — Conditions fondamentales du succès de ces entreprises.

§ 1. La solidarité sociale et la charité

La lutte dont nous avons montré l'existence au sein des sociétés, met en présence des combattants très inégalement doués. Nous allons voir comment les plus faibles sont arrivés, en associant leurs forces, à rendre cette lutte moins inégale.

Pour beaucoup de personnes le terme « solidarité sociale » réveille toujours un peu l'idée de charité. Le sens en est pourtant bien différent. Les sociétés actuelles marchent visiblement vers la solidarité des intérêts et s'éloignent de plus en plus de la charité. Il est même fort probable que les sociétés de l'avenir considéreront la charité comme une conception inférieure et barbare, n'ayant d'altruiste que l'apparence, mais fort égoïste dans son essence et généralement très nuisible.

Le terme de solidarité signifie simplement association et nullement charité ou altruisme. La charité est anti-sociale et nuisible ; l'altruisme est artificiel et sans puissance. En examinant les œuvres les plus utiles de la solidarité : sociétés d'assurances, de secours mutuels, de retraites, de coopérations, etc., on constate qu'elles n'ont jamais ni la charité ni l'altruisme pour base, mais seulement des combinaisons d'intérêts entre gens qui le plus souvent ne se connaissent pas. Moyennant une certaine redevance annuelle, l'individu qui tombe malade ou devient âgé a droit à une certaine pension en rapport avec son versement. Il y a droit sans aucune faveur, au même titre que l'assuré contre l'incendie a droit en cas de sinistre au versement de la somme pour laquelle il s'est assuré. Il bénéficie d'un droit qu'il a acheté et non d'une faveur.

On doit bien marquer ces différences pour montrer l'abîme qui existe entre les associations d'intérêts basées sur des combinaisons financières régies par le calcul des probabilités, et les œuvres de charité basées sur les bonnes volontés hypothétiques et l'altruisme incertain d'un petit nombre d'individus. Les œuvres de charité n'ont aucune efficacité sociale sérieuse, et c'est très justement que beaucoup de socialistes, d'accord sur ce point avec les plus éminents penseurs, les rejettent entièrement. Qu'il y ait des hôpitaux, des bureaux d'assistance, gérés par l'État aux frais du public pour certains cas urgents, on ne peut que s'en féliciter ; mais les œuvres de charité prises dans leur ensemble sont en pratique beaucoup plus nuisibles qu'utiles. Faute d'une surveillance impossible elles servent le plus souvent à entretenir des catégories entières d'individus qui n'exploitent la pitié que pour vivre dans la paresse.

Leur résultat le plus clair est d'éloigner du travail beaucoup d'indigents, qui trouvent les ressources de la charité plus productives, et d'accroître dans d'énormes proportions la mendicité professionnelle.

Les innombrables œuvres de prétendue assistance, aux individus sans travail, aux veuves sans ressources, aux petits Chinois abandonnés, etc., etc., sont tout au plus bonnes à donner de l'occupation à de vieilles dames sans emploi ou à des gens du monde désœuvrés, désireux de faire à peu de frais leur salut et satisfaits d'occuper leurs loisirs en étant présidents, rapporteurs, secrétaires, conseillers, trésoriers, etc., de quelque chose. Ils se donnent ainsi l'illusion d'avoir été d'une utilité quelconque ici-bas. Et en ceci ils se trompent fort.

Le mouvement vers la solidarité, c'est-à-dire vers l'association des intérêts similaires, qui se dessine si généralement, est peut-être la plus nette des nouvelles tendances sociales et probablement une de celles qui agiront le plus sur notre évolution. Aujourd'hui le mot de solidarité est devenu d'un emploi bien plus fréquent que les vieux vocables d'égalité et de fraternité, et tend à les remplacer. Il ne leur est en rien synonyme. Le but final des coalitions d'intérêts étant de lutter contre d'autres intérêts, il est visible que la solidarité n'est qu'une forme particulière du combat universel des êtres ou des classes. Comprise comme elle l'est aujourd'hui, la solidarité réduit à des associations très circonscrites nos vieux rêves de fraternité.

Cette tendance à la solidarité par voie d'association, que nous voyons s'accentuer chaque jour, a des causes diverses. La plus importante est l'affaissement de l'initiative et de la volonté individuelles aussi bien que la fréquente impuissance de cette initiative et de cette volonté dans les conditions créées par l'évolution économique actuelle. Le besoin de l'action isolée se perd de plus en plus. Ce n'est guère que par l'intermédiaire des associations, c'est-à-dire à l'aide des collectivités, que les efforts individuels arrivent maintenant à s'exercer.

Une cause plus profonde encore pousse les hommes modernes vers l'association. Ayant perdu leurs dieux et voyant s'évanouir leurs foyers, n'ayant plus d'espoir dans l'avenir, ils sentent de plus en plus le besoin d'un appui. L'association remplace l'égoïsme individuel et impuissant par un égoïsme collectif et puissant dont chacun profite. À défaut des groupements fondés sur les liens religieux, les liens du sang, les liens politiques, liens divers dont l'action s'affaiblit chaque jour, la solidarité des intérêts peut unir assez fortement les hommes.

Ce genre de solidarité est, en outre, à peu près le seul moyen qui reste aux faibles, c'est-à-dire au plus grand nombre, pour lutter contre les puissants, et n'être pas trop opprimés par eux.

Dans la lutte universelle dont nous avons tracé précédemment les lois, le plus faible est toujours bien désarmé devant le plus fort, et le plus fort n'hésite guère à l'écraser. Barons féodaux, barons financiers ou barons industriels n'ont jamais beaucoup ménagé jusqu'ici ceux que les circonstances plaçaient sous leurs mains.

Devant cette universelle oppression, que ni les religions ni les codes n'ont pu jusqu'ici combattre autrement que par de vaines paroles, l'homme moderne oppose le principe de l'association, qui rend solidaires tous les individus d'un même groupe. La solidarité est à peu près la seule arme que les faibles possèdent pour effacer un peu les conséquences des inégalités sociales et les rendre moins dures.

Loin d'être contredite par les lois naturelles, cette solidarité a, au contraire, le mérite de pouvoir s'appuyer sur elles. La science ne croit guère à la liberté, ou tout au moins ne l'accepte pas sur son domaine, puisqu'elle constate partout des phénomènes régis par un déterminisme rigoureux. Elle croit moins encore à l'égalité, puisque la biologie voit dans les inégalités entre les êtres la condition fondamentale de leurs progrès. Quant à la fraternité, elle ne saurait l'accepter davantage, puisque la lutte sans merci est un phénomène constant depuis les temps géologiques. La solidarité au contraire n'est mise en défaut par aucune observation. Certaines sociétés animales, et ce sont les plus inférieures surtout, c'est-à-dire les plus faibles, ne subsistent que par une solidarité étroite, qui seule rend possible la défense contre leurs ennemis.

L'association des intérêts semblables chez les divers membres des sociétés humaines est assurément fort ancienne puisqu'elle remonte aux premiers temps de notre histoire ; mais à tous les âges elle fut toujours plus ou moins limitée et entravée. C'est à peine si elle fut supportée sur l'étroit terrain des intérêts religieux et économiques. La Révolution crut faire œuvre utile en supprimant les corporations. Aucune mesure ne pouvait être plus néfaste pour la cause démocratique qu'elle croyait défendre. Aujourd'hui ces corporations abolies renaissent partout sous de nouveaux noms et aussi sous de nouvelles formes. Avec les progrès modernes de l'industrie, qui ont considérablement accru la division du travail, cette renaissance était fatale.

§ 2. Les formes modernes de la solidarité

La distinction fondamentale entre les œuvres de solidarité basées sur des combinaisons d'intérêts et celles qui s'appuient sur la charité étant bien marquée, nous allons jeter un coup d'œil rapide sur les formes diverses de la solidarité moderne.

Il est évident tout d'abord que ce n'est pas par le fait seul que des individus travaillent à une œuvre commune, dont le succès dépend de l'association de leurs efforts, qu'il y a nécessairement solidarité entre eux ; c'est même le contraire qui s'observe fort souvent. Le directeur d'une usine, ses ouvriers et ses actionnaires ont théoriquement un intérêt semblable à la prospérité de l'œuvre dont leur existence ou leur fortune dépend. En réalité cette solidarité forcée ne fait que couvrir des intérêts contraires, et ce ne sont pas du tout des sentiments de bienveillance réciproque qui animent les parties en présence. L'ouvrier souhaite l'augmentation de son salaire et par conséquent la réduction de la part de l'actionnaire. L'actionnaire, représenté par le directeur, a au contraire tout intérêt à réduire la part de l'ouvrier pour augmenter la sienne. La solidarité, qui devrait exister théoriquement entre ouvriers, directeurs et actionnaires, n'existe donc pas du tout.

La véritable solidarité n'est possible qu'entre individus ayant des intérêts similaires immédiats. Ce sont ces intérêts qu'est arrivée à relier l'institution moderne des syndicats, dont nous aurons à nous occuper bientôt.

Il est cependant certaines formes d'associations qui peuvent rendre solidaires des intérêts naturellement en conflit. Telles sont, par exemple, les sociétés coopératives. Elles associent les intérêts contraires des producteurs et des consommateurs en leur offrant des avantages réciproques. Le producteur se contente volontiers d'un bénéfice réduit sur chaque objet s'il a la vente assurée d'un grand nombre de ces objets, vente rendue certaine par l'association de beaucoup d'acquéreurs.

Dans les grandes sociétés coopératives anglaises il n'y a que des intérêts identiques associés, car le consommateur est en même temps producteur. Ces sociétés arrivent à fabriquer en effet à peu près tout ce qu'elles consomment, et possèdent des fermes produisant le blé, la viande, le lait, les légumes, etc. Elles présentent ce très grand avantage que les associés les plus faibles, les moins capables, bénéficient de l'intelligence des plus capables placés à la tête de ces entreprises, lesquelles ne pourraient prospérer sans eux. Les pays latins n'en sont pas encore là.

J'ai déjà fait voir ailleurs que c'est en administrant eux-mêmes leurs diverses associations, et notamment les sociétés coopératives, que les ouvriers anglo-saxons ont appris à diriger leurs propres affaires. L'ouvrier français est trop imbu des concepts latins de sa race pour avoir de telles initiatives et fonder des sociétés lui permettant d'améliorer son sort. Si, grâce à quelques meneurs intelligents, il arrive par exception à en fonder, il en confie aussitôt la gestion à des mandataires médiocres, traités avec méfiance, et incapables de les conduire.

Les sociétés coopératives latines, sont d'ailleurs conduites avec les procédés administratifs méticuleux et compliqués propres à notre tempérament national, et végètent misérablement. Elles périclitent d'autant plus vite que l'ouvrier latin, ayant fort peu le sentiment de la prévoyance, préfère acheter au jour le jour en détail, à de petits commerçants avec lesquels il bavarde et qui lui font très volontiers un crédit chèrement payé, plutôt que de s'adresser à de grands entrepôts où il faut payer comptant et qui ne peuvent détailler à l'infini la vente des objets.

Il y aurait cependant grand intérêt pécuniaire pour l'ouvrier français à se débarrasser des intermédiaires par le moyen des sociétés coopératives. On a évalué, en France, à plus de 7 milliards par an, c'est-à-dire presque au double de ce que nous payons d'impôts, les sommes prélevées par les intermédiaires qui séparent le producteur du consommateur. Les exigences de l'intermédiaire sont autrement dures que celles du capital. Mais l'ouvrier ne les voit pas, et les subit, par conséquent, sans murmurer.

La plus répandue des formes modernes de l'association, la plus anonyme en même temps, apparaît dans les sociétés par actions. Comme le dit très bien monsieur Leroy-Beaulieu, ces sociétés constituent « le trait dominant de l'organisation économique du monde moderne [...] Industrie, finances, commerce, agriculture même, entreprises coloniales, elles s'étendent à tout. Elles sont déjà chez presque tous les peuples l'instrument habituel de la production mécanique et de l'exploitation des forces de la nature [...] La société anonyme semble appelée à devenir la reine du globe ; c'est la véritable héritière des aristocraties déchues et des féodalités anciennes. À elle l'empire du monde, car l'heure vient où le monde va être mis en actions ».

Elle est, comme, le dit encore cet auteur, un produit non de la richesse, mais de l'état démocratique et de la dissémination des capitaux dans beaucoup de mains.

L'exploitation par actions est, en effet, la seule forme possible d'association des petits capitaux. Elle constitue du collectivisme en apparence, mais en apparence seulement, car, dans ce collectivisme-là, on entre et on sort librement, et la part de bénéfices est rigoureusement proportionnée à l'effort c'est-à-dire à la somme d'économie que chacun y apporte. Le jour où par le système des actions l'ouvrier serait propriétaire, anonyme mais intéressé, de l'usine où il travaille, ce jour-là, un immense progrès serait accompli. C'est peut-être par cette méthode féconde que se fera l'émancipation économique des classes ouvrières, si elle est possible, et que les inégalités naturelles et sociales s'effaceront un peu.

Jusqu'ici les sociétés par actions n'ont pas pénétré dans les classes populaires. Le seul mode d'association se rapprochant un peu, très peu en réalité, de cette forme d'exploitation, est la participation aux bénéfices. Plusieurs sociétés fondées sur ce principe ont bien réussi.

Si ces sociétés ne sont pas plus nombreuses, c'est en partie parce que leur bonne organisation demande des capacités tout à fait supérieures, et, par conséquent, toujours très rares.

Parmi ces dernières associations, on peut citer : l'entreprise de peinture fondée en 1829 par Leclaire, continuée sous la raison sociale Redouly & Cie, à Paris ; l'usine de Guise, dans l'Aisne ; celle de Laeken, en Belgique, etc. La première distribue à ses participants, tous ouvriers de la maison, 25 % des bénéfices, et leur sert, après un certain nombre d'années, 1.500 francs de pension. Ces pensions sont au nombre de 120 aujourd'hui.

Le familistère de Guise est une sorte de communauté où l'association du capital et du travail a produit d'excellents résultats. En 1894, le chiffre des affaires a dépassé 5 millions, donnant 738.000 francs de bénéfices.

On compte aujourd'hui plus de 300 établissements analogues, en France et à l'étranger, ayant introduit chez eux la participation aux bénéfices.

En Angleterre, la plus célèbre de ces sociétés en participation est celle des « Équitables pionniers de Rochdal » qui, fondée en 1844 par 28 ouvriers associés avec un modeste capital, comptait 12.000 adhérents en 1891 et un capital de 9 millions. Elle vend annuellement pour 7.400.000 francs, donnant 1.300.000 francs de bénéfices.

Des associations de ce genre ont eu autant de succès en Belgique, notamment « le Woruit » de Gand. L'Allemagne en compte aussi beaucoup de très prospères. L'Italie du Nord en a vu fonder plusieurs depuis quelques années. Mais, comme en France, le défaut de direction en fera disparaître le plus grand nombre. Leur organisation est tout à fait latine, ce qui signifie que leur sort dépend uniquement de l'homme placé à leur tête, les membres qui en font partie n'ayant ni la capacité ni d'ailleurs le dessein d'administrer eux-mêmes comme le font les ouvriers anglo-saxons.

L'écueil principal de ces sociétés est que la participation aux bénéfices implique aussi la participation aux pertes, nécessairement fréquentes dans l'industrie. Tant qu'il y a bénéfice, les associés s'entendent parfaitement ; mais dès qu'il y a perte, l'accord cesse généralement très vite. L'Amérique en a fourni il y a peu d'années une preuve bien frappante : la destruction par le feu des grands établissements de la Compagnie Pulmann et les actes de pillage et de vandalisme sauvages qui ont suivi, indiquent ce que deviennent ces grandes entreprises lorsque le succès ne les suit plus.

La Compagnie Pulmann avait créé de vastes usines occupant 6.000 ouvriers, et, pour ces derniers et leurs familles, une jolie ville qui comptait 13.000 habitants jouissant de tout le confort moderne : grand parc, théâtre, bibliothèque, etc. Les maisons ne pouvaient être acquises que par les ouvriers qui en devenaient propriétaires moyennant une faible redevance annuelle.

Tant que les affaires furent en pleine prospérité, la paix et l'abondance régnèrent. Les ouvriers avaient placé près de 4.000.000 en quelques années dans les caisses d'épargne.

Mais les commandes s'étant ralenties par suite de la réduction des bénéfices des compagnies de chemins de fer, clientes de l'usine, la maison Pulmann, pour ne pas travailler à perte en employant tous ses ouvriers, et désireuse de n'en congédier aucun fut obligée de diminuer leur salaire et de l'abaisser à 7fr.50 par jour au lieu de 11 francs. Il s'ensuivit une véritable révolution. Les usines furent pillées et incendiées et les ouvriers décidèrent une grève, qui s'étendit aux chemins de fer, et amena de telles scènes de violence que le président de la République, Cleveland, fut obligé de proclamer la loi martiale. La mitraille seule vint à bout des révoltés.

Je crois fort peu à l'avenir durable de ces sociétés par participation, qui mettent l'ouvrier à la merci de son patron et le lient pour un temps trop long à ce patron. Ce dernier d'ailleurs n'a aucun intérêt réel à faire participer les ouvriers à ses bénéfices, puisqu'il est certain qu'ils refuseront toujours de participer aux pertes et se révolteront dès qu'apparaîtront ces pertes. Ce n'est que par philanthropie pure ou par peur qu'un patron consent à partager ses bénéfices, et nul ne peut l'y forcer. On peut fonder quelque chose de durable sur l'intérêt, sentiment solide et ne changeant pas, mais non sur la philanthropie ou la peur, sentiments mobiles et d'une durée toujours éphémère. La philanthropie est en même temps trop voisine de la pitié pour inspirer aucune reconnaissance à ceux qui en sont l'objet. J'imagine que devant ses usines incendiées monsieur Pulmann a dû acquérir, sur la valeur de la philanthropie, ces utiles notions de psychologie pratique que n'enseignent pas les livres et dont l'ignorance coûte parfois fort cher.

La seule forme possible de participation qui ménage absolument les intérêts du patron et de l'ouvrier et les rende indépendants l'un de l'autre, est la société par actions, qui implique à la fois la participation aux pertes comme aux bénéfices, seule combinaison équitable et par conséquent acceptable. L'action émise à 25 francs, comme certaines actions anglaises, est à la portée de toutes les bourses et je m'étonne qu'il ne se soit pas encore créé d'usines dont les actionnaires seraient uniquement les ouvriers. Le jour où les travailleurs seraient ainsi transformés en capitalistes, intéressés au succès des entreprises, leurs réclamations actuelles n'auraient plus de raisons d'être, puisqu'ils travailleraient uniquement pour eux-mêmes. L'ouvrier qui, pour un motif quelconque, voudrait changer d'usine, n'aurait, comme un actionnaire ordinaire, qu'à vendre ses actions pour reprendre sa liberté. La seule difficulté serait de trouver des gens capables pour diriger l'usine, mais l'expérience enseignerait vite aux ouvriers la valeur de ces hommes capables et la nécessité de se les attacher en les rétribuant convenablement.

J'avais donné, il y a déjà longtemps, quelques indications sur ce sujet dans un de mes livres. Ce livre étant tombé sous les yeux d'un ingénieur belge, occupé à de grands travaux industriels, il fut frappé de l'utilité pratique de mon idée et m'écrivit qu'il allait tâcher de la réaliser. Je lui souhaite vivement le succès. La grosse difficulté consiste évidemment dans la souscription, qu'on ne peut demander à des ouvriers ne possédant rien, du capital nécessaire pour monter une affaire quelconque, une usine par exemple. Je ne vois guère, du moins pour le début, d'autre moyen d'exécution possible que de vendre en totalité ou en partie la propriété d'une usine déjà existante aux ouvriers qui y travaillent, comme on la vend à des actionnaires, mais en employant des combinaisons qui leur permettent de s'en rendre progressivement acquéreurs. Supposons par exemple un propriétaire d'usine voulant mettre son usine en actions, pour la vendre à ses ouvriers. Supposons encore qu'il ait toujours payé ces derniers 5 francs par jour. Admettons qu'il ne les paye plus désormais que 4fr.75 ou 4fr.50, et que la somme payée en moins soit versée au compte de chaque travailleur jusqu'au jour où le total des petites sommes journellement retenues forme une action de 25 francs. Cette action productive de dividendes serait déposée dans une caisse publique au nom de son possesseur, avec la stipulation qu'il pourra en toucher les coupons à sa guise, mais non la vendre avant un certain nombre d'années, de façon à lui ôter la tentation de s'en défaire. En continuant ainsi la même opération, l'ouvrier posséderait bientôt un nombre d'actions plus ou moins considérable, dont les revenus finiraient vite par compenser la réduction de son salaire, et constitueraient une rente pour sa vieillesse. Il serait alors devenu un rentier sans aucune intervention de l'État.

L'effet moral ainsi obtenu serait supérieur encore pour l'ouvrier aux avantages matériels. Il considérerait avec raison l'usine comme sa propriété personnelle et s'intéresserait à son succès. Assistant aux assemblées d'actionnaires, il apprendrait d'abord à comprendre, puis à discuter les affaires. Il saisirait bientôt le rôle du capital et l'engrenage des nécessités économiques. Devenu lui un capitaliste, il cesserait d'être un simple manœuvre. Finalement il serait sorti de sa sphère étroite, de son horizon borné. L'alliance entre le capital et le travail se serait graduellement substituée à l'antagonisme qui règne aujourd'hui entre eux. Des intérêts actuellement en lutte seraient fusionnés. L'homme d'action et de tête qui, prêchant l'exemple, aura su réaliser le premier cette idée pourra être considéré comme un des bienfaiteurs de l'humanité.

Nous ne pouvons examiner ici toutes les formes de la solidarité. Si nous n'avons pas étudié une des plus importantes, celle des syndicats, c'est que nous allons lui consacrer un paragraphe spécial.

Il est cependant une forme de solidarité que nous devons mentionner encore. Elle est constituée par les ligues d'individus réunis d'une façon momentanée ou durable pour obtenir une réforme ou défendre certains intérêts.

Cette forme d'association, assez nouvelle chez les peuples latins, est déjà ancienne chez les peuples jouissant depuis longtemps de la liberté et sachant s'en servir, tels que les Anglo-Saxons.

« Ici, dit Taine en parlant de l'Angleterre, qu'un homme ait une bonne idée, il la communique à ses amis ; plusieurs de ceux-ci la trouve bonne. Tous ensemble fournissent de l'argent, la publient, appellent autour d'elle des sympathies et des souscriptions. Les sympathies et les souscriptions arrivent, la publicité augmente. La boule de neige va grossissant, heurte à la porte du Parlement, l'entrebâille et finit par l'ouvrir ou l'enfoncer. Voilà le mécanisme des réformes, c'est ainsi qu'on fait soi-même ses affaires, et il faut se dire que, sur tout le sol de l'Angleterre il y a des pelotes de neige en train de devenir boules. »

C'est par des associations de cette sorte, telles que la *Ligue pour la liberté des échanges* de Cobden, que les Anglais ont obtenu leurs plus utiles réformes. Elles imposent leur volonté au parlement dès qu'il devient visible qu'elles sont l'expression d'un vœu populaire.

Il est en effet évident qu'aucun individu isolé, si influent qu'on le suppose, ne peut obtenir ce qu'obtient une association représentant de nombreux intérêts collectifs. Bonvalot a montré, dans une conférence intéressante ce que peut obtenir un groupement d'individus ayant des intérêts solidaires.

« Le Touring-Club, qui compte plus de 70.000 membres à l'heure où je parle, est une puissance. Non seulement le Touring-Club a fourni aux cyclistes des cartes routières, des listes d'itinéraires, des prix réduits dans les hôtels, des postes de secours, mais il a réveillé la terrible administration des Ponts et Chaussées, et a fait construire des chemins cyclables. Il a fait plier les redoutables Compagnies de chemins de fer. Il a transformé les rébarbatifs douaniers en gens obligeants, et rendu agréable le passage de la frontière. »

Le tableau est brillant mais fort embelli. Le Touring-Club s'est fondé sans difficulté, parce que chacun de ses membres, moyennant une très faible rétribution, croyait pouvoir obtenir la protection d'une puissante association dont il pensait avoir journellement besoin, et qui pourrait lui rembourser au centuple sa cotisation par les services qu'elle lui rendrait. J'ai pu constater cependant que pratiquement elle ne lui en rend guère. Son organisation est très vite devenue latine.

§ 3. LES SYNDICATS OUVRIERS

Les syndicats ont pour but de grouper sous une direction unique des individus ayant des intérêts identiques et le plus souvent exerçant la même profession. Leur nombre et leur puissance grandissent tous les jours. Ils sont nés des nécessités engendrées par l'évolution de l'industrie moderne.

Ce sont les classes ouvrières qui ont tiré le plus intelligemment parti des syndicats, et on ne saurait trop étudier les résultats de leurs efforts. Ce n'est pas en réalité le suffrage universel, mais surtout les syndicats qui leur ont donné leur puissance actuelle. Ces syndicats sont devenus l'arme des petits, des faibles, qui peuvent désormais traiter sur un pied d'égalité avec les plus hauts barons de l'industrie et de la finance. Grâce à ces associations, les rapports entre patrons et ouvriers, employeurs et employés, tendent à se transformer entièrement. Devant eux, le patron n'est plus cet autocrate vaguement paternel, administrant sans discussion les choses du travail, gouvernant à sa guise des populations entières de travailleurs, réglant les conditions de l'ouvrage, les questions de salubrité, d'hygiène, etc. Devant sa volonté, ses fantaisies, ses faiblesses ou ses erreurs, se dresse aujourd'hui le syndicat, qui représente, par le nombre et par l'unité de volonté, une puissance presque égale à la sienne. Pouvoir despotique sans doute pour ses affiliés, mais qui s'évanouirait s'il cessait d'être despotique.[72]

---

[72] L'obéissance que les syndicats latins exigent de leurs associés est tout à fait absolue, et leur anonymat leur permet de traiter ces derniers avec une dureté qu'on ne tolérerait d'aucun tyran. On se rappelle l'histoire de cet ouvrier fondeur que le syndicat des fondeurs de cuivre avait mis à l'index parce qu'il s'était refusé à quitter une maison mise elle-même à l'index. N'ayant pu retrouver du travail nulle part, car les patrons qui l'auraient employé auraient vu leurs ateliers frappés d'interdiction, il en fut réduit, pour ne pas mourir de faim, à demander une indemnité aux tribunaux. Grâce à plusieurs années de persévérance, il finit par faire condamner le syndicat à lui

Ces syndicats semblent bien une conséquence nécessaire de l'évolution moderne, puisqu'on les voit se propager si vite. Il n'est plus aujourd'hui, même en dehors des ouvriers, de corporations : épiciers, charbonniers, égoutiers, etc., qui ne se syndique. Naturellement aussi les patrons se syndiquent à leur tour pour se défendre, mais, alors qu'en France les syndicats patronaux sont au nombre de 1.400 avec 114.000 adhérents, les syndicats ouvriers sont au nombre de 2.000 avec plus de 400.000 membres. Il y a de ces syndicats, tels que ceux des employés de chemins de fer, qui comptent 80.000 membres. Ce sont des armées puissantes, obéissant sans discussion à la voix d'un chef, et avec lesquelles il faut absolument compter. Elles constituent une force aveugle souvent, redoutable toujours, et qui dans tous les cas rend des services aux travailleurs, ne fût-ce que celui d'élever leur niveau moral, de transformer de craintifs mercenaires en hommes auxquels on doit des égards et avec lesquelles il faut discuter sur un pied d'égalité.

Les peuples latins ayant malheureusement des tendances fort autocratiques, les syndicats ouvriers formés chez eux deviennent aussi despotiques que pouvaient l'être jadis les patrons. Actuellement le sort de ces derniers est devenu assez peu enviable. Les lignes suivantes, extraites d'un discours prononcé par un ancien ministre, monsieur Barthou, donne une idée de leur existence.

---

verser une indemnité de 5.000 francs. Le travailleur semble ne pouvoir éviter une tyrannie qu'à la condition d'en subir une autre, mais au moins cette autre peut-elle lui rendre quelques services. Les pouvoirs publics redoutent extrêmement les syndicats et les traitent en véritables puissances. Tout le monde a les yeux fixés sur eux. Lorsqu'il fut question de la grève générale des mineurs français, les journaux se préoccupèrent autant des délibérations d'une demi-douzaine de délégués ouvriers attablés dans l'arrière-boutique d'un marchand de vin que de celles d'un potentat discutant de la paix ou de la guerre avec ses conseillers. Les ministres reçurent les représentants du syndicat comme ils auraient reçu les ambassadeurs d'une puissance étrangère et examinèrent avec déférence leurs plus invraisemblables exigences.

« Menacés sans cesse par les lois gardiennes de la liberté des syndicats, exposés à des brutalités légales et à la prison, n'ayant plus d'autorité effective sur leur personnel ouvrier, accablés de charges pour suffire aux caisses de chômage, d'accidents, de maladie et de vieillesse, ne pouvant plus reporter ces charges sur les salariés à cause de leur énormité même qui provoquerait un soulèvement du peuple, frustrés encore par l'impôt progressif de la fortune conquise à travers toutes ces difficultés et toutes ces humiliations, n'étant plus maîtres que de nom, et pour subir les hasards malheureux et les risques, les patrons, les chefs d'industrie, découragés, renonceront, abdiqueront, ou tout au moins travailleront sans élan et sans courage, se dérobant à leur tâche comme les collecteurs des derniers siècles de l'empire romain. »

Ce n'est pas en France seulement que des plaintes analogues se font entendre. Même en Angleterre, où le rôle des syndicats ouvriers (*Trades-Unions*) fut pendant longtemps considéré comme utile, on commence à les trouver fort tyranniques, aussi bien pour le patron que pour l'ouvrier. On paraît redouter surtout leur rôle politique qui pourrait devenir considérable car leurs membres forment maintenant le quart du corps électoral.

Une force supérieure à toutes les institutions, la nécessité, finira sans doute par adoucir des rapports si pleins d'amertume et si tendus aujourd'hui. L'ouvrier, qui traite maintenant le patron en ennemi, finira par comprendre que les intérêts des chefs d'usine et des travailleurs sont du même ordre, et que les premiers comme les seconds obéissent à des maîtres communs : la clientèle et les lois économiques, seules régulatrices réelles des salaires.

De toutes façons, les anciennes relations familiales ou autocratiques entre patrons et ouvriers, maîtres et serviteurs, sont aujourd'hui bien finies. Nous pouvons les regretter, comme nous regrettons les morts mais en sachant bien que nous ne les reverrons pas. Dans l'évolution future du monde ce seront des intérêts économiques qui régiront le cours des choses. L'homme pour se protéger et se défendre ne fera plus appel à la bienfaisance et à la charité, mais uniquement à la solidarité.

La charité et la bienfaisance sont des survivances sans prestige et sans action d'un passé que nous voyons mourir. L'avenir ne les connaîtra plus.

§ 4. Les industries à gestion communale. Le socialisme municipal

L'âge moderne est l'âge des collectivités. La civilisation est chose trop compliquée et trop lourde pour que l'immense majorité des individus, puisse y manœuvrer facilement. Il leur faut un aide, un soutien. Nous voyons naître de plus en plus des institutions, filles de cette nécessité impérieuse.

Pour les besoins semblables d'un groupe limité, comprenant des individus de même profession, existent des syndicats. Pour des besoins dissemblables et toujours collectifs, l'hygiène d'une ville par exemple, il a existé de tout temps des administrations locales, mais à aucune époque elles n'ont tenté, comme aujourd'hui dans certains pays, de se charger de fonctions nombreuses et diverses. Chaque jour leurs attributions s'étendent.

Ce mouvement se développe surtout en Angleterre, pays fort peu socialiste pourtant comme on le sait. Les municipalités s'y chargent maintenant, uniquement d'ailleurs dans un but d'économie, d'une foule d'entreprises : éclairage, transports, etc. Elles réussissent souvent simplement parce qu'elles ont à leur tête des hommes capables ayant ces aptitudes pratiques que si peu de peuples possèdent.

« C'est à Glasgow, écrit monsieur Bourdeau, que la transformation a été la plus complète et la plus rapide. La ville a obligé les propriétaires à détruire toutes les maisons insalubres ; les quartiers ouvriers ont été transformés. On a vu s'élever d'immenses corps de bâtiments municipaux, que la municipalité met en location elle-même à des taux modérés. La ville a construit des bains, des blanchisseries, des abattoirs, des galeries d'art, un muséum, des bibliothèques, des maisons de refuge, des écoles industrielles, etc. Tout cela, grâce aux bénéfices qui résultaient pour la municipalité, d'avoir pris en main différentes entreprises d'intérêt public avec plein succès : les tramways, l'eau, le gaz, la lumière électrique. Le prix du gaz a été considérablement abaissé. »

C'est là sans doute du socialisme si on veut donner à ce mot une extension indéfinie, mais alors il faudrait qualifier aussi de socialistes toutes les sociétés coopératives et même celles par actions. Ce qui est bien certain c'est que l'Angleterre, qui pratique ce genre de socialisme communal, n'a guère envoyé de socialistes au parlement jusqu'à présent.

Les villes allemandes marchent sur les traces des municipalités anglaises et là aussi comme les hommes capables ne sont pas rares, elles ont réussi dans leurs entreprises.

« Les villes de l'Empire, sans esprit de parti, ont organisé des écoles professionnelles, des bibliothèques, des caisses d'assurance, des bureaux de placement gratuit ; elles cherchent des remèdes au chômage. La question des pharmacies municipales, à l'ordre du jour, a été résolue à Cologne. De nombreuses villes travaillent à agrandir la propriété foncière de la commune. Les logements ouvriers préoccupent toutes les classes. Dans le duché de Bade, à Strasbourg, à Hambourg les municipalités louent des maisons à la population ouvrière… Comme en Angleterre, les villes aspirent à ne pas laisser exploiter les services publics par des sociétés par actions. [...] Dès 1847 la municipalité de Berlin obtenait le droit de fonder une usine à gaz. Depuis 1876 elle exerce une action entière sur les travaux publics, et réclame encore plus d'autonomie. [...] Tout ce mouvement se produit en dehors des socialistes. »

En France, cette sorte de socialisme municipal a échoué à peu près partout parce que dans le petit nombre de villes où il a été tenté, il n'a été pratiqué que par des politiciens sans capacités et recrutés généralement dans les plus basses classes de la société. On a vu des villes jadis très lettrées comme Dijon, subjuguée par les discours de quelques meneurs, nommer un conseil municipal socialiste où figurait deux cordonniers, un forgeron, des marchands de vin, plusieurs commis-voyageurs, des jardiniers, un homme de peine, etc. Dans les dernières élections elle a choisi pour maire un simple facteur du chemin de fer. Roubaix s'est également donné une municipalité socialiste qui s'est livrée pendant longtemps aux plus singulières fantaisies. Elle se composait en bonne partie de cabaretiers et de porteurs de journaux. Ils ont débuté en créant 75.000 francs de places pour leurs parents. Les électeurs de Roubaix ayant fini par comprendre qu'il faut posséder quelques connaissances pour administrer une grande ville, ont fini par se débarrasser de leur conseil municipal socialiste.

Ce qui empêche les municipalités socialistes de faire un trop grand mal en France, c'est que la plupart des actes municipaux devant être approuvés par le pouvoir central avant d'être exécutés, les fantaisies sont assez limitées. Des exemples comme ceux de Dijon, Roubaix, Brest, etc., montrent simplement combien la décentralisation si excellente en théorie serait irréalisable chez les peuples latins. Certes, cette centralisation est dure, gênante et ruineuse. Elle est pourtant indispensable car sans son action nous tomberions immédiatement dans une épouvantable anarchie.

Ces essais en petit du collectivisme révolutionnaire sont extrêmement instructifs et il est à souhaiter, pour l'édification du public, qu'ils se multiplient un peu au risque de ruiner quelques villes. L'expérience est un des rares modes de démonstration accessibles aux foules. Les essais de socialisme municipal donnent une idée assez nette des résultats que produirait le collectivisme s'il réussissait à s'emparer d'un grand pays.

« L'expérience socialiste, écrit le *Temps*, était en train de compromettre à jamais la prospérité de la commune de Roubaix. Les expériences administratives des collectivistes, leurs fantaisies financières ouvraient une ère de désordre, de gaspillage et de ruine. [...] Roubaix a connu le joug révolutionnaire. Roubaix l'a secoué. Ce n'est pas impunément qu'une grande cité subit la tyrannie et le caprice collectivistes. L'expérience se paye cher. Mais encore faut-il se féliciter quand elle est courte et qu'elle ne laisse pas derrière elle des ruines irréparables. Et la moralité de cette histoire est que le dernier mot appartient toujours au bon sens, à la condition qu'on ne se lasse pas de combattre pour lui. C'est par la persévérance et par l'énergie que Roubaix a été reconquis sur les révolutionnaires. Bon exemple à imiter ! »

Certes, l'exemple est à imiter. Malheureusement il faut des hommes de premier ordre pour gagner de telles batailles. Les personnalités assez courageuses pour remonter les courants populaires au lieu de les suivre timidement deviennent de plus en plus rares. Ces vaillants défenseurs de l'édifice social sont dignes de toute notre admiration et méritent des statues. C'est un simple chef d'usine qui, à Roubaix, réussit à créer le mouvement d'où est sorti, contre toute vraisemblance, la défaite du conseil municipal socialiste et d'un député considéré comme un des principaux chefs du parti collectiviste.

Si les expériences de socialisme municipal qui réussissent assez bien quelquefois en Angleterre et en Allemagne réunissent si peu en France et en Italie c'est simplement parce que la condition indispensable de leur succès est, comme je l'ai déjà fait remarquer, qu'elles soient gérées par des hommes fort capables. Les plus bruyantes opinions politiques ne sauraient remplacer les plus modestes capacités pratiques. Si les classes ouvrières savaient s'administrer, diriger des entreprises, faire des lois et des règlements elles n'auraient nullement besoin de la bourgeoisie dont aujourd'hui elles ne peuvent se passer. Dès que l'ouvrier possède des capacités suffisantes il est bien près d'entrer par ce seul fait dans la bourgeoisie. Il se rapproche visiblement de cette classe en Angleterre et en Amérique, il en est assez loin encore en Allemagne, il en est extrêmement loin chez les peuples latins.

Chapitre III
Les syndicats de production

§1. Extension de la loi du groupement des intérêts similaires. — Extension de cette loi à la grande industrie. — Les syndicats industriels. — Ils se développent aujourd'hui dans les pays les plus différents.
§2. Les Trusts américains. — Ce sont des syndicats de monopolisation d'une industrie. — Leur caractéristique fondamentale. — Les usines similaires sont achetées par le Trust et non syndiquées. — Puissance absolue des chefs de Trusts. — Ils règlent les salaires, les prix de revient, la production. — Comment se fondent les Trusts. — Leurs opérations financières. — Pourquoi les usines sont forcées d'entrer dans les Trusts. — Nombre de Trusts en Amérique. — Comment ils ont finalement servi les intérêts du public. — Totale impuissance des lois américaines contre les Trusts. — Malgré leurs procédés barbares et leur mépris de toute légalité les Trusts ont été l'origine de la suprématie industrielle et commerciale des États-Unis.
§3. Les syndicats de production industrielle en Allemagne — En quoi ils diffèrent des Trusts américains. — Les usines consacrées à la même industrie sont syndiquées et non achetées. — Le but de ces syndicats est d'éviter la concurrence que se feraient les industries similaires et de maintenir l'élévation des prix de vente. — Le syndicat a seul qualité pour traiter avec les clients, fixer la production et les prix. — Les syndicats allemands sont encouragés par l'État.
§4. Les syndicats de producteurs français. — Le défaut de solidarité a toujours empêché les industriels latins de se syndiquer. — Les lois n'encouragent nullement ces syndicats. — Petit nombre des syndicats de production en France. — Ils n'ont aucune influence sur les prix de vente.
§5. L'avenir des syndicats de production industrielle. — Ils sont les résultats de l'évolution actuelle, mais il n'est pas démontré qu'ils puissent lutter longtemps

contre la concurrence qu'ils veulent supprimer. — Les syndicats allemands fondés pour éviter la concurrence se trouvent aujourd'hui victimes de la concurrence étrangère. — Impossibilité de prévoir l'issue de l'évolution économique actuelle. — Elle échappe de plus en plus à l'influence des lois et des règlements.

§ 1. Extension de la loi du groupement des intérêts similaires

Nous avons vu à diverses reprises dans cet ouvrage que les syndicats et les associations, en un mot, les groupements d'intérêts similaires constituent un des phénomènes caractéristiques de l'âge moderne. Patrons, ouvriers, employés se syndiquent de plus en plus. Il nous reste à étudier une forme nouvelle du syndicat dont la naissance est récente et dont l'importance tend à devenir prépondérante.

La réduction des revenus du capital par suite de l'élévation progressive des salaires et par suite aussi de la concurrence que les producteurs se font entre eux, a conduit les grands industriels à former des syndicats de monopolisation destinés à éviter la concurrence, réduire les prix de revient et maintenir les prix de vente. Leur développement rapide dans des pays fort divers indique bien qu'ils correspondent à une certaine évolution économique.

C'est en Amérique qu'ils ont pris naissance. Leur développement y a rapidement atteint des proportions gigantesques. Sous une forme assez différente ils se sont également développés en Allemagne. Nous allons les étudier principalement dans ces deux pays.

§ 2. Les trusts américains

Les syndicats de production américains sont désignés généralement sous le nom de Trusts, bien qu'ils aient renoncé à se servir de cette qualification.

Le trust constitue un syndicat industriel de monopolisation formé par des producteurs dont les usines sont, non pas associés, mais achetées par un ou plusieurs capitalistes qui en deviennent les maîtres absolus. Ce monopole de production ressemble à l'accaparement, mais ne doit pas être confondu tout à fait avec lui. L'accaparement est un phénomène commercial et non industriel dont la durée est nécessairement très courte. L'accapareur achète pour la raréfier et pouvoir la vendre plus cher, une marchandise qu'il ne fabrique pas et le plus souvent ne voit pas. Le syndicat de production accapare une fabrication, et non une marchandise. L'intérêt qu'il aurait à ralentir la fabrication d'un produit pour accroître sa rareté et par conséquent sa valeur est limité par les inconvénients de la désorganisation de ses ateliers et l'élévation de ses frais généraux, frais d'autant moindres que sa production augmente.

Les syndicats de monopolisation industrielle ont justement pour but non seulement de réduire ces frais généraux, mais surtout de supprimer la concurrence entre établissements similaires, et par conséquent d'empêcher les prix de vente de baisser au-dessous d'un certain niveau.

Les trusts n'ont pu atteindre l'énorme puissance qu'ils possèdent en Amérique que parce qu'ils sont dirigés par des chefs uniques jouissant d'une autorité absolue. Les usines réunies sont, non pas simplement syndiquées, comme nous le verrons pour l'Allemagne, mais achetées par un seul capitaliste avec les ressources qu'il peut réunir par diverses combinaisons financières. La règle constante de la création de ces syndicats aux États-Unis est qu'ils soient dans une seule main. Les Américains admettent bien en politique les vertus du régime représentatif, mais en matière industrielle et commerciale ils donnent leur préférence à l'autocratisme pur.

En vertu de ce principe, les divers trusts américains sont à peu près invariablement dirigés par un maître unique. Le Trust du pétrole, par exemple, formé de la réunion de toute une série de raffineries, a un seul chef. Le Trust de l'acier, qui réunit la presque totalité des usines métallurgiques de l'Amérique et possède une flotte plus importante que celle de beaucoup d'États européens, est également dans les mains d'un seul maître. Ces potentats dirigent l'affaire à leur gré, sans souffrir aucun contrôle, révoquant les chefs d'usine qui ne leur conviennent pas, fixant les chiffres de la production, les salaires des ouvriers et les prix de vente. Ils tâchent de bien spécialiser le travail de chaque usine, de façon à réduire les frais généraux et augmenter par conséquent les bénéfices. Grâce aux droits de douane, que maintiennent des législateurs, généralement à leur solde, ils n'ont à craindre aucune concurrence étrangère.

Le mécanisme de la fondation de ces trusts est toujours le même. Un financier aidé ou non par un syndicat de capitalistes achète toutes les usines consacrées à la fabrication d'un produit déterminé, de façon à avoir le monopole complet de sa fabrication.

Il faut être naturellement un puissant capitaliste pour entreprendre de semblables opérations, surtout quand elles atteignent des proportions aussi énormes que l'achat de toutes les usines métallurgiques de l'Amérique, au prix de 5 milliards, comme l'a fait récemment un financier. Les créateurs de ces colossales entreprises n'ont nullement besoin d'ailleurs de posséder les milliards qu'elles représentent. Ils n'ont même pas à dépenser un centime s'ils possèdent un prestige suffisant. Se faire livrer pour 5 milliards de valeurs sans rien dépenser est très simple, si on peut trouver à emprunter cette somme. Le seul prêteur possible est naturellement le public. On crée des actions qu'on lui fait acheter et avec l'argent desquelles on paie les usines à leurs anciens propriétaires.[73]

On peut se demander quel intérêt ont les diverses usines à se prêter à ces opérations et à rentrer dans un Trust où elles perdent totalement leur indépendance. Elles y entrent surtout parce que l'exemple des usines qui ont tenté de résister enseigne que tout refus est le signal d'une guerre sans merci, où on doit nécessairement succomber. Les fondateurs des Trusts ayant dans leurs mains la plupart des chemins de fer mettent aussitôt l'usine récalcitrante dans l'impossibilité d'expédier ses marchandises en lui imposant des tarifs

---

[73] Pratiquement l'opération est assez compliquée et s'accompagne de manœuvres dont l'ingéniosité est incontestable, mais dont la moralité semble notablement inférieure à celle des anciens détrousseurs de grands chemins. L'idéal des fondateurs de Trusts a toujours été d'obtenir l'argent du public sans rien lui donner en échange, et ils y ont parfois très bien réussi. Le succès de leur façon d'opérer ne s'explique que parce que la fondation de la plupart des Trusts a été presque simultanée. Les actions de chaque Trust comprennent deux catégories fort différentes : actions de préférence et actions ordinaires. Les premières reçoivent sur les bénéfices réalisés, et avant tout partage, un tant pour cent, 7 % en général, de leur valeur nominale. Elles ne sont jamais offertes au public. Représentant le prix des usines fusionnées dans le Trust elles sont données en paiement aux anciens propriétaires. Quant aux actions ordinaires, les seules lancées dans le public, elles n'ont le droit qu'à l'excédent des bénéfices, quand il en reste, mais jusqu'à présent les fondateurs de Trust se sont arrangés pour qu'il n'en reste pas. Monsieur de Rousiers, à qui j'emprunte ces détails, fait remarquer qu'on ne cite pas de Trust ayant donné des dividendes aux actions émises dans le public. Ne recevant aucun dividende ces actions ont subi naturellement une baisse énorme. Émises généralement à 500 francs, elles sont maintenant cotées pour la plupart au-dessous de 150 francs. Les directeurs des Trusts ne s'en plaignent nullement. Quand le prix des actions est suffisamment voisin de zéro, ils les rachètent et peuvent alors leur distribuer de forts dividendes qui ne leur coûtent rien, puisque c'est à eux-mêmes que ces dividendes sont distribués. Les actions remontent naturellement, ce qui permet de fonder plus tard de nouveaux Trusts par le même mécanisme et d'éviter un peu les hurlements désagréables d'actionnaires complètement dépouillés.

de transport ruineux. Si l'usine se trouve dans des conditions qui lui permettent d'expédier cependant ses produits elle n'échappe pas pour cela à son sort, le Trust vendra à perte jusqu'à ce que l'usine concurrente soit ruinée. Le plus souvent elle préfère se faire acheter que de se faire écraser.

Il y avait en Amérique en 1899, 353 Trusts représentant un total de 29 milliards de francs. Ainsi que je l'ai dit, ils réglementent absolument au profit de leurs associés le prix de tous les articles de consommation : céréales, cotons, métaux etc., et, grâce à des droits de douane presque prohibitifs, ne craignent aucune concurrence étrangère. Ils commencent généralement par réduire la main-d'œuvre et augmenter les prix de vente. Le *Standard Oil Trust* a d'un seul coup congédié 1.500 ouvriers et réduit de 15 % le salaire des autres. Le *Tin Plate Trust* a fait doubler en un an le prix du fer blanc. Pour l'exportation, les Trusts réduisent au contraire leurs prix afin de provoquer la ruine des usines étrangères.

De l'intérêt du public il n'a pas été question dans ce qui précède et le lecteur n'imagine pas, je suppose, que cet intérêt puisse entrer en ligne de compte un seul instant dans de pareilles opérations. L'intérêt que les fondateurs de Trusts portent au public est à peu près du même ordre que celui du cambrioleur pour sa victime ou du boucher pour les moutons de l'abattoir.

Et cependant par le simple jeu des lois naturelles auxquelles les Trusts malgré leur puissance ne sauraient échapper, le public a fini par tirer des avantages incontestables de l'existence de ces syndicats. Par suite de la réunion des usines en une seule main les frais généraux se réduisent, la spécialisation s'accroît et les prix de revient diminuent considérablement. Le Trust qui a un monopole tâche bien naturellement de faire monter les prix mais comme il finit toujours par découvrir qu'en vendant meilleur marché, on vend beaucoup plus, il arrive finalement à les abaisser et la marchandise produite par les Trusts tombe généralement au-dessous de son ancien cours. C'est là justement ce qui s'est passé pour le Trust du cuivre (Amalgamated Copper Cie.). Il a d'abord essayé de faire monter le prix du cuivre, puis voyant qu'il n'y gagnait pas il l'a bientôt baissé.[74]

Les ouvriers américains ont bien essayé de lutter contre les Trusts mais ils étaient trop faibles pour que leur résistance ait pu durer bien longtemps. Les Trusts leur offrent d'ailleurs l'avantage de réduire les chômages et surtout leur apprennent la nécessité de se syndiquer plus fortement qu'ils ne l'ont fait jusqu'ici. Quand tous les ouvriers qu'emploie un Trust seront bien dans la main du chef de leur syndicat et posséderont des réserves pécuniaires permettant de prolonger la lutte, ils pourront à un moment donné arrêter toute fabrication et obtenir le relèvement des salaires. Évidemment comme le Trust est plus riche que l'ouvrier, il lui sera facile de prolonger la lutte beaucoup plus longtemps et ce dernier sera toujours vaincu, mais ces luttes étant fort coûteuses, le Trust a tout intérêt à les éviter en ne réduisant qu'exceptionnellement les salaires.

Les Trusts américains se présentent souvent sous des formes tellement démoralisantes et barbares que la législation n'a cessé de les combattre pendant longtemps.

Après des années de conflits inutiles il a fallu reconnaître que l'État n'était pas assez puissant pour lutter contre d'aussi formidables adversaires et il a renoncé à la lutte. Dans la bataille entre la loi et les Trusts, c'est la loi qui a été complètement et définitivement vaincue. Il n'y a pas de droit ni de justice à opposer à

---

[74] C'est du moins une des raisons que l'on a données de la baisse du cuivre qui, en janvier 1902, était tombé à 47 livres sterling alors que quelques mois auparavant il valait 75 livres. Il est fort possible, comme on l'a supposé, que le vrai motif de la baisse ait été simplement le désir du Trust américain du cuivre de ruiner entièrement les syndicats européens qui tâchaient de maintenir l'élévation du prix de ce métal afin de pouvoir acheter à vil prix leurs usines.

la puissance des milliards. Les lois se taisent devant eux comme elles se taisaient jadis devant les conquérants.

Tous les chefs des Trusts se considèrent (non sans raison), comme de puissants potentats. Voici quelques extraits d'une très instructive interview d'un rédacteur du *Journal* avec le directeur du Trust de l'acier pendant son séjour récent à Paris :

« Plus puissant que n'importe quel monarque le fut jamais, oui, c'est vrai, nous le sommes. Pourquoi le nierions-nous ? Notre Trust, la *United States Steel & Iron Corporation* dont je suis le président, paie annuellement, en salaires, aux 600.000 personnes qu'elle emploie, 200 millions de dollars, c'est-à-dire, un milliard de francs. De nos employés dépendent directement 5 ou 6 millions et indirectement une quinzaine de millions d'êtres humains. Notre Trust possède des voies ferrées et 217 navires à vapeur. Il est assez fort pour dicter ses volontés aux Compagnies de chemin de fer, dont il lui plaît d'utiliser le matériel. Oui, nous sommes puissants, très puissants ! [...] Lors des récentes grèves, j'ai lutté avec résolution, avec acharnement, contre les associations ouvrières et j'ai triomphé de leur résistance. »

« N'empêche, fit observer le journaliste, qu'avec vos méthodes le citoyen pauvre ne jouit plus d'aucun libre arbitre. Il n'est plus qu'une chose, une individualité chétive, englobée dans une collectivité immense, dans un engrenage d'acier. Il n'a plus de dignité, plus de droits... » Le potentat éclata de rire.

Il me fit lentement cette déclaration qui vous paraîtra peut-être un peu cynique :

« Mon cher monsieur, j'ai observé que, quand les gens gagnent bien leur vie, leurs droits ne les préoccupent pas beaucoup. [...] Il est vrai que les nouvelles méthodes tendent de plus en plus à supprimer les individualités. Mais j'admets parfaitement que cette menace de l'engloutissement de l'individu par la collectivité constitue une difficulté à vaincre. »

Interrogé sur la valeur des procédés de l'industrie française, le directeur du Trust répond :

« Old fashioned ! Démodés, routiniers. Ici, c'est le moyen âge. Je vous le dis franchement : vous n'y êtes plus ! De tous les pays européens, c'est l'Allemagne qui a su adopter industriellement les méthodes les plus progressives. L'industriel allemand est un novateur. Et puis, il n'est pas paralysé, comme son collègue anglais, par la tyrannie des trades-unions. »

Si l'on veut ne juger des Trusts que par leurs résultats définitifs sans tenir compte de leurs procédés barbares, de leur mépris de toute légalité, de la façon dont ils ont dépouillé le public, on doit reconnaître qu'ils ont créé un résultat qu'ils ne cherchaient pas : la suprématie industrielle et commerciale des États-Unis. Cette suprématie se traduit aujourd'hui par l'exportation croissante des produits américains. En très peu de temps l'exportation du fer est passée de 123 millions en 1890 à 600 en 1900, celle des machines agricoles de 19 millions à 80 millions, celle des produits chimiques de 31 millions à 66 millions, celle des cuirs de 62 à 136, etc. La valeur de leurs exportations est passée de 5 milliards en 1897 à 7,5 milliards en 1901. Pour l'Angleterre et l'Allemagne, pour la première surtout, cette invasion a été désastreuse. Les luttes économiques dont le monde est actuellement le témoin sont moins sanglantes en apparence que les batailles. Elles ne sont pas moins désastreuses pour les vaincus. Les partisans de la paix universelle ne s'en doutent pas encore.

§ 3. Les syndicats de production en Allemagne

Nous allons retrouver en Allemagne les syndicats de production que nous venons de décrire mais avec des caractères fort différents. Au lieu de constituer des monopoles formés par la réunion d'usines similaires achetées par un seul individu, les syndicats de production allemands sont formés par l'association de plusieurs usines gardant leur indépendance, en ce qui concerne la direction de l'usine et les procédés de fabrication, mais se pliant, dans l'intérêt des membres associés, à certaines conditions de production et de prix de vente de façon à ne pas se faire concurrence. Ces associations ont un caractère d'utilité (au moins apparente), qui les a fait reconnaître et protéger par l'État.

Les syndicats de producteurs allemands sont connus sous le nom de *cartells*. Toutes ces fédérations tels que le syndicat westphalien des houilles qui représente les intérêts de cent sociétés minières, celui des sucres, des glaces, etc., sont constituées de la même façon. Le syndicat est représenté par un bureau de vente qui seul a le droit de fixer les prix de vente et de traiter avec l'acheteur. Il vend la marchandise au profit des associés mais à un prix dont il est seul juge. Les associés ne peuvent donc se faire concurrence entre eux. Si le syndicat n'a pas de bureau, ce qui est exceptionnel, le comité directeur fixe les prix de vente et le chiffre de production de chaque usine. Des inspecteurs veillent à la stricte exécution du contrat. De très fortes amendes punissent la moindre infraction aux règlements acceptés.

Les règlements des syndicats allemands varient un peu, mais tous contiennent ces deux articles fondamentaux : vente à des prix identiques de façon à ce que les usines similaires ne se fassent pas concurrence, et interdiction pour chaque usine de dépasser un certain chiffre de production, de façon à ne pas encombrer le marché, ce qui amènerait fatalement l'avilissement des prix malgré tous les règlements.

Les cartells allemands se forment surtout quand il s'agit de produits tout à fait similaires. Il y a de grands cartells pour la fabrication des locomotives, des wagons, l'extraction du charbon, etc., et de petits cartells pour la fabrication d'objets moins importants tels que les étoffes de qualité courante, le satin de Chine, les tissus pour parapluies, etc. Il n'y en a pas pour les articles de luxe et de fantaisie trop disparates pour être soumis à des prix uniformes : étoffes de luxe, papiers peints, dentelles, objets d'art, etc. Plus les produits sont identiques, plus l'établissement d'un syndicat est facile. Les fabricants d'alcool qui produisent tous un produit rigoureusement semblable, ont pu, bien qu'étant au nombre de 4.000, se syndiquer facilement. Tous leurs produits sont remis à un même syndicat de vente qui a 26.000 dépôts.

Tous ces syndicats se multiplient de plus en plus. Leur chiffre, qui n'était que de 14 en 1879, s'est élevé à 260 en 1896.

§ 4. Les syndicats de production en France

Dans les pays latins et particulièrement en France où l'esprit de solidarité est très peu développé et où de plus la législation industrielle est tatillonne, formaliste, peu sympathique aux initiatives et très hostile à tout ce qui ressemble à un monopole, le mouvement de concentration industrielle que nous avons constaté en Amérique et en Allemagne s'est fort peu et très timidement développé. Nous ne possédons guère d'autres syndicats que ceux qui exploitent un brevet ou une industrie exigeant comme le raffinage du pétrole par exemple, de gros capitaux. En fait de syndicats constitués régulièrement, on ne cite guère que celui des grands raffineurs de sucre, qui ne compte d'ailleurs que quatre associés. Puis le syndicat des raffineurs de pétrole comprenant 17 associés, et quelques petits syndicats comme celui des fabricants de papier de paille du Limousin, le syndicat des fabricants de verre, le syndicat métallurgique de Longwy, destiné à la fabrication de la fonte brute. Ce dernier réunit 11 sociétés adhérentes dont il est le vendeur unique.

La plupart de ces syndicats ont trop peu d'importance pour jouer un rôle quelconque sur le prix du marché, ce qui devrait être justement leur rôle essentiel. Faute de cet esprit de solidarité dont sont dépourvus les latins, nos industriels préfèrent voir leurs industries végéter, puis disparaître, plutôt que de s'associer pour se soutenir.

Et pourtant s'il est un pays au monde où l'association des industriels serait nécessaire, c'est certainement la France. Chaque jour nous voyons péricliter des industries comme celle des tramways, qui succombent sous le poids des frais généraux qu'une association intelligente réduirait dans d'énormes proportions. De même pour nos compagnies de navigation, qui végètent si misérablement. Non seulement l'association réduirait leurs frais généraux mais de plus leur permettrait de lutter contre les syndicats ouvriers qui font à chaque instant les grèves les plus irraisonnées, simplement pour obéir aux suggestions de quelques politiciens auxquels ces grèves peuvent être utiles.

Je ne crois pas que les latins aient un esprit d'organisation suffisant pour diriger de grands syndicats de production, et il est à craindre pour eux, ou à espérer (ce que je ne sais pas encore), que les Américains viennent fonder des Trusts en Europe. On annonçait récemment qu'ils avaient déjà songé à acheter toutes les entreprises de traction de Paris, comme ils ont essayé, paraît-il, de s'emparer de toutes les lignes maritimes allemandes.

§ 5. L'AVENIR DES SYNDICATS DE PRODUCTION INDUSTRIELLE

Il est bien difficile de dire avec certitude si la loi de la concentration de la production industrielle persistera sous la forme où nous la voyons régner en Amérique et en Allemagne. Elle rend, au moins pour le moment, certains services et semble la conséquence nécessaire de ce courant général qui entraîne tous les hommes vers l'association des intérêts semblables. Mais le fait seul que les syndicats sont surtout constitués pour éviter la concurrence, et par conséquent pour lutter contre la loi naturelle qui régit l'évolution des êtres et des sociétés permet de pressentir qu'ils ne subsisteront pas longtemps sous leur forme présente.

Ils ont en effet un caractère fort artificiel, violent tous les principes de l'offre et de la demande et ne peuvent se constituer qu'à l'abri de barrières douanières très fortes. Il semble donc bien que les lois économiques finiront par en avoir raison. Il n'y a pas de motif sérieux de penser que ces lois ne régiront pas l'évolution future du monde, bien qu'il faille constater que les peuples marchent de plus en plus dans une direction fort contraire. Ils se hérissent de barrières douanières chaque jour plus fortes, et fondent des syndicats de plus en plus tyranniques. Il y a conflit éclatant entre les théories de l'ancienne science économique et toutes les organisations que nous voyons se développer.

Certaines conséquences actuelles des syndicats de concentration industrielle semblent montrer cependant que les lois économiques restent inéluctables. Les syndicats de production européenne ayant, grâce à leur organisation, réussi à vendre à des prix très rémunérateurs, ont naturellement élevé leur production. Le moment est alors arrivé où cette production dépassant de beaucoup la consommation intérieure, il a fallu chercher des clients dans d'autre pays, mais comme ces autres pays étaient, eux aussi protégés par des barrières douanières, il est devenu nécessaire, pour compenser les tarifs protecteurs, de vendre à des prix très bas. Ces prix, avantageux pour le consommateur cessèrent bientôt d'être suffisamment rémunérateurs pour les producteurs. Ils sollicitèrent alors de leurs gouvernements des primes d'exportation payées par les contribuables. Elles leurs furent trop souvent accordées, et eurent cette conséquence, en vérité grotesque, qu'alors que les consommateurs d'un pays producteur paient fort cher un produit, les consommateurs des pays étrangers l'obtiennent à très bon marché. C'est ce que nous avons vu pendant longtemps en France pour le sucre. On l'y payait fort cher, alors que les consommateurs étrangers auxquels nous le vendions le payaient quatre fois moins, grâce aux primes accordées aux fabricants. Ces primes signifiaient simplement ceci, que toutes les fois qu'un raffineur vendait très bon marché à un consommateur étranger une livre de sucre, nous lui remettions une certaine somme pour le remercier de la peine qu'il avait prise et le compenser de la diminution de son bénéfice. L'étranger était le seul qui gagnait quelque chose à une aussi invraisemblable opération.

L'Allemagne, malgré son organisation savante, est en voie de subir ces conséquences imprévues des lois économiques qu'elle espérait pouvoir tourner[75].

Pour éviter la concurrence étrangère, les industriels allemands se sont syndiqués et l'État les a protégés par des barrières douanières qui empêchent l'introduction des produits étrangers. Or, il se trouve que, malgré une savante organisation, les barrières douanières sont devenues illusoires et n'empêchent pas l'industrie des États-Unis de menacer fort sérieusement celle de l'Allemagne. Naturellement l'exportation américaine a bien dû se détourner de

---

[75] Note des « Pangolins » : nous pensons qu'une erreur s'est glissée dans l'édition originale, les termes employés devraient être « contourner », « détourner » ou « tourner à son avantage » et non « tourner » mais nous avons jugé bon de le laisser ainsi.

l'Allemagne, puisque ses produits ne pouvaient y entrer, mais alors elle s'est dirigée vers les pays moins protégés par leurs douanes et qui étaient jadis les clients de l'Allemagne. En raison du bon marché des articles vendus, ces pays achètent maintenant à l'Amérique au lieu de s'adresser à l'Allemagne, et cette dernière voit ses marchés encombrés de marchandises pour lesquelles elle ne trouve plus d'acquéreurs.

Obligée de vendre son stock à perte, elle est victime de cette inévitable loi de la concurrence contre laquelle les mesures les plus draconiennes ne peuvent protéger un peuple pendant bien longtemps.

L'issue de quelques-uns des conflits qui vont naître sera probablement fort imprévue. Les syndicats de productions semblent aujourd'hui ne pouvoir vivre qu'à l'abri des barrières douanières. Il paraît cependant certain que ce sont eux qui provoqueront fatalement la disparition finale de ces barrières.

Ce qui se dégage le plus nettement des phénomènes que nous voyons naître et grandir, sans que rien ait pu permettre de les prévoir, c'est que le rôle des gouvernements de chaque pays devient de plus en plus restreint et qu'ils sont de plus en plus conditionnés par des nécessités économiques hors de leur sphère d'action. Elles fonctionnent avec la régularité d'un engrenage, et les mesures les plus violentes rêvées par les socialistes seraient aussi impuissantes à en modifier la marche que les discours adressés à un torrent pour l'obliger à changer son cours.

Il faut tâcher de nous adapter à ces nécessités et ne pas user vainement nos forces à les combattre. L'homme, gouverné jadis par ses dieux, ses codes et ses lois, est conduit aujourd'hui par des lois économiques que rien ne peut fléchir et dont la puissance est autrement redoutable que celle des anciens despotes. Il serait inutile de les maudire, puisqu'il faut les subir. Ce n'est pas avec des règlements qu'on change le cours du destin.

Livre VII
Les destinées du socialisme

Chapitre I
Les limites des prévisions historiques

§1. La notion de nécessité dans la conception moderne des phénomènes historiques. — Changements introduits par la science dans notre conception actuelle du monde. — La notion d'évolution et de nécessité. — Pourquoi dans son état actuel, la sociologie ne saurait constituer une science. — Son impuissance à prévoir les événements. — Les prévisions historiques seraient possibles pour une intelligence immensément supérieure à celle de l'homme. — Utilité de la notion de nécessité des phénomènes.
§2. La prévision des phénomènes sociaux. — Impossibilité de prévoir sûrement les phénomènes sociaux bien qu'ils obéissent à des lois. — Nos prévisions ne sont que des hypothèses basées sur des analogies et doivent se borner à un avenir fort rapproché. — Notre ignorance générale des causes premières de tous les phénomènes.

§ 1. La notion de nécessité dans la conception moderne des phénomènes historiques

Nous aurons bientôt à résumer nos prévisions sur l'avenir du socialisme. Il ne sera pas inutile auparavant de rechercher dans quelles limites la science permet de telles prévisions, et sous quelles réserves il est possible de les formuler.

Dès que les progrès des sciences ont révélé à l'homme l'ordre de l'univers et l'enchaînement régulier des phénomènes, sa conception générale des choses s'est transformée. Le temps n'est pas encore éloigné où une Providence bienveillante guidait le cours des événements, conduisait l'homme par la main, présidait au sort des batailles et à la destinée des empires. Comment prévoir ses décrets ? Ils étaient insondables. Comment discuter ses arrêts ? Ils étaient tout-puissants. Devant elle, les peuples n'avaient qu'à se prosterner et tenter de conjurer par d'humbles prières ses fureurs ou ses caprices.

Les nouvelles conceptions du monde, amenées par les découvertes de la science, ont affranchi l'homme du pouvoir des dieux, créés jadis par ses rêves. Elles ne l'ont pas rendu plus libre, mais lui ont appris qu'il est inutile de vouloir influencer par des prières l'engrenage rigide et sourd des nécessités qui dirigent l'univers.

Après avoir fait entrevoir la hiérarchie de ces nécessités, la science nous a montré le processus général de la transformation de notre planète, et le mécanisme de l'évolution qui a conduit à travers le temps, les humbles êtres des premiers âges géologiques aux formes actuelles.

Les lois de cette évolution ayant été déterminées pour les individus, on tenta de les appliquer aux sociétés humaines. Les recherches modernes prouvèrent que les sociétés ont passé, elles aussi, par une série de formes inférieures avant d'atteindre le niveau où nous les voyons aujourd'hui.

De ces recherches est née la sociologie : ordre de connaissances qui se constituera peut-être un jour, mais qui a dû se borner jusqu'ici à enregistrer des phénomènes sans réussir à en prévoir aucun.

C'est en raison de cette incapacité de prévision que la sociologie ne saurait être considérée comme une science, ni même comme une ébauche de science. Un ensemble de connaissances mérite le nom de science quand il permet de déterminer les conditions d'un phénomène, et, par conséquent, de le reproduire, ou tout au moins d'en prévoir d'avance l'accomplissement. Telles sont : la chimie, la physique, l'astronomie et même dans certaines limites, la biologie. Telle n'est pas du tout la sociologie. Tout ce qu'elle peut nous dire, et encore ce n'est pas elle qui nous l'a appris, c'est que le monde moral est, comme le monde physique, régi par d'inflexibles lois. Ce que nous qualifions de hasard n'est que la chaîne infinie des causes que nous ne connaissons pas.

Mais l'enchevêtrement de ces causes rend toute prévision précise impossible. On n'arrive, non à prévoir les phénomènes sociaux, mais simplement à les comprendre un peu, qu'en étudiant séparément chacun des facteurs qui les engendrent, puis l'action réciproque de ces facteurs. Théoriquement la méthode est la même que celle de l'astronome cherchant à déterminer la trajectoire des astres. Lorsque les éléments agissant les uns sur les autres sont en trop grand nombre, la science actuelle se déclare impuissante à découvrir leur résultat définitif. Déterminer les positions relatives de trois corps dont les masses et les vitesses sont différentes et qui agissent les uns sur les autres est un problème qui a déconcerté pendant longtemps la sagacité des plus illustres mathématiciens.

Pour les phénomènes sociaux, ce ne sont plus trois causes, mais des millions de causes dont il faudrait découvrir l'action réciproque. Comment dès lors pressentir le résultat final d'un tel enchevêtrement ? Pour obtenir, non des certitudes ni même des approximations, mais simplement des indications générales et sommaires, il faut agir comme l'astronome qui, essayant de déduire la position d'un astre inconnu des perturbations qu'il produit sur la marche d'un astre connu, n'essaie pas d'embrasser dans ses formules l'action simultanée de tous les corps de l'univers. Il néglige les perturbations secondaires, qui rendraient le problème insoluble, et se contente d'approximations.

Même dans les sciences les plus exactes, les résultats approximatifs sont les seuls auxquels puisse atteindre la faiblesse de notre esprit. Mais une intelligence comme celle dont parle Laplace, « qui pour un instant donné connaîtrait toutes les forces dont la nature est animée et la situation respective des êtres qui la composent, si d'ailleurs elle était assez vaste pour soumettre toutes ces données à l'analyse, embrasserait dans la même formule les mouvements des plus grands corps de l'univers et ceux du plus léger atome. Rien ne serait incertain pour elle, et l'avenir, comme le passé, serait présent à ses yeux ».

Nous ignorons si parmi les millions de mondes qui poursuivent leur ronde silencieuse dans le firmament, a jamais surgi cette intelligence dont parle Laplace, intelligence qui aurait pu lire dans notre nébuleuse la naissance de l'homme, les phases de son histoire et l'heure où sur notre globe refroidi les derniers êtres verront leur dernier jour. N'envions pas trop une telle clairvoyance. Si le livre du destin était ouvert sous nos yeux, les plus puissants ressorts de l'activité humaine seraient bientôt brisés. Ceux que la sybille antique instruisait de l'avenir pâlissaient de terreur et se précipitaient vers la source sacrée dont l'eau produisait l'oubli.

Les esprits les plus éminents, Kant, Stuart Mill, et tout récemment des psychologues tels que Gumplowicz, affirment que si la psychologie des individus et des peuples était bien connue, nous pourrions prévoir leur conduite. Mais cela revient à énoncer sous une autre forme l'hypothèse de Laplace, c'est-à-dire à supposer connus des éléments trop nombreux pour que nous puissions les connaître, et ayant les uns sur les autres des actions trop complexes pour que nous puissions les soumettre à l'analyse.

Il faut donc nous borner à savoir que le monde moral est, lui aussi, soumis à des lois, mais nous résigner à ignorer les conséquences futures de ces lois.

Cette notion de nécessité, que toutes les découvertes de la science moderne tendent de plus en plus à établir, n'est pas une théorie vaine, sans utilité pour nous. Elle nous enseigne au moins la tolérance, et permet d'aborder l'étude des phénomènes sociaux avec la froideur du chimiste analysant un corps ou recherchant la densité d'un gaz. Elle nous apprend à ne pas plus nous irriter devant les événements qui choquent nos idées que le savant devant le résultat imprévu d'une expérience. Il n'y a pas pour le philosophe d'indignation possible contre des phénomènes soumis à d'inéluctables lois. On doit se borner à les constater, dans la persuasion que rien n'aurait pu les empêcher de se produire.

§ 2. La prévision des phénomènes sociaux

La sociologie doit donc borner son rôle à enregistrer des phénomènes. Toutes les fois que ses adeptes les plus illustres ont voulu, comme Auguste Comte, aborder le domaine des prévisions, ils ont lamentablement erré.

Et ce sont surtout les hommes d'État qui, plongés pourtant dans la sphère des événements politiques, et plus aptes, semble-t-il, à en observer la marche, savent le moins les prévoir.

« Combien de fois, écrit monsieur Fouillée, les prophètes sont-ils démentis par les événements ! Napoléon avait annoncé que l'Europe serait bientôt cosaque. Il avait prédit que Wellington établirait le despotisme en Angleterre, « parce que ce général était trop grand pour rester simple particulier ». Si vous accordez l'indépendance aux États-Unis, avait dit de son côté lord Shelburne, non moins aveugle à son point de vue, le soleil de l'Angleterre se couchera et sa gloire sera pour jamais éclipsée. Burke et Fox avaient rivalisé de fausses prophéties sur la Révolution française, et le premier annonçait que la France allait être « partagée comme la

Pologne ». Les penseurs de toute sorte, étrangers en apparence aux choses de ce monde, se sont montrés presque toujours plus clairvoyants que les simples hommes d'État. C'est un Rousseau, c'est un Goldsmith qui annoncèrent la Révolution française. Arthur Young prévoyait pour la France, après des violences passagères, « un bien-être durable, résultat de ses réformes ». Tocqueville, trente ans avant l'événement, annonçait que les États du sud, dans la République américaine, tenteraient la sécession. Heine nous disait, des années à l'avance : « Vous, Français, vous avez plus à craindre de l'Allemagne délivrée et unie que de toute la Sainte Alliance, de tous les Cosaques réunis. » Quinet prédisait en 1832 le changement qui allait s'accomplir en Allemagne, le rôle de la Prusse, la menace suspendue sur nos têtes, la main de fer qui essaierait de ressaisir les clefs de l'Alsace. C'est que, la plupart des hommes d'État étant absorbés par les faits de l'heure présente, la myopie est leur état naturel. »

Elle est en effet leur état naturel et il est facile de comprendre que des philosophes sachant se soustraire aux intérêts de l'heure présente puissent parfois formuler des prévisions très justes. Dans son discours de réception à l'Académie française, monsieur Deschanel, alors président de la Chambre des députés, a montré combien pouvaient être erronées les prévisions des hommes d'État et précises celles des philosophes.

Pendant trente ans, une diplomatie aveugle, dirigée par un empereur plus aveugle encore, ne vit rien, ne comprit rien, ne sut rien prévoir. Se raccrochant à de vagues principes aussi enfantins que celui des nationalités, elle provoquait des guerres comme celle contre l'Autriche au profit de l'Italie, origine de tous nos désastres. Pendant ces trente ans, un simple philosophe, monsieur Hervé, prévoyait de la façon la plus claire les événements qui allaient suivre.

Sept ans d'avance il prévoyait la guerre que la Prusse déclara en 1866 à l'Autriche, et après Sadowa, alors que des diplomates et des journalistes, lamentablement bornés, se félicitaient des succès de la Prusse, qui après avoir terrassé le Danemark et l'Autriche se préparait à nous terrasser, il écrivait : « La France, sans se battre vient d'essuyer le plus grave échec qu'elle ait subi depuis Waterloo. La guerre entre la France et la Prusse est inévitable. Elle sera portée au coeur de l'une ou l'autre nation. » La seule des prévisions de ce penseur qui ne se soit pas réalisée encore est le duel des Germains et des Slaves.

Il ne fallait sans doute qu'un lumineux bon sens pour voir tout cela, mais l'homme d'État est trop mêlé aux événements pour avoir un tel bon sens. À l'époque toute récente du siège des légations en Chine, pas un des diplomates qui habitaient Pékin n'a su prévoir les événements qui les menaçaient et la guerre coûteuse qui en serait la suite. Les questions de protocole les préoccupaient beaucoup plus que ce qui se passait autour d'eux.

Les avertissements cependant ne leur avaient pas manqué, mais ils venaient du dehors et de personnes dont l'opinion ne pouvait évidemment compter puisqu'elles n'étaient pas « de la carrière ». Dès le coup de main de Kiao-Tchéou qui mettait le comble aux empiétements de l'Occident sur la Chine, un officier de marine, L. de Saussure, avait prédit, dans le *Journal de Genève*, que « le vase allait déborder et qu'un coup d'État qui commencerait vraisemblablement par la déposition de l'Empereur allait éclater ».

Quoi qu'il en soit, le philosophe doit toujours être assez réservé dans ses prévisions, ne tenter que des indications fort générales, tirées surtout de l'étude approfondie du caractère des races et de leur histoire, et, pour le reste, se borner à des constatations.

La forme optimiste ou pessimiste que nous donnons à ces constatations ne représente que des nuances de langage pouvant faciliter les explications, mais n'ayant en elles-mêmes aucune importance. Elles dépendent uniquement du tempérament et de la tournure d'esprit. Le penseur, habitué à observer le dur engrenage des choses, aura généralement une appréciation pessimiste. Le savant qui ne voit dans le monde qu'un curieux spectacle, aura une appréciation résignée ou indifférente. La conception systématiquement optimiste des choses ne se rencontre guère que chez de complets imbéciles favorisés par le sort et satisfaits de leur destinée. Mais si le penseur, le philosophe, et, par accident l'imbécile, savent observer, leur constatation des phénomènes sera forcément identique, aussi identique que peuvent l'être les photographies d'un même monument prises par divers opérateurs.

Faire, comme tant d'historiens, le procès aux événements accomplis, distribuer les responsabilités, le blâme ou l'éloge, est une tâche puérile, que les philosophes de l'avenir mépriseront justement. L'engrenage des causes qui créent les événements est bien autrement puissant que les personnages qui les accomplissent. Les plus mémorables des grands faits historiques : la chute de Babylone ou d'Athènes, la décadence de l'Empire romain, la Réforme, la Révolution, nos derniers désastres, ne sont pas attribuables à un homme, mais bien à des générations d'hommes. Le pantin qui, inconscient des fils qui le font mouvoir, blâmerait ou louerait les mouvements d'autres pantins, aurait en vérité bien tort.

L'homme est conduit par le milieu, les circonstances, et surtout par la volonté des morts, c'est-à-dire par les forces héréditaires mystérieuses qui survivent en lui. Elles régissent la plupart de nos actions et sont d'autant plus puissantes que nous ne les voyons pas. Nos pensées, lorsque par un rare hasard nous en avons de personnelles, n'agiront guère que sur des générations qui ne sont pas encore nées.

Fils d'un long passé, nos actes n'auront toutes leurs conséquences que dans un avenir que nous ne verrons pas. L'heure présente est la seule qui ait quelque valeur pour nous, et cependant, dans l'existence d'une race, cette heure si brève ne compte guère. Il nous est même impossible d'apprécier avec leur portée réelle les événements qui se passent sous nos yeux, parce que leur influence sur notre destinée nous conduit à en exagérer l'intérêt. On pourrait les comparer aux petites vagues qui naissent et meurent sans cesse à la surface d'un fleuve, mais sans troubler son cours. L'insecte échoué sur la feuille que ces petites vagues soulèvent les prend pour des montagnes et en redoute justement le choc. Leur effet sur la marche du fleuve est cependant fort nulle.

L'étude approfondie des phénomènes sociaux nous met donc en présence de cette double constatation : d'une part, ces phénomènes sont régis par un engrenage de nécessités, et susceptibles par conséquent d'être prévus par une intelligence supérieure. Mais, d'autre part, cette prévision est le plus souvent impossible pour des êtres bornés comme nous.

L'homme cherchera toujours cependant à soulever le rideau qui lui cache l'impénétrable avenir, et les philosophes eux-mêmes ne sauraient échapper à cette curiosité vaine. Ils savent au moins que leurs prévisions ne sont que des hypothèses, basées surtout sur des analogies empruntées au passé, ou déduites de la marche générale des choses et des caractères fondamentaux des peuples. Ils savent encore que les prévisions en apparence les mieux assurées doivent se limiter à un avenir fort prochain, et que, même alors, bien des causes inconnues peuvent les démentir. Un penseur pénétrant pouvait sans doute prévoir la Révolution française quelques années avant son explosion en étudiant l'état général des esprits, mais comment aurait-il pu deviner Bonaparte, la conquête de l'Europe et l'Empire ?

Un esprit scientifique ne peut donc donner comme certaine une prévision sociale à échéance lointaine. Il voit des peuples grandir, d'autres s'abaisser, et, comme l'histoire du passé lui apprend que la pente du déclin ne se remonte guère, il est fondé à dire que ceux qui sont sur le versant de la décadence continueront à descendre. Il sait que les institutions ne peuvent être changées au gré des législateurs, et, voyant que les socialistes veulent bouleverser entièrement l'organisation sur laquelle nos civilisations reposent, il prédit aisément les catastrophes qui suivront de telles tentatives. Ce sont là des prévisions fort générales, qui rentrent un peu dans la catégorie de ces vérités simples et éternelles qu'on nomme des lieux communs. La science la plus avancée est bien obligée de se contenter de ces très insuffisantes approximations.

Et que pourrions-nous dire de l'avenir, nous qui ignorons presque tout du monde où nous vivons, et qui nous heurtons à un mur impénétrable dès que nous voulons découvrir la cause des phénomènes et rechercher les réalités qui se cachent derrière les apparences ?

Les choses sont-elles créées ou incréées, réelles ou irréelles, éphémères ou éternelles ? Le monde a-t-il une raison d'être ou n'en a-t-il pas ? La naissance et l'évolution de l'univers sont-elles conditionnées par la volonté d'êtres supérieurs ou régies par des nécessités aveugles, par ce destin souverain auquel, d'après les conceptions antiques, tout devait obéir, et les dieux et les hommes ?

Pour le monde moral, nos incertitudes ne sont pas moindres. D'où venons-nous ? Où allons-nous ? Nos rêves de bonheur, de justice et de vérité sont-ils autre chose que des illusions, créées par un état congestif de notre cerveau et en flagrant désaccord avec la loi meurtrière de la lutte pour la vie ? Sur ces questions dangereuses, restons au moins dans le doute, car le doute, c'est presque de l'espérance. Nous voguons à l'aveugle, dans un océan de choses inconnues, qui deviennent de plus en plus mystérieuses à mesure que nous nous efforçons de déterminer leur essence. C'est à peine si dans cet impénétrable chaos nous voyons briller parfois quelques fugitives lueurs, quelques vérités relatives, que nous nommons des lois lorsqu'elles ne semblent pas trop éphémères.

Il faut nous résigner à ne connaître que ces incertitudes. Ce sont des guides fragiles sans doute, mais cependant les seuls qui nous soient accessibles. La science n'a plus à en invoquer d'autres. Les dieux antiques ne nous en sont pas fourni de meilleurs. Sans doute ils ont donné à l'homme des espérances, mais ce n'est pas eux qui lui ont appris à utiliser à son profit les forces qui l'entourent et à rendre ainsi son existence moins dure.

Heureusement pour l'humanité, ce n'est pas dans ces régions inaccessibles et glacées de la science pure qu'elle est appelée à chercher ses mobiles d'action. Il lui a toujours fallu des chimères pour la charmer et des hallucinés pour la conduire. Le monde n'en a jamais manqué. Chimères politiques, chimères religieuses, chimères sociales, ont toujours exercé sur nous un souverain empire. Ces décevants fantômes ont été et seront perpétuellement nos maîtres.

Depuis les milliers d'années qu'il est sorti de la sauvagerie primitive, l'homme ne s'est jamais lassé de créer des illusions pour les adorer et édifier sur elles ses civilisations. Chacune l'a charmé pendant quelque temps, mais l'heure a toujours sonné où elle a cessé de le charmer, et alors il a consacré à la détruire autant d'efforts qu'il en avait dépensés pour la créer. Une fois de plus, l'humanité revient à cette tâche éternelle, la seule peut-être qui puisse lui faire oublier les duretés de la destinée. Les théoriciens du socialisme ne font que recommencer la lourde tâche d'édifier une foi nouvelle, destinée à remplacer celle des vieux âges, en attendant que l'inévitable évolution des choses la condamne à périr à son tour.

Chapitre II
L'avenir du socialisme

§1. Les conditions actuelles du socialisme. — Résumé des conditions favorables ou contraires au développement du socialisme. — Il constitue un état mental bien plus qu'une doctrine. — Son danger ne réside pas dans les progrès qu'il a accomplis dans l'esprit des foules, mais parmi les esprits éclairés. — Les bouleversements sociaux commencent toujours par le haut et non par le bas. — Exemple de la Révolution. — État des esprits au moment de la Révolution. — Son analogie avec l'époque actuelle. — Les classes dirigeantes perdent aujourd'hui toute confiance dans la justice de leur cause. — Les promesses du socialisme.

§2. Ce que le succès du socialisme réserve aux peuples chez lesquels il triomphera. — Opinion des grands penseurs modernes. — Ils arrivent tous à des conclusions identiques. — Destinée immédiate des peuples chez lesquels triomphera le socialisme. — La désorganisation sociale et l'anarchie enfanteront bientôt le césarisme. — Hypothèse de l'établissement pacifique et progressif du socialisme.

§3. Comment le socialisme pourra arriver à s'emparer du gouvernement d'un pays. — Les armées modernes et leur état mental. — La fin d'une société arrivera le jour où son armée se tournera contre elle. — Comment les républiques hispano-américaines sont tombées dans l'anarchie par la dissociation de leurs armées.

§4. Comment le socialisme peut être combattu. — Nécessité de connaître les secrets de sa force et de sa faiblesse et l'état mental de ses adeptes. — Comment on agit sur les foules. — Comment les sociétés périssent quand leurs défenseurs naturels renoncent à la lutte et à l'effort. — Ce n'est pas l'abaissement de l'intelligence, mais l'amollissement des caractères qui causent la ruine des peuples.

§ 1. Les conditions actuelles du socialisme

Nous avons essayé de déterminer dans cet ouvrage les principaux facteurs de l'évolution actuelle des sociétés. Nous avons recherché l'influence de la transformation des sciences et de l'industrie, du rapprochement des peuples par la vapeur et l'électricité, du changement des idées et de bien d'autres facteurs encore. L'homme comme tous les êtres, ne peut vivre sans s'adapter à son milieu. Il s'y adapte par une lente évolution et non par révolution. Les causes de l'évolution actuelle ayant surgi trop récemment, pour que nous possédions aucun moyen de savoir exactement ce qu'elles amèneront, nous ne pouvions qu'indiquer pour chacune le sens général de son influence.

Nous avons marqué les points sur lesquels les aspirations socialistes concordent avec l'évolution dont nous sommes témoins. Mais une telle concordance s'est rencontrée bien rarement. Nous avons vu au contraire que la plupart des théories socialistes sont en contradiction flagrante avec les nécessités qui dirigent le monde moderne et que leur réalisation nous ramènerait à des phases inférieures dépassées depuis longtemps. Et c'est pourquoi nous avons constaté que le niveau actuel des peuples sur l'échelle de la civilisation se mesure assez exactement à leur degré de résistance aux tendances socialistes.

L'association des intérêts semblables, seule forme pratique de la solidarité, et la concurrence économique forme moderne de la lutte pour la vie, sont des nécessités de l'âge actuel. Le socialisme tolère à peine la première et veut supprimer la seconde. L'unique pouvoir qu'il respecte est celui des assemblées populaires. L'individu isolé n'est rien pour lui, mais, par le fait seul qu'il fait partie d'une foule, il possède toutes les capacités et tous les droits. La psychologie nous enseigne au contraire que, dès qu'un individu fait partie d'une foule, il perd la plupart des qualités mentales qui faisaient sa force.

Dédaigner l'association et vouloir supprimer la concurrence comme le propose le socialisme, c'est tenter de paralyser les grands leviers de l'âge moderne. Il ne s'agit pas de savoir si la concurrence est bienfaisante ou nuisible, il faut rechercher si elle est inéluctable, et, la reconnaissant telle, tâcher de s'y adapter.

Nous avons fait voir que la concurrence économique, qui finirait par écraser l'individu, a trouvé son contre-poids naturel formé spontanément sans aucune théorie, dans l'association des intérêts semblables. Associations d'ouvriers d'un côté, associations de patrons de l'autre, arrivent à lutter à armes égales, ce que ne pourrait faire l'individu isolé. Ce n'est sans doute que la substitution de l'autocratie collective à l'autocratie individuelle, et rien ne permet de dire que la première sera moins dure que la seconde. Le contraire paraît même évident. Ce qui est évident aussi, c'est que les tyrannies collectives furent toujours les plus facilement supportées. Jamais le plus furieux tyran n'eût pu se permettre les actes de despotisme sanguinaire que se permettaient impunément pendant la Révolution d'obscurs comités anonymes, agissant au nom d'intérêts collectifs imaginaires ou réels.

Nous avons montré aussi que, bien que contraire par ses principes à toutes les données de la science moderne, le socialisme possède une force immense, résultant de sa tendance à revêtir une forme religieuse. Ce n'est plus alors une théorie que l'on discute, mais bien un dogme qu'il faut subir, et dont la puissance sur les âmes est absolue.

Et c'est justement pour cette raison que le socialisme constitue le plus redoutable des dangers qui aient encore menacé les sociétés modernes. Son triomphe complet, n'ayant rien d'impossible, il ne sera pas inutile d'indiquer ce qu'il réserve au peuple qui croira assurer son bonheur en se soumettant à ce terrible maître.

Rappelons d'abord les principaux dogmes socialistes et les causes qui pourront les faire adopter.

Si on laisse de côté les parties fantaisistes des innombrables programmes des théoriciens, et si l'on ne considère que ce qu'ils ont d'essentiel, et en même temps ce que l'évolution naturelle des choses rend réalisable chez certains peuples, on voit ces programmes se réduire à quatre points principaux :

1°/ Suppression de la trop grande inégalité des richesses, par des impôts progressifs, et surtout par des taxes de succession suffisamment élevées.

2°/ Extension progressive des droits de l'État, ou, si l'on veut, de la collectivité qui remplacera l'État et ne pourra en différer que par le nom.

3°/ Remise du sol, des capitaux, des industries, des entreprises de toutes sortes dans la main de l'État, c'est-à-dire expropriation des propriétaires actuels au profit de la communauté.

4°/ Suppression de la libre concurrence et égalisation des salaires.

La réalisation du premier point est évidemment possible, et on peut admettre à la rigueur, bien que ce ne soit pas du tout démontré, qu'il y aurait un avantage, ou tout au moins une sorte d'équité, à essayer de ramener à chaque génération dans la communauté l'excès des fortunes accumulées par les générations précédentes, et éviter ainsi la formation d'une aristocratie financière plus lourde et plus opprimante parfois que le vieux régime féodal.

Quant aux autres points, et notamment l'extension progressive des droits de l'État, d'où résulteraient la suppression de la libre concurrence et finalement l'égalité des salaires, ils ne se réaliseraient que pour la ruine d'un pays, parce que de telles mesures, étant incompatibles avec l'ordre naturel des choses, mettraient le peuple qui les subirait dans un état d'infériorité manifeste à l'égard de ses rivaux, et le conduiraient bientôt à leur céder la place. Nous ne disons pas que cet idéal ne se réalisera pas, puisque nous avons montré que certaines nations tendent de plus en plus à l'extension progressive du rôle de l'État. Mais nous avons vu aussi que ces nations sont entrées par ce seul fait dans la voie de la décadence.

Le rêve socialiste peut donc encore se réaliser sur ces divers points, et cela suivant la formule indiquée par un écrivain anglais, monsieur B. Kidd :

« Dans l'ère où nous entrons, l'effort laborieux et lent des peuples pour obtenir l'égalité des conditions sociales de lutte aussi bien que l'égalité des droits politiques, impliquera nécessairement, au lieu de la restriction de l'intervention de l'État, l'extension progressive de cette action à presque toutes les circonstances de notre vie sociale. Il faut s'attendre à ce que le mouvement tendant à la réglementation, au contrôle, à la restriction des droits de la richesse et du capital, s'accentue jusqu'à ce que l'État même assume ces droits dans tous les cas où il sera prouvé que les laisser dans des mains privées, c'est contrarier les intérêts des classes populaires. »

L'idéal socialiste est parfaitement formulé dans les lignes qui précèdent. Quand nous voyons un tel programme accepté par des esprits éclairés, nous percevons du même coup le chemin et les ravages que les idées socialistes ont accomplis.

C'est là que réside surtout leur danger. Le socialisme actuel est un état mental bien plus qu'une doctrine. Ce qui le rend si menaçant, ce ne sont pas les changements encore très faibles qu'il a produits dans l'âme populaire, mais les modifications déjà très grandes qu'il a déterminées dans l'âme des classes dirigeantes. La bourgeoisie actuelle n'est plus sûre de son droit. Elle n'est d'ailleurs sûre de rien et ne sait rien défendre. Elle se laisse diriger par tout ce qui se dit et tremble devant les plus pitoyables rhéteurs. Elle est incapable de cette volonté forte, de cette discipline, de cette communauté de sentiments, qui sont le ciment des sociétés et sans lesquelles aucune association humaine n'a pu vivre jusqu'ici.

C'est être victime des apparences les plus trompeuses que de croire aux instincts révolutionnaires des foules. Leurs soulèvements ne sont que des fureurs d'un instant. Reprises par leurs tendances conservatrices, elles retournent vite au passé et viennent d'elles-mêmes réclamer la restauration des idoles que, dans un moment de violence, elles ont brisées. Notre histoire nous le redit à chaque page depuis un siècle. À peine la Révolution eut-elle terminé son œuvre de destruction que presque tout ce qu'elle avait renversé, institutions politiques ou religieuses, fut rétabli sous de nouveaux noms. Le fleuve à peine détourné un instant reprit son ancien cours.

Ce n'est jamais par en bas, mais toujours par en haut que commencent les bouleversements sociaux. Est-ce le peuple qui a fait notre grande Révolution ? Non certes. Il n'y eût jamais songé. Elle fut déchaînée par la noblesse et les classes dirigeantes. C'est là une vérité qui semble encore un peu neuve a bien des esprits, mais qui deviendra banale quand une psychologie moins sommaire que celle dont nous nous contentons aujourd'hui nous aura mieux fait comprendre que les événements extérieurs sont toujours la conséquence de certains états inconscients de notre esprit.

Nous savons bien ce que fut, au moment de la Révolution, cet état d'esprit que nous voyons renaître aujourd'hui : un humanitarisme attendri qui, commencé par des bergeries et les discours des philosophes, se termina par la guillotine. Ce fut ce sentiment si inoffensif en apparence, si dangereux en réalité, qui amena bientôt la faiblesse et la désorganisation des classes dirigeantes. Elles n'avaient plus foi en elles et étaient même, comme l'a fait remarquer justement Michelet, les ennemis de leur propre cause. Lorsque, dans la nuit du 4 août 1789, la noblesse adjura ses privilèges et ses droits séculaires, la Révolution était faite. Le peuple n'eut qu'à suivre les indications qui lui furent données, et, comme toujours, il les poussa aux extrêmes. Il ne mit pas longtemps à couper la tête aux honnêtes philanthropes qui abandonnaient ainsi leur défense. L'histoire ne les plaignit guère. Ils méritent cependant l'indulgence des philosophes habitués à déterminer les origines lointaines de nos actions. Ces droits auxquels la noblesse renonçait si aisément, pouvait-elle en effet les défendre encore ? Sous l'influence des théories et des discours accumulés depuis un siècle les croyances avaient progressivement changé. Les idées qui s'étaient lentement emparées des classes dirigeantes avaient fini par prendre un tel empire qu'elles ne pouvaient plus les discuter. Les forces qui créent nos volontés inconscientes sont toujours irrésistibles. La raison ne les connaît pas, et même les connaissant, ne pourrait rien contre elles.

Ce sont pourtant ces forces obscures et souveraines, qui sont les vrais ressorts de l'histoire. L'homme s'agite, elles le mènent et le font souvent agir contrairement à ses intérêts les plus clairs. Ce sont les fils mystérieux qui ont guidé toutes ces marionnettes brillantes dont les livres racontent les faiblesses et les exploits. Grâce au recul du temps nous connaissons souvent mieux qu'elles, même les causes secrètes de leurs actions.

C'est dans un travail inconscient de notre esprit, créé par des influences diverses, que réside le danger de l'heure présente. Nous sommes repris des mêmes sentiments d'humanitarisme maladif qui nous ont déjà valu la Révolution la plus sanguinaire qu'ait connue le monde civilisé, la Terreur, Napoléon, la mort de trois millions d'hommes et la terrible invasion dont son héritier fut cause. Quel service rendrait à l'humanité la divinité bienfaisante qui anéantirait la funeste race des philanthropes, et, par la même occasion, celle non moins funeste des rhéteurs !

L'expérience faite en 1789 n'a pas suffi, et la renaissance de ce même humanitarisme vague, (humanitarisme de mots et non de sentiments) désastreux héritage de nos vieilles idées chrétiennes, est devenu le plus sérieux élément de succès du socialisme actuel. C'est sous sa dissociante et inconsciente influence que les classes dirigeantes ont perdu toute confiance dans la justice de leur cause. Elles cèdent de plus en plus à des meneurs qui leur demandent davantage à mesure que les concessions s'étendent. Ces meneurs ne seront satisfaits que quand ils auront tout pris à leurs adversaires, la fortune et la vie. L'historien de l'avenir qui connaîtra les ruines causées par notre faiblesse, l'écroulement des civilisations que nous aurons si mal défendues, n'aura aucune peine à montrer combien étaient fatales et méritées de telles catastrophes.

Il ne faudrait pas espérer que l'absurdité de la plupart des théories socialistes puisse empêcher leur triomphe. Ces théories ne contiennent pas en définitive plus d'invraisemblables chimères que les croyances religieuses qui régissent l'âme des peuples depuis si longtemps.

L'illogisme d'une croyance n'a jamais nui à sa propagation. Or le socialisme est beaucoup plus une croyance religieuse qu'une théorie de raisonnement. On le subit et on ne le discute pas.

Il présente toutefois une infériorité immense par rapport aux autres religions. Ces dernières promettaient après la mort un bonheur dont nul ne pouvait prouver sûrement le côté chimérique. La religion socialiste, au lieu d'une félicité céleste dont personne ne peut vérifier la fausseté, nous promet un bonheur terrestre dont chacun pourra constater aisément l'irréalisation. L'expérience enseignera vite aux adeptes des illusions sociales la vanité de leur rêve, et alors ils briseront avec fureur l'idole qu'ils avaient adorée avant de la connaître.

Malheureusement une telle expérience ne peut être tentée qu'en détruisant d'abord une société.

§ 2. Ce que le succès du socialisme réserve aux peuples chez lesquels il triomphera

En attendant l'heure de son triomphe, qui précédera de bien peu celle de sa chute, le socialisme est destiné à grandir encore, et aucun argument tiré de la raison ne saurait prévaloir contre lui.

Ce ne seront pas pourtant les avertissements qui auront manqué aux adeptes du nouveau dogme, non plus qu'à leurs faibles adversaires. Tous les penseurs qui ont étudié le socialisme moderne ont signalé ses dangers et sont arrivés à des conclusions identiques sur l'avenir qu'il nous prépare. Il serait trop long de présenter toutes leurs opinions. Il ne sera pas sans intérêt d'en citer quelques-unes.

Nous ne remonterons pas plus haut que Proudhon. À l'époque où il vivait, le socialisme était bien moins menaçant qu'aujourd'hui. Il a écrit sur son avenir une page souvent citée dont l'exactitude se vérifiera peut- être bientôt :

« La révolution sociale ne pourrait aboutir, écrivait Proudhon, qu'à un immense cataclysme, dont l'effet immédiat serait de stériliser la terre, d'enfermer la société dans une camisole de force. Et s'il était possible qu'un pareil état de choses se prolongeât quelque temps, de faire périr par une immense famine inopinée trois ou quatre millions d'hommes. Quand le Gouvernement sera sans ressources. Quand le pays sera sans production et sans commerce. Quand Paris affamé, bloqué par les départements, ne payant plus, n'expédiant plus, restera sans arrivages. Quand les ouvriers, démoralisés par la politique des clubs et le chômage des ateliers, chercheront à vivre n'importe comment. Quand l'État requerra l'argenterie et les bijoux des citoyens pour les envoyer à la Monnaie. Quand les perquisitions domiciliaires seront l'unique mode de recouvrement des contributions. Quand la première gerbe aura été pillée, la première maison forcée, la première église profanée, la première torche allumée. Quand le premier sang aura été répandu.

Quand la première tête sera tombée, quand l'abomination de la désolation sera par toute la France, alors vous saurez ce que c'est qu'une révolution sociale. Une multitude déchaînée, armée, ivre de vengeance et de fureur, des piques, des haches, des sabres nus, des couperets et des marteaux. La cité morne et silencieuse. La police au foyer des familles, les opinions suspectées, les paroles écoutées, les larmes observées, les soupirs comptés, le silence épié, l'espionnage et les dénonciations. Les réquisitions inexorables, les emprunts forcés et progressifs, le papier-monnaie déprécié. La guerre à l'étranger sur la frontière, les proconsulats impitoyables, le comité de salut public, un comité suprême au coeur d'airain, voilà les fruits de la révolution dite démocratique et sociale. Je répudie de toutes mes forces le socialisme, impuissant et immoral, propre seulement à faire des dupes. »[76]

Monsieur de Laveleye, malgré ses indulgences pour beaucoup d'idées socialistes, est arrivé à des conclusions à peu près analogues, quand il nous montre à la suite d'une révolution socialiste victorieuse « nos capitales ravagées par la dynamite et le pétrole d'une façon plus sauvage et surtout plus systématique que Paris ne l'a été en 1871 ».

Le grand philosophe anglais Herbert Spencer n'est pas moins sombre. Le triomphe du socialisme, dit-il, « serait le plus grand désastre que le monde ait jamais éprouvé et la fin en serait le despotisme militaire ».

Dans le dernier volume de son Traité de sociologie, qui clôt l'œuvre considérable qu'il a mis trente-cinq ans à écrire, l'éminent écrivain a développé les conclusions qui précèdent. Il fait remarquer que le collectivisme et le communisme nous ramèneraient à la

---

[76] Cette page citée dans plusieurs ouvrages se compose en réalité, d'après les recherches de monsieur G. Sorel de morceaux empruntés à diverses publications de Proudhon réunis en un seul texte. Elle aurait été publiée pour la première fois dans le *Journal des Débats*.

barbarie primitive, et il redoute cette révolution dans un prochain avenir. Cette phase victorieuse du socialisme ne saurait durer dit-il, mais elle produira de grands ravages chez les nations qui la subiront et amènera la ruine totale de plusieurs d'entre elles.

Telles sont, en effet, de l'avis unanime des plus éminents penseurs, les conséquences fatales de l'avènement du socialisme : des bouleversements dont l'époque de la Terreur et de la Commune ne peuvent donner qu'une pâle idée. Puis Père inévitable des Césars, de ces Césars de décadence, capables d'élever leur cheval au consulat ou de faire immédiatement massacrer devant eux quiconque ne les regarderait pas avec assez de respect. Césars qu'on supporterait pourtant comme les supportèrent les Romains, lorsque, las des guerres civiles et des discussions stériles, ils se jetèrent dans les bras des tyrans. On les tuait quelquefois, ces tyrans, quand ils devenaient trop furieusement despotiques, mais on ne cessa de les remplacer jusqu'à l'heure de la décomposition finale et de l'écrasement définitif sous le pied des Barbares. Plusieurs peuples semblent condamnés, eux aussi, à finir sous le joug de despotes qui pourront être intelligents quelquefois mais nécessairement inaccessibles à toute pitié et ne supportant pas la plus vague tentative de discussion.

C'est qu'en effet le despotisme seul peut dominer l'anarchie. C'est justement parce qu'elles ne peuvent éviter l'anarchie que toutes les républiques latines de l'Amérique sont pliées sous le plus sombre despotisme.

À la désorganisation sociale engendrée par le triomphe du socialisme, succéderait donc nécessairement une épouvantable anarchie et une ruine générale. C'est alors qu'apparaîtrait bientôt un Marius, un Sylla, un Bonaparte, un général quelconque, qui rétablirait la paix par un régime de fer précédé d'énergiques hécatombes, ce qui ne l'empêcherait pas, ainsi que l'histoire l'a vu tant de fois, d'être acclamé comme un libérateur. Il le serait justement d'ailleurs, car à défaut d'un despote militaire, le peuple soumis au régime socialiste serait si promptement affaibli qu'il se trouverait immédiatement à la merci de ses voisins et incapable de résister à leurs invasions.

Dans ce court tableau des destinées futures que le socialisme nous réserve, je n'ai pas parlé des rivalités entre les diverses sectes socialistes qui viendraient compliquer l'anarchie. On n'est pas socialiste sans haïr quelqu'un ou quelque chose. Les socialistes détestent la société actuelle, mais ils se détestent beaucoup plus âprement entre eux. Déjà ces inévitables rivalités entre les sectes socialistes amenèrent la chute de cette redoutable *Internationale*, qui fit trembler les Gouvernements pendant plusieurs années, et dont le nom est oublié aujourd'hui.

Une cause fondamentale, écrit monsieur de Laveleye, a contribué à la chute si rapide de l'*Internationale*. Ce sont les rivalités de personnes. Comme au sein de la Commune de 1871, on se divise, on se soupçonne, on s'injurie, et bientôt arrivent les scissions définitives. Nulle autorité ne s'impose. L'entente devient impossible, l'association se dissout dans l'anarchie, et, si l'on permet un mot vulgaire qui exprime bien la chose, dans le gâchis. Ceci est encore un avertissement. Et quoi ! Vous voulez abolir l'État et supprimer les chefs d'industrie, et vous compter que l'ordre sortira naturellement de la libre initiative des corporations fédérées ? Mais si vous, qui constituez apparemment l'élite de la classe ouvrière, vous n'êtes point parvenus à vous entendre assez pour maintenir en vie une société qui ne vous demandait aucun sacrifice et qui n'avait qu'un but voulu pour tous, « la guerre à l'infâme capital », comment de simples ouvriers resteront-ils unis, alors qu'il s'agira, dans un contact journalier, de régler des intérêts en lutte constante et de prendre des décisions touchant la rémunération de chacun ? Vous n'avez pas voulu vous soumettre à un conseil général qui ne vous imposait rien. Comment, dans l'atelier, obéirez-vous aux ordres des chefs qui devront déterminer votre tâche, et diriger votre travail ?

Nous pouvons supposer cependant l'établissement progressif et pacifique du socialisme par des mesures légales et nous avons vu que telle paraissait devoir être la marche des choses chez les peuples latins, qui y sont préparés par leur passé et entrent de plus en plus dans la voie du socialisme d'État. Mais nous avons montré aussi que c'est précisément parce qu'ils y sont entrés qu'ils se trouvent aujourd'hui sur la pente d'une décadence rapide. Pour être moins violent en apparence, le mal ne serait pas moins profond. L'État, ayant successivement absorbé toutes les branches de production, et ses prix de revient dépassant nécessairement, ainsi qu'il a été précédemment prouvé, ceux de l'industrie, « il faudra de toute nécessité, comme le dit monsieur Molinari, assujettir à un travail forcé, avec un minimum de subsistance, une partie de la nation, en un mot rétablir l'esclavage ».

La servitude, la misère et le césarisme sont les précipices inévitables où conduisent tous les chemins socialistes.

Et pourtant il semble inévitable, l'effroyable régime. Il faut qu'un pays au moins le subisse pour l'enseignement de l'univers. Ce sera une de ces écoles expérimentales, qui seules aujourd'hui peuvent éclairer les peuples qu'hallucinent les rêves de bonheur déployés à leurs yeux par les prêtres de la nouvelle foi.

Souhaitons que ce ne soit pas un pays ami qui tente le premier cette expérience.

§ 3. Comment le socialisme pourrait s'emparer du gouvernement d'un pays

Mais par quels moyens le socialisme s'emparera-t-il du gouvernement d'un pays ? Comment renversera-t-il le mur qui constitue le dernier soutien des sociétés modernes, l'armée ? Cette entreprise, difficile aujourd'hui, le sera bientôt de moins en moins, grâce à la disparition des armées permanentes. Nous l'avons dit déjà, en étudiant la lutte des classes. Il ne sera pas inutile de le rappeler encore.

Ce qui avait fait jusqu'ici la force d'une armée, ce n'était pas seulement le nombre de ses soldats ou la perfection de son armement, mais de sa mystique, mais de son âme, et cette mystique, cette âme ne se forment pas en un jour.

Les rares peuples qui, comme les Anglais, ont su garder une armée professionnelle, sont à peu près soustraits au danger socialiste, et, pour cette raison, auront dans l'avenir une supériorité considérable sur leurs rivaux. Les armées que le service universel a créées tendent de plus en plus à n'être que de véritables gardes nationales indisciplinées, et l'histoire nous enseigne ce qu'elles vaudront à l'heure du péril. Rappelons-nous que nos 300.000 hommes de garde nationale du siège de Paris n'ont servi qu'à faire la Commune et à incendier la capitale. Le célèbre avocat qui renonça à la seule chance qui s'offrait alors de désarmer ces multitudes, se vit plus tard obligé de demander publiquement « pardon à Dieu et aux hommes » de leur avoir laissé leurs armes. Il pouvait invoquer comme excuse qu'il ignorait la psychologie des foules, mais quelle excuse pourrons-nous invoquer nous-mêmes, pour n'avoir pas su profiter d'une telle leçon ?

Le jour où ces foules armées, sans cohésion réelle, sans instincts militaires, se tourneront, comme à l'époque de la Commune, contre la société qu'elles sont destinées à défendre, cette société sera bien près de sa fin.

C'est alors qu'elle verra ses villes incendiées, l'anarchie furieuse, l'invasion, le démembrement, la botte de fer des despotes libérateurs, et la définitive décadence.

Cette destinée qui nous menace est celle que subissent déjà certains peuples. Il n'est donc pas nécessaire de parler d'un avenir inconnu pour trouver des nations chez lesquelles la dissolution sociale s'est effectuée par leurs armées. On sait dans quelle misérable anarchie vivent toutes les républiques latines de l'Amérique. Révolutions permanentes, dilapidation complète des finances, démoralisation de tous les citoyens et surtout de l'élément militaire. Ce qu'on y appelle l'armée n'est représenté que par des hordes de métis, sans discipline, ne rêvant que rapines, et à la merci du premier général venu qui veut les conduire au pillage. Chaque général, voulant à son tour s'emparer du pouvoir, trouve toujours quelques bandes armées pour faire assassiner ses rivaux et se mettre à leur place. La fréquence de ces changements dans toutes les républiques hispano-américaines est telle, que les journaux de l'Europe ont à peu près renoncé à les enregistrer, et ne s'occupent guère plus de ce qui se passe dans ces tristes contrées que chez les Lapons. La destinée finale de cette moitié de l'Amérique est de retourner à la barbarie primitive, à moins que les États-Unis ne lui rendent l'immense service de la conquérir.

§ 4. Comment le socialisme peut être combattu

L'expérience du socialisme devant être faite quelque part, puisque cette expérience seule guérira les peuples de leurs chimères, tout notre effort doit tendre à ce qu'elle s'accomplisse à l'étranger plutôt que chez nous. C'est la tâche des écrivains, quelque minime que leur influence puisse être, de reculer la funeste réalisation dans leur patrie. Ils doivent combattre le socialisme et retarder l'heure de son triomphe, de façon à ce que ce triomphe puisse se produire ailleurs. Il faut, pour cela, connaître les secrets de sa force et ceux de sa faiblesse, connaître aussi la psychologie de ses adeptes. Une telle étude a été faite dans cet ouvrage.

Ce n'est pas avec des arguments capables d'influencer des savants et des philosophes qu'il faut tenter l'œuvre de défense nécessaire. Ceux que n'aveuglent pas le désir d'une popularité bruyante ou cette illusion, dont furent victimes tous les démagogues, qu'ils pourront dompter à leur gré le monstre déchaîné, ceux-là savent fort bien que l'homme ne refait pas les sociétés à son gré, que nous devons subir des lois naturelles dont nous ne sommes pas maîtres, qu'une civilisation, à un moment donné, est un fragment d'une chaîne dont tous les anneaux sont liés au passé par d'invisibles liens. Que le caractère d'un peuple régit ses institutions et ses destinées, et que ce caractère est l'œuvre des siècles. Que très certainement les sociétés évoluent sans cesse et ne sauraient être dans l'avenir ce qu'elles sont dans le présent, mais que, très certainement aussi, ce ne seront pas nos fantaisies et nos rêves qui détermineront cette inévitable évolution.

Ce n'est pas, je le répète, avec de tels arguments qu'on agit sur les foules. Ces arguments, tirés de l'observation et enchaînés par la raison, ne sauraient les convaincre. Elles se soucient fort peu des raisonnements et des livres ! Ce n'est pas non plus en les flattant avec la plus humiliante servilité, comme on le fait aujourd'hui, qu'on arrive à les séduire. Elles considèrent avec un juste mépris ceux qui les flattent et élèvent le niveau de leurs exigences à mesure que les flatteries deviennent plus excessives. Pour conduire les foules, il faut agir sur leurs sentiments, et ne jamais faire appel à la raison, qu'elles ne possèdent pas.

Sont-elles donc si difficile à diriger, ces foules ? Il faudrait ignorer leur psychologie et bien peu connaître aussi leur histoire pour le penser. Est-il nécessaire d'être un fondateur de religion comme Mahomet, un héros comme Napoléon, un halluciné comme Pierre l'Hermite, pour les entraîner ? Non certes. Point n'est besoin de ces personnalités d'exception. Peu d'années nous séparent de l'heure où nous avons vu un obscur général n'ayant pour lui qu'un peu d'audace, le prestige de son uniforme et la beauté de son cheval, arriver jusqu'à l'étroite limite, voisine du pouvoir suprême, qu'il n'osa pas franchir. César sans lauriers et sans foi, il recula devant le

Rubicon. Rappelons-nous que l'histoire nous montre que les mouvements populaires ne sont en réalité que les mouvements de quelques meneurs, rappelons-nous le simplisme des foules, leurs indéracinables instincts conservateurs, et enfin le mécanisme de ces éléments de persuasion que nous avons essayé de mettre en évidence dans un précédent ouvrage : l'affirmation, la répétition, la contagion et le prestige.[77]

Rappelons-nous encore que malgré toutes les apparences, ce n'est pas l'intérêt, si puissant sur l'individu isolé, qui mène les multitudes. Il leur faut un idéal à poursuivre, une croyance à défendre. Mais elles ne se passionneront pour l'idéal ou la croyance, qu'après s'être passionnées pour ses apôtres. Eux seuls, par leur prestige, font naître dans l'âme populaire les sentiments d'admiration et de sympathie qui sont les bases les plus solides de la foi. Tout récemment nous avons vu une des plus grandes villes de France, considérée comme la citadelle du collectivisme, se débarrasser du conseil municipal socialiste, qu'elle subissait depuis longtemps, simplement par l'action qu'a su prendre sur les foules un homme entreprenant, intelligent et actif.

On guide les foules comme on le veut, quand on le veut. Les régimes les plus contraires, les despotes les plus intolérables, ont toujours été acclamés, dès qu'ils ont su s'imposer. Elles ont donné leurs suffrages à Marat, à Robespierre, aux Bourbons, à Napoléon, à la République et à tous les aventuriers aussi facilement qu'aux grands hommes. Elles ont accepté la liberté avec la même résignation que la servitude.

Pour se défendre, non pas d'elles mais de leurs meneurs, il n'y a qu'à le vouloir. Malheureusement la véritable maladie morale de notre temps, celle qui paraît presque incurable chez les Latins, c'est le défaut de volonté. Cette perte de la volonté coïncidant avec

---

[77] *Psychologie des foules.*

le manque d'initiative et le développement de l'indifférence est le grand danger qui nous menace.

Ce sont là, sans doute, des généralités, et il serait facile de descendre de ces généralités dans les détails. Mais de quelle utilité pourraient être sur la marche des choses les conseils qu'un écrivain formule ? N'a-t-il pas entièrement accompli sa tâche quand il a posé les principes généraux d'où se déduisent les conséquences ?

L'indication de ce que nous devons faire importe moins d'ailleurs que celle de ce que nous devons ne pas faire. Un corps social est un organisme fort délicat auquel il faut très peu toucher. Rien n'est plus funeste pour un État que de subir sans cesse la volonté irréfléchie et mobile des foules. Si l'on doit faire beaucoup pour elles, il faut agir très peu par elles. Ce serait déjà un immense progrès de renoncer à nos perpétuels projets de réforme, à l'idée que nous devons changer sans cesse nos constitutions, nos institutions et nos lois. Avant tout nous devrions limiter, et non toujours étendre, l'intervention de l'État, de façon à obliger les citoyens à acquérir un peu de cette initiative, de cette habitude de se gouverner eux-mêmes qu'ils perdent par la tutelle perpétuelle qu'ils réclament.

Mais encore une fois, que sert-il d'émettre de tels vœux ? Espérer leur réalisation, n'est-ce pas souhaiter que nous puissions changer notre âme et détourner le cours du destin ? La plus immédiatement nécessaire des réformes, la seule peut-être vraiment utile, serait celle de notre éducation. C'est malheureusement aussi la plus difficile à accomplir, celle dont la réalisation impliquerait justement ce miracle véritable : la transformation de notre âme nationale.

Comment l'espérer ? Et, d'autre part, comment se résigner à se taire, quand on prévoit les dangers de l'heure prochaine, et quand, théoriquement, il paraît facile de les éviter ?

Si nous laissons l'indifférence pour les choses et la haine pour les personnes, les rivalités et les discussions stériles nous envahir de plus en plus, si nous continuons à toujours réclamer l'intervention de l'État dans nos moindres affaires, le bloc social déjà fort ébranlé sera définitivement dissocié. Il faudra céder alors la place à des peuples plus vigoureux, et disparaître définitivement de la scène du monde.

Ainsi périrent plusieurs civilisations lorsque leurs défenseurs naturels renoncèrent à la lutte et à l'effort. Ce ne fut jamais l'abaissement de l'intelligence qui causa la ruine des peuples, mais celui de leur caractère.

Ainsi finirent Athènes et Rome. Ainsi finit également Byzance, héritière des civilisations antiques, des découvertes et des rêves de l'humanité, des trésors de la pensée et de l'art accumulés depuis les origines de l'histoire.

Les chroniqueurs rapportent que quand le sultan Mahomet parut devant la grande cité, ses habitants, occupés à de subtiles discussions théologiques, et en rivalités perpétuelles, se préoccupèrent fort peu de leur défense. Le représentant d'une foi nouvelle triompha aisément de pareils adversaires. Lorsqu'il eut pénétré dans l'illustre capitale, dernier refuge des lumières du vieux monde, ses soldats débarrassèrent sommairement de leurs têtes les plus bruyants de ces inutiles bavards et réduisirent en servitude les autres.

Tâchons de ne pas imiter ces pâles descendants de races trop vieilles et redoutons leur sort. Ne perdons plus notre temps en récriminations et en discussions vaines. Sachons nous défendre contre les ennemis qui nous menacent au dedans, en attendant que nous ayons à lutter contre ceux qui nous guettent au dehors. Ne dédaignons pas le plus léger effort, et donnons-le chacun dans notre sphère, si modeste qu'elle puisse être. C'est de l'accumulation de grains de sable que sont formées les plus colossales montagnes.

Étudions sans cesse les problèmes que le sphinx nous pose et qu'il faut savoir résoudre sous peine d'être dévorés par lui. Et quand même nous penserions tout bas que de tels conseils sont aussi vains que les vœux formés auprès d'un malade dont le destin a marqué les jours, agissons comme si nous le pensions pas.

Gustave Le Bon, mars 1902.